4th Edition

Futures and Options
선물과 옵션

이의경

명경사
MYUNGKYUNGSA

제4판 머리말

2019년 중국에서 시작된 코로나 사태는 세계 보건은 물론 경제에도 악영향을 미쳤다. 많은 국가들이 유동성을 확대하며 저금리로 경기를 살리고자 했다. 그런데 올해 초에 러시아의 우크라이나 침공이 고물가의 방아쇠를 당기면서 이제는 유동성 축소와 고금리가 대세가 되었다. R의 공포 속에서 그 동안 승승장구하던 주식, 부동산, 코인의 거품이 빠지며 금융시장의 환경은 급변하고 있다.

이미 2008년에도 글로벌 금융위기에서 급변의 공포를 겪었다. 당시의 위기는 금융회사의 탐욕과 금융당국의 무책임, 그리고 투자자들의 부화뇌동이 결합되어 나타났다고 할 수 있다. 특히 투자자들은 복잡한 구조의 파생금융상품 때문에 심각한 정보비대칭적 상황에 놓여 있었다. 옵션가격결정모형을 개발하여 노벨상까지 받은 숄즈(M. Scholes) 교수와 머튼(R. Merton) 교수도 자신들이 운영하던 투자회사(LTCM)를 채권스왑의 손실로 날려버렸으니 일반 투자자들이 급변하는 금융환경에서 이익을 낸다는 것은 매우 어려운 일이다.

선물과 옵션으로 대표되는 파생금융상품은 그 기능이 ELS, ETF 등 다양한 금융상품 속에 들어있다. 그런데 그 기능은 결국 레버리지와 헤지, 두 가지 효과로 요약된다. 레버리지효과는 큰 이익을 도모할 수 있지만 큰 손실도 나타날 수 있기 때문에 파생금융상품의 부정적 면을 부각시키는 경우가 많다. 그렇지만 헤지효과를 비롯한 위험관리의 순기능도 많기 때문에 파생금융상품의 긍정적인 면이 더 크다고 본다. 칼이나 화약이 유용하지만 위험하기도 한 것처럼 파생금융상품도 그렇다고 할 수 있다.

파생금융상품의 기능을 활용하려면 우선 그 구조와 원리를 이해하여야 한다. 그래서 이 책은 독자들이 선물과 옵션을 중심으로 파생금융상품에 대한 공부를 쉽게 시작할 수 있도록 집필하였다. 가급적 수리적 접근과 어려운 용어를 줄이고 쉽게 풀어 설명하려고 애썼다. 우선 개념과 원리를 이해하고 나면 좀 더 용이하게 전문적인 내용도 다룰 수 있기 때문이다. 파생금융상품의 내용이 그 자체로 크게 달라진 것은 없지만 우리나라 선물과 옵션시장에서는 계속적인 변화가 있었다. 제4판에서는 이러한 변화를 반영해서 최신의 내용을 담았다.

파생금융상품이 전통적인 금융상품보다 복잡한 것은 분명하다. 그러나 새로운 유형의 위험관리가 가능해졌기 때문에 기업과 투자자에게 모두 유용한 만큼 제대로 이해할 필요가 있다. 그래서 독자들이 파생금융상품에 다가가는 과정에 이 책이 도움이 될 수 있기를 바란다. 제4판을 낼 수 있도록 그 동안 성원해준 독자들과 애써준 출판사에 감사드린다.

2022년 7월

이 의 경

주요 차례

차 례

제 1 부 선물일반

제1장 선물의 개요

제2장 선물거래유형

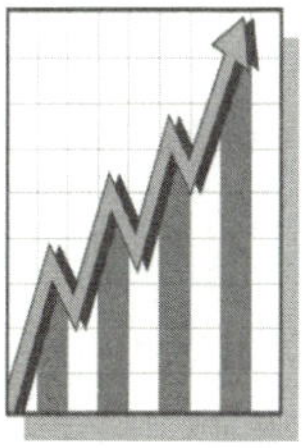

제 2 부 금융선물

제3장 통화선물

제4장 주가지수선물

제5장 금리선물(I)

제6장 금리선물(Ⅱ)

제 3 부 옵션일반

제7장 옵션의 개요

제8장 옵션가격결정모형

제 4 부 옵션의 응용

제9장 OPM의 응용[I]

제10장 OPM의 응용(Ⅱ)

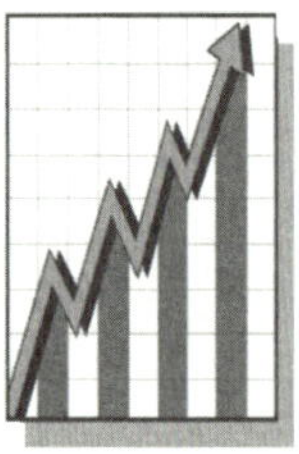

제5부 기 타

제11장 선물과 옵션의 결합

제12장 스 왑

제 1 부

선물일반

제 1 장

선물의 개요

최근 금융환경의 변화를 주도하고 있는 것은 선물과 옵션 등 파생금융상품이라고 할 수 있다. 파생금융상품을 이용하면 미래현금흐름을 다양하게 변화시킬 수 있기 때문에 위험관리효과를 도모할 수 있을 뿐만 아니라 또 다른 새로운 금융상품도 만들 수 있다. 이러한 파생상품으로 대표적인 것이 선물과 옵션이라고 할 수 있다. 본장에서는 일반적인 선물거래에 대한 기초개념과 선물가격의 결정원리를 살펴 보고자 한다.

제1절 기초개념

1 현물거래, 선도거래, 선물거래

선물거래란 선물계약(futures contract)을 사고 파는 것이다. 여기서 선물계약이란 품질, 수량 및 규격 등이 표준화되어 있는 상품 또는 금융자산을 미리 결정된 가격으로 미래 일정시점에서 인도 또는 인수할 것을 약정한 계약을 말한다. 이러한 내용은 다소 생소한 개념이기 때문에 좀더 자세히 이해하기 위해서 다음과 같은 몇 가지 내용을 먼저 이해할 필요가 있다.

(1) 현물거래

현물거래(spot trade)란 현재시점에서 현물을 인수하면서 대금을 지급하거나 현물을 인도하면서 대금을 수령하는 거래를 말한다. 일반적으로 대부분의 거래에서 가장 많이 이루어지는 형태라고 할 수 있다.

(2) 선도거래

선도거래(forwards)는 미래의 일정시점에서 현물을 인수 또는 인도하면서 미리 정한 가격으로 대금을 결제하는 것을 말한다. 예를 들어서 현재는 3월인데 갑돌이가 12월에 김장을 담그기 위해서 농부와 배추 100포기를 포기당 1,000원씩에 사기로 약속하였다고 하자. 그러면 갑돌이는 12월에 가서 100포기를 넘겨받고 100,000원(100포기×1,000원)을 지급하면 된다.

이러한 거래가 선도거래이다. 따라서 갑돌이는 12월에 가서 배추가격이 실제로 포기당 1,200원이 되거나 700원이 되거나 상관없이 100,000원을 부담하기 때문에 현물가격의 변동에 아무런 영향을 받지 않게 된다.

(3) 선물거래

만약 갑돌이가 농부와 선도거래를 약속한 후 8월에 이민을 가게 되었다고 하자. 그러면 갑돌이는 이러한 약속이 필요 없게 된다. 이때 마침 김장에 대해 아무런 대비를 하지 않고 있던 이웃에 사는 을순이가 12월에 배추 품귀현상을 염려해서 미리 배추를 확보하려고 하고 있다. 을순이는 12월에 넘겨받는 조건으로 배추 포기당 1,300원을 부담할 용의가 있다고 하자. 그러면 갑돌이는 농부와의 약속(이것이 선물계약임)을 을순이에게 팔고 자신이 계약한 가격과의 차이 300원만 받는다. 그리고 을순이는 12월에 가서 갑돌이가 약속한 농부에게 포기당 1,000원씩에 100포기를 인수하면 모든 거래가 종료된다. 이처럼 선물계약을 사고 파는 것이 바로 선물거래이다.

(4) 선도거래와 선물거래의 비교

위의 예는 선도거래와 선물거래의 관계 그리고 그 경제적 효과를 간단히 비교하기 위한 것이지만 좀더 구체적으로 이들간의 차이를 비교해 보면 다음과 같다.

첫째, 선도거래는 당사자간에 개별적으로 이루어지기 때문에 거래장소, 거래형식, 거래내용이 다양하게 정해진다. 한편, 선물거래는 공인된 거래소에서 표준화되어 있는 계약내용으로 이루어진다.

둘째, 거래시장의 성격도 선도거래는 개별적으로 이루어지는 특성 때문에 경쟁시장이라고 할 수 없지만 선물거래는 매우 많은 거래자가 참여하기 때문에 선도거래보다 완전경쟁시장에 가깝다.

셋째, 선도거래는 만기에 가서 당사자간에 현물인수도와 대금결제가 이루어지지만 선물거래는 대개 만기까지 가지 않고 도중에 반대매매로 청산결제를 하게 된다. 즉, 위의 예에서 을순이도 12월에 가서 배추를 넘겨받고 대금결제를 하는 것이 아니고 도중에 이를 사려고 하는 다른 사람에게 파는 것이 일반적이다.

표 1-1 선도거래와 선물거래의 비교(2022년 현재)

	선도거래(forwards)	선물거래(futures)
거래장소	전화 및 텔렉스 등 장외시장	공인된 거래소
거래형식	개별적 계약	정형화된 공개입찰방식
계약내용	당사자간의 합의	표준화
시장성격	불완전경쟁시장	완전경쟁시장
가격형성	계약시 단 한번 형성	매일 형성
일일정산	만기일에 결제	청산소에 의해 일일정산
결제형식	만기에 당사자간의 현물인수도	주로 만기 이전의 반대매매로 결제

출처 : 한국거래소

2 관련용어

선물거래가 그렇듯이 이와 관련된 용어도 다소 생소한 편이다. 그런 이유로 선물거래의 내용도 어렵게 느낄 수 있다. 따라서 먼저 선물거래에서 사용되는 용어를 익혀야 선물거래의 내용을 정확하게 이해할 수 있다. 주로 사용되는 용어들은 다음과 같다.

(1) 기초자산

선물계약의 만기일에 가서 인수 또는 인도되는 자산을 말한다. 앞서의 예에서는 배추가 기초자산(underlying asset)이 된다. 이 기초자산이 곡물, 원유 등과 같은 상품이면 상품선물이라고 하고 외화, 채권 등과 같은 금융자산이면 금융선물이라고 한다.

(2) 선물만기일

현물이 인도되어 선물계약의무가 이행되는 날을 말한다. 앞서의 예에서는 12월이 선물만기일이 된다. 동일한 기초자산을 대상으로 하는 선물계약이라도 만기일이 가까운 것도 있고 먼 것도 있는데 만기일이 가까운 선물은 근월물(near month), 만기일이 먼 선물을 원월물(distant month)이라고 부른다.

(3) 선물가격

선물만기일에 현물이 인도될 때 그 대가로 지불되는 가격을 말한다. 앞서의 예에서는 12월에 배추를 포기당 1,000원에 매입하기로 한 선물계약이므로 1,000원이 선물가격이 된다. 선물거래의 손익은 선물가격에 의해서 결정되는데 선물가격의 수준은 기초자산의 현재 가격에 연동해서 변화한다.

(4) 결제방법

선물거래를 결제하는 방법은 실물인수도방식(physical delivery settlement)과 현금결제방식(cash settlement), 두 가지가 있다. 실물인수도방식이란 선물만기일에 가서 현물인수도와 동시에 대금결제를 하는 방식을 말하고 현금결제방식이란 선물만기일에 형성되는 현물가격과 선물가격과의 차액만큼을 현금으로 정산하는 방식이다. 그러나 그 경제적 효과는 동일하다.

3 선물의 종류

(1) 상품선물

선물거래는 상품선물에서부터 시작되었다. 1848년에 설립된 미국의 CBOT(Chicago Board of Trade)에서 농산물에 대한 현물거래 및 선도거래가 이루어지다가 1865년에 선물계약이 개발되어 도입됨으로써 선물거래가 처음으로 시작되었다. 그 이후 1960년대까지 선물거래는 밀, 옥수수, 콩과 같은 농산물과 금, 은과 같은 귀금속에 집중되었다. 그러나 1970년대부터 금융상품에 대한 선물계약이 도입되어 선물시장은 큰 변화를 맞게 되었다.

(2) 금융선물

금융선물은 금융상품에 대한 선물계약을 말한다. 대표적인 금융선물로는 통화선물, 금리선물, 주가지수선물 등이 있다. 1972년에 CME(Chicago Merchantile Exchange)내에 있는 IMM(International Monetary Market)에서 주요 6개국 통화－영국 파운드, 캐나다 달러, 독일 마르크, 프랑스 프랑, 일본 엔, 스위스 프랑－에 대한 선물거래가 금융선물로 처음 시작되었고 이후 주가지수선물 등이 추가로 개설되었다.

그림 1-1 선물의 종류

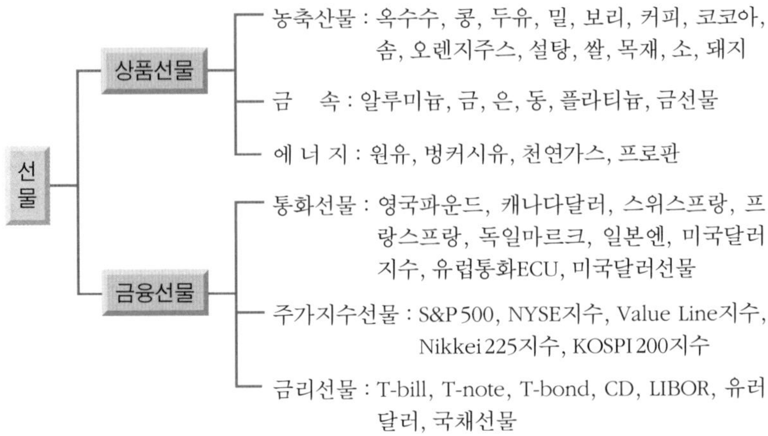

(3) 에너지선물

1970년대부터 1980년대까지 전세계적으로 에너지파동이 몰아치면서 에너지시장의 가격변동은 많은 국가와 기업들의 주된 관심사가 되었다. 이에 따라 1978년에는 난방유에 대한 선물계약이 도입되고 원유와 유제품에 대한 선물계약도 1980년 초에 도입되어 매우 광범위하게 거래되는 상품으로 등장하였다. 금융선물에 못지 않게 에너지선물의 규모도 빠른 속도로 성장하고 있다.

(4) 선물시장의 발전

1980년대 후반부터 영국, 프랑스, 일본 등도 금융선물시장을 개설하였는데 금융선물시장은 거래 초기부터 매우 빠른 속도로 성장하여 현재 거래규모면에서 금융선물이 상품선물을 훨씬 앞질렀다. 금융선물 중에서도 특히 금리선물의 비중이 가장 크고 주가지수선물이 그 다음이다.

(5) 우리나라의 도입현황

우리나라는 1973년의 오일쇼크로 큰 충격을 받고 처음으로 국내에서 해외 선물시장을 이용할 수 있는 제도적 장치를 도입하여 1975년부터 유류를 비롯한 곡물, 귀금속, 비철금속 등에 대한 선물거래가 시작되었다. 그러나 우리나라 선물시장의 효시는 1996년에 증권거래소에 상장된 주가지수선물이다. 많은 관심 속에 시작되어 비약적으로 발전하였으며 이듬해 1997년에는 주가지수옵션이 역시 증권거래소에 도입되었다. IMF관리체제하에서 금융위험의 중요성에 대한 인식이 높아지면서 1999년에 금리선물, 달러선물 및 금선물 등을 도입하였다. 2022년 현재 우리나라에 도입된 중요한 선물을 중심으로 현황을 요약하면 〈표 1-2〉와 같다.

표 1-2 우리나라의 선물도입현황(2022년 현재)

기초자산	선물	
	상품	도입일자
주가지수	코스피200 코스닥150	1996년 5월 2015년 11월
개별주식	158개 주식	2008년 5월
금리	3년 국채 5년 국채 10년 국채 상품간스프레드	1999년 9월 2003년 8월 2008년 2월 2019년 12월
통화	미국달러 일본 엔 유로	1999년 4월 2006년 5월 2006년 5월
일반상품	금 돈육	1999년 4월 2008년 7월

출처 : 한국거래소

제2절 선물거래구조

1 표준화된 계약

공인된 선물시장에서 거래되는 선물계약은 계약대상인 기초자산의 수량과 품질, 계약단위, 계약만기 등이 표준화되어 있다. 선물계약마다 표준화되어 있는 내용을 나중에 구체적으로 설명하겠지만 우선 계약만기에 대한 내용을 우리나라 주가지수선물을 예로 들어 살펴보자.

우리나라 주가지수선물의 경우 3월물, 6월물, 9월물, 12월물 등 네 종목이 있는데 이는 모두 각 선물계약의 결제시점을 말하는 것이다. 구체적으로는 각 월의 두번째 목요일이 결제일이 되는데 만약 현재 시점이 2004년 1월이라면 3월물, 6월물, 9월물, 12월물 등 네 가지가 거래될 것이다. 그런데 두 달이 경과하여 3월 두번째 목요일이 되면 지금까지 거래되던 3월물을 없어지고 새로운 3월물이 거래되는데 이것은 2005년 3월물이 된다. 따라서 그 다음날부터는 2004년 6월물, 9월물, 12월물 그리고 2005년 3월물 네 종목이 거래된다.

그림 1-2 선물시장구조

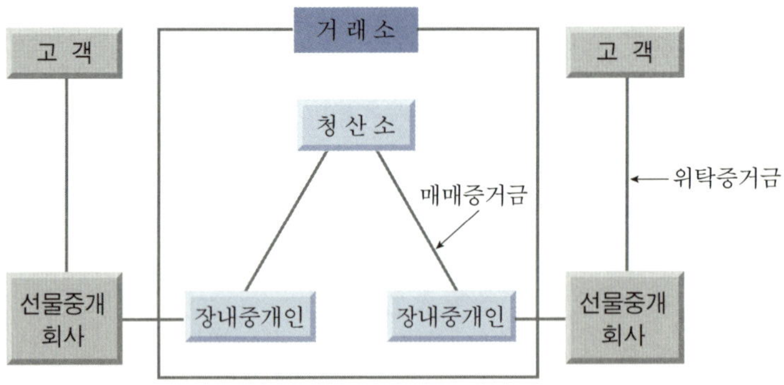

이처럼 시장에는 항상 네 가지 만기를 갖는 선물계약이 존재하므로 투자자는 이에 맞추어서 자신이 원하는 효과를 얻도록 거래전략을 수립해야 한다.

2 선물시장구조

선물시장의 구조를 거래과정의 측면에서 살펴보면 [그림 1-2]로 나타낼 수 있다.

[그림 1-2]의 구성원에 대해서 설명하면 다음과 같다.

(1) 거래소

거래소(exchange)란 선물거래를 위한 물리적 장소와 설비가 제공된 곳을 말한다. 거래소는 시장을 개설하고 운영하며 표준화된 선물이나 옵션 상품을 상장시키고 거래규정을 제정하고 회원의 자격심사 및 거래의 공정성을 심사하는 업무를 담당한다.

세계에서 가장 오래되고 큰 거래소는 시카고선물거래소(CBOT: Chicago Board of Trade)이고 그 외에도 Chicago Mechantile Exchange, Commodity Exchange of New York 등이 미국의 주요 선물거래소라고 할 수 있다. 그리고 영국의 대표적인 선물거래소는 런던국제금융선물거래소(LIFFE: London International Financial Futures Exchange)인데 흔히 CBOT, CME, LIFFE를 세계 3대 선물거래소라고 한다. 우리나라에서는 한국거래소(KRX: Korea Exchange)가 이에 해당한다.

(2) 선물중개회사

선물중개회사(FCM: future commission merchant)는 고객에게서 위탁을 받아 자신의 명의로 고객의 선물거래를 대행하는 업무를 담당한다. 그리고 고객별 미결제 약정수량에 대한 기록 유지 및 증거금을 관리하며 그 대가로 수수료를 받는 회사를 말한다.

선물중개회사 중에는 거래소 회원이 아닌 회사도 있는데 이러한 회사는 거래소 회원인 선물중개회사를 통해서 고객의 주문을 집행해야 한다.

(3) 청산소

시장에서 성립된 매매거래에 따른 청산업무는 거래소가 직접 담당하거나 별도로 청산소(clearing house)를 운영하기도 한다. 청산소는 거래소에서 이루어진 모든 선물계약을 청산함으로써 계약이행을 보증하는 역할을 담당한다.

구체적으로 청산소는 모든 매입자에게는 매도자가 되어 주고 모든 매도자에게는 매입자가 됨으로써 모든 거래의 공식적인 당사자가 된다. 이러한 방법으로 어느 회원이 계약을 이행하지 않으면 상대방 회원에게 계약이행을 보증하는 법적 의무를 안게 되므로 모든 투자자들이 상대방의 신용을 걱정하지 않고 거래할 수 있는 것이다.

3 일일정산

청산소가 매일 기초자산 가격변화에 따른 선물계약의 가격변화를 반영하여 거래당사자의 손익을 계산해서 이를 즉시 실현시켜 주는 제도를 일일정산(marking to market)이라고 한다. 이는 매일 계약을 갱신하는 효과를 갖는데 이로써 계약불이행위험이 제거되는 것이다.

앞서 예를 든 갑돌이의 배추거래를 생각해 보자. 예에서는 선물계약을 3월에서 포기당 1,000원에 매입하고 8월에 을순이에게 1,300원에 매도함으로써 300원의 이익을 보았다. 그러나 일일정산제도하에서는 이와 같이 8월까지 가서 이익이 실현되는 것이 아니다. 즉, 갑돌이가 3월에 선물계약을 매입한 다음 날부터 12월 인도하는 배추가격(이것이 선물가격이다)이 변동하는 대로 손익이 매일매일 실현되는 것이다. 만약 선물계약을 매입한 다음 날 선물가격이 1,050원이 되면 다음 날은 50원의 이익이 갑돌이 계좌에 들어온다. 그리고 그 다음 날의 선물가격이 980원이 된다면 전일 가격 1,050원에서 하락한 70원이 계좌에서 빠져나간다. 이러한 경우 갑돌이는 100포기에 대한 선물거래를 하였으므로 가격변동에 따른 손익을 3월 선물매입일부터 8월 선물매도일까지 나타내면 〈표 1-3〉과 같게 된다.

선물가격의 변동이 만약 이익으로 실현되면 별 문제가 없겠지만 반대로 손실로 나타나면 선물거래자가 자기 계좌에 어느 정도의 돈을 보유하고 있어야 손실액만큼이 빠져나갈 수 있을 것이다. 이러한 경우를 대비해서 선물거래자는 항상 자기 계좌에 일정수준의 금액을 보유하고 있어야 하는데 이를 증거금(margin)이라고 한다.

표 1-3 갑돌이의 선물거래손익(2022년 현재)

날 짜	선물가격	포기당 가격변동	갑돌이 손익
선물매입일	1,000	0	0
다음 날	1,050	50	5,000
그 다음 날	980	−70	−7,000
⋮	⋮	⋮	⋮
선물매도일	1,300		30,000

출처 : 한국거래소

그림 1-3 증거금

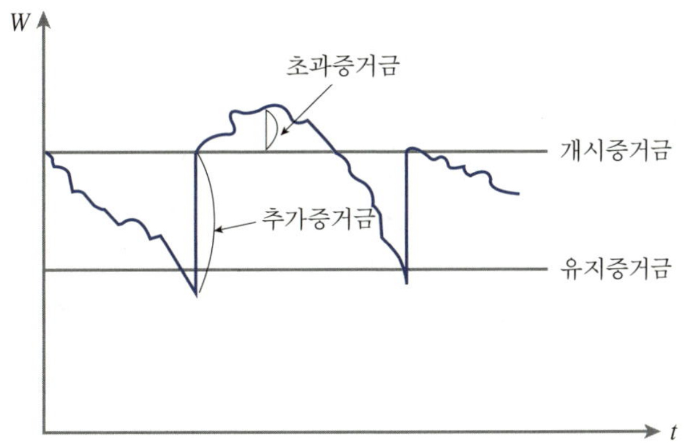

4 증거금제도

(1) 위탁증거금

위탁증거금(customer's margin)이란 고객이 선물중개회사에 납부해야 하는 증거금을 말한다. 이와 관련된 개념으로 개시증거금, 유지증거금, 추가증거금, 초과증거금 등이 있다.

개시증거금은 고객이 새로운 선물거래를 시작할 때 납부하는 증거금이다. 그런데 매일 선물시세에 따른 손익이 일일정산되어 반영되기 때문에 증거금 잔액은 계속 변동된다. 이 잔액이 일정 수준 이하로 잔액이 떨어지면 고객은 처음 납부한 개시증거금수준으로 추가납부해야 하는데 이를 추가증거금이라고 하며 이때 추가납부의 기준이 되는 증거금수준을 유지증거금이라고 한다.

한편, 이익이 발생하여 잔액이 개시증거금을 초과하면 초과액만큼 현금으로 인출할 수도 있는데 이 금액을 초과증거금이라고 한다.

(2) 매매증거금

거래소 회원인 선물중개회사가 고객이나 비회원인 중개회사로부터 받은 위탁증거금의 일부를 청산소에 납부해야 하는데 이 증거금을 매매증거금(member's margin)이라고 한다.

예제 1-1

갑돌이는 3월 5일에 배추포기당 1,000원의 선물가격으로 12월 만기 선물계약을 매입하였다. 선물 1계약의 단위는 100포기라고 하자. 또한 이 거래의 개시증거금은 15,000원이고 유지증거금은 10,000원이다. 선물가격이 3월 6일에는 1,050원으로 상승하였다가 3월 7일에는 980원, 3월 8일에는 940원으로 하락하였다. 이러한 상황에서 일일정산제도하의 증거금 변동내역을 살펴보자. 단, 초과증거금과 추가증거금은 즉시 인출 또는 납부한다고 가정하자.

해설

날짜별로 가격변동에 따른 증거금변동은 다음과 같다.

날짜	선물가격	선물이익	증거금(1)	추가(초과) 증거금	증거금(2)
3/5	1,000	0	15,000	–	15,000
3/6	1,050	5,000	20,000	(5,000)	15,000
3/7	980	−7,000	8,000	7,000	15,000
3/8	940	−4,000	11,000	–	11,000

선물가격변동에 따른 갑돌이의 증거금변동을 보면 3/6에는 초과증거금을 인출할 수 있고 3/7에는 추가증거금납부요청을 받게 된다. 증거금(1)은 선물손익만 반영된 금액이고 증거금(2)는 초과증거금은 인출하고 추가증거금은 납부요구시점에서 즉시 납부한 후의 최종금액을 말한다.

제3절 선물거래의 경제적 효과

1 선물거래손익

(1) 선물매입자의 만기손익

선물을 매입하거나 매도하면 이에 따른 손익은 어떻게 될까? 거래내용을 단순하게 하기 위해서 선물을 매입해서 이를 만기까지 가져가는 경우의 손익을 생각해 보자.

앞서 갑돌이가 배추에 대한 선물을 매입한 예를 이용하자. 갑돌이가 농부와 배추를 포기당 1,000원에 인수하기로 하였으므로 12월 만기에 가서 배추의 현물가격이 1,000원보다 높게 형성되면 이익이 될 것이다. 만약 12월 배추가격이 1,200원이라면 갑돌이는 농부에게서 1,000원에 인수한 배추를 즉시 시장에다가 1,200원에 내다 팔 수 있으므로 200원(= 1,200 − 1,000)의 이익을 얻게 된다. 그러나 반대로 12월 배추가격이 900원이 된다면 시가 900원짜리

그림 1-4 선물거래의 만기손익

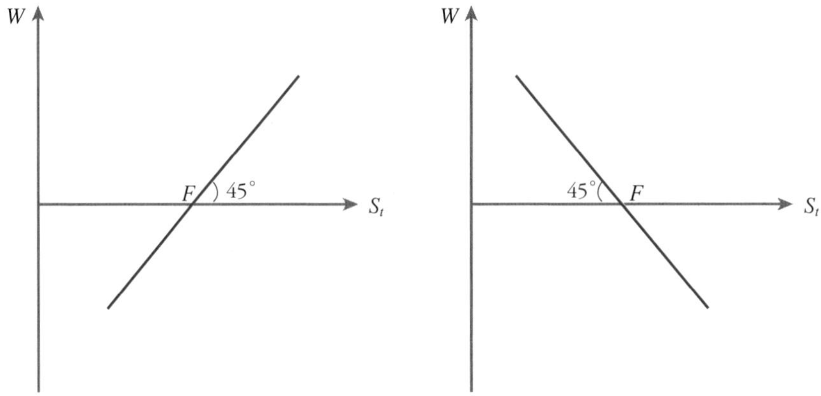

(a) 선물매입자의 손익　　　(b) 선물매도자의 손익

배추를 1,000원에 매입해야 하므로 100원의 손실을 입게 된다.

이러한 내용을 일반화시켜서 선물을 선물가격 F에 매입하였다고 가정하면 만기시점에서 선물거래손익은 다음과 같다.

$$\text{선물매입자의 만기손익} = S_t - F \tag{1.1}$$

단, S_t: 만기(t)에서 기초자산가격
F: 선물매입시점의 선물가격

식 (1.1)이 나타내는 값은 결국 기초자산의 만기가격 S_t가 선물가격 F보다 클 때에 이익이 되고 기초자산의 만기가격 S_t가 선물가격 F보다 작을 때에 손실이 되기 때문에 선물매입자의 손익을 그림으로 나타내면 [그림 1-4]의 (a)와 같다.

(2) 선물매도자의 만기손익

이번에는 선물매도자의 만기에서의 손익을 보자. 앞서의 예에서 갑돌이는 배추에 대한 선물을 매입한 위치에 있지만 농부는 갑돌이와 반대로 선물을 매도한 위치에 있게 된다. 따라서 12월의 배추가격이 1,200원이 되면 농부는 시장에다가 1,200원에 팔 수 있는 배추를 1,000원에 갑돌이에게 인도해야 하므로 200원의 손실을 입게 된다. 그리고 12월 배추가격이 900원이 되면 100원의 이익을 보게 된다. 결국 농부는 갑돌이가 이익을 보면 그 이익만큼의 손실을 입게 되고 갑돌이가 손실을 입게 되면 그 손실만큼의 이익을 보게 되는 제로섬(zero-sum)의 관계에 있게 된다.

이와 같이 선물매도자는 선물매입자와 반대의 손익을 보게 되므로 선물을 선물가격 F에 매도한 투자자의 만기에서의 손익은 다음 식 (1.2)와 같으며 그림을 그리면 선물매입자의 손익과 수평선을 기준으로 대칭인 형태가 된다.

$$\text{선물매도자의 만기손익} = -(S_t - F) \tag{1.2}$$

(3) 현물거래손익과의 비교

[그림 1-4]에서 나타난 선물거래의 만기손익은 현물거래손익과 동일한 것으로 보인다. 현재 시점에서 배추를 포기당 1,000원에 매입한 사람이 12월에 가서 1,200원에 팔면 200원의 이익을 보고 900원에 팔게 되면 100원의 손실을 입기 때문이다. 만약 배추 매입과 관련된 여러 가지 비용을 무시한다면 사실 선물가격과 같은 가격으로 현재시점에서 현물을 구입한 투자자의 손익도 [그림 1-4]와 같게 나타날 것이다.

그러나 현물을 매입할 경우에는 배추 1포기를 매입하면서 1,000원 대금을 100% 지급해야 하지만 선물을 매입할 경우에는 거래금액의 10% 정도에 해당하는 증거금만 예치하면 된다. 즉, 100원만 예치한 상태에서 현물매입과 동일한 금액의 손익효과를 보게 된다. 손익금액은 동일할지 몰라도 수익률은 선물의 경우 현물에 비해서 훨씬 큰 폭으로 변동하게 되는데 이를 선물거래의 레버리지효과(leverage effect)라고 한다.

예제 1-2

은 1파운드의 현재 가격은 300,000원이다. 이를 기초자산으로 하는 3개월 후 만기가 되는 선물가격은 310,000원이며 선물거래시 요구되는 증거금은 거래대금의 15%이다.

(1) 3개월 후 현물시장에서 은 1파운드 가격이 330,000원으로 상승한 경우 현물매입자와 선물매입자의 수익률을 비교해 보자.
(2) (1)과는 반대로 3개월 후 현물시장에서 은 1파운드 가격이 270,000원으로 하락한 경우 현물매입자와 선물매입자의 수익률을 비교해 보자.

해설

(1) 만기 현물가격이 330,000원으로 상승한 경우 현물매입자의 이익은 30,000원(= 330,000 − 300,000)이다. 따라서 현물매입자의 수익률은 다음과 같다.

$$\frac{30{,}000}{300{,}000} = 10\%$$

한편, 선물매입자의 이익은 만기현물가격에서 선물매입시 선물가격을 차감한 값으로서 20,000원(= 330,000 − 310,000)이 된다. 그런데 선물매입자는 증거금을 46,500원(= 310,000 × 15%)을 예치하였으므로 수익률은 다음과 같이 43%에 달해 현물매입자의 4배를 넘는다.

$$\frac{20{,}000}{46{,}500} = 43\%$$

(2) 만기 현물가격이 270,000원으로 하락한 경우 현물매입자의 손실은 30,000원(= 270,000 − 300,000)이다. 따라서 현물매입자의 수익률은 다음과 같다.

$$-\frac{30{,}000}{300{,}000} = -10\%$$

한편, 선물매입자는 만기현물가격에서 선물매입시 선물가격을 차감한 40,000원(= 270,000 − 310,000)의 손실을 보게 된다. 따라서 선물매입자의 수익률은 다음과 같이 86%에 달해 현물매입자의 8배를 넘는다.

$$-\frac{40{,}000}{46{,}500} = -86\%$$

2 선물거래자

앞서 잠깐 언급하였지만 선물가격은 현물가격과 연동해서 움직인다. 선물가격과 현물가격의 관계에 대해서 좀더 자세한 내용은 다음 절에서 살펴보겠지만 이들의 관계를 먼저 간단히 설명하면 서로 양(+)의 관계에 있다는 것이다. 즉, 현물가격이 오르면 선물가격도 오르고 현물가격이 내리면 선물가격도 내리게 된다.

이러한 현물가격과 선물가격의 관계를 이용해서 투자자들은 자신의 목적에 맞는 선물거래전략을 취하게 되는데 그 거래동기에 따라서 분류하면 대체로 다음과 같은 세 가지 유형이 있다.

(1) 헤지거래자

헤지거래자(hedger)란 현물을 현재 보유하고 있거나 앞으로 보유할 예정인 사람으로 현물자산의 가격변동으로 나타날 수 있는 부의 손실을 줄이기 위해 선물거래를 이용하는 경제주체를 말한다.

구체적으로는 현물에서 손실이 발생할 경우 선물에서는 이익이 발생할 수 있도록 선물거래전략을 수립해야 한다. 이를 위해서는 현물가격과 선물가격의 양(+)의 관계를 고려해서 현물포지션과 반대로 선물포지션을 취해야 한다고 하는데 자세한 내용은 다음 절에서 다룬다.

(2) 투기거래자

투기거래자(speculator)란 선물가격의 변동에 따른 위험을 감수하면서 이익을 도모하기 위해 선물거래를 이용하는 사람을 일컫는다. 즉, 자신이 수집하고 분석한 정보를 기초로 선물시장의 가격변동을 예측하여 시세차익을 얻기 위해 거래하는 경제주체를 말한다.

투기거래자들은 현물과는 아무 관계없이 오로지 선물을 독립적인 투자대상으로 보고 시세차익을 도모한다. 선물거래는 현물거래에 비해 더 큰 레버리지효과를 갖기 때문에 예측이 정확하면 훨씬 더 큰 이익을 얻을 수 있지만 예측이 빗나가면 큰 손실을 보게 된다.

(3) 재정거래자

이론적으로 현물가격과 선물가격은 일정한 관계에 놓이게 되는데 현실적으로 이러한 관계에서 크게 이탈되면 불균형상태가 된다. 이러한 일시적인 불균형을 이용해서 추가적인 자금이나 위험을 부담하지 않으면서 이익을 도모하기 위해 선물거래를 이용하는 사람을 재정거래자(arbitrageur)라고 한다. 이들의 거래로 인해서 결국 현물가격과 선물가격은 다시 일정한 관계식에서 균형상태에 놓이게 된다.

3 선물의 경제적 기능

선물과 옵션 등 파생금융상품에 대해서 독자들이 쉽게 접하게 되는 매스컴의 내용은 대개 투기적 성격인 것들이 많다. 그렇다보니 이를 잘 알지 못하는 사람들은 선물이나 옵션 등을 투기적 성격의 도박과 비슷하게 여기는 경우가 많다.

물론 투기적 요소도 있기는 하지만 선물이나 옵션 등이 갖는 주된 기능은 가격변동위험의 관리라고 할 수 있다. 이와 관련한 여러 가지 유용한 기능들이 있는데 구체적인 내용은 다음과 같다.

(1) 위험관리기능

선물시장의 가장 중요한 경제적 기능 중의 하나는 위험이전(risk transfer)의 기능이다. 현물가격의 변동에 따른 손실을 줄이기 위해서 헤지거래자는 선물거래를 이용하지만 반면에 투기거래자는 가격변동의 위험을 감수하면서 이익을 추구한다. 따라서 헤지거래자가 회피하는 위험이 투기거래자에게 이전되는데 이러한 위험이전기능을 선물시장이 담당한다. 따라서 선물시장이 존재함으로써 경제 전체적으로는 효용이 더욱 증대되는 효과가 있다.

(2) 가격예측기능

선물시장에서 결정되는 선물가격은 해당 상품에 대한 미래의 수요 및 공급과 관련된 각종 정보가 집약된 것으로서 현재시점에서 미래 현물가격에 대한 수많은 시장참가자들의 공통된 예측값이라고 할 수 있다. 즉, 미래의 현물가격이 얼마가 될 것인가를 현재시점에서 시장참가자들이 공통적으로 예상한 값이다. 따라서 만기가 서로 다른 선물가격들은 미래의 다양한 시점에서의 기대현물가격을 예측하는 기능이 있다.

(3) 자원의 효율적 배분기능

미래 수요와 공급 상황에 대한 기대를 반영하는 선물가격은 시간에 따라 특정 상품의 수요와 공급을 재분배하는 생산, 저장 및 소비에 관한 최적의사결정을 가능하게 한다. 예를 들어 미래의 재고부족이 예상되는 상품에 대해서는 생산 및 저장을 촉진시키고 현재 재고가 부족한 상품에 대해서는 현물가격이 낮아질 것으로 예상되는 미래시점으로 소비를 연기시킨다. 이러한 방법으로 효율적 자원배분을 도모함으로써 경제적 후생을 증대시킬 수 있다.

(4) 유동성 증대

선물시장은 선도시장을 발전시킨 것이다. 선도시장의 경우에는 거래상대방의 약속불이행위험에 노출되고 경쟁적인 거래를 할 수 없기 때문에 유동성이 부족하다는 취약점을 갖는다. 선물시장은 표준화된 선물거래와 제한된 종목의 계약으로 거래를 집중시키고 거래를 감시하고 규제하는 한편, 계약이행보증을 위한 청산소 등을 설립하여 유동성을 증대시켰다.

그리고 현물시장에서도 가격상승이 예상되는 경우 현물을 매입하였다가

가격상승 후 이익을 얻을 수도 있지만 선물매입을 통해서도 같은 효과를 얻을 수 있기 때문에 현물의 대량거래에 수반되는 유동성 문제를 해결하는 데에도 도움이 된다.

(5) 신금융상품의 개발

선물계약이 현물과 다양하게 결합하면서 종전에는 얻지 못하던 이득형태가 가능하게 되어 새로운 금융상품들이 개발되고 있다. 이러한 기능으로 금융기관의 위험관리기법이 점점 발달하고 현물가격변동위험을 관리할 수 있는 능력이 증대되어 금융의 증권화 현상과 함께 금융기관들은 투자자들에게 수익성, 유동성, 시장성을 두루 갖춘 신금융상품을 공급하게 되었다. 아직 우리나라에서는 익숙하지 않지만 미국에서는 매우 다양하고 정교한 합성증권(synthetic security)들이 출현하여 투자자들에게 인기를 얻고 있는 상황이다.

제4절 선물가격의 결정

1 선물가격과 현물가격의 관계–보유비용모형

선물가격은 어떻게 결정되는 것일까? 또는 선물가격은 현물가격과 어떤 관계에 있을까? 이미 앞서 언급한 바와 같이 선물가격은 현물가격과 연동해서 움직인다. 구체적으로는 선물가격은 현물가격이 오르면 함께 오르고 현물가격이 내리면 선물가격도 함께 내리는 관계에 있다.

이러한 관계를 설명하는 모형이 보유비용모형(carrying cost model)이다. 보유비용모형은 선물가격을 현물가격과의 관계로 설명하는 모형인데 다음과 같이 두 가지 경우로 구분할 수 있다.

(1) 비용만 발생하는 경우

① 보유비용모형

보유비용모형에 따르면 선물가격은 현재시점에서 기초자산을 구입해서 선물계약의 만기시점까지 가져가는데 소요되는 비용, 즉 보유비용을 합친 값이라는 것이다. 앞서 예로 들었던 갑돌이와 농부의 배추사례에서 3월 현재시점에서 배추가격이 800원이라고 하자. 그러면 12월에 인수도하는 배추 포기당 가격 1,000원은 현재시점에서 배추를 800원에 구입해서 12월까지 보유하는데 소요되는 비용 200원을 합하여 산출된 것이다. 따라서 다음의 관계식이 성립된다.

$$F_t = S_0 + C \tag{1.3}$$

단, F_t: 만기가 t인 선물계약의 가격
S_0: 현재시점에서 기초자산가격
C: 현재부터 만기까지의 보유비용

위 식은 선물가격과 현재시점의 기초자산가격, 즉 현물가격과의 관계를 나타내는 식으로서 현물-선물패리티(spot-futures parity)라고 한다.

② 보유비용

여기서 보유비용(carrying cost)은 재고유지비용이라고도 하는데 현재시점에서 선물만기까지 현물을 보유하는 데 소요되는 비용으로서 다음과 같은 네 가지 항목이 포함된다.

- 보관비용(storage costs)
- 수송비용(transportation costs)
- 보험료(insurance costs)
- 금융비용(financing costs)

기초자산에 따라서 다르기는 하지만 이 중 선물가격에 가장 큰 영향을 미치는 요소는 금융비용이다. 만약 금값이 온스당 $500이고 이자율이 연 8%라면 금을 보유하는 금융비용이 연 $40(=500×8%)가 되는 것이다. 특히 금융상품의 경우에는 보관비용, 수송비용, 보험료 등이 없기 때문에 금융상품을 기초자산으로 하는 금융선물의 경우에는 금융비용이 곧 보유비용이 된다. 식 (1.3)은 보유비용을 금액단위로 표시한 것이지만 이를 금융비용의 관점에서 이자율을 r이라고 하여 %단위로 표시하면 다음과 같이 나타낼 수도 있다.[1)]

$$F_t = S_0 \times (1 + r)^t \qquad (1.4)$$

단, r: 시장이자율

예제 1-3

1월 1일의 은 1파운드 가격은 300,000원이고 보험료를 포함한 보관비용은 1년에 50,000원이고 이자율이 연 10%일 때 인도일이 1년 후인 선물가격은 얼마인가? 단, 보관비용은 선불조건이라고 가정하자.

해설

먼저 보유비용을 보관료와 기회비용의 합으로 구한다.

$$C = 50{,}000 + (300{,}000 + 50{,}000) \times 0.1 = 85{,}000$$

따라서 균형선물가격은 다음과 같다.

$$F = S + C = 300{,}000 + 85{,}000 = 385{,}000$$

(2) 비용과 수익이 발생하는 경우

현물자산을 구입하여 만기까지 보유하는 동안에 보유비용은 항상 발생하는 것이지만 경우에 따라서는 그 현물자산으로부터 수익이 발생할 수도 있다. 앞에서는 기초자산이 배추인 경우를 예로 들었지만 이번에는 기초자산이 암탉이라고 해보자. 현재시점에서 암탉을 구입해서 이에 대한 선물의 만기까

1) 이자계산을 연속복리로 한다고 가정하면 $F_t = S_0 \times e^{rt}$ 가 된다.

지 보유하려면 물론 비용이 소요될 것이다. 그러나 암탉이 이 기간 동안에 달걀을 낳을 것이므로 이는 모두 수익이 된다.

좀 우스운 예를 든 것 같지만 금융상품의 경우에는 이렇게 수익이 발생하는 경우가 많다. 예를 들어서 금리선물은 채권을 기초자산으로 하는데 채권에서는 이자수익이 발생하고 주가지수선물은 기초자산이 주식이라고 할 수 있는데 주식에서는 배당수익이 발생하기 때문이다.

이러한 경우 선물만기까지의 기간에서 발생하는 수익은 보유비용에서 차감해야 할 것이다. 따라서 이러한 수익을 선물만기에서 평가한 값을 R이라고 하면 식 (1.3)은 다음과 같이 바뀌게 된다.

$$F_t = S_0 + C - R \tag{1.5}$$

단, R: 현재부터 만기까지의 발생수익

여기서도 수익 R은 금액단위이지만 이를 연단위 수익률로 환산해서 d로 나타내면 식 (1.5)도 다음과 같이 바뀔 것이다.[2)]

$$F_t = S_0 \times (1 + r - d)^t \tag{1.6}$$

단, d: 발생수익률

결국 현물가격과 선물가격의 차이란 현물자산을 구입해서 선물만기까지 가져가는 데 소요되는 비용에서 수익을 차감한 값이다. 따라서 선물계약의 만기가 도래되기 이전에는 그 값이 양(+)이 될 수도 있고 또는 음(−)이 될 수도 있다. 그러나 만기 시점에서는 이 값이 0이 될 것이므로 만기에서의 선물가격은 현물가격과 일치하게 된다.

2) 이자계산을 연속복리로 한다면 $F_t = S_0 \times e^{(r-d)t}$ 가 된다.

예제 1-4

어떤 채권의 현재가격은 140,000원이고 반년마다 2,000원의 이자를 지급한다. 현재시점에서 이자지급일까지 남은 기간은 6개월이라고 할 때에 이 채권을 기초자산으로 하는 만기 1년짜리 선물계약의 균형가격은 얼마인가? 단, 시장이자율은 연 10%라고 하자.

해설

보유비용은 현재시점에서 채권을 구입한 경우 기회비용이므로 14,000원 (= 140,000×0.1)이다. 그리고 선물만기까지의 기간 중에 발생한 수익을 선물만기시점의 가치로 산출한 값 R은 다음과 같다.

$$R = 2,000 \times \left(1 + 0.1 \times \frac{6}{12}\right) + 2,000 = 4,100$$

따라서 균형선물가격은 다음과 같이 구할 수 있다.

$$\begin{aligned} F &= S + C - R \\ &= 140,000 + 14,000 - 4,100 = 149,900(\text{원}) \end{aligned}$$

2 베이시스

(1) 의의

베이시스(basis)란 특정한 기초상품의 현재 현물가격(S_0)에서 선물가격(F_t)을 차감한 차이를 말하는데 다음 식으로 정의된다.[3)]

$$b = S_0 - F_t \tag{1.7}$$

따라서 베이시스는 보유비용과 그 크기가 같고 부호만 다를 뿐이다. 동일한 기초자산에 대해서 여러 선물이 존재할 수 있는데 이러한 경우 베이시스는 현물가격과 만기가 가장 짧은 근월물가격의 차이를 말한다.

그리고 선물계약의 만기가 다가올수록 베이시스는 점점 작아지고 마침내

3) 이와 반대로 선물가격에서 현물가격을 차감한 차이를 베이시스로 정의하기도 한다.

만기일에는 선물가격과 현물가격이 일치하여 베이시스는 0이 되는데 이를 수렴현상(convergence)이라고 한다.

(2) 베이시스위험과 변동

① 베이시스위험

현물가격과 선물가격의 변동이 동일하면 베이시스는 항상 일정하게 된다. 그러나 현물시장과 선물시장의 수요와 공급의 관계가 서로 다르기 때문에 베이시스는 확대되거나 축소되는 것이 일반적이다. 이에 따라서 선물거래자는 손실을 입거나 이익을 보게 되는데 이를 베이시스위험(basis risk)이라고 한다.

그림 1-5 현물가격과 선물가격의 수렴

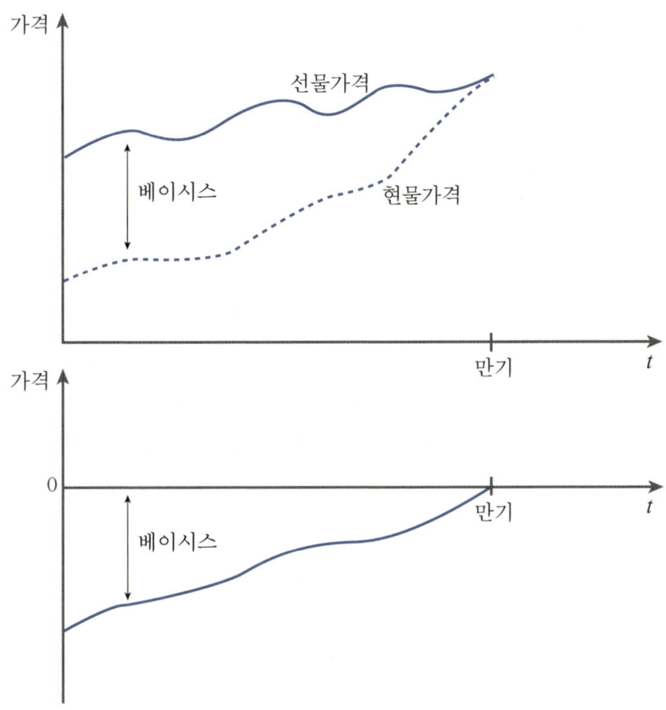

② **베이시스변동**

대개의 경우 베이시스는 선물 또는 현물가격의 변동에 비해 상대적으로 더 작은 폭으로 움직이기 때문에 보다 안정적인 특성을 갖는다. 따라서 선물거래에서의 헤지란 현물상품의 가격변동위험을 선물계약을 이용해서 위험의 크기가 더 작은 베이시스위험으로 대체하는 것이라고 할 수 있다.

3 스프레드

(1) 의의

현물가격과 선물가격의 차이를 베이시스라고 하는데 비해서, 서로 다른 선물가격간의 차이를 스프레드(spread)라고 한다. 따라서 스프레드는 식 (1.8) 같이 표현된다. 스프레드 개념을 이용하면 다양한 거래전략을 수립하는 데 도움이 된다.

$$s = F_2 - F_1 \tag{1.8}$$

(2) 만기간 스프레드

스프레드 중에서도 만기가 서로 다른 선물계약간의 가격차이를 만기간 스프레드(inter-delivery spread)라고 한다. 대개 동일한 거래소에서 같은 종류의 선물계약으로서 결제월만 다른 선물계약의 가격차이를 일컫는다.

원월물가격(F_2)와 근월물가격(F_1) 사이의 관계를 보유비용모형을 이용해서 생각해 보자. 보유비용은 원월물에서 더 크게 될 것이므로 원월물가격은 근월물가격에다가 만기차이에 해당하는 기간 동안의 보유비용을 더하고 같은 기간의 수익을 차감해서 결정될 것이다. 따라서 이들간에는 다음과 같은 관계식이 성립한다.

$$F_2 = F_1 + C - R \tag{1.9}$$

(3) 기타 스프레드

만기간 스프레드 이외에 상품간 스프레드, 거래소간 스프레드 등이 있다. 상품간 스프레드(inter-commodity spread)는 다른 조건은 동일하고 선물계약의 기초자산만이 다른 경우의 선물계약들 사이의 가격차이를 말하며 시장간 스프레드(inter-market spread)는 다른 조건은 동일하고 거래소만 다른 선물계약들 사이의 가격차이를 말한다.

4 선물가격과 기대현물가격의 관계

앞서 살펴 본 보유비용모형은 선물가격과 현재시점의 현물가격과의 관계를 설명하는 이론이다. 이제는 선물가격과 미래현물가격의 기대값과의 관계를 설명하고자 한다. 이 두 가지 변수의 관계에 대해서는 다음과 같은 세 가지 견해가 있다.

(1) 기대가설

선물가격은 선물시장에서 전망하는 미래 일정시점의 현물가격에 대한 예측값이라고 할 수 있다. 불확실성이 없는 균형상태라면 선물시장의 수급에 의해서 형성된 선물가격이 미래현물가격에 대한 기대값, $E(S_t)$와 일치하게 될 것이고 따라서 다음 식이 성립한다. 이를 기대가설(expectation hypothesis)이라고 한다.

$$F_t = E(S_t)$$

(2) 백워데이션과 콘탱고

① 백워데이션

케인즈와 힉스는 헷저들이 선물에 대해서 매도포지션을 취하고 투기거래자들은 매입포지션을 취하고 있다면 선물가격은 미래현물가격의 기대값보다 낮게 형성될 것이라고 주장했다. 왜냐하면 투기거래자들은 자신들이 부담하는 위험에 대해서 반드시 보상을 요구하므로 선물가격이 미래에 상승할 것이라는 기대가 있어야만 거래를 할 것이기 때문이다.

따라서 선물계약기간 동안에 선물가격은 상승하면서 만기에는 현물가격과 일치하게 된다. 이러한 현상을 백워데이션(backwardation)이라고 하며 다음과 같은 식으로 표현된다.

$$F_t < E(S_t)$$

② **콘탱고**

이번에는 투기거래자들이 매도포지션을 취하고 헤지거래자들이 매입포지션을 취하고 있다고 해보자. 이때에도 투기거래자들은 부담하는 위험에 대해서 보상받기를 요구할 것이다. 따라서 앞으로 선물가격이 하락할 것이라는 기대가 반영되어 선물가격이 미래현물가격의 기대값보다 높게 형성된다. 즉, 선물계약기간 동안에 선물가격은 하락하면서 만기에는 현물가격과 일치하게

그림 1-6 선물가격과 기대현물가격

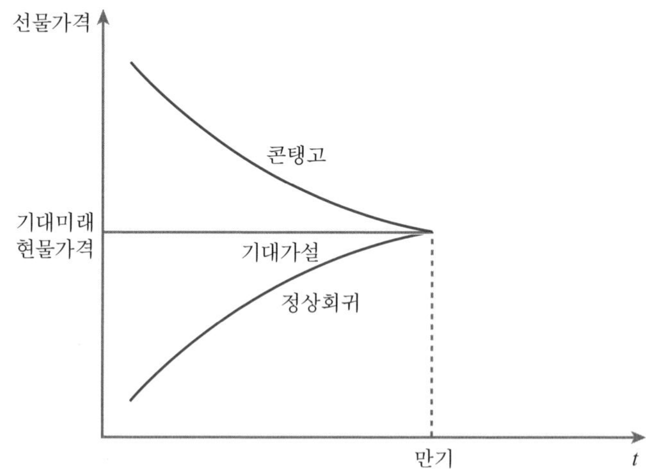

된다. 이러한 현상은 콘탱고(contango)라고 하며 다음과 같은 식으로 표현된다.

$$F_t > E(S_t)$$

이러한 내용을 종합해서 그림으로 나타내면 [그림 1-6]과 같다. 미국의 경우에 실제 시장자료를 보면 선물계약에 따라서 백워데이션과 콘탱고가 뒤섞여 있지만 대체로 백워데이션의 경우가 좀더 많은 것으로 나타난다.

연습 문제

1-1 선물거래와 선도거래의 차이점을 비교하라.

1-2 다음은 선물거래와 관련된 증거금들이다. 간단하게 그 내용을 설명하라.

① 위탁증거금 ② 개시증거금 ③ 유지증거금
④ 추가증거금 ⑤ 초과증거금 ⑥ 매매증거금

1-3 갑돌이와 을순이는 모두 2,000,000원씩을 증거금을 예치한 후 3일 후에 만기가 되는 달러선물1계약($50,000)을 달러당 1,200원에 갑돌이는 매도하고 을순이는 매입하였다. 1일 경과시점에 달러선물가격이 1,215원이 되었고 2일 경과시점에 1,195원이 되었다고 가정해서 두 사람의 매일매일의 손익을 계산하라.

1-4 선물거래의 개시증거금이 2,500,000원이고 유지증거금은 2,000,000원이라고 하자. 그리고 현재 선물계약의 가격은 94.76포인트이다. 단, 포인트당 가격은 500,000원이다. 3월 3일 현재 개시증거금으로 선물계약 1단위를 매입한 이후 매일 선물가격이 다음과 같이 변동하였다.

일 자	선물가격
3월 3일	96.00포인트
3월 4일	92.10
3월 5일	92.80

유지증거금과 일일정산제도를 고려해서 매일매일의 계좌잔고를 제시하라.

신문기사 주식선물 투자기회 확대…파생시장 활력 되찾을까

거래소 '파생상품시장 발전방안'

종목수 60개로 · 만기는 3년으로 늘려 투기목적 개인투자자 참여도 제한
시장활성화 · 투기 차단 두 토끼 잡기

증권업계 "활력 역부족" 불만에 금융위 "증권사 볼멘소리" 일축

한국거래소가 '투기적 거래 차단'과 '시장 활성화'라는 두 마리 토끼 잡기를 내걸고 다양한 파생시장 발전방안을 내놓았다. 하지만 증권업계에서는 부진한 파생시장을 되살리기에는 부족한 방안이라며 불만스러운 모습이다.

한국거래소는 15일 파생상품인 주식 선물 시장의 기초자산이 되는 주식 종목을 25개에서 60개로 늘렸다. 애초 최대 1년 만기로만 발행할 수 있었던 주식 선물을 최대 3년 만기까지 발행할 수 있도록 했다. 앞서 지난 1일에는 다양한 거래 안정화 제도를 도입하고, 거래기간 6개월~3년 사이 코스피200옵션 장기물도 상장했다. 전문 투자자로서는 안정적인 시장에서 그만큼 다양한 상품 개발과 위험 회피(헤지)가 가능해진 셈이다.

이런 거래소의 조처는 금융위원회가 지난 6월 발표한 '파생상품시장 발전방안'에 따른 것이다. 발전방안에는 개인투자자의 투기적 거래를 막고 전문가 위주의 장내 파생시장을 만들겠는 의도가 담겼다. 예를 들어 파생시장 발전조처 가운데 하나인 '적격개인투자자제도'는 3,000만원 이상을 예탁하고 사전교육을 받은 투자자에게만 1단계로 단순 선물거래를 허용한다. 복잡한 선물과 옵션거래를 하려면 다시 1년 동안 단순 선물거래 경험을 쌓아야 한다. 상품을 다양하게 제시하되, 투기 목적의 개인투자자 참여는 제한하겠다는 의미다.

파생시장 거래 목적은 크게 헤지거래, 차익거래, 투기거래로 나뉘는데, 개인투자자는 투기거래 목적이 대부분이다. 헤지거래는 현물시장에서 주식을 사들이면서, 주가가 떨어질 것을 우려해 파생시장에서 반대로 풋옵션(정해진 가격에 팔 수 있는 권리)을 사거나, 선물 매도 포지션을 취하는 식이다. 차익거래는 선물과 현물의 가격 차이를 이용해 수익을 얻는 방법으로 주식 등 기초자산의 지나친 가격 급등과 급락을 조정하는 역할을 한다. 투기거래는 선물의 경우 12% 정도의 증거금만 있으면 사고팔 수 있어 적은 돈으로 고수익을 얻을 수 있다. 반대로 투자에 실패하면 증거금뿐만 아니라 투자했던 금액보다 더 큰 금전적 손실을 볼 수도 있다.

주식선물시장 개편 주요 내용(15일부터 시행)
• 주식선물의 기초자산이 되는 주식종목 수 기존 25개에서 60개로 확대
• 최대 1년물가지 발행했던 선물을 3년물까지 발행 할 수 있도록 장기결제월물 도입
• 일률적으로 12%인 현재 거래 증거금률을 기초자산인 주식종목의 위험도에 따라 7~12.5%로 차등적용

지난 2011년 옵션의 기본가격인 옵션거래 승수가 5배 증가하자 옵션 거래량이 20분의 1로 급감했다. 그만큼 소액투자를 하는 개인들의 투기성 거래가 만연해 있었다는 의미다.

이번에 나온 거래소의 대책에 대해 증권업계는 "파생상품 시장을 되살리기 어려운 대책"이라고 반발한다. 한 증권업계 관계자는 "파생상품 시장 거래량이 줄어든 원인은 옵션거래 승수를 높이는 등 고수익을 노린 개인투자자의 진입을 막아버린 데 있는데, 오히려 그 경향이 강화됐다"고 평가했다. 거래소 대책에는 옵션거래 승수 조정 등은 포함되지 않았다.

이에 대해 금융위 관계자는 "더이상 파생시장이 투기성 개인투자자의 위탁매매 수수료에 의존해서는 안 된다"고 말했다. 그는 "제로섬 구조인 파생상품 시장에서 큰 손실을 입는 건 언제나 정보가 빈약한 개인투자자일 수밖에 없다"며 "단순히 거래량을 늘리기 위해 개인투자자를 끌어들이기보단 본래 목적에 맞게 전문가 위주의 시장으로 질을 높이는 데 초점을 맞출 계획"이라고 밝혔다

방준호 기자

〈한겨레 뉴스〉 2014.9.15

제 2 장 선물거래유형

선물거래의 유형은 투자자의 거래동기에 따라서 구분된다. 가장 일반적인 형태로는 재정거래와 헤지거래, 그리고 투기거래가 있다. 재정거래는 선물시장가격과 균형가격 사이의 불균형을 이용하는 것이고 헤지거래는 현물포지션에서 발생할 수 있는 손실을 선물거래로 커버하기 위한 거래이다. 투기거래는 선물 자체를 하나의 독립된 투자 대상으로 보고 이 가격에 대한 예측을 통해서 시세차익을 얻기 위한 거래이다. 개별적인 내용을 하나씩 살펴보자.

제1절 재정거래

1 기초개념

(1) 의의

균형선물가격은 보유비용모형으로 도출된 가격이다. 구체적으로는 현물가격에 선물만기까지의 기간에 해당하는 보유비용을 더하고 같은 기간의 발생수익을 차감한 값을 말한다.

이러한 이론적 모형을 통해서 산출한 값을 균형가격 또는 이론가격이라고 하는데 이 값이 실제 선물시장에서 거래되고 있는 선물가격과 같다면 선물시장은 균형상태가 된다. 그러나 두 값이 서로 다를 때에는 불균형 상태라고 하는데 이때에는 재정거래(arbitrage)를 통해서 두 값의 차이에 해당하는 재정이익을 도모할 수 있다.

(2) 재정거래기회

추가적인 자금이나 위험을 부담하지 않으면서 이익을 얻을 수 있는 기회가 있다면 누구나 이러한 기회를 이용할 것이다. 이를 재정거래의 기회라고 하는데 시장에 이러한 기회가 존재하는지를 먼저 파악해야 할 것이다.

선물과 현물 사이에서 재정거래기회를 파악하려면 먼저 선물가격과 현물가격 사이의 균형관계가 성립하는지 확인해야 한다. 그리고 특정 선물과 다른 선물 사이에서 재정거래기회를 파악하려면 두 선물가격 사이의 균형관계를 확인해야 할 것이다. 이러한 관계를 확인할 수 있는 균형식으로 식 (1.3), 식 (1.5), 식 (1.9)를 들 수 있다. 현재 상황이 이들 균형식이 성립하지 않는 상황이라면 불균형상태가 되고 이로부터 재정거래를 도모할 수 있다. 각 경우의 재정거래 내용을 차례대로 살펴본다.

2 선물과 현물의 재정거래

선물시장에서 형성되어 있는 선물시장가격과 보유비용모형을 통해서 산출된 균형선물가격과 차이가 존재하는 경우는 첫째, 시장가격이 균형가격보다 높은 경우와 둘째, 이와 반대로 시장가격이 균형가격보다 낮은 두 가지 경우로 구분할 수 있다.

각 경우에서 재정이익을 얻을 수 있는 거래유형을 대응시켜서 살펴 보면 다음과 같이 요약된다.

현재선물가격		균형선물가격		재정거래전략
선물의 시장가격	>	현물가격 + 보유비용	→	선물매도, 현물매입
선물의 시장가격	<	현물가격 + 보유비용	→	선물매입, 현물매도

선물계약을 중도에 청산하지 않고 만기까지 보유한다고 가정해서 위의 각 상황에 따른 재정거래과정을 좀더 자세하게 설명해 보자.

(1) 선물의 시장가격 > 현물가격 + 보유비용

① 현물매입재정거래

먼저 선물시장가격이 균형가격보다 과대평가된 상황에서의 재정거래를 살펴보자. 이때의 재정거래는 시점별로 구분해서 다음과 같은 두 단계로 설명할 수 있다.

• 1단계

현재시점에서는 선물의 시장가격이 과대평가된 것이므로 먼저 과대평가된 가격으로 현시점에서 선물을 매도하여 만기의 현금유입을 많게 해 놓는다. 그리고 동시에 차입금을 조달해서 현물을 매입함으로써 만기에 가서 선물계약의 이행에 필요한 현물을 확보해 놓는다.

• 2단계

만기시점에서는 미리 매입해 놓은 현물을 만기에 인도함으로써 선물계약을 이행하면서 동시에 차입금에 대한 원리금을 상환한다.

이러한 거래에서는 현재시점에서 아무런 비용을 부담하지 않으면서 만기에 재정이익을 얻을 수 있다. 그리고 이때의 재정이익은 선물의 시장가격과 균형가격의 차이에 해당하는 금액이 된다. 이렇게 현물을 보유하는 형태의 재정거래를 현물매입재정거래(cash and carry arbitrage)라고 한다.[1)]

1) 여기서 cash는 현금이라는 뜻이 아니고 선물거래에서 현물을 일컫는 용어이다.

② 합성대출과 환매이자율

현물매입재정거래의 효과를 수익률의 관점에서 살펴보자. 선물의 현재가격을 *F*, 현물가격은 *S*라고 하면 이 거래는 현물을 매입하고 선물을 매도하는 것이므로 현재시점에서 *S*의 현금유출과 선물만기에서 *F*의 현금유입이 이루어지는 것과 같다.

현재 0	만기 t
현물구입 $-S$	현물인도 $+F$

이러한 현금흐름은 현재시점에서 S를 대출하였다가 만기에 이에 대한 원리금으로 F를 회수하는 것과 동일하기 때문에 현물매입재정거래를 합성대출(synthetic lending)이라고 한다. 따라서 합성대출이자율은 곧 현물매입재정거래를 통해서 자금을 운용할 때에 얻게 되는 수익률과 동일한 것이며 그 값은 다음과 같이 산출되는데 이를 환매이자율(repo rate)이라고도 부른다.[2)]

$$repo\ rate = \frac{F-S}{S} \tag{2.1}$$

만약 현물매입재정거래에서 이익을 얻게 된다면 그것은 곧 합성대출에서 얻게 되는 수익률이 현물매입자금을 조달하는데 부담하는 차입금에 대해서 부담하는 이자율보다 크다는 의미가 된다. 따라서 재정거래 기회가 존재하는 것이다.

예제 2-1

어떤 자산의 현물가격은 100,000원이며 시장이자율은 연 10%이다. 선물거래에 대해서는 만기에 가서 현물을 인수 또는 인도함으로써 계약을 이행한다고 가정하자.
만기까지 1년 남은 선물계약의 시장가격이 120,000원이라고 할 때에 어떤 형태의 재정거래가 가능한가를 설명하고 이를 통해서 얻게 되는 재정이익을 산출하라. 그리고 재정거래기회를 수익률의 관점에서 확인하라.

2) 환매조건부계약(repo 또는 repurchase agreement)이란 나중에 일정한 가격으로 다시 매입하는 조건으로 증권을 매도하는 것을 말하는데 흔히 환매채라고도 한다. 선물과 현물을 이용한 재정거래의 현금흐름이 이와 동일하기 때문에 환매이자율이라고 부르는 것이다.

해설 먼저 주어진 자료를 통해서 선물의 균형가격을 산출하면 다음과 같다.

$$F_t = S_0 + C$$
$$= 100{,}000 + 100{,}000 \times 0.1 = 110{,}000(\text{원})$$

현재 시장가격 120,000원은 균형가격 110,000원보다 과대평가되어 있으므로 현물매입재정거래기회가 존재한다. 먼저 현재시점에서 선물을 매도하면서 10%이 자율로 차입금을 조달하여 현물을 매입한다. 그리고 만기에서 선물결제를 하면서 차입금에 대한 원리금을 상환하면 다음과 같이 현재시점에 아무런 비용을 부담하지 않으면서 만기에 10,000원의 이익이 생기는데 이것이 재정이익이 된다.

	현 재	만 기
선물매도	0	$120{,}000 - S_t$
현물매입	−100,000	S_t
차입·상환	+100,000	$-100{,}000 \times 1.1$
	0	10,000

이제 수익률의 관점에서 재정거래기회를 확인하자. 현물매입재정거래의 경제적 효과는 합성대출과 같고 그 수익률은 다음과 같이 20%이며 이는 시장이자율 10%보다 높으므로 재정거래기회가 존재한다.

$$\frac{F_t - S_0}{S_0} = \frac{120{,}000 - 100{,}000}{100{,}000} = 20\% > 10\%$$

(2) 선물의 시장가격 < 현물가격 + 보유비용

① 현물매도재정거래

이번에는 선물시장가격이 균형가격에 비해서 과소평가된 상황에서의 재정거래를 살펴보자. 이때의 재정거래는 앞서 설명한 과대평가상황과 정반대로 이루어진다.

• 1단계

현재시점에서 선물시장가격이 과소평가되어 있으므로 선물을 매입한다. 선물매입은 만기의 현물인수를 의미하므로 이를 상환물로 이용할 수 있도록 현재시점에서 현물을 공매해서 자금을 조달한다.[3] 그리고 이렇게 조달한 자금은 대출(또는 예금)에 투자한다.

• 2단계

만기시점에서는 공매자금의 대출에 대한 원리금을 회수하고 이를 선물계약의 이행에 사용한다. 즉, 선물매입가격을 지불하고 현물을 인수받는다.

이러한 거래에서도 현재시점에서 아무런 비용을 부담하지 않으면서 만기에 재정이익을 얻을 수 있으며 그 금액은 역시 선물시장가격과 균형가격의 차이에 해당한다. 이렇게 현물을 공매하는 형태의 재정거래를 현물매도재정거래(reverse cash and carry arbitrage)라고 한다.

② 합성차입과 환매이자율

현물매도재정거래의 효과를 자본비용의 관점에서 살펴보자. 선물의 현재가격을 F, 현물가격은 S라고 하면 이 거래는 현물을 공매하고 선물을 매입하는 것이므로 현재시점에서 S의 현금유입과 선물만기에서 F의 현금유출이 이루어지는 것과 같다.

이러한 현금흐름은 현재시점에서 S를 차입하였다가 만기에 이에 대한 원리금으로 F를 상환하는 것과 동일하기 때문에 현물매도재정거래를 합성차입(synthetic borrowing)이라고 한다. 따라서 합성차입이자율은 곧 현물매도재정거래를 통해서 자금을 조달할 때에 부담하는 자본비용과 동일한 것이며 그 값은 다음과 같은 환매이자율로 산출되며 이는 앞서의 식 (2.1)과 동일하다.

$$repo\ rate = \frac{F - S}{S}$$

만약 현물매도재정거래에서 이익을 얻게 된다면 그것은 곧 합성차입에서 부담하게 되는 자본비용이 현물공매자금을 대출금(또는 예금)에 활용해서 얻게 되는 수익률보다 낮다는 의미가 된다.

---

3) 공매(short sale)란 현물을 빌려서 매각하여 자금을 활용하다가 만기에 가서는 해당 현물로 상환하는 것을 말한다. 흔히 증권거래에서 공매는 투자자의 입장에서 말하는 것이고 주식을 빌려주는 증권회사의 입장에서는 이를 대주(貸株)라고 한다.

예제 2-2

어떤 자산의 현물가격은 100,000원이며 시장이자율은 연10%이다. 선물거래에 대해서는 만기에 가서 현물을 인수 또는 인도함으로써 계약을 이행한다고 가정하자.

만기까지 1년 남은 선물계약의 시장가격이 106,000원이라고 할 때에 어떤 형태의 재정거래가 가능한가를 설명하고 이를 통해서 얻게 되는 재정이익을 산출하라. 그리고 재정거래기회를 수익률의 관점에서 확인하라.

해설

이 선물계약의 균형가격도 앞서의 예제와 마찬가지로 다음과 같다.

$$F_t = S_0 + C$$
$$= 100{,}000 + 100{,}000 \times 0.1 = 110{,}000(\text{원})$$

현재 시장가격 106,000원은 균형가격 110,000원보다 과소평가되어 있으므로 이번에는 현물매도재정거래기회가 존재한다. 먼저 현재시점에서 선물을 매입하면서 현물을 공매한다. 그리고 공매자금 100,000원을 시장이자율 10%로 대출에 활용한다. 만기에서 대출금에 대한 원리금 110,000원을 회수하고 이 중 106,000원으로 선물결제를 하면서 현물을 인수받는다. 동시에 인수받는 현물을 공매에 대한 상환물로 이용한다. 이러한 거래는 다음과 같이 현재시점에 아무런 비용을 부담하지 않으면서 만기에 4,000원의 이익이 생기는데 이것이 재정이익이 된다.

	현 재	만 기
선 물 매 입	0	$S_t - 106{,}000$
현 물 매 도	+ 100,000	$-S_t$
대출 · 회수	− 100,000	+ 100,000 × 1.1
	0	4,000

이제 자본비용의 관점에서 재정거래기회를 확인하자. 현물매도재정거래의 경제적 효과는 합성차입과 같고 그 자본비용은 다음과 같이 6%이며 이는 시장이자율 10%보다 낮으므로 재정거래기회가 존재한다.

$$\frac{F_t - S_0}{S_0} = \frac{106{,}000 - 100{,}000}{100{,}000} = 6\% < 10\%$$

이제까지 설명된 재정거래기회의 파악방법과 구체적인 재정거래의 유형을 표로 나타내면 〈표 2-1〉과 같이 요약할 수 있다.

표 2-1 **재정거래기회와 거래유형(2022년 현재)**

재정거래기회	재정거래유형
선물시장가격 > 선물균형가격 (= 환매이자율 > 차입이자율)	현물매입재정거래
선물시장가격 < 선물균형가격 (= 환매이자율 < 대출이자율)	현물매도재정거래

출처 : 한국거래소

3 선물기간 중에 수익이 발생하는 경우

(1) 개 요

현물자산의 종류에 따라서는 선물계약의 만기까지의 보유기간 동안에 여러 가지 형태의 수익이 발생할 수 있다. 금융자산의 경우를 예로 들어보자. 만약 현물자산이 주식이라면 이를 기초자산으로 하는 선물의 만기까지 주식을 보유하면 배당수익이 발생할 것이다. 채권도 마찬가지로 이자수익이 발생할 수 있다.

이렇게 선물기간 중에 수익이 발생하는 경우에는 이들 자산에 대한 선물균형가격이 만기까지의 보유비용뿐만 아니라 이러한 수익의 가치까지 반영해서 결정되어야 한다. 그 관계를 나타내는 식이 식 (1.5)로 소개된 다음 식이다.

$$F_t = S_0 + C - R$$

그런데 만약 시장이 이러한 균형관계가 성립하지 않는 불균형상태라면 역시 재정거래가 발생할 것이다. 이러한 상황에서의 재정거래를 살펴보자.

출처 : 한국거래소

(2) 재정거래전략

선물시장에서 형성된 선물가격이 식 (1.5)를 만족하고 있다면 균형상태라고 한다. 이러한 균형상태에 이탈된 불균형상태에서 재정거래기회가 존재하는데 여기서도 불균형상태는 다음과 같이 선물시장가격이 균형가격에 비해서 과대평가된 경우와 과소평가된 경우, 두 가지를 생각할 수 있다.

① 선물시장가격 > 현물가격 + 보유비용 - 발생수익

먼저 선물시장가격이 균형가격에 비해서 과대평가된 경우를 보자. 이때에는 선물을 매도하고 현물을 매입하는 현물매입재정거래를 할 것인데 이러한 원리는 앞서의 보유비용만 고려한 내용과 동일하다.

그러나 여기서는 현물을 매입하였기 때문에 만기까지 기간 중에 수익이 발생할 것이다. 따라서 이를 대출이나 예금의 형태로 재투자하였다가 선물만기에서 그 원리금을 회수하는 과정을 추가하면 된다.

② 선물시장가격 < 현물가격 + 보유비용 - 발생수익

이번에는 선물시장가격이 균형가격에 비해서 과소평가된 경우를 보자. 이때에는 선물을 매입하고 현물을 공매하는 현물매도재정거래를 할 것이다.

그러나 이 경우에는 현물을 공매하였기 때문에 만기까지 기간 중에 발생하는 수익만큼의 비용을 추가로 부담하게 된다. 따라서 이에 해당하는 금액만큼을 차입하였다가 선물만기에서 그 원리금을 상환하는 과정을 추가하면 된다.

그리고 각 경우에서 환매이자율을 산출할 때에는 식 (2.1)에서 선물기간 중의 수익에 대한 수익률을 차감해야 할 것이다. 지금까지 설명된 내용들을 다음과 같은 예제를 통해서 구체적으로 이해하도록 하자.

예제 2-3

가나기업 주식의 현재가격은 90,000원이고 반년마다 6,000원의 배당을 지급하며 현재시점에서 배당일까지 반년이 남아 있다. 가나기업의 주식을 기초자산으로 하는 1년 만기 선물계약의 시장가격은 87,000원이다. 시장이자율이 10%라고 할 때에 다음 물음에 답하라.

(1) 현재 선물의 시장가격은 균형가격인가?
(2) 만약 균형가격이 아니라면 어떤 형태의 재정거래가 가능한가?
(3) 수익률의 관점에서 재정거래기회를 확인하라.

해설

(1) 이 선물계약의 균형가격은 선물만기까지의 발생수익을 고려해서 다음과 같이 산출된다.

$$F_t = S_0 + C - R$$
$$= 90{,}000 + 90{,}000 \times 0.1 - 12{,}300 = 86{,}700(\text{원})$$

단, 여기서 발생수익의 선물만기에서의 가치(R) 즉, 12,300원은 다음과 같이 산출된 것이다.

$$R = 6,000 \times \left(1 + 0.1 \times \frac{1}{2}\right) + 6,000 = 12,300(\text{원})$$

선물의 시장가격 87,000원은 균형가격 86,700원보다 과대평가되어 있다.

(2) 선물시장가격이 과대평가되어 있으므로 현물매입재정거래가 이루어질 것이며 그 과정은 다음과 같은 현금흐름으로 나타낼 수 있다.

	현 재	반년 후	1년 후
선 물 매 도	0	0	$87{,}000 - S_t$
현 물 매 입	$-90{,}000$	$+6{,}000$	$6{,}000 + S_t$
차입 · 상환	$+90{,}000$		$-90{,}000 \times 1.1$
대출 · 회수		$-6{,}000$	$6{,}000 \times 1.05$
	0	0	300

(3) 현물매입재정거래의 경제적 효과는 합성대출과 같다고 하였다. 그리고 그 수익률은 다음과 같이 10.33%이며 이는 시장이자율 10%보다 높으므로 재정거래기회가 존재한다.

$$\frac{(F_t + R) - S_0}{S_0} = \frac{(87,000 + 12,300) - 90,000}{90,000} = 10.33\% > 10\%$$

4 만기가 다른 선물의 재정거래

지금까지는 선물가격과 현물가격 사이의 불균형을 이용한 재정거래에 대해서 설명하였다. 이제는 동일한 기초자산에 대한 만기가 서로 다른 선물들을 이용한 재정거래를 살펴보겠다. 이미 앞서 설명하였듯이 시장이 균형상태라면 원월물과 근월물의 가격 사이에는 식 (1.9)로 소개된 다음과 같은 관계식이 성립한다.

$$F_2 = F_1 + C - R$$

이러한 관계가 성립하지 않는 경우도 다음과 같이 두 가지 경우가 될 것이다.

(1) 원월물가격 > 근월물가격 + 보유비용

이 경우는 원월물이 근월물에 비해서 상대적으로 과대평가되어 있는 불균형상태이다. 따라서 과소평가되어 있는 근월물을 매입하고 과대평가되어 있는 원월물을 매도함으로써 재정이익을 얻을 수 있다. 이러한 형태의 재정거래를 근월물매입재정거래(forward cash and carry arbitrage)라고 한다.

논의를 단순화하기 위해서 근월물만기와 원월물만기 사이의 기간 중에 발생하는 수익은 없다고 가정하고 근월물매입재정거래의 현금흐름을 시점별로 나타내면 〈표 2-2〉와 같다. 여기서 F_1, F_2는 근월물가격과 원월물가격이고 S_1, S_2는 시점1과 시점2에서의 현물가격을 의미한다.

〈표 2-2〉에서 보듯이 근월물매입재정거래에서 얻게 되는 이익은 $F_2 - F_1(1+r)$이 된다. 여기서 재정이익이 0이 되면 식 (1.9)가 성립하는 것이다.[4)]

표 2-2 근월물매입재정거래의 현금흐름(2022년 현재)

	현 재	1년 후	2년 후
근월물매입	0	$S_1 - F_1$	
원월물매도	0		$F_2 - S_2$
시점1에서 F_1차입		F_1	$-F_1(1+r)$
시점1에서 현물매입		$-S_1$	S_2
	0	0	$F_2 - F_1(1+r)$

출처 : 한국거래소

4) 도중에 발생수익은 없다고 하였으므로 $R = 0$이고 보유비용 $C = F_1 \times + r$이므로 식 (1.9)의 성립을 확인할 수 있다.

그리고 만약 재정이익이 0보다 크다면 근월물매입재정거래의 수익률은 다음과 같이 산출되는데 이 수익률은 미래의 일정기간인 시점1에서부터 시점2까지의 기간에 적용되는 것이므로 이를 선도환매이자율(forward repo rate)이라고 한다.[5)]

$$forward\ repo\ rate = \frac{F_2 - F_1}{F_1} \tag{2.2}$$

선물과 현물 사이의 재정거래에서도 보았듯이 근월물매입재정거래에서의 선도환매이자율은 합성대출의 수익률과 같은 의미가 된다. 따라서 근월물매입재정거래에서 이익이 발생한다는 것은 합성대출수익률이 시점1과 시점2 사이의 차입이자율보다 크다는 의미가 된다.

(2) 원월물가격 < 근월물가격 + 보유비용

이 경우에는 원월물이 근월물에 비해서 상대적으로 과소평가되어 있는 불균형상태이다. 따라서 원월물을 매입하고 근월물을 매도함으로써 재정이익을 얻을 수 있다. 이러한 형태의 재정거래는 근월물매도재정거래(reverse forward cash and carry arbitrage)라고 한다. 이 재정거래과정은 근월물매입재정거래와 반대의 현금흐름을 갖게 되므로 구체적인 설명은 생략한다.

예제 2-4

6월 현재 금선물계약의 가격정보를 수집해보니 8월물은 10,000원/g이고 10월물은 10,250원/g이다. 시장이자율이 연 9%라고 할 때에 어떤 형태의 재정거래가 가능한지 확인하라. 그리고 선도환매이자율을 구하라.

해설

두 선물 만기의 차이는 2개월이다. 따라서 이 기간의 이자율은 다음과 같이 1.5%가 된다.

---

5) 기간별 금리구조에 대한 자세한 설명은 제5장 금리선물을 참조하기 바란다.

$$9\% \times \frac{2}{12} = 1.5\%$$

8월물 가격을 기준으로 10월물의 균형가격을 산출하면 다음과 같다.

$$F_2 = F_t + C$$
$$= 10{,}000 + 10{,}000 \times 1.5\% = 10{,}150(\text{원})$$

그런데 10월물 시장가격은 10,250원으로서 균형가격 10,150원보다 과대평가된 상태이므로 근월물매입재정거래가 가능하다. 구체적인 시점별 현금흐름은 다음과 같다.

	현재(6월)	8월	10월
8월물 매입		$S_1 - 10{,}000$	
10월물 매도			$10{,}250 - S_2$
차입 · 상환		$+10{,}000$	$-10{,}000 \times 1.015$
현물매입		$-S_1$	S_2
	0	0	100

근월물매입재정거래의 경제적 효과도 합성대출과 같으며 그 수익률은 다음과 같이 2.5%이며 이는 시장이자율 1.5%보다 높으므로 재정거래기회가 존재한다.

$$\frac{F_2 - F_1}{F_1} = \frac{10,250 - 10,000}{10,000} = 2.5\% > 1.5\%$$

5 시장불완전요인과 재정거래

(1) 시장불완전요인

현실적으로 시장에는 여러 가지 형태의 거래마찰요인이 존재하여 시장을 불완전하게 만들고 있다. 따라서 시장에서 재정거래의 기회를 확인하기 위해서는 앞서 제시된 균형식을 그대로 이용하기보다 여러 가지 불완전요인들까지 고려해야 할 것이다. 선물시장에서 고려해야 할 시장불완전요인들로 다음과 같은 것들이 있다.

① 호가스프레드

현물이나 선물을 거래함에 있어서 일반적으로 고객에게 제시되는 딜러의 매입호가는 매도호가보다 낮게 제시된다. 만약에 딜러가 제시하는 매입호가가 매도호가보다 높다면 누구든지 낮은 가격으로 딜러에게 매입해서 곧바로 딜러에게 높은 가격으로 매도함으로써 재정이익을 얻게 될 것이기 때문이다.

호가스프레드(bid-ask spread)란 딜러의 매도호가와 매입호가의 차이를 말한다. bid price는 딜러의 매입호가를 말하는데 이것이 반대의 입장에 있는 고객에게는 매도가격이 되고 ask price는 딜러의 매도호가로서 고객입장에서는 매입가격이 된다.

② 거래수수료

거래수수료(transaction fee)는 현물자산 또는 선물계약을 매입하거나 매도할 때에 브로커에게 지불하는 수수료를 말한다.

③ 차입이자율과 대출이자율의 불일치

대부분의 경우 차입이자율은 항상 대출(또는 예금)이자율보다 높은 편이다. 만약 차입이자율이 대출이자율보다 낮다면 누구든지 낮은 이자율로 차입해서 높은 이자율의 대출에 활용함으로써 재정이익을 얻게 될 것이기 때문이다.

④ 차입과 공매의 제약

경우에 따라서는 차입할 수 있는 자금의 규모나 사용할 수 있는 공매자금에 제한이 있을 수 있다. 특히 현물자산의 공매는 신용거래의 성격을 갖기 때문에 이행증거금으로 일부 금액을 예치하도록 하고 있다. 이러한 예치금에 대해서는 이자가 없거나 있더라도 시장이자율보다 낮은 수준인 경우가 많다.

(2) 호가스프레드, 거래수수료 및 이자율의 차이가 있는 경우

호가스프레드가 존재하고 현물이나 선물을 거래하면서 거래수수료를 부담하며 차입이자율이 대출이자율보다 높은 수준일 경우에 선물시장가격이 어느 정도의 수준이 되면 재정거래기회가 존재할 것인가?

이를 확인하기 위해서 역으로 재정거래기회가 존재하지 않기 위한 균형조건을 먼저 구해 보자. 만약 이러한 조건이 지켜지지 않는 상황이라면 재정거래기회가 있다고 판단할 수 있기 때문이다.

① 선물계약의 상한가

선물계약의 상한가를 구하기 위해서는 현물매입재정거래(합성대출)의 수익률과 차입이자율의 크기를 비교해야 한다. 현물매입재정거래는 현물을 매입하면서 동시에 선물을 매도하는 것이다. 이때에 현물은 현재시점에서 ask price, S_a에 매입해야 하고 이를 만기에는 선물매도가격 bid price, F_b 로 매도하게 된다.[6)]

현물매입재정거래는 결국 현재시점에서 S_a의 현금유출과 만기에서 F_b의 현금유입을 확정시키는 효과를 갖는다. 이의 경제적 실질효과는 합성대출과 같고 그 수익률은 다음과 같은 환매이자율로 산출된다.

$$repo\ rate = \frac{(F_b - TF) - S_a}{S_a} \tag{2.3}$$

여기서 거래수수료, TF는 선물만기시점을 기준으로 계산된 값인데 이를 분자에서 빼주는 이유는 선물만기에서 현물인도로부터 얻어지는 금액에서 거래수수료가 공제될 것이기 때문이다. 수익률의 개념을 나타내는 식(2.3)의 환매이자율이 선물기간의 차입이자율 r_B보다 높다면 재정거래기회가 존재한다. 따라서 재정거래기회가 존재하지 않으려면 환매이자율이 차입이자율 r_B 보다 높지 말아야 할 것이고 이 조건은 다음 식으로 요약된다.

$$\frac{(F_b - TF) - S_a}{S_a} \le r_B \;\Rightarrow\; F_b \le S_a(1 + r_B) + TF \tag{2.4}$$

6) 여기서는 모두 투자자의 입장에서 bid price를 매도가격, ask price를 매입가격으로 설명하고 있다.

결국 식 (2.4)는 재정거래기회가 존재하지 않기 위한 선물계약의 bid price 상한을 의미하는 것이다. 만약 현재 선물시장에서 bid price가 이 식을 만족하지 않는다면 재정거래기회가 존재하는 것으로 파악할 수 있다.

② 선물계약의 하한가

이번에는 선물계약의 하한가를 구해 보자. 선물계약의 하한가를 구하기 위해서는 현물매도재정거래(합성차입)의 자본비용과 대출이자율의 크기를 비교해야 한다. 현물매도재정거래는 현물을 공매하면서 동시에 선물을 매입하는 것이다. 이때에 현물은 bid price, S_b로 공매하게 되고 이를 만기에는 선물매입가격 ask price, F_a로 매입하는 현물로 상환해야 한다.

현물매도재정거래는 결국 현재시점에서 S_b의 현금유입과 만기에서 F_a의 현금유출을 확정시키는 효과를 갖는다. 이의 경제적 실질효과는 합성차입과 같고 여기서 부담하는 자본비용은 다음과 같은 환매이자율로 산출된다.

$$repo\ rate = \frac{(F_a + TF) - S_b}{S_b} \tag{2.5}$$

그리고 선물만기에 가서는 현물인수대가를 지불해야 할 뿐만 아니라 거래수수료까지 부담해야 하므로 이를 분자의 현금유출에 더해 주는 것이다. 그리고 자본비용의 개념을 나타내는 식 (2.5)의 환매이자율은 선물기간의 대출이자율 r_L보다 낮지 않아야 재정거래기회가 존재하지 않게 된다. 따라서 다음 식을 통해서 선물계약의 ask price 하한을 확인할 수 있다.

$$\frac{(F_a + TF) - S_b}{S_b} \geq r_L \quad \Rightarrow \quad F_a \geq S_b(1 + r_L) - TF \tag{2.6}$$

③ 선물시장의 호가스프레드가 0인 경우

그런데 선물거래는 현물거래와 달리 거래대금이 필요하지 않기 때문에 그 유동성이 매우 높은 편이다. 따라서 선물시장의 호가스프레드는 일반적으로 현물시장에 비해서 매우 작기 때문에 이를 무시한다면 $F = F_a = F_b$가 된다. 이러한 경우 위 두 식 (2.4)와 식 (2.6)을 다음과 같이 통합해서 표현할 수 있다.

$$S_b(1+r_L) - TF \leq F \leq S_a(1+r_B) + TF \qquad (2.7)$$

식 (2.7)의 좌변은 현물시장에서의 공매에 의한 현금유입액으로서 선물하한가(lower bound)가 되고 우변은 현물보유에 따른 현금유출액으로서 선물상한가(upper bound)가 된다. 이처럼 불완전시장에서는 선물가격이 단일값을 갖지 않고 일정한 범위에서 움직이게 된다. 따라서 재정거래도 선물계약의 시장가격이 이 범위를 벗어날 때에 발생하게 된다.

(3) 공매대금에 제약이 있는 경우

이번에는 공매대금의 사용에 제약이 있는 경우를 살펴보자. 공매는 현물매도재정거래의 필수적인 제도이므로 공매에 대한 제약은 매우 중요한 요인이다. 그런데 공매는 신용거래의 성격을 갖기 때문에 현실적으로는 공매대금의 일정한 비율(f)에 대해서만 인출할 수 있고 나머지 비율($1-f$)은 신용상환에 대한 이행증거금으로 예치해 놓도록 하는 경우가 많다.

이와 같이 공매에 제약이 있는 경우에는 공매자금을 활용하는 현물매도재정거래에만 영향을 주게 된다. 따라서 식 (2.7)의 좌변항에만 영향을 주어 다음과 같이 바뀌게 된다.

$$S_b(1+f \cdot r_L) - TF \leq F \leq S_a(1+r_B) + TF \qquad (2.8)$$

위 식은 공매대금에 대한 예치금에서 아무런 이자수익이 발생하지 않는 경우를 가정한 것이다. 그러나 만약 비록 낮은 수준이라고 하더라도 예치금에 대해서 일정한 이자율(r')로 이자수익이 발생한다면 위 식은 다음과 같이 수정된다.

$$S_b(1+f \cdot r_L + (1-f) \cdot r') - TF \leq F \leq S_a(1+r_B) + TF \qquad (2.9)$$

식 (2.8)과 식 (2.9)는 시장의 불완전요인들을 모두 고려한 모형인데 다소 낯설게 보일지도 모른다. 그러나 거래수수료가 없고($TF=0$), 매도호가와 매수호가가 동일하고($S_b=S_a$), 차입이자율과 대출이자율이 같으며($r_L=r_B$), 공매에 아무런 제약이 없다면(f=1) 이는 완전시장의 선물가격결정모형인 다음 식과 동일해진다는 것을 확인할 수 있다.

$$F = S_0 \times (1 + r)$$

예제 2-5

현물시장과 선물시장에서 금의 가격정보를 수집한 결과 다음과 같다. 단, 선물가격은 만기가 1년 후에 도래되는 선물계약에 대한 것이다.

	bid price	ask price
현물가격	9,900원	10,000원
선물가격	11,200원	11,250원

그리고 차입이자율은 10%, 대출이자율은 9%이고 관련 거래수수료는 선물만기 시점에서 150원을 부담한다고 할 때 재정거래기회가 존재하는지 확인하라.

해설

(1) 먼저 현물매입재정거래(합성대출)의 수익률을 다음과 같은 환매이자율로 산출한다.

$$repo\ rate = \frac{(F_b - TF) - S_a}{S_a}$$
$$= \frac{(11,200 - 150) - 10,000}{10,000} = 10.5\%$$

이 수익률 10.5%는 차입이자율 10%보다 높은 수준이므로 재정거래기회가 존재한다. 이는 다음과 같이 선물가격(bid price)의 상한가를 확인하여 현재 시장가격수준을 보고 재정거래기회를 확인할 수도 있다.

$$F_b = S_a(1 + r_B) + TF$$
$$= 10,000 \times (1 + 0.1) + 150 = 11,150(원)$$

즉, 현재 시장에서는 선물가격(bid price), 11,200원이 재정거래가 존재하지 않기 위한 상한가, 11,150원보다 높다. 따라서 현물매입재정거래를 통해서 50원(= 11,200 − 11,150)의 재정이익을 얻을 수 있다.

(2) 이제 현물매도재정거래(합성차입)의 자본비용을 다음과 같은 환매이자율로 구해 보자.

$$repo\ rate = \frac{(F_a + TF) - S_b}{S_b}$$
$$= \frac{(11,250 + 150) - 9,900}{9,900} = 15.15\%$$

이 자본비용 15.15%는 대출이자율 9%보다 높은 수준이므로 재정거래기회가 존재하지 않는다. 그리고 다음과 같이 선물가격(ask price)의 하한가를 산출해 보자.

$$F_a = S_b(1 + r_L) - TF$$
$$= 9,900 \times (1 + 0.09) - 150 = 10,641(\text{원})$$

즉, 현재 시장에서는 선물가격(ask price), 11,250원이 재정거래가 존재하지 않기 위한 하한가, 10,641원보다 높다. 따라서 현물매도재정거래를 통해서는 재정이익을 얻을 수 없다.

제2절 헤지거래

1 기초개념

(1) 의의

앞서 설명한 재정거래는 선물가격과 현물가격의 일정한 관계를 이용해서 아무런 추가적 부담없이 이익을 도모하는 선물거래이다. 선물가격과 현물가격의 관계를 이용하는 또 다른 형태의 거래로 헤지거래가 있는데 이는 위험관리차원에서 매우 중요한 개념이다.

현재 현물자산을 보유하고 있는 사람은 롱포지션(long position)에 있다고 말하는데 이러한 사람은 미래의 현물가격이 예상치 못한 수준으로 하락하면 손실을 입게 된다. 쉬운 예로 주식을 보유한 투자자가 주가가 떨어질 때에 손

그림 2-1 헤지의 효과

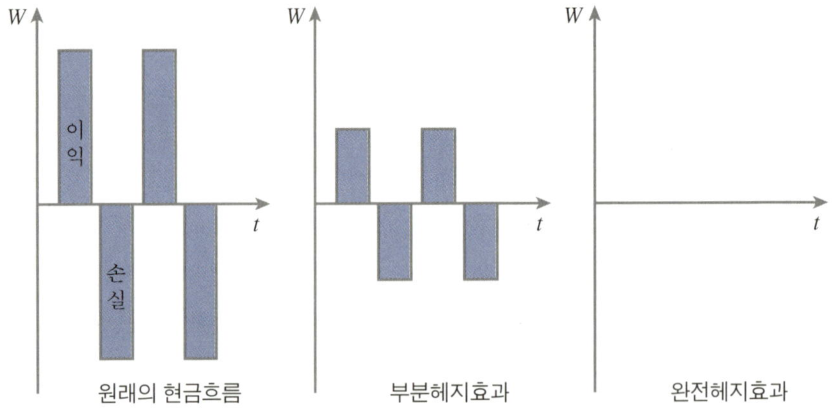

해를 보게 되는 것을 들 수 있다.

그리고 미래 일정시점에 현물자산을 보유해야 할 사람은 숏포지션(short position)에 있다고 말하는데 이러한 사람은 미래의 현물가격이 예상치 못한 수준으로 상승하면 손실을 입게 된다. 이러한 예로 앞으로 집을 장만해야 할 사람이 집값이 오를 때에 손해 보는 것을 생각하면 될 것이다.

(2) 헤지의 원리와 효과

이렇게 현물자산가격의 예상치 못한 변동으로 손실을 입게 될 가능성을 곧 위험이라고 할 수 있는데 이러한 위험을 제거하는 것이 바로 헤지(hedge)이다. 선물계약의 가격이 현물자산의 가격과 같은 방향으로 움직인다는 점을 이용해서 현물의 포지션과 반대로 선물거래를 하면 현물자산가격 변동으로 인한 손실을 선물거래의 이익으로 커버할 수 있다.

헤지의 주된 목적은 손실을 입게 될 가능성을 제거하는 것이지만 헤지를 취하고 나면 만약에 현물자산의 가격변동에서 얻게 될지 모를 이익은 선물거래의 손실로 상쇄된다. 그러므로 헤지를 취하면 그 현금흐름의 변동가능성이 헤지를 취하기 이전에 비해서 작아지게 되는데 이를 그림으로 나타내면 [그림

2-1]과 같다. 이때에 변동가능성을 모두 제거하면 완전헤지라고 하고 부분적으로 제거하면 부분헤지라고 한다. 이론적으로는 완전헤지를 많이 다루지만 현실적으로 대부분의 헤지거래에서는 부분헤지효과를 얻는 것이 일반적이다.

2 헤지거래의 유형

(1) 매도헤지와 매입헤지

앞서 언급한 바와 같이 흔히 헤지는 투자자의 현물포지션과 반대포지션을 선물시장에서 취하는 것으로 이루어진다. 이때 선물을 매도하는 헤지거래를 매도헤지(short hedge), 선물을 매입하는 헤지거래를 매입헤지(long hedge)라고 한다.

① 매도헤지

현물을 보유하고 있는 long position의 투자자들은 현물가격이 하락할 때에 손실을 보게 된다. 그런데 선물가격은 현물가격과 양(+)의 상관관계에 있기 때문에 같은 방향으로 움직인다. 즉, 현물가격의 하락은 곧 선물가격의 하락을 가져온다. 이렇게 선물가격이 하락할 때에는 현재시점에서 높은 가격으로 선물을 매도하였다가 나중에 선물가격이 하락하면 낮은 가격으로 다시 매입청산함으로써 선물거래이익을 얻을 수 있다.

② 매입헤지

미래에 현물을 매입해야 하는 short position의 투자자들은 현물가격의 상승으로 손실을 보게 된다. 그런데 현물가격이 상승하면 선물가격도 상승할 것이므로 현재시점에서 낮은 가격으로 선물을 매입하였다가 나중에 선물가격이 상승하면 높은 가격으로 매도청산함으로써 선물거래이익을 얻게 된다.

이처럼 현물포지션과 반대포지션으로 선물거래를 하면 현물포지션에서 발생하는 손실(또는 이익)을 선물포지션에서의 이익(또는 손실)으로 제거하거나

그림 2-2 선물거래를 이용한 헤지

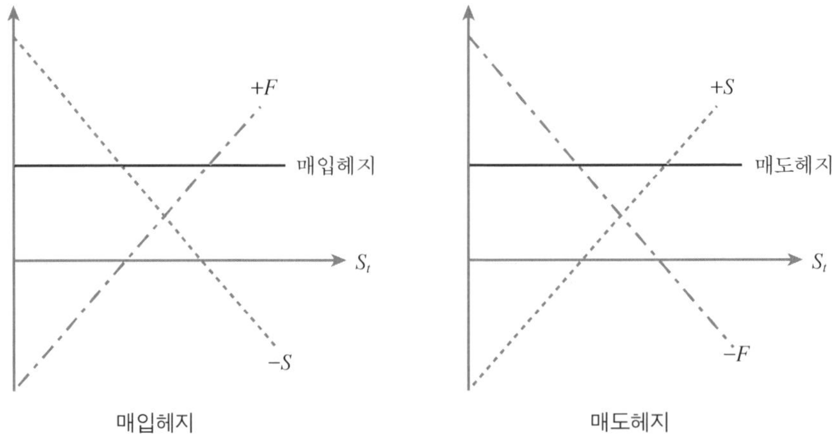

감소시킬 수 있는 것이다. 그러나 현물포지션이 불분명하여 쉽게 파악할 수 없는 경우도 있는데 이때에는 현물가격변동이 부에 어떤 영향을 미치는가를 파악하고 선물가격이 현물가격과 같은 방향으로 변동한다는 사실을 고려해서 선물포지션을 결정하면 될 것이다. 매도헤지와 매입헤지의 만기가치를 그림으로 나타내면 [그림 2-2]와 같이 표현된다.

(2) 직접헤지와 교차헤지

직접헤지(direct hedge)란 현물자산과 선물계약의 기초자산이 동일한 경우의 헤지를 말하며 현물자산의 가격변동위험을 헤지하기 위해서 선택된 선물계약의 기초자산이 현물자산과 다른 경우의 헤지를 교차헤지(cross hedge)라고 한다. 즉, 직접헤지와 교차헤지는 헤지대상자산과 헤지수단의 동일성 여부로 헤지를 구분하는 것이다. 헤지거래자가 위험을 관리하고자 하나 이용할 수 있는 선물시장에서 헤지를 위한 상품이 존재하지 않을 때 교차헤지를 행한다. 일반적으로 직접헤지에 비해서 헤지효과가 다소 떨어지는 편이다.

예제 2-6

ABC정유회사는 7월 현재 210만 gallon의 난방유를 보유하고 있는데 고객에게 10월에 이를 인도할 것이며 인도시점의 현물가격으로 인도하기로 하였다. 7월 현재 현물가격은 $0.4/gallon이지만 하락추세에 있다. 현재 이용할 수 있는 선물계약은 12월 만기이며 이의 가격은 $0.42/gallon이다.

(1) ABC정유회사가 취할 헤지전략을 설명하라. 단, 선물 1계약의 단위는 42,000gallon이다.

(2) 10월 현물가격이 $0.36/gallon로 하락한 경우 (1)의 헤지효과를 보여라. 베이시스는 변동이 없다고 가정한다.

해설

(1) ABC정유회사는 10월에 현재보다 하락된 가격으로 인도하게 될 것이므로 현물자산의 보유에 따라 손실을 입게 된다. 따라서 12월물 50계약(210만÷4.2만)을 현재시점에서 매도하는 매도헤지전략을 취한다. 10월에 현물가격이 하락하면 선물계약의 가격도 하락할 것이므로 이러한 매도헤지는 높은 가격에 매도하고 낮은 가격에 매입청산하는 것이기 때문에 선물거래에서 이익을 얻어서 현물보유에 따른 손실을 커버할 수 있다.

(2) 헤지효과를 표로 나타내면 다음과 같이 요약된다.

	현물시장	선물시장
7월	만약 현재 현물가격으로 매도한다면 $0.4×210만 = $840,000	12월물 50계약을 매도하고 $0.42×42,000×50계약 = $882,000
10월	실제로 $0.4에 인도하게 되므로 $0.36×210만 = $756,000	12월물 50계약을 매입청산하면 $0.38×42,000×50계약 = $798,000
손익	기회손실 $84,000	거래이익 $84,000

위 표에서 10월의 12월물의 가격 $0.38은 베이시스가 일정하다고 하였으므로 7월의 베이시스 $0.02(= 0.42 – 0.4)를 10월 현물가격 $0.36에 가산하여 구한 것이다.

3 헤지비율

(1) 의의

헤지비율(HR: hedge ratio)이란 헤지거래를 하기 위해 현물자산 1단위에 대해 필요로 하는 선물계약의 수를 말한다. 헤지거래에서는 헤지비율을 구하는 것이 가장 중요한 문제이다. 그런데 헤지비율에 대한 용어로 최적헤지비율, 최소분산헤지비율, 완전헤지비율 등이 다소 혼동되어 사용되고 있어서 이를 정리할 필요가 있겠다.

① 최적헤지비율

최적헤지비율(optimal hedge ratio)이란 포트폴리오이론에서 최적포트폴리오가 선택되는 것과 같이 투자자의 효용함수를 극대화시킬 수 있는 현물자산 1단위에 대한 선물계약의 결합 개수를 의미한다. 그러나 많은 경우 최소분산비율 또는 완전헤지비율을 의미하는 포괄적인 의미로 사용된다.[7]

② 최소분산헤지비율

최소분산헤지비율(minimum variance hedge ratio)은 현물자산과 선물계약으로 포트폴리오를 구성한 경우 이 포트폴리오의 분산을 가장 작게 할 수 있는 현물자산 1단위에 대한 선물계약의 결합 개수를 의미한다. 현물자산의 가격과 선물계약 사이의 상관계수 1일 때에는 최소분산헤지비율이 곧 완전헤지비율을 의미하는 것이다.

③ 완전헤지비율

완전헤지비율(perfect hedge ratio)은 완전헤지를 달성하기 위해서 필요한 현물자산 1단위에 대한 선물계약의 결합 개수를 의미한다. 그러나 완전헤지는 현물과 선물가격이 상관계수가 1이거나 일정한 조건하에서 현물가격과 선

---

7) John C. Hull, *Introduction to Futures & Options Markets*, 1995, Prentice-Hall Inc.

그림 2-3 최적헤지비율, 최소분산헤지비율, 완전헤지비율

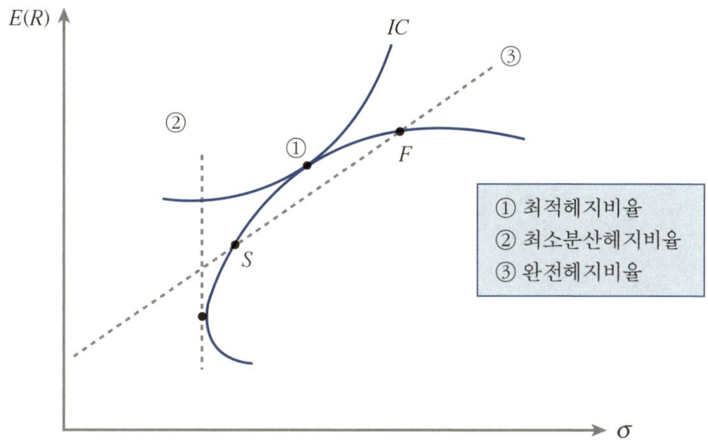

물가격의 변동크기가 파악될 때에만 가능한 것이어서 현실적으로 이용하기는 어렵다.

그리고 만약 선물가격과 현물가격이 동일한 크기로 변동하면 현물포지션과 동일한 금액의 선물포지션을 반대로 취함으로써 완전헤지를 달성할 수 있는데 이를 단순헤지(naive hedge)라고 한다. 그러나 현실적으로 선물가격과 현물가격이 서로 다른 크기로 변동하는 것이 일반적이어서 최소분산헤지를 도모하게 된다.

이러한 헤지비율들을 [그림 2-3]에서 확인할 수 있다. 단, 그림에서 *IC*는 투자자의 효용수준을 나타내는 무차별곡선(indifference curve)을 의미한다.

(2) 헤지비율의 산출

① 가격변동량모형

헤지비율을 구하기 위해서 Johnson(1960)과 Stein(1961)에 의해서 제시된 방법을 살펴보자. 먼저 선물가격결정식에서 보면 현물가격과 선물가격이 양(+)의 관계에 있으므로 현물자산을 보유한 투자자라면 헤지효과를 얻기 위해

서 선물계약을 매도할 것이다.

이때에 현물자산 1단위에 대해서 b개의 선물계약을 매도하였다고 가정하면 이 투자자의 부를 나타내는 포트폴리오의 가치변화는 다음과 같이 표현된다.

$$(P_1 - P_0) = (S_1 - S_0) - b(F_1 - F_0)$$

여기서 분산을 취하고

$$\sigma^2_{\Delta P} = \sigma^2_{\Delta S} + b^2\sigma^2_{\Delta F} - 2b\sigma_{\Delta S,\ \Delta F}$$

이 분산을 최소화하는 b값을 구하기 위해 다음과 같이 b에 대한 1차 편미분값을 0으로 놓는다.

$$\frac{\partial\sigma^2_{\Delta P}}{\partial b} = 2b\sigma^2_{\Delta F} - 2\sigma_{\Delta S,\ \Delta F} = 0$$

$$\therefore b = \frac{Cov(\Delta S,\ \Delta F)}{Var(\Delta F)} \tag{2.10}$$

이때의 b값을 최소분산헤지비율(minimum variance hedge ratio)이라고 하는데 이는 회귀모형, $\Delta S_t = a + b \cdot \Delta F_t + e_t$에서 회귀계수 b와 같은 것으로서 최소자승법으로 추정한 값과 같다. 그리고 이렇게 현물가격과 선물가격의 관계를 변동크기로 회귀분석하는 모형을 가격변동량회귀모형(price change regression)이라고 한다.

② 헤지효과

한편, $\Delta S = S_1 - S_0$, $\Delta F = F_1 - F_0$인데 여기서 S_0와 F_0는 현 시점에서 알 수 있는 상수값이므로 S_1과 F_1만이 확률변수가 된다. 그러므로 식 (1.16)의 b값은 궁극적으로 다음과 같이 현물가격의 선물가격에 대한 회귀모형 $S_t = a + b \cdot F_t + e_t$의 회귀계수로 나타낼 수도 있다.

$$b = \frac{Cov(S,\ F)}{Var(F)} = \rho\frac{\sigma_S}{\sigma_F} \tag{2.11}$$

그리고 위의 식을 이용하면 헤지효과를 쉽게 측정할 수 있다. 헤지효과를 측정할 수 있는 구체적인 값으로 헤지유효성(HE : hedge effectiveness)을 이용한다. 헤지유효성이란 가격위험을 효과적으로 헤지하는 정도를 의미하는데 선물가격과 현물가격의 상관관계가 높을수록 헤지효과가 증가한다. 구체적으로 헤지유효성(HE)은 전체분산 중에서 헷징에 의해 감소되는 분산이 차지하는 비율로 정의되며 다음과 같이 산출한다. 이 값이 1에 접근할수록 헤지효과는 높아진다고 판단한다.[8)]

$$\rho^2 = \left(b \frac{\sigma_F}{\sigma_S} \right)^2 \tag{2.12}$$

③ 가격변동률모형

대체로 금, 곡물, 석유와 같은 상품의 경우에는 가격변동이 안정적으로 나타나는데 이렇게 가격변동이 안정적이면 가격변동량모형이 적합하다. 그러나 주식이나 채권과 같은 금융자산은 가격변동은 불규칙한 반면에 그 변동률이 안정적인 특징을 갖기 때문에 가격변동량모형보다는 가격변동률모형이 더 적합한 것으로 알려져 있다. 따라서 금융자산의 경우에 헤지비율을 산출할 때에는 가격변동률모형이 사용된다. 가격변동률의 회귀모형(rate of change regression)은 다음과 같다.

$$R_S = \alpha + \beta R_F + \varepsilon \tag{2.13}$$

$$\text{단, } R_S = \frac{\Delta S}{S}, \; R_F = \frac{\Delta F}{F}$$

이러한 가격변동률 회귀모형에서 추정된 회귀계수 β는 다음과 같다.

$$\beta = \frac{Cov(R_S, R_F)}{Var(R_F)} = \frac{Cov\left(\frac{\Delta S}{S}, \frac{\Delta F}{F}\right)}{Var\left(\frac{\Delta F}{F}\right)}$$

8) 이 값은 회귀모형의 결정계수(R^2: coefficient of determination)와 같은 것이다. R^2값은 0부터 1까지의 범위를 가지며 1에 접근할수록 모형의 설명력이 높다고 본다.

$$= \frac{F}{S} \frac{Cov(\Delta S, \Delta F)}{Var(\Delta F)} = \frac{F}{S} \cdot b \quad (2.14)$$

이때의 회귀계수 β는 선물가격변동률에 대한 현물가격변동률의 민감도를 의미한다. 그 의미를 좀더 명확하게 하기 위해서 밑첨자까지 나타낸다면 β_{SF}로 표현될 것이다. 이를 이용해서 가격변동의 크기로 헤지하기 위한 헤지비율 b를 구하면 다음과 같이 정리된다.

$$b = \beta \cdot \frac{S}{F} \quad (2.15)$$

이 식의 의미는 가격변동률의 회귀계수 β에 현물 1단위와 선물 1단위의 가격비율을 곱하면 가격변동량의 헤지비율 b를 구할 수 있다는 뜻이다.

④ 완전헤지비율

그런데 현물가격과 선물가격의 상관계수가 1이면 가격변동량모형이나 가격변동률모형에서 상수항이 0이 된다. 가격변동량모형에서 상수항(a)이 0이 되면 b는 다음과 같이 산출되는데 이는 완전헤지를 위한 헤지비율이 된다.

$$b = \frac{\Delta S}{\Delta F} \quad (2.16)$$

여기서 b는 헤지비율, HR이므로 위 식은 다음과 같이 쓸 수 있다.

$$\Delta S = HR \times \Delta F \quad (2.17)$$

이 식의 좌변은 현물가격의 변동크기를 의미하고 우변은 선물가격의 변동에 의한 부의 변동크기를 의미하므로 이 등식이 성립되도록 한다면 완전헤지가 가능한 것이다. 이는 현물가격과 선물가격의 상관계수가 1이거나 또는 일정한 조건하에서 현물가격과 선물가격의 변동크기를 파악할 수 있다면 완전헤지를 위해서 사용할 수 있는 포괄적인 조건식이 된다.

예제 2-7

가나정유(주)는 3개월 후에 200만 갤론의 난방유를 확보해야 한다. 난방유의 현물가격과 선물가격의 표준편차는 각각 8%, 12%이며 이 두 가격간의 상관계수는 0.87이다. 난방유가격변동에 따른 위험을 최소화시키기 위한 헤지비율은 얼마인가? 난방유 선물계약단위가 42,000갤론이라고 할 때 헤지전략을 설명하고 이 때의 헤지유효성(HE)을 측정하라.

해설

헤지비율 b는 다음과 같이 구한다.

$$b = \frac{Cov(S,\ F)}{Var(F)} = \rho\frac{\sigma_S}{\sigma_F} = 0.87 \times \frac{0.08}{0.12} = 0.58$$

따라서 헤지계약수는 헤지비율을 이용해서 다음과 같이 산출된다.

$$0.58 \times \frac{2,000,000}{42,000} = 27.62(\text{계약})$$

그리고 헤지유효성은 상관계수의 제곱으로 측정하므로 다음과 같게 된다.

$$\rho^2 = 0.87^2 = 0.7569\ (75.69\%)$$

4 헤지거래의 유인

기업이나 투자자들이 헤지거래를 하는 주된 목적은 미래 현금흐름의 변동성, 즉 위험을 제거하는 데에 주된 목적이 있다. 그러나 이러한 목적 이외에도 다음과 같은 측면에서 기업가치를 높일 수 있기 때문에 헤지거래를 이용한다.

(1) 세금

세금은 모두에게 동일한 금액으로 부과되는 것이 아니다. 손실이 발생하거나 이익이 있더라도 그 금액이 매우 낮은 수준이라면 이익이 높은 경우에 적용되는 각종 세금감면혜택을 누릴 수 없게 된다. 상황에 따라서는 헤지거래를 이용함으로써 이익수준을 안정적으로 유지하여 세금감면혜택을 확실하게 누릴 수 있다. 이러한 경우 선물계약은 세금감면혜택에 해당하는 경제적 가치를 가지며 헤지한 투자안의 가치는 헤지하지 않은 경우보다 선물계약의 가치만큼 큰 값을 갖게 될 것이다.

(2) 자본비용

부채를 사용하고 있는 기업은 재무위험을 감소시키기 위해서 헤지거래를 이용할 수 있다. 부채기업의 손실이 매우 크게 될 수도 있다는 정보가 채권자에게 알려지면 파산비용이 발생한다. 이의 결과는 자본비용의 증가와 기업가치의 하락으로 나타난다. 따라서 부채기업은 선물헤지를 통해서 큰 손실의 가능성을 막음으로써 자본비용을 낮추고 기업가치를 증대시킬 수 있다.

(3) 대리비용

대리이론적 관점에서 보면 주주는 항상 투기적 사업을 통해서 지나친 위험을 부담함으로써 채권자의 부를 주주에게로 이전시킬 유인을 갖는다. 왜냐하면 모험적인 사업의 성공은 대부분의 이익이 주주에게로 귀속되고 채권자는 확정금액의 이자만 받게 되지만 이러한 사업의 실패는 주주의 유한책임 때문에 채권자가 그 손실의 대부분을 떠 안게 되기 때문이다. 이러한 가능성을 과대위험유인(risk incentives)이라고 하는데 주주와 채권자의 대리관계에서 발생할 수 있는 대표적인 대리비용이다. 따라서 채권자는 부채계약을 체결할 때에 헤지조항을 넣어 이러한 대리비용의 발생을 막을 수 있다.

예제 2-8

가나기업은 1년 후 배럴 당 $20의 비용으로 100만 배럴의 원유를 채굴할 수 있는 투자안을 분석 중이다. 1년 후 원유가격이 배럴 당 $20이 될 확률은 0.6이고 $30이 될 확률은 0.4이다. 법인세율이 30%이지만 이 투자안을 채택하면 $1,000,000의 투자세액공제를 받을 수 있다. 만기가 1년 남은 선물가격이 $24일 때 선물헤지의 가치는 얼마로 평가할 수 있는가? 단, 위험중립적 상황에서 무위험이자율은 10%라고 가정하자.

해설

먼저 헤지하지 않는 경우의 투자수익은 다음과 같이 구분한다.

	1년 후 $20	1년 후 $30
세전이익	(20 − 20) × 100만	(30 − 20) × 100만
법 인 세	0	3,000,000
세액공제	0	1,000,000
순 이 익	0	8,000,000

따라서 헤지하지 않은 경우 순이익의 기대값을 발생확률을 고려해서 산출하면 다음과 같다.

$$0.6 \times 0 + 0.4 \times 8{,}000{,}000 = 3{,}200{,}000$$

그런데 선물계약을 이용하면 1년 후 배럴당 가격을 $24로 확정시킬 수 있으므로 투자수익은 다음과 같이 산출된다.

세전이익	(24 − 20) × 100만
법 인 세	1,200,000
세액공제	1,000,000
순 이 익	3,800,000

따라서 선물헤지의 현재가치는 다음과 같다.

$$\frac{3{,}800{,}000 - 3{,}200{,}000}{1 + 0.1} = 545.5(\text{천달러})$$

제3절 투기거래

1 기초개념

(1) 의의

투기거래(speculation)라 함은 현물시장에서는 어떤 포지션도 취하지 않고 선물거래만을 통해서 위험을 부담하면서 이익을 도모하는 것을 말한다. 따라서 미래의 실제 상황이 예측과 맞으면 이익을 얻고 예측과 틀리면 손실을 보게 된다.

따라서 미래 선물가격에 대한 예상에 따라서 다음과 같이 두 가지 유형의 투기거래를 생각할 수 있다.

① 선물가격의 상승이 예상되는 경우

선물가격이 상승할 것으로 예상되면 선물계약을 매입하였다가 일정시점이 경과된 후 매각하여 청산한다.

② 선물가격의 하락이 예상되는 경우

선물가격이 하락할 것으로 예상되면 선물계약을 매각하였다가 일정시점이 경과된 후 매입하여 청산한다.

(2) 거래동기

선물거래의 투기거래는 매매대상이 선물계약일 뿐이지, 주가상승이 예상되면 현재 주식을 매입하였다가 상승된 주가에 매각하고, 주가하락이 예상되면 공매하였다가 하락한 주가수준에서 주식을 매입하여 상환함으로써 이익을 도모하는 것과 동일한 것이다. 그럼에도 불구하고 현물 대신 선물계약을 거래하는 이유는 대체로 다음과 같다.

첫째, 선물거래의 경우에는 현물거래보다 거래비용이 적게 들기 때문이다.

둘째, 선물거래의 경우에는 거래대금은 필요없이 증거금만 납부하면 되므로 가격예측에 확신이 있다면 레버리지효과를 통해서 이익을 극대화할 수 있기 때문이다.

2 베이시스를 이용한 투기거래

투기거래의 단순한 형태는 현물이나 선물 중 하나를 선택해서 가격변화를 예측하면서 투기거래를 하는 것이다. 그러나 베이시스(basis), 즉 현물가격에서 선물가격을 차감한 값($S-F$)을 하나의 가격처럼 보고 이의 변동에 대해서 투기거래를 할 수도 있다. 구체적인 전략은 다음과 같다.

① 베이시스가 커질 것으로 예상될 때

베이시스가 커진다는 것은 현물가격이 선물가격에 비해서 상대적으로 더 상승한다는 뜻이 된다. 그러므로 현물을 매입하고 선물을 매도함으로써 베이시스변동만큼의 이익을 얻을 수 있다.[9)]

② 베이시스가 작아질 것으로 예상될 때

베이시스가 작아진다는 것은 현물가격이 선물가격에 비해서 상대적으로 더 하락한다는 뜻이 된다. 그러므로 현물을 매도하고 선물을 매입함으로써 베이시스변동만큼의 이익을 얻을 수 있다.

이렇게 베이시스를 이용한 투기거래는 선물과 현물의 포지션이 반대가 되어 마치 헤지거래와 유사해 보이지만 그 의도는 전혀 다른 것이다.

---

9) 만약 베이시스를 $F-S$로 정의한다면 반대의 투기전략이 될 것이다.

3 스프레드를 이용한 투기거래

스프레드(spread)는 서로 다른 선물계약간의 가격차이를 말한다. 따라서 스프레드를 이용한 투기거래에서는 만기가 다른 두 선물가격차이를 투기거래대상으로 하면 만기간 스프레드전략이라고 하고 기초상품이 서로 다른 두 선물가격차이를 투기거래대상으로 하면 상품간 스프레드전략, 거래소가 서로 다른 선물가격차이를 투기거래대상으로 하면 시장간 스프레드전략이라고 한다.

(1) 만기간 스프레드전략

만기가 다른 두 선물가격의 차이(F_2-F_1)를 의미한다. 따라서 선물거래에서 스프레드포지션이란 하나의 만기를 갖는 선물을 매입하면서 동시에 다른 만기를 갖는 동일한 종류의 선물을 매도하는 전략을 의미한다.

특히 근월물가격이 원월물가격에 비해서 상대적으로 더 상승할 것으로 예상하여 근월물매입과 원월물매도를 동시에 취하는 것은 강세스프레드(bull spread)라고 하며, 이와 반대로 근월물가격이 원월물가격에 비해서 상대적으로 더 하락할 것으로 예상하고 근월물매도와 원월물매입을 동시에 취하는 것은 약세스프레드(bear spread)라고 한다.

(2) 상품간 스프레드전략

상품간 스프레드전략에 많이 이용되는 스프레드는 crush spread와 crack spread가 있다. crush spread는 대두와 대두의 산물인 대두박, 대두유와의 가격차이를 말하며 crack spread는 원유와 원유를 정제해서 생긴 난방오일과 원유간의 가격차이를 말한다. 특히 crack spread는 1984년 NYMEX에 공식적인 스프레드거래로 도입되어 거래비중도 높은 편이다.

올해 겨울기간 동안 이상고온이 지속될 것으로 기상예보가 있고 OPEC에서는 원유감산조치에 합의했다고 가정한 경우 crack spread 전략을 생각해보자. 일단 이상고온으로 난방유수요가 감소할 것이므로 난방유가는 떨어질 것이고 OPEC감산조치는 원유가를 상승시킬 것이다. 따라서 원유선물은 매입하고 동시에 난방유선물은 매도하는 투기전략이 효과적일 것이다.

(3) 시장간 스프레드전략

시장간 스프레드는 상품간 스프레드에서 변형된 스프레드로 주로 상품선물거래와 금리선물거래에서 많이 이용된다. 뉴욕과 런던간의 스프레드를 예로 들어보자. 런던은 난방오일의 공급지이고 뉴욕은 소비지이다. 동일한 상품에 대한 이들 시장가격간의 차이는 이론적으로 수송비용과 동일해야 할 것이다. 만약 일시적인 상황으로 이들 가격간의 차이가 수송비용 이상으로 가격이 벌어진다면 시장간 스프레드전략을 통해서 이익을 추구할 수 있다.

예제 2-9

금선물계약의 가격변동을 이용해서 투기거래를 하고자 한다. 현재 선물시장에서 4월물의 가격은 10,000원/g이고 8월물의 가격은 10,400원이다. 일주일 후 이들 선물가격이 각각 10,125원, 10,425원으로 예상된다고 하자. 스프레드를 이용한 투기거래전략을 세우고 그 효과를 구하라.

해설

스프레드는 현재 400원(= 10,400 − 10,000)에서 300원(= 10,425 − 10,125)으로 작아질 것으로 예상되는 상황이다. 따라서 8월물을 매도하고 4월물을 매입한다. 그러면 일주일 후의 성과가 다음과 같이 100원의 이익으로 실현된다.

	현 재	일주일 후	차 이
4월물 매입	10,000	10,125	+ 125
8월물 매도	10,400	10,425	25
스 프 레 드	400	300	100

연습 문제

2-1 현물매입재정거래(cash and carry arbitrage)와 현물매도재정거래(reverse cash and carry arbitrage)를 비교해서 설명하라.

2-2 다음은 헤지거래에서 중요한 개념인 여러 가지 헤지비율들을 열거한 것이다. 간단하게 그 내용을 밝히고 서로간의 관계를 설명하라.

① 최적헤지비율(optimal hedge ratio)

② 최소분산헤지비율(minimum variance hedge ratio)

③ 완전헤지비율(perfect hedge ratio)

2-3 현물가격(S)과 선물가격(F)의 관계를 회귀분석하여 얻은 자료가 다음과 같다. 헤지비율(HR)과 헤지유효성(HE)을 밝혀라.

$$S_t = 0.4 + 0.63F_t$$
$$R^2 = 0.75$$

2-4 ABC정유회사는 9월에 60,000배럴의 원유를 매입할 계획이다. 원유 1배럴(42갤런)을 정제하면 휘발유 28갤런과 난방유 14갤런이 생산되며 정제작업에는 1개월이 소요된다. 9월물과 10월물의 선물가격정보는 다음과 같다. 단, 원유선물은 1계약단위가 1,000배럴이고 휘발유와 난방유는 42,000갤런이다.

선물종류	9월물	10월물
원유	배럴당 $22.15	22.40
휘발유	갤런당 0.58	0.59
난방유	갤런당 0.67	0.65

(1) 원유, 휘발유 및 난방유의 가격변동이 심하기 때문에 ABC정유회사는 선물을 이용해서 정제이익을 헤지하려고 한다. 헤지전략을 설명하라.

(2) (1)에서와 같은 헤지를 통해서 배럴당 얻게 되는 정제이익은 얼마인가?

신문기사 **원자재 선물투기 근절되나 … 美 포지션 한도 규제 강화**

미 금융 당국이 원자재 투기를 척결하기 위해 선물 포지션 보유한도를 정하는 규제를 대폭 강화키로 했다. 이에 대해 월가는 당국의 규제가 금융시장 유동성을 위축시킬 수 있다며 반발하고 있다.

파이낸셜타임스(FT)는 5일(현지시간) 미국 상품선물거래위원회(CFTC)가 포지션 보유 한도(position limit)에 초점을 맞춘 선물시장 규제안을 마련, 여론 취합에 나섰다고 보도했다.

위원회가 새로 마련한 방안이 포지션 보유 한도 규제에 초점을 맞추고 있다. 포지션 보유 한도는 미결제 상태로 보유할 수 있는 선물 계약의 상한을 말한다. 한도는 선물시장 과열을 막기 위해 선물을 사거나 팔 때 한가지 품목 또는 여러품목을 종합해 설정된다.

지금까지는 계약 후의 실제 인도 시점에 대해서만 포지션 보유 한도가 규제됐으나 CFTC의 새 방안은 인도 시점에 관계없이 원유에서 농축 오렌지 주스에 이르기까지 28개 품목 모두의 파생상품 계약에 일반적으로 적용하는 내용이라고 FT는 설명했다.

FT는 지난 1979~1980년 투기 세력에 의해 은값이 무려 4배나 뛴 것을 계기로 원자재 선물 규제 필요성이 드러났으며 2008년 미국의 휘발유 값이 처음으로 갤런당4달러를 초과하자 미 의회가 본격 개입했음을 상기시켰다.

이에 대해 월가는 강력 반발하고 있다. 선물시장 데이터 분석 기관인 슈퍼디리버티브의 관계자는 FT에 "CFTC 방안대로 규제가 이뤄지면 선물시장 유동성이 위축돼 세계 금융시장 자체가 흔들릴 수밖에 없다"고 비판했다.

이런 반발에 대해 갠슬러 위원장은 "포지션 보유 한도 규제가 유동성을 위축시키지 않도록 하는데 많은 신경을 썼다"면서 "시장 견해 등을 참조해 규제안 확정 단계에서 융통성을 발휘할 수도 있다"고 강조했다.

강승연 기자
〈헤럴드경제〉 2013.11.6.

제 2 부

금융선물

제 3 장

통화선물

통화선물은 외국통화를 기초자산으로 하는 선물을 말한다. 이는 환율변동위험을 관리하기 위한 유용한 수단이 된다. 통화선물을 제대로 이용하기 위해서는 외국통화의 가격을 나타내는 환율에 대한 기초적인 개념과 환율이 결정되는 원리를 이해해야 한다. 통화선물거래를 설명하기 전에 이러한 내용을 먼저 다루겠다. 그리고 통화선물에 대한 기초적 개념과 통화선물거래를 유형에 따라서 재정거래, 헤지거래, 투기거래의 순서로 살펴 볼 것이다. 끝으로 우리나라에 도입되어 있는 통화선물의 내용을 소개하기로 한다.

제1절 환 율

1 기초개념

(1) 환율의 의의와 표시방법

환율(exchange rate)이란 한 나라의 화폐가 다른 나라의 화폐로 교환되는 비율을 말한다. 그런데 외환시장에서 거래 중심이 되는 통화가 미국 달러이기 때문에 대부분의 국가는 1달러 당 교환되는 자국통화의 금액으로 환율을 나타낸다.

예를 들어 ₩1,200/$으로 표시된 환율은 외환시장에서 미국 1달러와 원화 1,200원이 교환된다는 것이다. 이와 같이 환율을 외국통화의 한 단위에 대해서 자국통화로 표시하는 것을 자국통화표시환율이라고 한다. 그러나 예외적으로 영국은 자국통화를 기준으로 1파운드와 교환되는 달러의 가격을 환율로 표시하는데 이같이 표시되는 환율을 외국통화표시환율이라고 한다.

(2) 외환거래와 환율

외환시장에서 이루어지는 거래는 크게 현물거래, 선물거래, 스왑거래 등 세 가지 유형으로 구별할 수 있다. 이들 거래에서 적용되는 환율은 거래의 성격을 고려해서 다음과 같이 서로 다르게 부른다.

① 현물거래와 현물환율

현물거래(spot trade)란 계약을 체결하면서 동시에 외국통화를 인수 또는 인도하는 거래를 말한다. 이러한 현물거래에서 적용되는 환율을 현물환율(spot rate)이라고 하는데 대개 환율이라고 하면 이를 말하는 것이다.

② 선물거래와 선물환율

선물환거래(forward exchange)는 미래의 일정시점에서 외국통화를 인수 또는 인도할 것을 약속하는 것이다. 그러나 미래의 시점에서 인수 또는 인도할 때에 적용할 환율은 현재 시점에서 정한다. 이러한 약속을 선물환계약(forward exchange contract)이라고 하는데 이를 사고 파는 거래는 선물거래라고 한다. 이러한 경우에서와 같이 미래의 거래에 대해 현재시점에서 결정되는 환율이 선물환율(forward rate)이다.

③ 스왑거래와 스왑환율

스왑거래(swap trade)는 외화를 미래 일정시점에서 다시 매입한다는 조건하에서 상대방에게 매도하는 거래를 말한다. 물론 이와 반대로 재매도를 전제로 매입하는 거래도 스왑거래에 포함된다. 이때에 매도환율과 매입환율의 차이를 스왑환율(swap rate)이라고 한다.

2 환율결정모형

외환시장에서의 환율은 각 국가의 물가상승률, 이자율 등 여러 가지 경제적 변수들의 상호작용에 의해서 결정된다. 이러한 경제적 변수들을 통해서 각국의 실물시장, 금융시장 및 외환시장이 서로 영향을 미치면서 균형환율이 결정되는데 구체적인 과정을 살펴본다.

이제 한국과 미국을 예로 들어서 두 국가간의 균형환율이 결정되는 과정을 살펴보겠는데 이를 위해서 다음과 같은 기호를 사용하기로 하자.

현물환율 S : 미국 1달러에 해당하는 원화표시 환율로서 현재시점의 현물환율은 S_0, 1기 후의 현물환율은 S_1으로 표현한다.

선물환율 F : 현재시점에서 결정된 미래시점의 환율로서 1기 후에 거래될 환율로서 현재시점에서 결정된 선물환율은 F_1으로 표현한다.

물가상승률 i : 1기간 동안의 물가상승률로서 한국의 경우는 i_K, 미국의 경우는 i_A로 표현한다.

이자율 R : 1기간 동안 적용될 이자율로서 명목이자율의 경우에는 R_K, R_A로 표현하고 물가상승에 따른 구매력 손실을 감안한 실질이자율의 경우에는 r_K, r_A로 표현한다.

(1) 구매력평가설

두 국가의 화폐구매력이 반영되어 균형환율이 결정된다는 것이 구매력평가설(PPP: purchasing power parity theory)이다. 예를 들어 한국의 물가상승률이 미국에 비해서 더 높게 된다면 한국 원화의 가치가 떨어져서 1기 후에 미국 1달러를 취득하는 데 필요한 원화금액이 현재보다 더 많아야 하므로 1

기 후의 현물환율은 상승한다는 것이다.

구체적으로 이 내용을 먼저 살펴보자. 미국에서 현재가격이 $1인 상품은 미국의 물가상승률이 i_A이므로 1기 후에 그 가격이 $\$1\times(1+i_A)$가 된다. 그리고 이 상품의 한국에서 현재가격은 S_0이고 1기 후 가격은 $S_0\times(1+i_K)$가 될 것이다. 그런데 1기 후 원화 표시가격을 1기 후 환율 S1에 의해 달러표시로 환산하면 이 값은 $\$1\times(1+i_A)$와 같아야 한다. 만약 이러한 등식이 성립되지 않으면 양국의 가격차이를 이용해서 상품을 수출 또는 수입을 하여 재정이익을 얻을 수 있게 된다.

따라서 균형상태에서는 다음 식이 성립된다.

$$1+i_A = S_0(1+i_K)\frac{1}{S_1} \quad \Rightarrow \quad \frac{S_1}{S_0} = \frac{1+i_k}{1+i_A} \tag{3.1}$$

그런데 위 식의 양변에서 1을 차감하면 다음과 같이 정리할 수 있다.

$$\frac{S_1-S_0}{S_0} = \frac{i_K-i_A}{1+i_A}$$

여기서 i_A가 작은 경우에는 우변의 분모에서 i_A를 0으로 놓을 수 있다. 그리고 다음과 같은 근사식을 만들 수 있는데 이는 현물환율의 변동률이 대략적으로 두 국가의 물가상승률차이와 같다는 의미를 갖는다.

$$\frac{S_1-S_0}{S_0} \cong i_K-i_A \tag{3.2}$$

예제 3-1

한국에서 생수 1개의 현재가격은 1,000원이다. 미국에서 생수가격은 1달러이며 현재의 현물환율이 $1 = 1,000원이다. 그런데 한국의 물가상승률은 21%이고 미국의 물가상승률은 10%이다.

(1) 내년의 현물환율이 $1 = 1,200원이라면 어떤 형태의 재정거래가 발생할까?
(2) (1)과 같은 재정거래가 발생하지 않으려면 내년 현물환율이 얼마가 되어야 할 것인가?

해설

(1) 내년 한국의 생수가격은 한국의 물가상승률 21%를 반영한 1,210원이 되고 미국의 생수가격은 미국물가상승률을 반영한 \$1.1가 될 것이다. 그런데 내년의 현물환율이 \$1=1,200원이라면 한국생수업자들은 생수를 미국에 수출하여 \$1.1를 받고 이를 원화로 환산하여 1,320원(= \$1.1×1,200원)을 회수할 수 있다. 이의 원가는 1,210원이므로 생수 1개당 110원(= 1,320−1,210)의 이익을 얻을 수 있다. 재무이론에서는 이러한 수출입도 재정거래로 보고 여기서의 이익 110원도 재정이익으로 본다.
따라서 미국으로의 수출은 계속되어 미국의 생수공급은 증가하고 한국의 생수공급은 감소하여 미국의 생수가격은 하락하고 한국의 생수가격은 상승할 것이므로 현재상태는 균형상태라고 할 수 없다.

(2) 내년의 현물환율을 S_1이라고 하면 생수를 수출하여 \$1.1×S_1에 해당하는 원화금액을 받게 된다. 따라서 이 금액이 한국의 생수가격 1,210원과 동일하게 되면 재정거래가 발생하지 않게 된다. 이로부터 재정거래가 발생하지 않기 위한 현물환율의 균형값을 구할 수 있다.

$$1.1 \times S_1 = 1{,}210 \qquad \therefore S_1 = 1{,}100$$

이를 구매력평가설을 나타내는 식 (3.1)에 따라 다음과 같이 확인할 수도 있다.

$$\frac{S_1}{S_0} = \frac{1+i_K}{1+i_A} \text{ 에서 } \frac{S_1}{1{,}000} = \frac{1+0.21}{1+0.1}$$
$$\therefore S_1 = 1{,}100(\text{원})$$

(2) 피셔효과

피셔효과(FE: Fisher effect)는 명목이자율과 실질이자율 그리고 물가상승률의 관계를 말하는데 이 세 가지 변수의 관계는 다음과 같은 피셔식(Fisher's formula)으로 설명된다.

$$1 + R = (1 + r)(1 + i)$$

이러한 관계는 어느 나라에서나 동일하게 성립하는 것이므로 한국에서의 피셔식은 다음과 같이 성립된다.

$$1 + R_K = (1 + r_K)(1 + i_K)$$

마찬가지로 위의 식은 다음과 같이 미국에서도 성립할 것이다.

$$1 + R_A = (1 + r_A)(1 + i_A)$$

이제 한국의 명목이자율과 미국의 명목이자율 사이의 상대적 비율(interest rate parity)을 구하기 위해서 한국에서의 피셔식을 미국에서의 피셔식으로 나누어 보자.

$$\frac{1+R_K}{1+R_A} = \frac{(1+r_K)(1+i_K)}{(1+r_A)(1+i_A)}$$

그런데 이때에 실질이자율이란 실물투자에서 얻게 되는 자본의 한계생산성(MPC: marginal productivity of capital)이다. 따라서 자본이동에 제한이 없다면 자본은 조금이라도 자본의 한계생산성이 높은 데로 이동할 것이기 때문에 균형상태가 되려면 세계 각국의 실질이자율은 동일해야 한다. 즉, $r_K = r_A$가 된다. 따라서 위의 식은 다음과 같이 정리된다.

$$\frac{1+R_K}{1+R_A} = \frac{1+i_K}{1+i_A} \tag{3.3}$$

여기서도 근사식을 구할 수 있다. 즉, 피셔식을 다음과 같이 가정한다.[1)]

$$R \cong r + i$$

두 국가의 실질이자율이 동일하다면 두 국가에서 각각 성립되는 위의 근사식을 차감하여 두 국가의 명목이자율차이가 대략적으로 물가상승률의 차이와 같음을 다음과 같이 확인할 수 있다.

$$R_K - R_A \cong i_K - i_A \tag{3.4}$$

1) 이 식은 Fisher's formula의 근사식이다. 즉, $(1+R) = (1+r)(1+i) = 1+r+i+ri$ 에서 ri는 매우 작은 값이므로 이를 0으로 가정해서 구한 식이다.

(3) 국제피셔효과

국제피셔효과(IFE: international Fisher effect)는 두 국가간의 명목이자율의 차이가 환율결정에 미치는 영향을 파악하기 위해서 구매력평가이론과 피셔효과를 결합한 것이다. 이 이론은 현물환율과 명목이자율의 관계가 균형상태에 있게 되면 재정거래기회가 있을 수 없다는 논리를 통해서 확인된다. 구체적인 과정을 살펴보자.

현재 \$1를 미국에 투자하면 미국의 명목이자율이 R_A이므로 1기 후에는 그 투자수익이 $\$1\times(1+R_A)$가 될 것이다. 그런데 \$1를 현재시점에서 원화로 바꾸어 한국에 투자한 경우를 생각해 보자. 현재 \$1는 S_0가 될 것이고 이의 1기 후 투자수익 $S_0\times(1+R_K)$가 될 것이다. 그런데 1기 후 원화 표시금액을 1기 후 현물환율 S_1을 이용해서 달러표시로 환산하면 이 값은 $\$1\times(1+R_A)$와 같아야 재정거래기회가 없게 된다.

따라서 다음 식이 성립된다.

$$1+R_A=S_0(1+R_K)\frac{1}{S_1} \quad \Rightarrow \quad \frac{S_1}{S_0}=\frac{1+R_K}{1+R_A} \tag{3.5}$$

역시 위 식의 양변에서 1을 차감하여 정리한 식에서 분모의 R_A를 0으로 놓고 근사식을 만들면 다음과 같은데 이는 현물환율의 변동률이 대략적으로 두 국가의 명목이자율의 차이와 같다는 의미이다.

$$\frac{S_1-S_0}{S_0}\cong R_K-R_A \tag{3.6}$$

예제 3-2

현재의 현물환율이 \$1 = 1,000원이다. 그런데 한국의 명목이자율은 21%이고 미국의 명목이자율은 10%이다.

(1) 내년의 현물환율이 \$1 = 1,200원이라면 어떤 형태의 재정거래가 발생할까?
(2) (1)과 같은 재정거래가 발생하지 않으려면 내년 현물환율이 얼마가 되어야 할 것인가?

해설

(1) 국내은행에 1,000원을 예금하면 1년 후 찾게 될 원리금은 한국의 명목이자율 21%를 반영한 1,210원이 된다. 그런데 국내은행에 예금하는 대신 달러로 환전하여 $1를 미국은행에 예금하게 되면 1년 후 미국명목이자율 10%를 반영한 $1.1를 받게 된다. 그런데 내년의 현물환율이 $1 = 1,200원이라면 미국은행에서 받게 되는 $1.1를 원화로 환전하면 1,320원(= $1.1×1,200원)이 된다. 이는 국내은행에서 1,000원을 빌려서 $1로 환전하여 미국은행에 예금하였다가 1년 후 $1.1를 1,320원으로 회수한 후 국내은행의 차입금에 대한 원리금 1,210원(= 1,000원×1.21)을 상환하면 달러당 110원(= 1,320−1,210)의 이익을 얻을 수 있음을 의미한다.

따라서 미국은 자금공급이 증가하고 한국은 자금수요가 증가하여 미국금리는 하락, 한국금리는 상승하게 될 것이므로 현재상태를 균형상태라고 할 수 없다.

(2) 내년의 현물환율을 S_1이라고 하면 $1를 미국은행에 예금하여 $1.1×$S_1$에 해당하는 원화금액을 받게 된다. 따라서 이 금액이 국내은행의 차입금상환액 1,210원과 동일하게 되면 재정거래가 발생하지 않게 된다. 이로부터 재정거래가 발생하지 않기 위한 현물환율의 균형값을 구할 수 있다.

$$1.1 \times S_1 = 1{,}210 \qquad \therefore S_1 = 1{,}100$$

이를 국제피셔효과를 나타내는 식 (3.5)에 따라 다음과 같이 확인할 수도 있다.

$$\frac{S_1}{S_0} = \frac{1+R_K}{1+R_A} \text{ 에서 } \frac{S_1}{1{,}000} = \frac{1+0.21}{1+0.1}$$

$$\therefore S_1 = 1{,}100(\text{원})$$

(4) 금리평가설

금리평가설(IRP: interest rate parity theory)은 선물환율과 명목이자율의 관계가 균형상태에 있게 되면 재정거래기회가 없다는 논리에서 도출된 이론이다. 그 도출과정은 앞서의 과정과 유사하다.

현재 $1를 미국에 투자한 경우 1기 후에는 투자수익은 $1×$(1+R_A)$가 된다. 그런데 $1를 원화로 바꾸어 한국에 투자하고 이 투자수익을 1기 선물환율 F_1으로 매입한 경우를 생각해 보자. 현재 $1는 S_0가 될 것이고 이의 1기 후 투자수익 $S_0 \times (1+R_K)$가 될 것이다. 그런데 1기 후에는 F_1으로 매입하는 것이므로 원화 표시금액을 F_1을 이용해서 달러표시로 환산하면 이 값은 $\$1 \times (1+R_A)$와 같아야 재정거래기회가 없게 된다.

따라서 다음 식이 성립된다.

$$1+R_A = S_0(1+R_K)\frac{1}{F_1} \;\Rightarrow\; \frac{F_1}{S_0} = \frac{1+R_K}{1+R_A} \tag{3.7}$$

마찬가지로 위 식의 양변에서 1을 차감하여 정리한 식에서 분모의 R_A를 0으로 놓고 근사식을 만들면 다음과 같은데 이는 선물환할증률이 대략적으로 두 국가의 명목이자율의 차이와 같다는 의미이다.

$$\frac{F_1 - S_0}{S_0} \cong R_K - R_A \tag{3.8}$$

예제 3-3

현재의 현물환율이 $1 = 1,000원이다. 그런데 한국의 명목이자율은 21%이고 미국의 명목이자율은 10%이다.

(1) 내년에 만기가 되는 통화선물의 가격, 즉 선물환율이 $1 = 1,200원이라면 어떤 형태의 재정거래가 발생할까?
(2) (1)과 같은 재정거래가 발생하지 않으려면 선물환율이 얼마가 되어야 할 것인가?

해설

(1) 국내은행에 1,000원을 예금하면 1년 후 찾게 될 원리금은 한국의 명목이자율 21%를 반영한 1,210원이 된다. 그런데 국내은행에 예금하는 대신 달러로 환전하여 $1를 미국은행에 예금하게 되면 1년 후 미국명목이자율 10%를 반영한 $1.1를 받게 된다. 그런데 내년에 만기가 되는 선물환율이 $1 = 1,200원이라면 이 가격에 통화선물을 매도하여 미국은행에서 받게 되는 $1.1를 1,320원(= $1.1×1,200원)에 팔 수 있게 된다. 이는 국내은행에서 1,000원을 빌려서 $1로 환전하여 미국은행에 예금하였다가 1년 후 $1.1를 1,320원으로 회수한 후 국내은행의 차입금에 대한 원리금 1,210원(= 1,000원×1.21)을 상환하면 달러당 110원(= 1,320−1,210)의 이익을 얻을 수 있음을 의미한다.
따라서 통화선물시장에서 매도세력이 증가하여 선물환율 1,200원은 하락하게 될 것이므로 현재상태는 균형상태가 아니다.

(2) 내년에 만기가 되는 선물환율을 S_1이라고 하면 통화선물을 매도하면서 \$1를 미국은행에 예금하면 1년 후 $\$1.1 \times S_1$에 해당하는 원화금액을 확보할 수 있다. 따라서 이 금액이 국내은행의 차입금상환액 1,210원과 동일하게 되면 재정거래가 발생하지 않게 된다. 이로부터 재정거래가 발생하지 않기 위한 선물환율의 균형값을 구할 수 있다.

$$1.1 \times S_1 = 1{,}210 \qquad \therefore S_1 = 1{,}100$$

이를 금리평가설을 나타내는 식 (3.7)에 따라 다음과 같이 확인할 수도 있다.

$$\frac{F_1}{S_0} = \frac{1 + R_K}{1 + R_A} \text{ 에서 } \frac{F_1}{1{,}000} = \frac{1 + 0.21}{1 + 0.1}$$

$$\therefore F_1 = 1{,}100(\text{원})$$

(5) 효율적 시장가설

외환시장이 효율적이라면 선물환율은 미래 현물환율의 기대값과 일치하게 된다. 선물환거래에서의 환율, 즉 선물환율은 미래 실현될 현물환율의 불편추정값(unbiased estimator)이 된다는 것으로서 선도환평가이론(forward parity theory)이라고도 한다. 이는 금융시장의 정보효율성의 가정하에서 성립되는 제한적인 이론이라고 할 수 있기 때문에 효율적 시장가설(EMH: efficient market hypothesis)이라고도 한다.

$$F_1 = S_1 \tag{3.9}$$

이상과 같은 환율결정모형의 내용을 그림으로 나타내면 다음의 [그림 3-1]로 요약된다.

그림 3-1 환율결정모형

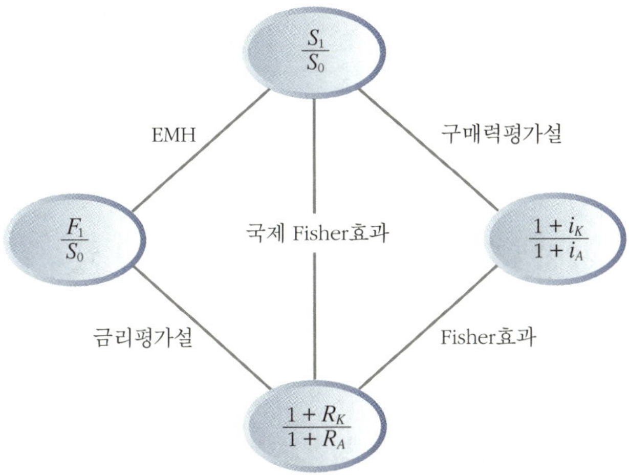

예제 3-4

한국의 물가상승률은 연 14%, 미국의 물가상승률은 연 6%라고 하자. 그리고 현재의 현물환율이 $1 = 1,200원이다.

(1) 내년의 균형현물환율은 얼마로 예상되는가?
(2) 한국의 명목이자율은 연 16%이다. 미국의 명목이자율수준이 얼마일 때 균형상태가 되는가? 그리고 균형상태에서 두 국가의 실질이자율수준은 얼마인가?
(3) 내년에 만기가 되는 선물계약의 선물환율은 얼마인가?
(4) 균형상태의 환율결정모형을 위 변수들로 나타내보자.

해설

(1) 구매력평가설에 따라 다음과 같이 내년의 균형현물환율을 구한다.

$$\frac{S_1}{S_0} = \frac{1+i_K}{1+i_A}\text{에서 } \frac{S_1}{1,200} = \frac{1+0.14}{1+0.06}$$

$$\therefore S_1 = 1,290(\text{원})$$

(2) 피셔효과에 따라 다음과 같이 미국의 명목이자율을 구한다.

$$\frac{1+R_K}{1+R_A} = \frac{1+i_K}{1+i_A}\text{ 에서 } \frac{1+0.16}{1+R_A} = \frac{1+0.14}{1+0.06}$$

$$\therefore R_A = 7.9(\%)$$

그리고 피셔식을 이용하면 다음과 같이 두 국가의 실질이자율, 즉 자본의 한계 생산성을 구할 수 있는데 그 값은 균형상태를 전제로 한 것이므로 동일한 값이 된다.

$$1+R=(1+r)(1+i)\text{에서}$$
$$1+0.16=(1+r_K)(1+0.14) \qquad \therefore r_K=1.8(\%)$$
$$1+0.079=(1+r_A)(1+0.06) \qquad \therefore r_A=1.8(\%)$$

(3) 금리평가설에 따라 1년 만기 선물환율을 다음과 같이 구할 수 있다.

$$\frac{F_1}{S_0}=\frac{1+R_K}{1+R_A}\text{ 에서 }\ \frac{F_1}{1,200}=\frac{1+0.16}{1+0.079}$$

$$\therefore F_1=1,290(\text{원})$$

(4) 각 경제변수의 값을 이용해서 [그림 3-1]과 같은 형태로 나타내면 다음과 같다.

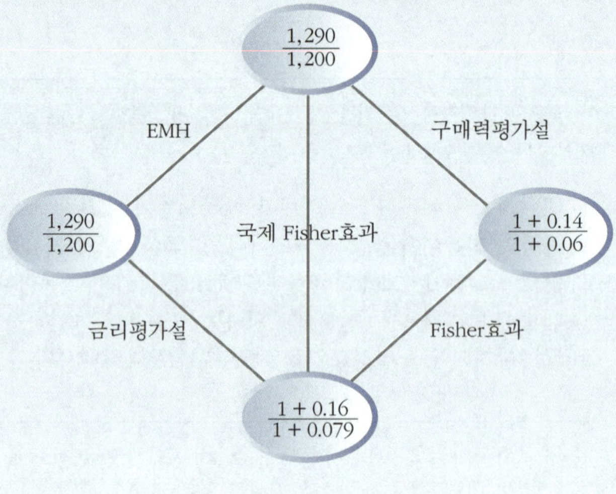

제2절 통화선물의 개요

1 기초개념

(1) 의의 및 목적

주요 국가들의 통화를 거래대상으로 하는 선물거래를 통화선물(currency futures)이라고 한다. 이러한 통화선물은 금융선물 중에서 처음으로 1972년 CME에 도입되었다. 도입의 직접적 동기는 브레튼우즈협정체제가 붕괴되면서 환율결정시스템이 고정환율제에서 변동환율제로 바뀌었고 이에 따라서 환율변동에 따른 손실가능성이 크게 증가되었기 때문이다. 따라서 환위험에 대한 헤지가 통화선물거래의 주된 목적이다.

(2) 거래대상통화

CME에 개설되어 있는 IMM에서 거래하고 있는 통화는 다음과 같은 주요 8개국 통화이다. 즉, 영국 파운드, 캐나다 달러, 독일 마르크, 스위스 프랑, 프랑스 프랑, 멕시코 페소, 일본 엔, 이태리 리라가 거래된다.

우리나라에도 1999년부터 선물거래소에서 미국달러에 대한 선물과 옵션이 도입되어 거래되고 있으므로 이들을 이용한 환위험관리가 가능하다.

2 선물환거래와 비교

통화선물과 유사하게 보이는 선물환거래(forward exchange contract)는 선도거래이다. 즉, 선물환거래는 만기에서 일정 규모의 외화를 미리 정한 환율로 인수 또는 인도하는 거래로서 통화선물거래와는 다른 것이다.

이미 선물거래와 선도거래는 앞서 차이점을 설명하였지만 외환시장의 특성을 중심으로 선물환거래와 통화선물을 좀더 자세하게 비교하면 다음과 같다.

① 선물환거래는 특별한 장소가 없이 전세계적인 시장에서 이루어지지만 통화선물은 CME의 국제통화시장(IMM)을 비롯한 몇몇 장소에서만 이루어진다.
② 선물환거래는 어느 국가의 통화도 거래되지만 통화선물은 소수의 한정된 주요 통화만을 대상으로 거래된다.
③ 선물환거래는 만기가 매일 도래될 수 있지만 통화선물은 일정한 만기일만을 대상으로 이루어진다.
④ 선물환거래는 주로 규모가 큰 선도계약이며 통화선물은 거래단위금액이 비교적 적으며 만기 이전에 언제든지 청산할 수 있다.
⑤ 선물환거래는 대규모의 무역회사나 기관투자가가 주로 이용하고 통화선물은 소규모 회사나 투기자들이 이용한다.
⑥ 선물환거래는 당사자간의 신용과 합의에 따라서 이루어지고 통화선물은 정산소나 증거금제도를 통해서 신용을 담보한다.
⑦ 선물환거래는 90% 정도에 이르는 대부분이 만기에 결제되고 통화선물은 대부분이 만기 이전에 청산되어 만기에서의 결제량은 1%도 안된다.

표 3-1 선물환거래와 통화선물(2022년 현재)

	선물환거래	통화선물
거래장소	특정 장소 없이 전세계적으로 거래	IMM 등 공인된 거래소
거래통화	제한 없음	달러 등 주요국 통화
결제만기	당사자간의 합의	표준화된 결제월
거래규모	주로 대규모의 거래	비교적 소액단위도 가능
거래당사자	대규모의 무역회사 또는 기관투자가	소규모 투자자 또는 투기거래자
신용담보	당사자간의 신용	정산소나 증거금
결제형태	대부분 만기결제	대부분 만기 이전의 반대매매로 결제

출처 : 한국거래소

3 통화선물의 균형가격

(1) 균형가격결정식

통화선물의 가격을 선물환율이라고 한다. 선물환율도 미국달러에 대한 원화표시의 환율로 나타낸다. 앞서 살펴 본 환율결정모형에서 금리평가설을 이용하면 균형선물환율은 다음과 같이 결정된다는 것을 알 수 있다.

$$F_t = S_0 \times \left[\frac{1+R_K}{1+R_A}\right]^t \quad (3.10)$$

단, F_t : 만기 t의 달러당 선물환율
S_0 : 현재 달러당 현물환율
R_K, R_A : 한국, 미국의 만기 t의 현물이자율

위 식은 이해를 쉽게 하기 위해서 미국달러에 대한 원화표시의 환율로 설명한 것이지만 서로 다른 국가간의 통화에서도 물론 성립되는 식이다.

통화선물의 가격은 이처럼 화폐단위로 표시하는 것이 일반적이지만 현물환율과 선물환율간의 할증률(또는 할인율)로 표기하기도 한다. 선물환할증률은 통상 매입률, 매도율을 무시하고 기준환율을 이용해서 다음과 같이 산출한다.

$$선물환할증률 = \frac{F_1 - S_0}{S_0} \times \frac{360}{선물만기} \times 100(\%) \quad (3.11)$$

(2) 보유비용모형

통화선물의 가격결정식 식 (3.10)도 보유비용의 관점에서 해석할 수 있다. 즉, 한국금리가 미국금리보다 높을 때($R_K > R_A$), 미국달러를 선물만기까지 보유한다면 한국원화를 보유함으로써 더 높은 금리를 누릴 수 있는 기회를 포기하는 것이 된다. 따라서 미국달러의 보유로 기회비용을 부담하는 것이므로 선물환율이 현물환율보다 더 높게 형성된다. 즉, $F_t > S_0$가 성립한다.

이와는 반대로 미국금리가 한국금리보다 높다면($R_A > R_K$), 미국달러를 선물만기까지 가져가는데 수익이 발생하는 것이므로 선물환율이 현물환율보다 더 낮게 형성된다. 즉, $F_t < S_0$가 성립한다.

예제 3-5

달러당 현물환율이 현재 $1 = 1,000원이다. 한국의 이자율은 연 10%, 미국 이자율은 연 6%로 예상된다고 하자.

(1) 만기까지 6개월 남은 통화선물의 균형가격을 구하라.
(2) 선물환할증률 또는 할인율을 구하라.
(3) (1)의 결과를 이용해서 달러당 6개월간 보유비용을 구하면 얼마가 될까?

해설

(1) 만기까지 6개월 남은 통화선물의 균형가격은 다음과 같다.

$$F_t = S_0 \times \left[\frac{1+R_K}{1+R_A}\right]$$

$$= 1{,}000\left[\frac{1+0.1\times\frac{1}{2}}{1+0.06\times\frac{1}{2}}\right] = 1{,}019.4(\text{원})$$

(2) 선물환할증률은 다음과 같다.

$$\frac{F_1 - S_0}{S_0} \times \frac{12}{6} = \frac{1{,}019.4 - 1{,}000}{1{,}000} \times \frac{12}{6} = 3.88(\%)$$

(3) (1)에서 구한 선물가격을 보유비용모형으로 분석한다.

$$F = S + C = 1{,}000 + C = 1{,}019.4$$
$$\therefore \text{C} = 19.4(\text{원})$$

제3절 통화선물거래

1 재정거래

(1) 재정거래기회

현재의 선물환율수준에서 재정거래기회가 존재하는가를 판단하려면 먼저 현재 선물시장에서 형성되어 있는 통화선물의 시장가격, 즉 선물환율이 관련 국가의 금리를 감안할 때에 균형수준인가를 파악하여야 한다. 앞서 환율결정모형에서의 금리평가설을 이용해서 균형상태 여부를 우선 확인해야 한다. 구체적으로는 통화선물의 균형가격을 나타내는 식 (3.10)에 해당 국가들의 금리수준을 대입해서 산출한 값과 현재의 선물환율과 다르면 재정거래기회가 존재한다고 할 수 있다.

(2) 거래방법

통화선물을 이용한 재정거래의 구체적인 전략도 일반적인 선물거래의 경우와 크게 다를 것이 없다. 만약 선물시장에서 형성된 현재의 선물환율이 균형선물환율보다 높은 수준이면 현물매입재정거래를 수행하고, 현재의 선물환율이 균형선물환율보다 낮은 수준이면 현물매도재정거래를 수행한다. 거래의 결과는 균형선물환율과 현재 선물환율과의 차이만큼의 재정이익으로 나타날 것이다.

예제 3-6

8월 현재 독일 마르크당 현물환율이 현재 DM1 = 626.2원이고 만기까지의 기간이 130일 남은 12월물 선물환율은 DM1 = 624.9원이다. 독일의 이자율은 연 8.51%이고 한국의 이자율은 연 7%라고 할 때에 다음 각 물음에 답하라.

(1) 12월물 가격이 균형수준인가 파악하고 그렇지 않다면 어떤 형태의 재정거래가 가능한지 설명하라.
(2) 원화기준 1백만원으로 수행하는 재정거래의 결과를 보여라.
(3) 수익률기준으로 재정거래유인을 파악하라.

해설

(1) 먼저 통화선물의 균형가격을 구한 후 시장가격과 비교한다.

$$F = S_0 \times \left[\frac{1+R_K}{1+R_D}\right]$$

$$= 626.2\left[\frac{1+0.07\times\frac{130}{360}}{1+0.0851\times\frac{130}{360}}\right] = 622.89\,(\text{원})$$

선물시장가격 624.9원은 이보다 높은 수준이므로 현물매입재정거래가 가능하다.

(2) 현물매입재정거래의 현금흐름은 다음과 같다.

	8월	12월
현물매입	−DM 1,596.93①	DM 1,646②
차입 · 상환	₩1,000,000	−₩1,025,278③
선물매도		624.9×DM1,646−DM1,646
	0	3,307← 재정이익

① ₩1,000,000÷626.2 = 1,596.93

② $1{,}596.93\times\left(1+0.0851\times\frac{130}{360}\right) = 1{,}646$

③ $1{,}000{,}000\times\left(1+0.07\times\frac{130}{360}\right) = 1{,}025{,}278$

이러한 재정거래는 국제재무관리에서의 금리평가설을 이용하는 재정거래와 동일한 것이니 비교해 보면 이해가 용이할 것이다.

(3) 현물매입재정거래를 통한 독일 마르크화에 대한 합성대출수익률은 다음과 같다.

$$\left(\frac{1{,}028{,}585-1{,}000{,}000}{1{,}000{,}000}\right)\times\frac{360}{130} = 7.92\%$$

이는 한국원화차입이자율 7%보다 높은 수준이어서 재정거래유인이 존재한다. 단, 여기서 1,028,585 = 624.9×DM 1,646

2 헤지거래

(1) 거래원리

앞으로의 환율변동으로 현재 보유한 외화자산이나 부채의 가치변동위험을 제거하기 위해서 선물시장에서 해당되는 통화를 기초자산으로 하는 선물계약을 매입하거나 매도하고 일정기간 후에 이를 청산한다.

선물환율의 결정식 식 (3.10)을 보면 현물환율의 변화와 선물환율의 변화가 같은 방향으로 움직이므로 현물포지션과 선물포지션을 반대방향으로 취하면 헤지효과를 얻게 될 것임을 알 수 있다.

(2) 거래효과

현물자산이나 부채에서 발생하는 기회손실을 선물시장의 거래이익으로 상쇄함으로써 현물가격의 변동으로 인한 손실을 감소시키거나 제거한다.

구체적으로는 외화자산을 보유하고 있는 경우에는 통화선물을 매도함으로써 환율하락에 따라 외화자산에서 발생하는 손실을 선물거래의 이익으로 커버할 수 있다. 이와 반대로 외화부채를 부담하고 있는 경우에는 환율상승에 따른 손실을 선물거래의 이익으로 커버할 수 있다. 한편, 이러한 헤지전략을 취하면 현물의 기회이익도 선물의 거래손실로 감소되거나 제거된다.

예제 3-7

가나기업은 2개월 후 125,000달러에 해당하는 대금을 미국 거래처인 ABC기업에 결제해야 한다. 현재 현물시장에서 $1=1,200원이고 선물시장에서 만기가 3개월 후에 도래되는 선물가격은 $1=1,210원이다.

(1) 헤지를 위한 선물거래전략을 밝혀라.
(2) basis가 일정하다고 가정하고 2개월 후 현물이 $1=1,224원으로 상승한 경우의 헤지효과를 보여라.
(3) (2)에서 2개월 후 현물이 $1=1,188원으로 하락한 경우에도 헤지가 됨을 확인하라.

해설

(1) 헤지전략

달러가격(환율)이 상승하면 손실이 발생하므로 선물시장에서는 선물계약을 매입하여 환율상승에 따른 이익을 도모해야 헤지가 가능하다. 따라서 만기 3개월인 선물계약을 현시점에서 매입하고 2개월 후에는 만기 1개월인 선물계약을 매도하여 청산한다.

(2) 2개월 후 현물환율이 상승한 경우

	현물시장	선물시장
현재	만약 현시점에서 달러를 매입하였다면 $125,000 × 1,200 = 150,000,000	3개월 후 인도하는 선물계약을 매입하였으므로 $125,000 × 1,210 = 151,250,000
2개월 후	실제 이때에 달러를 매입하였으므로 $125,000 × 1,224 = 153,000,000	1개월 후 인도하는 선물계약을 매도하여 청산하면 $125,000 × 1,234* = 154,250,000
결과	기회손실 3,000,000	거래이익 3,000,000

* basis = $S - F$ = 1,200 − 1,210 = − 10
따라서 1,224 − (− 10) = 1,234

(3) 2개월 후 현물환율이 하락한 경우

	현물시장	선물시장
현재	(2)와 동일하다. 150,000,000	(2)와 동일하다. 151,250,000
2개월 후	$125,000 × 1,188 = 148,500,000	$125,000 × 1,198** = 149,750,000
결과	기회이익 1,500,000	거래손실 1,500,000

** 1,188 − (−10) = 1,198

이처럼 헤지거래를 하면 선물시장의 거래이익(손실)이 현물시장의 기회손실(이익)을 보전하는 효과를 통해서 환율변동위험을 막을 수 있다. 특히, 베이시스가 일정하면 위와 같은 완전헤지를 도모할 수 있지만 현실적으로 이같은 경우는 드물고 베이시스도 변동하기 때문에 부분적인 헤지효과를 얻는 경우가 대부분이다.

3 투기거래

(1) 거래원리

현물통화는 보유하지 않고 선물시장에서 특정 통화에 대한 선물계약을 매입 또는 매도하여 환율변동위험에 노출된 포지션(position)을 취한다. 좀 더 구체적으로 설명하면 강세(약세)로 예상되는 통화에 대한 선물계약을 매입(매도)하고 실제가치가 상승(하락)했을 때 선물계약을 매도(매입)하여 청산결제함으로써 이익을 도모하는 것이다.

(2) 거래효과

투기거래의 경우에는 미래의 선물가격이 예상대로 변화하면 이익을 얻게 되고 예상과 반대로 변화하는 경우에는 손실을 보게 된다.

예제 3-8

앞으로 상당 기간 동안 달러의 약세가 예상된다. 어떤 투자자가 이러한 예상을 근거로 선물시장을 이용해서 투기거래를 하려고 한다. 현재는 10월인데 현물시장에서의 환율은 $1=1,200원이고 선물시장에서는 12월에 만기가 도래하는 선물환율이 $1=1,215원에 거래되고 있다.

(1) 이때의 투기전략(speculation)을 설명하라.
(2) $1,000 규모의 투기거래를 하였을 때 11월 시점의 투자성과를 보여라. 단, 11월에 현물환율은 $1=1,178원, 12월 만기인 선물환율이 $1=1,190원으로 형성되었다고 가정하라.
(3) 만약 11월에 현물환율이 $1=1,215원, 선물환율이 $1=1,226원으로 형성되었다면 $1,000 규모의 투기거래 결과는 어떠한가?

해설

(1) 투기전략

달러의 약세는 달러가격의 하락을 의미한다. 따라서 현시점에서 달러에 대한 선물계약을 매도한 후 일정기간이 경과하면 다시 매입하여 청산한다.

(2) 투자자의 예상이 맞은 경우

① 현재시점에서 12월 만기 선물계약을 매도하면

$1,000×1,215 = 1,215,000(+)

② 11월에 12월 만기 선물계약을 매입해서 청산한다.

$1,000×1,190 = 1,190,000(−)

③ 청산시 투기이익은

1,215,000−1,190,000 = 25,000

(3) 투자자의 예상이 틀린 경우

① 현재시점 $1,000×1,215 = 1,215,000(+)

② 11월 청산 $1,000×1,226 = 1,226,000(−)

③ 투기손실 1,215,000−1,226,000 = −11,000

이처럼 투기거래는 예상이 맞는 경우에만 이익을 얻고 예상이 틀린 경우에는 손실을 입게 된다. 그리고 선물계약을 독립된 투자대상으로 거래를 하는 것이기 때문에 현물가격에 관련된 정보는 필요 없는 것이다.

제4절 우리나라의 통화선물

1 달러선물의 도입

우리나라에서는 1999년 4월에 한국선물거래소에 미국달러에 대한 통화선물과 통화옵션을 동시에 도입되었다. 미국달러선물은 미래의 일정시점에 인수도할 미국달러화를 현재시점에서 미리 매수하거나 매도하는 계약을 말한다. 우리나라 대외거래의 대부분이 미국달러화로 거래되기 때문에 미국달러선물 및 옵션은 금융기관과 기업들에게 환위험을 효과적으로 관리할 수 있는

표 3-2 미국달러선물의 내용(2022년 현재)

구 분	세 부 사 항
거래대상	미국달러화(USD)
거래단위	US $10,000
결제월	분기월 중 12개, 그 밖의 월 중 8개
상장결제월	총20개(1년이내 매월, 1년초과 매분기월 상장)
가격의 표시	US $1 당 원화
최소가격변동폭	0.10원
최소가격변동금액	1,000원(US $10,000×0.10원)
거래시간	09:00~15:45(최종거래일 09:00~11:30)
최종거래일	결제월의 세 번째 월요일(공휴일인 경우 순차적으로 앞당김)
최종결제일	최종거래일로부터 기산하여 3일째 거래일
결제방법	인수도결제
가격제한폭	기준가격 대비 상하±4.5%
단일가격경쟁거래	개장시(08:30~09:00) 및 거래종료시(15:35~15:45), 최종거래일 거래종료시(11:20~11:30)

출처 : 한국거래소

기회를 제공한다.

달러선물 1계약의 단위는 $10,000이고 가격표시는 1달러 당 원화로 나타낸다. 그리고 상장된 선물의 최종거래일은 해당 결제월의 세 번째 월요일이고 이에 대한 결제일은 최종 거래일로부터 기산하여 3일째 거래일이다. 결제 방식은 만기에서 달러와 원화를 교환하는 실물인수도 방식을 따른다.

2 달러선물의 가격표시

달러선물거래의 경제적 효과를 제대로 파악하기 위해서는 가격표시에 대해서 정확하게 이해해야 하므로 이에 대한 내용을 좀더 자세하게 보자.

달러선물의 가격표시방법은 $1에 대한 원화로 표시하는데 소수점 둘째자리까지 표시한다. 그리고 최소가격변동폭은 0.1원으로 정하고 있다. 선물거래에서의 이러한 최소가격변동폭을 베이시스포인트(BP : basis point) 또는 틱(tick)이라고 부르는데 이에 해당하는 화폐금액은 다음과 같이 산출된다.

$$\$10{,}000 \times 0.1 = 1{,}000(\text{원})$$

이렇게 산출한 값을 BPV(basis point value) 또는 틱가치(tick value)라고 하는데 위에서 보듯이 베이시스포인트 또는 틱에 선물계약 1단위를 곱해서 구한다. 이 값을 알고 있다면 쉽게 선물거래의 손익을 계산할 수 있기 때문에 선물거래의 전략을 수립하는 데 유용하게 이용할 수 있다.

3 엔 · 유로선물

우리나라의 대외교역가 커지면서 결제통화도 엔화, 유로화 등 달러 이외의 통화로 다양해졌다. 자연스럽게 엔화, 유로화 등에 대한 헤지수요가 증가하였으나 종전의 미국달러선물만으로는 환위험관리에 한계를 갖게 되었다. 이러한 배경에서 엔화 및 유로화에 대한 통화선물이 2006년에 추가로 도입되었다.

우리나라 외환시장에서 엔화와 유로화의 환율은 달러환율과의 관계에서 형성되는 교차환율 또는 재정환율로 거래되는 이중적 구조를 갖지만 엔 · 유로선물은 직접 원화와의 관계로 가격이 형성되는 직거래상품이다. 따라서 달러표시의 거래만 가능한 CME의 엔 · 유로선물보다 훨씬 유용성이 높은 편이다.

엔 · 유로선물거래의 세부적 내용이나 제도도 미국달러선물과 유사하다. 자세한 내용은 〈표 3-3〉에 제시되어 있다.

표 3-3 엔선물의 내용 (2022년 현재)

구 분	엔선물
거래대상	일본엔(JPY)
거래단위	JP ¥1,000,000
결제월	분기월 중 4개와 그 밖의 월 중 4개
상장결제월	1년 이내의 8개 결제월
가격의 표시	JP ¥100당 원화
최소가격변동폭	0.10원
최소가격변동금액	1,000원(JP ¥1,000,000/100×0.10원)
거래시간	09:00~15:45(최종거래일 09:00~11:30)
최종거래일	결제월의 세 번째 월요일(공휴일인 경우 순차적으로 앞당김)
최종결제일	최종거래일로부터 기산하여 3일째 거래일(T+2)
결제방법	인수도결제
가격제한폭	기준가격 대비 상하±5.25%
단일가격경쟁거래	개장시(08:30~09:00) 및 거래종료시(15:35~15:45), 최종거래일 거래종료시(11:20~11:30)

출처 : 한국거래소

표 3-4 유로선물의 내용 (2022년 현재)

구 분	유로선물
거래대상	유로화(EUR)
거래단위	EU €10,000
결제월	분기월 중 4개와 그 밖의 월 중 4개
상장결제월	1년 이내의 8개 결제월
가격의 표시	EU €1당 원화
최소가격변동폭	0.10원
최소가격변동금액	1,000원(EU €10,000×0.10원)
거래시간	09:00~15:45(최종거래일 09:00~11:30)
최종거래일	결제월의 세 번째 월요일(공휴일인 경우 순차적으로 앞당김)
최종결제일	최종거래일로부터 기산하여 3일째 거래일(T+2)
결제방법	인수도결제
가격제한폭	기준가격 대비 상하±5.25%
단일가격경쟁거래	개장시(08:30~09:00) 및 거래종료시(15:35~15:45), 최종거래일 거래종료시(11:20~11:30)

출처 : 한국거래소

연습 문제

3-1 두 국가간의 환율수준을 결정하는 경제변수는 현물환율, 선물환율, 물가상승률, 이자율 등이다. 다음은 어떤 변수들의 관계를 설명하는 것인지 설명하라.

① 구매력평가설(purchasing power parity theory)

② 국제피셔효과(international Fisher effect)

③ 금리평가설(interest rate parity)

3-2 선물환거래(forward exchange contract)를 통화선물(currency futures)과 비교하라.

3-3 다음 각 경우에 헤지전략을 선택하라.

(1) 미국에 수출하는 한국기업

(2) 미국에서 부품을 수입하고 이를 가공하여 일본에 수출하는 기업

(3) 중동에서 건설공사를 수주하고 공사자재를 독일에서 조달할 경우

(4) 멕시코 현지공장에서 생산된 제품을 미국에 수출하는 경우

① 미국달러선물매입	② 미국달러선물매도
③ 일본엔선물매입	④ 일본엔선물매도
⑤ 독일마르크선물매입	⑥ 독일마르크선물매도
⑦ 멕시코페소선물매입	⑧ 멕시코페소선물매도

3-4 미국의 ABC은행은 9월 30일에 엔화로 2.5억엔을 결제해야 한다. 6월 15일 현재 엔의 현물환율은 100엔당 0.77달러이며 12월물의 선물환율은 0.76달러이다. 엔 선물 1계약은 12,500,000엔이라고 하자.

(1) ABC은행의 헤지전략을 설명하라.

(2) 9월 실제 엔화를 결제하는 시점에서 현물환율이 0.82로 상승하고 12월물의 선물환율은 0.80이 되었다. (1)과 같은 전략으로 ABC은행이 9월 실제 엔화 결제하면서 100엔당 부담하는 환율수준은 얼마인가? 단, 선물거래수수료는 1계약당 20달러이다.

(3) 엔화 결제시점에서 현물환율이 0.72로 하락하고 12월물 선물환율은 0.70이 되었다고 할 때에 100엔당 부담하는 환율수준은 얼마인가?

신문기사 **'日 아베노믹스 영향' 상반기 통화선물거래대금 123% 급증**

일본 아베노믹스 등의 영향으로 올해 상반기 통화선물 거래가 대폭 증가한 것으로 나타났다. 27일 금융감독원에 따르면 올해 상반기 국내투자자의 통화선물 거래대금은 4807억 달러로 지난해 같은 기간 2,154억 달러보다 123% 급증했다. 같은 기간에 거래량 역시 172만 4,891 계약에서 388만 3,384 계약으로 125% 증가했다.

통화선물은 환리스크의 헤징이나 환차익을 얻기 위해 매입자 또는 매도자가 일정통화를 미래의 일정시점에서 당초의 약정가격으로 매입 또는 매도하기로 하는 계약을 말한다. 올 상반기 통화선물은 이미 지난해 거래대금(4,529억 2,673만 달러)과 거래량(369만 5,599 계약)을 뛰어넘었다. 특히 유로 · 달러 선물 거래와 엔 · 달러 선물 거래가 큰 폭 늘었다.

상반기 유로 · 달러 선물 거래대금은 3,234억 달러로 지난해 상반기(1,667억 달러)보다 93.9% 늘었다. 엔 · 달러 선물 거래대금은 891억 달러로 지난해 상반기(163억 달러)보다 447.2%나 증가했다.

이처럼 상반기 통화선물 거래가 급증한 이유는 미국, 일본 등 각국 정부가 앞다퉈 양적완화에 나서며 환율 변동 폭이 커졌기 때문이다. 이 같은 변동폭 확대는 투자자 입장에서는 리스크가 커질 수 있지만 그만큼 기대 수익률도 높아져 개인이나 기관투자가들의 선호도가 함께 올라가는 효과를 볼 수 있다.

전민규 한국투자증권 연구원은 "글로벌 금융시장 불안이 항상 엔화 강세로 연결되어 왔다는 점을 감안하면 향후 엔화의 향방은 경제위기가 발생할 가능성에 큰 영향을 받을 것"이라며 "다만 이머징 국가들의 금융시장 안정을 전제한다면 엔화는 당분간 약세를 다시 지속할 것으로 보인다"고 예상했다.

김기덕 기자

〈파이낸셜뉴스〉 2013.10.27

제 4 장

주가지수선물

주가지수선물은 주식가격의 변동위험을 관리할 수 있는 선물거래이다. 그러나 개별주식에 대한 선물은 존재하지 않고 대체로 주가지수를 기초자산으로 하는 주가지수선물이 도입되어 있는 실정이다. 따라서 주가지수에 대한 기초적인 개념과 주가지수의 산출방식에 대해서 먼저 이해할 필요가 있다. 그리고 주가지수선물에 대한 기초개념, 주가지수선물가격의 결정원리, 주가지수선물거래를 유형별로 살펴본다. 끝으로 우리나라에 도입된 주가지수선물의 내용을 소개한다.

제1절 주가지수

1 기초개념

증권시장의 전체적인 움직임을 나타내는 지표를 증권시장지표라고 한다. 일반적으로 증권투자의 성과는 증권시장의 전반적인 동향, 즉 증권시장이 호황이냐 불황이냐에 의해서 많은 영향을 받기 때문에 증권시장지표는 일반투자자에게 매우 중요한 관심사항이 된다. 뿐만 아니라 증권시장지표는 현재의 경기상황을 나태내면서 미래경기에 대한 예측정보도 반영되어 있는 것이기 때문에 일반투자자뿐만 아니라 정부 당국의 입장에서도 경제정책을 수립하는 데 중요한 지표가 되는 것이다.

증권시장의 움직임을 나타내는 지표로는 주가지수, 거래금액 및 거래량, 주가상승 및 하락종목수, 고객예탁금, 주가수익비율 등이 있지만 이 중 주식의 가격변동을 지수로 나타내는 주가지수가 가장 대표적인 증권시장지표라고 할 수 있다.

2 주가지수의 산출

(1) 주가지수의 산출식

주가지수(stock price index)란 어떤 시점을 기준시점으로 하여 그 기준시점의 주식시장 전체의 가격수준을 100으로 하고 비교시점의 가격수준을 이에 대한 상대치로 환산하여 산출한 것을 말한다. 구체적으로 주가지수는 다음과 같이 산출된다.

$$\text{주가지수} = \frac{\text{비교시점의 주가수준}}{\text{기준시점의 주가수준}} \times 100 \qquad (4.1)$$

(2) 표본선택

주가지수는 주식시장에 상장되어 있는 모든 주식을 대상으로 산출할 수도 있고 또는 상장주식들 중에서 몇 개의 주식을 표본으로 선택해서 산출할 수도 있다.

상장주식 전체를 대상으로 산출되는 주가지수가 이론적으로는 대표성이 있다고 볼 수 있기 때문에 학문적인 연구에는 이를 많이 이용하는 편이다. 우리나라의 한국종합주가지수(KOSPI: Korea Composite Stock Price Index), 미국의 뉴욕증권시장지수(New York Stock Exchange Composite) 등이 상장주식전체를 대상으로 산출되는 주가지수이다.

그러나 실무에서는 계산의 간편성을 고려해서 전체 거래주식 중에서 표본을 골라 이로부터 주가지수를 산출하여 이용하는 경우가 많다. 표본을 선택할 때에는 안정적인 주식들 중에서도 증권시장을 대표할 수 있는 종목들을 골라야 할 것이다. 세계적으로 가장 많이 이용되는 다우존스산업평균(DJIA: Dow Jones Industrial Average)도 뉴욕증권거래소에서 대표성이 있다고 판단되는 30개 종목을 대상으로 산출된 주가지수이다.

우리나라의 경우 선물거래와 옵션거래에서 이용되는 주가지수로 KOSPI 200, 스타지수가 있다. KOSPI200은 거래소에 상장되어 있는 주식 중 대표성이 있다고 판단되는 200개 종목을 대상으로 산출된 것이고 스타지수는 KOSDAQ에 등록되어 있는 주식 중 30개 종목을 대상으로 산출된 것이다. 그리고 KOSPI200은 1990년 1월 3일을 기준 100으로 산출하여 발표되고 있으며 스타지수는 2003년 1월 2일을 기준 1000으로 산출하여 발표되고 있다.

(3) 산출방법

주가지수를 산출할 때에 특정 시점의 주가수준은 표본종목의 주식가격의 평균값을 의미한다. 여기서 평균값을 구하는 방법으로 크게 단순평균방식과 가중평균방식, 두 가지 방법이 있다.[1)]

① 단순평균방식

단순평균방식은 개별종목의 주가를 단순히 합하여 이를 종목수로 나누어 구하는 방법이다. 다우존스산업평균(DJIA)이 이러한 방법으로 산출되기 때문에 이 방법을 흔히 다우식이라고도 한다. 다우식 방법은 높은 가격을 갖는 주식의 가격변동이 지수변동에 크게 영향을 미치는 단점이 있다.

---

1) 여기서 설명한 두 가지 방식은 모두 산술평균방식인데 평균주가를 산출하는 방식에서 다소 복잡하지만 기하평균방식을 사용하는 예도 있다. 미국의 밸류라인지수가 도입되면서 초기에는 기하평균방식을 이용하였지만 이 지수도 1988년부터는 산술평균방식으로 바뀌었다.

② 가중평균방식

이에 비해서 가중평균방식은 개별종목의 시가총액을 가중치로 해서 평균값을 구하는 방법이다. 이때에 시가총액이란 1주당 가격에 발행주식수를 곱하여 산출한 것인데 그래서 이 방법을 흔히 시가총액식이라고 하는 것이다. 우리나라의 종합주가지수, S&P 500지수, 뉴욕증권시장지수 등이 이에 해당하는데 전산시스템의 발달로 대부분의 주가지수가 이러한 방법을 따르고 있다.

예제 4-1

증권시장에 세 개의 주식만이 존재한다고 가정하자. 그리고 이들의 주가수준과 발행주식수가 기준시점과 현재시점에서 다음과 같이 파악되었다고 하자.

	기준시점		현재시점	
종목	주가	발행주식수	주가	발행주식수
A주식	10,000	1,000,000	15,000	1,000,000
B주식	5,000	4,000,000	2,000	4,000,000
C주식	5,000	2,000,000	5,000	2,000,000

(1) 다우식에 의해서 현재의 주가지수를 산출하라.
(2) 시가총액식에 의해서 현재의 주가지수를 산출하라.
(3) 두 방법의 특징을 비교해 보라.

해설

(1) 다우식 주가지수의 산출

먼저 기준시점의 이들 주가의 평균값을 다음과 같이 산출한다.

$$\frac{10{,}000 + 5{,}000 + 5{,}000}{3} = 6{,}667(\text{원})$$

그리고 현재시점에서 이들 주가의 평균값은 다음과 같다.

$$\frac{15{,}000 + 2{,}000 + 5{,}000}{3} = 7{,}333(\text{원})$$

따라서 현재의 주가지수는 다음과 같다.

$$\frac{7,333}{6,667} \times 100 = 110$$

(2) 시가총액식 주가지수의 산출

이번에는 시가총액식에 따라서 지수를 산출해 보자. 먼저 기준시점의 이들 주식들의 시가총액을 다음과 같이 구한다.

$$10,000 \times 100\text{만주} + 5,000 \times 400\text{만주} + 5,000 \times 200\text{만주} = 400(\text{억원})$$

그러면 기준시점의 평균주가는 총발행주식수가 700만주이므로 다음과 같이 산출된다.

$$\frac{400\text{억원}}{700\text{만주}} = 5,714.3(\text{원})$$

같은 방법으로 현재의 시가총액을 구해 보자.

$$15,000 \times 100\text{만주} + 2,000 \times 400\text{만주} + 5,000 \times 200\text{만주} = 330(\text{억원})$$

이를 이용하면 비교시점의 평균주가는 다음과 같이 구할 수 있다.

$$\frac{330\text{억원}}{700\text{만주}} = 4,714.3(\text{원})$$

따라서 현재의 주가지수는 다음과 같다.

$$\frac{4,714.3}{5,714.3} \times 100 = 82.5$$

(3) 두 방법의 특징 비교

위와 같이 산출된 지수들을 관찰해 보면 다우식 주가지수는 기준시점에 비해서 상승하였는데 비해 시가총액식 주가지수는 하락했음을 알 수 있다. 그 이유는 다우식은 고가주의 가격변동이 크게 영향을 미치고 있으며 시가총액식은 시장 규모가 큰 주가의 변동이 크게 영향을 미치고 있기 때문이다.

제2절 주가지수선물의 개요

1 기초개념

특정 주가지수를 기준으로 결정된 선물가격지수에 따라 선물계약을 체결하고 이 지수의 변동에 따라 매일 손익을 정산함으로써 주가변동에 따른 위험을 헤지하거나 이익을 도모하는 거래를 주가지수선물거래라고 한다.

1982년 KCBT(Kansas City Board of Trade)에 처음으로 밸류라인(VAL: value line)지수를 기초자산으로 하는 주가지수선물이 도입되면서 주식시장에는 커다란 변화가 발생하였다. 뒤 이어 S&P 500지수와 NYSE지수를 이용한 주가지수선물이 등장하고 이에 대한 관심이 매우 높아지면서 거래 규모에서 양적 성장을 거듭하였다.

이렇게 주가지수선물이 급성장한 배경은 1980년대 각종 연기금을 관리하는 기관투자가들이 급증하면서 이들이 포트폴리오를 관리하기 위한 수단으로 주가지수선물거래를 이용하였기 때문이다. 특히 이들이 소극적 투자전략으로 인덱스펀드를 운용하면서 이러한 펀드의 위험을 관리하는데 주가지수선물의 유용성이 더욱 높아졌다.

우리나라에서는 1996년에 KOSPI200지수를 이용한 선물거래가 도입되었고 2003년에는 스타지수를 이용한 선물거래가 도입되어 주식포트폴리오를 운용하는 데 위험관리수단으로 사용할 수 있게 되었다.

2 주가지수선물의 특징

(1) 현금정산

이러한 주가지수선물거래의 가장 큰 특징은 대부분의 상품선물이나 다른 금융선물과는 달리 선물계약의 결제가 현금정산방식으로 이루어진다는 데에 있다. 이에 대한 기본적인 이유는 증권의 실물인수도가 현실성이 없다는 것이다. 지수에 포함된 모든 증권을 인수도한다는 것은 현실적으로 불가능하며 가능하더라도 엄청난 비용과 대규모 투자자들의 시세조작가능성을 감안해서 현금정산방식을 채택한 것이다.

따라서 주가지수선물거래는 다른 선물거래와는 달리 기초자산이 되는 실물자산이 존재하지 않아서 만기에서 현물의 인수 및 인도가 있을 수 없고 모두 현금으로 선물거래가격과 최종거래일의 종가와의 차액을 정산하게 된다.

(2) 만기일의 주가변동

한편 주식을 기초자산으로 하여 주가변화와 연동해서 그 가치가 변동되는 것은 주가지수선물 이외에도 주가지수옵션이 있다. 대개 이들의 결제일이 겹칠 때에는 주식가격과 거래량이 비정상적으로 급변하는 특징을 갖는데 이렇게 주가지수선물과 주가지수옵션의 결제일이 겹치는 날을 더블위칭데이(double witching day)라고 한다. 우리나라 주가지수선물은 결제물이 3월물, 6월물, 9월물, 12월물이고 주가지수옵션은 당월물을 포함한 연속 3개월물과 3월물, 6월물, 9월물, 12월물이기 때문에 3월, 6월, 9월, 12월 둘째 목요일이 이에 해당된다.

이러한 이름은 주가의 급변을 마녀가 춤추는 것에 비유한 표현인데 개별주식에 대한 옵션까지 포함하는 경우에 트리플위칭데이(triple witching day)라고 하며 개별주식선물까지 포함하면 쿼드러플위칭데이(quadruple witching day)라고 부르고 있다.

3 주가지수선물의 균형가격

주가지수선물의 균형가격을 산출할 때에도 보유비용모형이 적용된다. 즉, 주가지수산출 대상이 되는 주식의 현재가격에 이들을 모두 구입하여 이를 선물계약의 만기까지 보유할 때의 비용을 더한다. 그리고 선물계약의 만기까지 기간 중에 이들 주식으로부터 배당수익이 있을 수 있으므로 배당과 이의 재투자수익을 차감한다.

$$F_t = S_0 + C - R \tag{4.2}$$

단, F_t : 만기 t의 총주식의 선물가치
S_0 : 총주식의 현물가치

여기서 총주식이란 지수산출 대상이 되는 주식들을 말한다. 예를 들어 KOSPI200에서는 200개 주식들 전체를 의미하고 Standard & Poor 500에서는 500개 주식들 전체를 의미하는 것이다. 그리고 여기서 C는 현재 주식구입에 대한 만기까지 기회비용이므로 시장이자율을 r이라고 표시하면 다음과 같이 산출된다.

$$C = S_0 r \frac{t}{365}$$

한편, R은 만기까지의 기간 중에 수령한 배당과 이에 대한 만기까지 재투자이익으로서 배당수익을 D, 배당수령시점부터 만기까지의 기간을 t'라고 하면 다음과 같이 산출된다.

$$R = D\left(1 + r\frac{t'}{365}\right)$$

이제 C와 R의 산출식을 식 (4.2)에 대입하면 균형가격결정식은 다음과 같이 표현된다.

$$F_t = S_0\left(1 + r\frac{t}{365}\right) - D\left(1 + r\frac{t'}{365}\right) \tag{4.3}$$

그런데 이와 같이 식 (4.2)와 식 (4.3)에서 산출한 값은 지수산출 대상이 되는 주식들을 화폐금액으로 나타낸 총가치이다. 그러나 주가지수선물의 가격은 지수단위로 표현해야 하므로 위 식에서 산출한 F_t는 지수산출방식에 따라서 지수단위로 환산하여야 한다.

만약, 이때에 배당수익을 화폐금액이 아니고 주가지수에 속한 주식들의 선물만기까지의 기간 동안에 예상되는 배당수익률 d로 측정한다면 위 식은 다음과 같이 고쳐서 쓸 수 있다.[2)]

$$F_t = S_0\left(1 + r\frac{t}{365}\right) - S_0 d \frac{t}{365}$$

$$= S_0\left[1 + (r-d)\frac{t}{365}\right] \tag{4.4}$$

단, F_t : 만기 t의 주가지수선물가격
S_0 : 현물가격지수

예제 4-2

가나기업과 ABC기업, 두 개의 주식으로 구성된 증권시장이 있다. 주가지수는 다우식으로 산출된다. 즉, 각 주식의 가격의 합계를 종목 수로 나누어 산출된다. 시장이자율은 연 10%이며, 1년은 360일로 가정하고 다음과 같이 주가지수산출의 기준시점가격 및 현재시점의 가격 등 관련 정보를 이용해서 각 물음에 답하라.

	가나기업	ABC기업
기준시점가격	10,000원	8,000원
현재시점가격	11,500	8,300
예상배당액	150	100
예상배당일	7월 22일	8월 11일

(1) 현재시점의 주가지수는 얼마인가?
(2) 현재는 7월 6일이다. 9월 20일이 만기인 지수선물계약의 균형가격은 얼마인가?
(3) 선물만기까지의 배당수익률은 연단위로 산출하라.

2) 이 식을 복리계산을 전제로 표현하면 다음과 같다.

$$F_t = S_0[1 + r - d]^{\frac{t}{365}}$$

해설

(1) 기준시점의 평균주가는 다음과 같다.

$$\frac{10,000+8,000}{2}=9,000$$

그리고 현재시점의 평균주가는 다음과 같다.

$$\frac{11,500+8,300}{2}=9,900$$

따라서 현재의 주가지수는 다음과 같다.

$$\frac{9,900}{9,000}\times 100=110$$

(2) 총주식의 9월 20일 선물 균형가치를 구하기 위해서 다음 식을 이용한다.

$$F_t=S_0+C-R$$

여기서 S_0는 총주식의 현물가치이므로 두 개 주식가격의 합으로 산출된다.

$$S_t=11,500+8,300=19,800$$

그리고 C는 이 주식들을 선물만기까지 보유할 때의 기회비용이다.

$$C=S_0\times r\times\frac{t}{360}$$
$$=19,800\times 0.1\times\frac{76}{360}=418$$

한편, R은 이 주식들로부터 받는 배당과 이의 재투자수익이다.

$$R=D\left(1+r\times\frac{t'}{360}\right)$$

따라서 가나주식의 R_1과 ABC주식의 R_2는 다음과 같이 산출된다.

$$R_1=150\times\left(1+0.1\times\frac{60}{360}\right)=152.5$$
$$R_2=100\times\left(1+0.1\times\frac{40}{360}\right)=101.1$$

이제까지 구한 자료값들을 선물가치의 균형식에 대입한다.

$$F_t=19,800+418-(152.5+101.1)=19,964.4$$

끝으로 이렇게 산출한 값을 다음과 같이 지수단위로 환산해야 하므로 9월 20일 만기인 선물지수의 균형가격은 다음과 같다.

$$110 \times \frac{19,964.4}{19,800} = 110.91$$

(3) $F_t = S_0\left[1 + (r-d)\frac{76}{360}\right]$ 이므로 d는 다음과 같이 구한다.

$$110.91 = 110\left[1 + (0.1-d)\frac{76}{360}\right] \qquad \therefore d = 6.08\%$$

제3절 주가지수선물거래

1 재정거래

(1) 거래원리

주가지수선물거래에서의 재정거래도 다른 재정거래와 원리가 동일하다. 즉, 선물시장에서 형성되어 있는 선물계약의 시장가격이 이론적 모형을 통해서 산출한 균형가격과 차이가 발생하면 이러한 불균형을 이용해서 아무런 추가적 부담 없이 이익을 도모하는 것이다.

(2) 거래효과

시장가격이 균형가격보다 높게 형성되면 선물매도와 현물매입(cash and carry arbitrage)을 통해서, 시장가격이 균형가격보다 낮게 형성되면 선물매입과 현물매도(reverse cash and carry arbitrage)를 통해서 재정거래를 하게 된다. 흔히 이러한 재정거래는 컴퓨터에 프로그램화하여 거래기회를 포착하기 때문에 프로그램매매(program trading)라고 부른다.[3)]

프로그램매매는 먼저 지수선물가격과 가격패턴이 비슷하도록 개별주식을 조합하며 포트폴리오를 구성한 후 재정거래기회가 발생하면 선물과 현물을 동시에 매매하는 형태로 이루어진다. 만기의 현물가격수준에 따라서 현물시장의 손익과 선물거래의 손익이 달라질 수는 있지만 이 두 손익을 합친 전체적인 재정이익은 항상 일정한 값을 갖게 된다. 구체적으로 이 값은 선물계약의 시장가격과 균형가격과의 차이에 해당하는 값이다.

예제 4-3

5월 11일 현재 KOSPI200이 50.00이고 한 달 후에 만기가 도래되는 6월물 선물가격은 54.00으로 거래되고 있다. 시장이자율은 연 15%, 배당수익률은 연 3%라고 하자.

(1) 6월물 선물계약의 균형가격을 구하고 어떤 형태의 재정거래가 가능한가 설명하라.
(2) 6월물 40계약을 재정거래한다고 하자. 만기에 KOSPI200이 55.00으로 상승한 경우 현물시장과 선물시장의 손익을 각각 구하라.
(3) 만기 KOSPI 200이 48.00으로 하락하였다면 (2)의 결과는 어떠한가?

해설

(1) 먼저 6월물선물계약의 균형가격을 구하면 다음과 같다.

$$F_t = S_0 \times \left[1 + (r - d)\frac{t}{365}\right]$$
$$= 50 \times \left[1 + (0.15 - 0.03) \times \frac{1}{12}\right] = 50.50$$

선물계약의 시장가격 54.00은 이보다 높은 수준으로 과대평가되어 있으므로 선물매도 및 현물매입의 재정거래를 한다.

(2) 6월물 40계약을 매도하면서 차입금을 조달하여 현물을 10억원 어치 매입한다. 이때 현물은 KOSPI200의 지수구성비율대로 포트폴리오를 구성하는 것이며 10억원은 다음과 같이 산출된 것이다.

3) 프로그램매매는 1976년 뉴욕증권거래소가 DOT(designated order turnaround)시스템을 개발하면서 신속하고 정확한 자동주문체제로 도입되었다. 대량의 현물거래는 물론 파생상품거래를 체계적으로 수행할 수 있는 시스템으로서 최근에는 선물과 현물 사이의 재정거래를 지칭하는 용어로 많이 사용되고 있다.

$$50.00 \times 50\text{만원} \times 40\text{계약} = 10\text{억원}$$

① 현물거래효과

$$\text{주가상승} \quad 10\text{억원} \times \frac{55-50}{50} = \quad 1\text{억원}$$

$$\text{배당수익} \quad 10\text{억원} \times 3\% \times \frac{1}{12} = \quad 0.025$$

$$\text{이자비용} \quad 10\text{억원} \times 15\% \times \frac{1}{12} = -0.125$$

$$0.9\text{억원(이익)}$$

② 선물거래효과

$$(54-55) \times 50\text{만원} \times 40\text{계약} = -0.2\text{억원(손실)}$$

따라서 재정이익은 ①, ②를 합친 0.7(= 0.9 − 0.2)억원이 된다.

(3) ① 현물거래효과

$$\text{주가하락} \quad 10\text{억원} \times \frac{48-50}{50} = -0.4\text{억원}$$

$$\text{배당수익} \quad = \quad 0.025$$

$$\text{이자비용} \quad = -0.125$$

$$-0.5\text{억원(손실)}$$

② 선물거래효과

$$(54-48) \times 50\text{만원} \times 40\text{계약} = 1.2\text{억원(이익)}$$

이 경우에도 재정이익은 ①, ②를 합친 0.7(= 1.2 − 0.5)억원으로 만기의 현물 주가수준과는 무관하게 결정된다.

2 헤지거래

현물시장에서의 손실가능성을 보전하기 위해서 주가지수선물을 이용하는 것을 말한다. 주가지수선물거래에서 헤지효과를 도모하기 위한 구체적인 방법들을 살펴보면 다음과 같다. 이러한 헤지방법을 통해서 원하는 헤지효과를 얻기 위해서는 ① 헤지대상이 되는 현물자산의 가격변동률, ② 시장포트폴리오의 가치변동률, ③ 선물계약의 가격변동률, 세 가지 변수의 관계를 정확하게 파악해야 한다.

(1) 단순헤지

헤지대상주식(또는 포트폴리오)의 가격변동률과 선물계약의 가격변동률이 동일한 경우에는 다음과 같이 산출한 계약 수만큼 현물포지션과 반대포지션으로 선물계약을 취하면 완전헤지가 된다. 이를 단순헤지(naive hedge)라고 한다.

$$\text{선물계약수}(N) = \frac{\text{헤지대상 포트폴리오의 시장가격}(S_0)}{\text{선물계약 1단위의 시장가격}(F)} \qquad (4.5)$$

(2) 베타헤지

단순헤지전략은 현물포지션과 선물포지션을 동일한 금액만큼 1:1로 대응시키는 것인데 선물계약의 가격변동률과 헤지대상 상품의 가격변동률이 서로 다를 경우에는 단순헤지전략으로 완전한 헤지효과를 볼 수 없게 된다.

대개 현실적으로는 헤지대상이 되는 현물자산의 가격변동률보다는 시장포트폴리오의 가치변동률이 선물계약의 가격변동률과 더 상관관계가 높다. 왜냐하면 보유비용모형에서 보면 알 수 있겠지만 선물계약의 가격은 시장포트폴리오라는 현물자산의 가치에 기회비용을 더하고 배당수익을 차감해서 결정되는 것이기 때문이다.

이러한 경우에는 헤지대상주식(또는 포트폴리오)의 시장포트폴리오에 대한 베타값을 이용해서 헤지효과를 높일 수 있다. 구체적으로는 단순헤지의 선물계약수를 다음과 같이 조정하는데 이 방법을 베타헤지(beta hedge)라고 한다.

$$\text{선물계약수}(N_\beta) = \beta_{SI} \times \text{단순헤지선물계약수}(N) \qquad (4.6)$$

이때에 β_{SI}는 헤지대상주식(또는 포트폴리오)의 베타로서 헤지대상주식(또

는 포트폴리오)수익률의 시장포트폴리오수익률에 대한 민감도를 의미한다.[4]

이러한 베타헤지로 완전헤지가 되려면 시장포트폴리오의 수익률과 선물계약의 가격변동률이 동일해서 그 상관계수가 1이 되어야 할 것이다. 그러나 현실적으로 시장포트폴리오의 수익률과 선물가격변동률이 동일하지 않기 때문에 베타헤지는 단순헤지보다는 위험을 감소시킬 수 있지만 위험을 가장 작게 해 주는 것은 아니다.

(3) 최소분산헤지

헤지의 목적이 위험을 최소화하는데 있으므로 최적헤지비율(HR)을 이용해서 단순헤지의 선물계약수를 조정하는 것이 위험을 가장 작게 할 수 있는 방법이 된다.[5]

$$\text{선물계약수}(N_{mv}) = HR \times \text{단순헤지선물계약수}(N) \tag{4.7}$$

이때의 최적헤지비율(HR)도 β와 같은 구조로 산출되지만 이는 헤지대상주식(또는 포트폴리오)의 수익률과 선물계약의 가격변동률의 공분산을 선물계약의 가격변동률 분산으로 나누어 구한 베타(β_{SF})이므로 베타헤지에서의 베타(β_{SI})와는 다른 것이다.

그런데 HR은 다음과 같이 표현할 수 있다.

$$HR(\beta_{SF}) = \beta_{SI} \times \beta_{IF} \tag{4.8}$$

단, β_{IF}는 선물가격에 대한 시장포트폴리오의 베타

대개 시장포트폴리오수익률과 선물가격변동률이 거의 비슷하기 때문에 $\beta_{IF} = 1$로 가정하는 경우가 많은데 이러한 경우에 HR은 β_{SI}와 같은 값이 되므로 이때에는 베타헤지가 곧 최소분산헤지가 될 것이다.[6]

---

4) 우리나라에서 주가지수선물계약의 기초자산은 시장전체의 주식가치가 아니라 200개 종목의 주식가치이므로 이때의 시장포트폴리오란 종합주가지수가 아니라 KOSPI200 지수를 의미하는 것이 된다.

5) 이때의 HR는 가격변동률의 회귀모형 $R_s = \alpha + \beta R_F + \varepsilon$에서의 β를 의미한다. 따라서 가격변동량 회귀모형에서 구한 HR와는 차이가 있다.

그림 4-1 | 헤지거래를 위한 관계분석

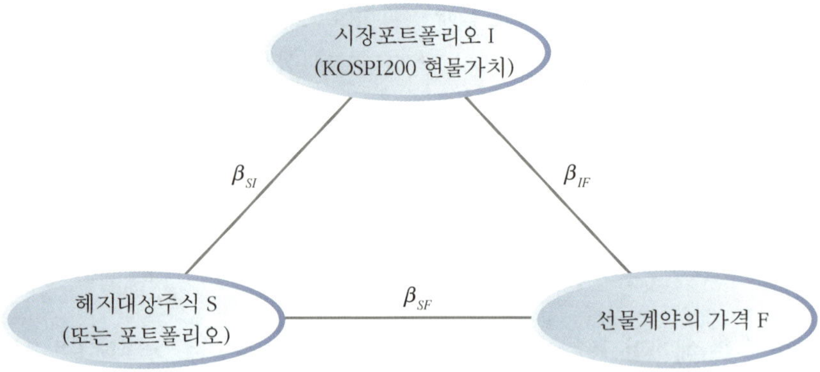

예제 4-4

가나증권(주)이 3/20 현재 보유 중인 주식과 관련된 정보는 다음과 같다.

종목	보유주식수	1주당 시가	$Cov(R_i, R_m)$
A	1,000주	20,000원	0.072
B	2,000	15,000	0.135

시장포트폴리오의 기대수익률은 15%이고 표준편차는 30%이다. 그리고 주가지수선물 중 헤지거래를 위해서 이용하려는 6월물의 현재가격은 80포인트이고 포인트당 가격은 500,000원이다.

(1) 현재 6월물 선물계약 1단위의 금액은 얼마인가?
(2) 단순헤지의 경우에 거래해야 할 선물계약수를 구하라.
(3) 베타헤지의 경우에 거래해야 할 선물계약수를 구하라.
(4) 시장포트폴리오의 선물가격에 대한 베타가 1.05라고 할 때에 최적헤지비율은 얼마인가? 이때에 구입해야 할 선물계약수를 구하라.

6) β_{IF} = 1이라는 가정을 한국증권시장에서 보면 KOSPI200 지수의 변동률이 선물계약의 가격변동률과 같다는 뜻이 된다.

해설

(1) 선물계약 1단위의 현재가격은 다음과 같이 산출한다.

$$\begin{aligned}&\text{현재 선물가격} \times \text{지수 1포인트당 가격}\\&= 80 \times 500{,}000 = 40{,}000{,}000(\text{원})\end{aligned}$$

(2) 단순헤지

① 선물계약수

$$N = \frac{1{,}000\text{주} \times 2\text{만원} + 2{,}000\text{주} \times 1.5\text{만원}}{40{,}000{,}000} = 1.25(\text{계약})$$

② 거래금액

$$1.25 \times 40{,}000{,}000 = 50{,}000{,}000(\text{원})$$

단순헤지의 선물거래금액은 현재 보유 중인 포트폴리오의 시장가치와 동일한 금액이다.

③ 거래과정

현재 현물시장의 포지션이 보유 중인 롱포지션(long position)이므로 선물계약을 1.25단위 매도하였다가 목표헤지시점에서 다시 매입하여 청산한다.

(3) 베타헤지

① 선물계약수

먼저 개별주식의 β를 구해서 이로부터 포트폴리오의 β를 산출한다.

$$\beta_A = \frac{\sigma_{Am}}{\sigma_m^2} = \frac{0.072}{0.3^2} = 0.8$$

$$\beta_B = \frac{\sigma_{Bm}}{\sigma_m^2} = \frac{0.135}{0.3^2} = 1.5$$

이로부터 포트폴리오 β를 구하면 다음과 같다.

$$\begin{aligned}\beta_p &= w_A \cdot \beta_A + w_B \cdot \beta_B\\&= 0.4 \times 0.8 + 0.6 \times 1.5 = 1.22\end{aligned}$$

따라서 베타헤지의 선물계약수는 다음과 같이 산출된다.

$$N_\beta = \beta_p \times N$$
$$= 1.22 \times 1.25 = 1.525(\text{단위})$$

② 거래금액

$$1.525 \times 40{,}000{,}000 = 61{,}000{,}000(\text{원})$$

(4) 최소분산헤지

① 선물계약수

주어진 자료를 이용해서 최적헤지비율을 구하면 다음과 같다.

$$HR(=\beta_{PF}) = \beta_{PI} \times \beta_{IF}$$
$$= 1.22 \times 1.05$$
$$= 1.281$$

따라서 선물계약수는 다음과 같이 산출된다.

$$N_{mv} = HR \times N$$
$$= 1.281 \times 1.25 = 1.6(\text{단위})$$

② 거래금액

$$1.6 \times 40{,}000{,}000 = 64{,}000{,}000(\text{원})$$

3 주가지수선물을 이용한 위험관리

이제까지 설명한 헤지거래는 현물자산의 가치를 미래의 가격변동과는 무관하게 일정한 수준으로 유지하기 위해서 주가지수선물을 이용하는 것이었다. 그러나 투자자는 현재 보유 중인 현물자산에다가 주가지수선물을 결합시킴으로써 자신이 목표로 하는 위험수준을 만들 수도 있다.

만약 미래의 주가가 상승할 것으로 예상되면 베타를 더 크게 만들고, 반대로 미래의 주가가 하락할 것으로 예상되면 베타를 작게 만들어서 이익을 도모할 수 있을 것이다.

다음 식을 이용하면 구체적인 거래전략을 찾을 수 있다.

$$선물계약수(n) = (\beta^* - \beta) \times 단순헤지선물계약수(N) \quad (4.9)$$

단, β^* : 목표베타
β : 현재베타

위 식에서 산출된 선물계약수(n)가 양(+)의 값이면 목표베타를 달성하기 위해서 선물계약을 매입해야 한다는 것을 의미하고 음(−)의 값이면 선물매도를 의미하는 것이다.[7)]

예제 4-5

〈예제 4-4〉에서의 가나증권(주)이 현재 보유 중인 주식과 선물계약을 결합하여 위험관리를 하고자 한다. 시장주가지수와 선물계약의 가격변동률은 동일하다고 가정하자.

(1) 주가상승이 예상되어 베타를 2.0 수준으로 높이려고 할 때에 선물계약의 이용전략을 설명하라.
(2) 주가하락이 예상되어 베타를 0.8 수준으로 낮추려고 할 때에는 어떤 선물전략을 이용해야 하는가?
(3) 헤지를 위한 전략을 설명하라.

해설

시장주가지수와 선물가격의 변동률이 같다고 하였으므로 $\beta_{IF} = 1$이 된다.

(1) 목표베타가 2.0인 경우
현재 보유 중인 포트폴리오의 베타가 1.22이므로 거래 선물계약수 n은 다음과 같다.

$$\begin{aligned} n &= (\beta^* - \beta) \times N \\ &= (2.0 - 1.22) \times 1.25 = 0.975 \end{aligned}$$

즉, 선물계약을 0.975단위 매입하면 현물과 선물로 구성된 총포트폴리오의 베타가 2.0이 된다.

(2) 목표베타가 0.8인 경우

$$n = (0.8 - 1.22) \times 1.25 = -0.525$$

7) 식 (4.9)는 $\beta_{IF} = 1$로 가정한 경우이고 만약 $\beta_{IF} \fallingdotseq 1$이면 이 식에서 산출된 선물계약수를 β_{IF}로 곱해 주면 된다.

즉, 선물계약을 0.525단위 매도하면 목표베타를 달성할 수 있다.

(3) 헤지가 되려면 $\beta^* = 0$이어야 하므로

$$n = (0 - 1.22) \times 1.25 = -1.525$$

선물계약을 1.525단위 매도하면 헤지가 가능하다. 이 값은 〈예제 4-4〉에서 베타헤지를 위한 계약수와 동일한 것이다.

4 투기거래

(1) 단순투기거래

주가지수선물거래에서 투기거래는 주식현물과 무관하게 미래의 선물가격 변동을 예측하여 선물거래를 함으로써 선물가격변동에 따른 차익을 획득하기 위한 거래를 말한다. 선물거래는 대체로 거래대금의 10~20% 정도의 적은 증거금만으로도 거래가 가능하기 때문에 선물거래의 레버리지효과를 통해서 큰 이익을 얻을 수 있다. 뿐만 아니라 언제든지 반대매매에 의한 청산을 통하여 시장에서 빠져 나올 수 있으므로 투기거래자들이 주가지수선물거래를 선호하는 것이다.

이러한 투기거래가 활발해야 헤지거래자들이 위험을 전가시킴으로써 효과적인 위험관리를 할 수 있는 것이다. 그러나 대부분의 선물거래소에서는 과도한 투기거래의 부작용을 우려해서 특정인이 지나치게 많은 선물거래를 하지 못하도록 규정하고 있다.

(2) 스프레드거래

앞서 설명한 투기거래는 선물계약의 가격변동에 대한 가장 단순한 형태의 투기거래이지만 좀더 보수적 관점에서 이용되는 투기거래의 형태로 스프레드거래가 있다. 스프레드거래는 서로 다른 선물계약을 동시에 사고 파는 거

래를 말하며 인도월간 스프레드, 상품간 스프레드, 시장간 스프레드가 있다.

시장의 변동에 따라 모든 주가지수가 동일하게 영향을 받지는 않는다. 대체로 시장이 큰 폭으로 움직이면 대기업 주가보다 소기업의 주가가 더 크게 변동하는 경향이 있기 때문에 상대적으로 소기업의 주가에 큰 가중치를 주는 밸류라인지수는 대기업의 주가에 큰 가중치를 주는 S&P500지수나 NYSE지수보다 더 큰 폭으로 움직이게 된다. 따라서 큰 폭의 가격상승이 예상된다면 밸류라인지수를 매입하고 S&P500지수나 NYSE지수를 매도하는 스프레드거래를 통해서 이익을 얻을 수 있다. 이외에도 근월물, 원월물의 가격변동의 특성을 파악해서 이를 이용한 스프레드거래도 할 수 있을 것이다.

예제 4-6

선물가격이 상승할 것을 예상하여 보유자금 4.5억원으로 현재 가격이 75.00포인트인 KOSPI200 선물계약 9월물을 매수한 투자자의 손익을 다음 각 경우에서 주식을 매입하였을 때와 비교하라. 단, 증거금은 거래대금의 15%이고 현물가격변동률과 선물가격변동률이 같다고 하자.

(1) 선물계약의 가격이 4% 상승한 경우
(2) 선물계약의 가격이 4% 하락한 경우

해설

먼저 4.5억원으로 최대한 매입할 수 있는 9월물 계약수를 다음과 같이 구한다.

$$\frac{4.5\text{억원}}{75.00 \times 50\text{만원} \times 15\%} = 80\text{계약}$$

(1) 선물가격이 4% 상승한 경우 선물투자의 결과는 다음과 같이 산출된다.

$$(78.00 - 75.00) \times 50\text{만원} \times 80\text{계약} = 1.2\text{억원(이익)}$$

그리고 이때의 투자수익률은 26.7%(= 1.2/4.5)이 된다.
한편, 현물주식을 매입하면 투자수익률은 가격상승률 4%와 동일하며 이익금액은 다음과 같다.

$$4.5\text{억원} \times 4\% = 1{,}800\text{만원}$$

(2) 선물가격이 4% 하락한 경우 선물투자의 결과는 다음과 같다.

$$(72.00 - 75.00) \times 50\text{만원} \times 80\text{계약} = 1.2\text{억원(손실)}$$

따라서 투자수익률은 – 26.7%(= 1.2/4.5)이 된다.
한편, 현물주식의 매입은 가격하락률 4%, 즉 1,800만원에 해당하는 손실을 초래한다.
이와 같이 선물계약만을 사고 파는 투기거래는 현물거래보다 손익의 폭이 훨씬 크게 나타나는 레버리지효과를 가져온다.

제4절 우리나라의 주가지수선물

1 KOSPI200 선물

(1) 도입 내용

최근 우리나라도 금융시장이 발전하면서 주식투자와 관련된 간접투자상품으로 다양한 형태의 포트폴리오가 활발하게 운용되고 있다. 이러한 상황을 감안할 때 주가지수선물은 주식투자에 따르는 위험을 관리하는 데 유용한 수단이 될 수 있다.

우리나라에서는 금융선물 중 주가지수선물이 가장 먼저 도입되었는데 1996년 5월에 한국증권거래소에 도입된 KOSPI200 선물이 바로 그것이다. KOSPI200 선물은 KOSPI200 지수를 거래대상으로 하는 주가지수선물이다. 한국종합주가지수(Korea Stock Price Index)는 1980년 1월 4일을 기준 100으로 해서 전체종목을 대상으로 산출되는데 비해서 주가지수선물을 위해서 도입된 지수 KOSPI200은 1990년 1월 3일을 기준 100으로 하고 200개 종목만을 대상으로 한다. 200개 종목은 우리나라 거래소시장을 대표하는 종목들로서 전체시가총액의 70% 수준에 달한다.

KOSPI200 선물의 1계약의 금액은 포인트당 거래단위승수 50만원을 곱한 금액이고 선물계약의 종목은 3월물, 6월물, 9월물, 12월물로서 결제일은 해당월의 두 번째 목요일이다. 그리고 주가지수선물의 경우에는 기초자산에 해당하는 실물자산이 없으므로 처음거래가격과 최종결제가격의 차액을 현금결제(cash settlement)하는 방식을 따른다.

(2) 가격표시

KOSPI200 선물의 가격은 KOSPI200의 지수포인트(index point)로 나타낸다. 그리고 2010년 현재 1계약금액은 이 포인트에 거래단위승수 25만원을 곱한 금액으로 하고 있다. 따라서 예를 들어 6월물의 현재가격이 220.00포인트라면 1계약에 해당하는 거래금액은 5,500만원(=220.00×25만원)이 되는 것이다.

그리고 최소가격변동폭은 0.05포인트로 설정되어 있기 때문에 베이시스 포인트 즉, 틱의 가치는 12,500원(=25만원×0.05포인트)이 된다.

표 4-1 KOSPI200 주가지수선물의 내용(2022년 현재)

구 분	세 부 사 항
기초자산	코스피200지수
거래단위	코스피200선물가격×25만(거래승수)
결제월	3, 6, 9, 12월
상장결제월	3년 이내 7개 결제월(3,9월: 각 1개, 6월: 2개, 12월: 3개)
가격의 표시	코스피200선물 수치(포인트)
호가가격단위	0.05포인트
최소가격변동금액	12,500원(25만원×0.05)
거래시간	09:00~15:45(최종거래일 09:00~15:20)
최종거래일	각 결제월의 두 번째 목요일(공휴일인 경우 순차적으로 앞당김)
최종결제일	최종거래일의 다음 거래일
결제방법	현금결제
가격제한폭	기준가격 대비 각 단계별로 확대적용 ①±8% ②±15% ③±20%
정산가격	최종 약정가격(최종 약정가격이 없는 경우, 선물이론정산가격)
기준가격	전일의 정산가격
단일가격경쟁거래	개장시(08:30~09:00) 및 거래종료시(15:35~15:45)
필요적 거래중단	현금가격 급변으로 매매거래 중단 시 선물거래 일시중단 및 단일가로 재개

출처 : 한국거래소

2 KOSDAQ150 선물

(1) 도입내용

벤처기업과 유망중소기업 등의 주식이 거래되는 코스닥시장은 IT산업이 활황을 맞으면서 그 거래종목과 거래규모가 매우 커졌다. 그런데 이렇게 실제로 많은 투자자들이 코스닥시장에 등록되어 있는 주식들을 거래하면서도 위험관리를 할 수 있는 마땅한 방법이 없었다. KOSPI200 주가지수선물은 거래소시장의 주가와 연계된 것이므로 코스닥시장에 투자하는 투자자의 입장에서는 위험관리효과가 떨어지기 때문이다. 이러한 배경에서 2001년에는 KOSDAQ50지수를 대상으로 하는 주가지수선물도 도입되었다. 이후 증권거래소와 선물거래소가 통합된 증권선물거래소가 출범하면서 KOSDAQ50선물을 스타지수선물로 대체하였다가 다시 KOSDAQ150 선물로 대체하였다. KOSDAQ150선물은 코스닥시장에 상장된 종목 중에서 시장대표성, 유동성 및 재무건전성이 우량한 150개 종목을 구성종목으로 하는 지수를 거래대상으로 한다. 여기서 KOSDAQ150지수는 2010년 1월 4일을 기준 1,000포인트로 산출되는 지수이다.

KOSDAQ150선물은 거래의 활성화를 위해서 거래시스템을 기존의 선물투자자에게 익숙한 KOSPI200선물과 비슷하게 설계되었다. 3, 6, 9, 12월물 모두 4개의 종목이 거래되며 최종거래일은 해당월의 두 번째 목요일, 결제일은 그 다음 날이다. 이 역시 KOSPI200 선물과 마찬가지로 기초자산에 해당하는 실물자산이 없으므로 처음거래가격과 최종결제가격의 차액을 현금결제(cash settlement)하는 방식을 따른다.

(2) 가격표시

KOSDAQ150선물의 가격은 KOSDAQ150지수로 나타낸다. 그리고 1계약 금액은 이 포인트에 거래단위승수 1만원을 곱한 금액으로 한다. 따라서 예를 들어 12월물의 현재가격이 1,200.0포인트라면 1계약에 해당하는 거래금액은

표 4-2 KOSDAQ선물의 내용(2022년 현재)

구 분	세 부 사 항
기초자산	코스닥150지수
거래단위	코스닥150선물 가격×10,000(거래승수)
결제월	3, 6, 9, 12월
상장결제월	총 7개[분기월(3,9월) 2개, 반기월(6월) 2개, 연월(12월) 3개]
가격의 표시	코스닥150선물 수치(포인트)
호가가격단위	0.10포인트
최소가격변동금액	1,000원(10,000×0.1p)
거래시간	09:00~15:45(최종거래일 09:00~15:20)
최종거래일	각 결제월의 두 번째 목요일(공휴일인 경우 순차적으로 앞당김)
최종결제일	최종거래일의 다음 거래일
결제방법	현금결제
가격제한폭	기준가격 대비 각 단계별로 확대적용 ① ±8% ② ±15% ③ ±20%
단일가격경쟁거래	개장시(08:30~09:00) 및 거래종료시(15:35~15:45)
필요적 거래중단	현금가격 급변으로 매매거래 중단 시 선물거래 일시중단 및 단일가로 재개

출처 : 한국거래소

1,200만원(=1,200.0×20만원)이 되는 것이다.

그리고 최소가격변동폭은 0.1포인트로 설정되어 있으며 따라서 베이시스 포인트 즉, 틱의 가치는 1,000원(=1만원×0.1포인트)이 된다.

(3) 이용사례

스타지수선물을 이용한 사례를 살펴본다. 앞의 〈예제 4-5〉에서는 주가지수선물 중 KOSPI200 선물을 대상으로 헤지거래 중 매도헤지의 사례를 다루었으므로 여기서는 그 반대유형인 매입헤지의 사례를 다루도록 한다.

예제 4-7

가나기업은 코스닥시장의 등록기업인 ABC벤처(주)를 인수, 합병하기 위해서 이 기업의 주식을 계속적으로 매입해 오고 있다. ABC벤처의 주식은 10월 현재 1주당 5,700원에 거래되고 있는데 전반적으로 코스닥시장은 상승국면에 있기 때문에 이 기업의 주가도 당분간 상승할 것으로 예측되고 있다. 가나기업의 M&A계획에 따르면 1개월 후 ABC벤처의 주식 20,000주를 매입해야 한다. 현재 코스닥지수는 980.0이고 12월물 선물가격은 950.0이다.
가나기업의 기획실장은 ABC기업의 주식이 코스닥지수의 구성종목이기 때문에 두 가격의 변화율이 동일할 것으로 예측하고 있다.

(1) 가나기업이 헤지를 위해서 취해야 할 선물거래전략을 설명하라.
(2) 기획실장의 예측을 전제로 거래할 선물계약은 몇 단위인가?
(3) 1개월 후 ABC벤처의 주가는 6,270원으로 상승하고 코스닥지수 12월물가격이 1045.0이 되었을 때에 (2)와 같은 헤지전략의 결과를 보여라.
(4) 예상과는 달리 1개월 후 주식시장이 약세가 되어 ABC벤처의 주가는 5,415원으로 하락하고 코스닥지수 12월물가격이 912.0이 되었다고 할 때에 헤지결과를 보이고 (3)의 결과와 비교해서 설명하라.
(5) 1개월 후 실제상황이 (4)와 같다면 몇 단위의 선물계약을 거래해야 완전헤지가 가능하였을까 ?

해설

(1) ABC주식을 현물시장에서 1개월 후에 구입하면 ABC주식의 가격이 상승하여 손실을 보게 되므로 지수가 상승하는 선물시장에서 지수선물계약을 매입하여 이익을 도모해야 헤지가 가능하다. 즉, 현물포지션이 숏포지션(short position)이므로 매입헤지(long hedge)를 취해야 한다.

(2) ABC주식의 가격과 선물가격이 동일한 변화율로 움직일 것으로 예측되므로 단순헤지를 취하면 된다. 따라서 선물계약수는 다음과 같이 산출된다.

$$\frac{\text{헤지대상포트폴리오의 시장가치}}{\text{선물계약 1단위의 시장가치}}$$

$$= \frac{5{,}700\text{원} \times 20{,}000\text{주}}{950.0 \times 10{,}000} = 12\text{단위}$$

즉, 12단위의 선물계약을 구입한다.

(3) ABC주가와 12월물 가격이 모두 상승한 경우 현물시장의 기회손익과 선물시장의 거래손익을 산출하면 다음과 같다.

현물시장	선물시장
현재 매입하였다면	선물계약 12단위 매입
20,000주×5,700원 = 114,000,000원	950.0×10,000원×12 = 114,000,000원
1개월 후 매입	선물계약 12단위 매도청산
20,000주×6,270원 = 125,400,000원	1045.0×10,000원×12 = 125,400,000원
결과: 기회손실 11,400,000원	결과: 거래이익 11,400,000원

(4) 현물시장의 기회손익과 선물시장의 거래손익을 비교하면 다음과 같다.

현물시장	선물시장
현재 매입하였다면	선물계약 12단위 매입
20,000주×5,700원 = 114,000,000원	950.0×10,000원×12 = 114,000,000원
1개월 후 매입	선물계약 12단위 매도청산
20,000주×5,415원 = 108,300,000원	912.0×10,000원×12 = 109,440,000원
결과: 기회이익 5,700,000원	결과: 거래손실 4,560,000원

(3)번 결과는 ABC주가와 선물가격의 변화율이 예측대로 동일하기 때문에 완전헤지가 이루어졌지만 (4)번에서는 예측과는 달리 변화방향만 같고(둘다 하락하였음) 변화율이 다르기 때문에 부분헤지가 되었다.

(5) ABC 주가변화율의 12월물 가격변화율에 대한 베타를 구하면 이 값이 최적 헤지비율 *HR*이 된다.

$$HR = \frac{\left(\dfrac{5,415-5,700}{5,700}\right)}{\left(\dfrac{912.0-950.0}{950.0}\right)} = \frac{0.05}{0.04} = 1.25$$

따라서 완전헤지를 위해서 매입해야 할 선물계약수는 다음과 같다.

$$HR \times \text{단순헤지 선물계약수}$$
$$= 1.25 \times 12 = 15(\text{단위})$$

3 개별주식선물

(1) 도입내용

개별주식선물(single stock futures)은 특정한 종목의 주식을 기초자산으로 하는 선물을 말한다. 특정 종목의 주가가 하락하는 상황이라면 공매를 통해서 이익을 도모할 수 있다. 그런데 여러 가지 이유로 공매가 제한되는 경우가 많아서 주가하락 추세에 대응하는 것이 쉽지 않았다. 이러한 현실적 어려움을 해소하기 위해서 2008년 5월에 개별주식에 대한 선물이 도입되었다.

그리고 특정 종목의 주식과 관련해서 위험관리가 필요한 투자자들이 있다. 이들은 주가지수선물을 이용해도 직접적인 위험관리효과를 얻기 어려울 수 있다. 예를 들어 신세계주식을 보유한 투자자가 주가지수선물을 이용한다면 어느 정도의 위험관리효과를 기대할 수는 있어도 아무래도 신세계주식을 기초자산으로 하는 선물을 이용하는 것보다 그 효과는 떨어질 수밖에 없을 것이다. 이러한 경우 개별주식선물은 매우 유용하다.

(2) 상품명세

개별주식선물이 거래대상으로 하고 있는 기업들은 삼성전자, 신세계, SK텔레콤, 포스코, 현대자동차 등 유통주식수가 많고 시가총액이 크면서 재무상태도 좋은 우리나라 대표기업들이다.

개별주식선물의 가격은 원단위로 나타내며 1계약금액은 선물가격에 거래단위승수 10을 곱한 금액으로 하고 있다. 그리고 현물 주식의 매매 방식과 마찬가지로 호가단위가 주식선물의 가격수준에 따라서 다르게 설정되어 있기 때문에 가격변동폭이 일정하지 않다. 또한 만기에서 현물에 대한 불안정한 수급상황이 생기지 않도록 결제 방식이 현물인수도가 아니라 현금결제로 되

표 4-3 개별주식선물의 내용(2022년 현재)

구 분	세 부 사 항
기초자산	158개 기업
1계약금액	주식선물가격×10(거래승수)
결제월	기타월(1,2,4,5,7,8,10,11월)2개, 분기월(3,9월)2개, 반기월(6월)2개, 연월(12월)3개
상장결제월	3년 이내의 9개 결제월
가격의 표시	주식선물가격(원)
거래시간	09:00~15:45(최종거래일 09:00~15:20)
최종거래일	각 결제월의 두 번째 목요일(휴장일인 경우 순차적으로 앞당김)
최종결제일	최종거래일의 다음 거래일
가격제한폭	기준가격 대비 단계별 확대적용 ①±10, ②±20%, ③±30%
단일가격경쟁거래	개장시(08:30~09:00) 및 최종거래일 이외의 거래종료시(15:35~15:45)
필요적 거래중단	현물가격 급변시 주식선물 거래 일시 중단

출처 : 한국거래소

어 있다. 세부적인 내용은 〈표 4-3〉에 제시되어 있다.

(3) 거래중단제도

기초자산이 주식 또는 주가지수인 파생상품(KOSPI200선물, KOSPI200옵션, 스타지수선물, 개별주식선물, 개별주식옵션 등)의 경우에는 주가가 급등 또는 급락하면 이로 인해서 나타나는 레버리지효과가 매우 크게 된다. 이러한 가격급변으로 인해서 초래될 수 있는 혼란을 막기 위해서 거래를 일시적으로 중단시키는 제도가 운영되고 있다. 이를 전기회로에서 과열된 회로를 차단하는 장치의 이름을 따서 서킷브레이커(CB : circuit breaker)라고 부른다. 1987년 10월 미국증권시장의 폭락사태인 블랙먼데이(Black Monday) 이후 도입된 제도인데 우리나라에서는 1998년 12월 주식의 가격제한폭이 종전 상하 12%에서 15%로 확대되면서 투자자를 보호하기 위해서 도입했다.

서킷브레이커에는 현물주식과 파생상품(선물과 옵션)의 거래를 모두 중단시키는 현물서킷브레이커와 파생상품의 거래만 중단시키는 선물서킷브레이커가 있다. 현물서킷브레이커는 현물주가가 폭락하는 경우(KOSPI가 전일 대비 10% 이상 하락하여 1분간 지속되는 경우)에 발동되어 모든 거래가 20분간 중단된다. 그렇지만 선물서킷브레이커는 선물가격이 급등하거나 급락할 때(선물가격이 전일 대비 5% 이상 상승 또는 하락하여 1분간 지속되는 경우)에 선물거래를 5분간 중단시키는 제도이다.

이와 유사한 제도로 사이드카(side car)가 있는데 이는 선물가격이 전일종가 대비 5% 이상 상승 또는 하락해서 1분간 지속될 때 발동된다. 이 제도는 선물가격의 급변이 현물시장에 주는 영향을 차단하기 위한 것으로서 사이드카가 발동되면 현물과 선물이 연계된 프로그램 매매호가의 효력이 5분간 정지된다.

연습 문제

4-1 주가지수를 산출하는 방법 중에서 다우식과 시가총액식을 비교해서 설명하라.

4-2 다음 용어를 설명하라.

① 트리플위칭데이(triple witching day)

② 프로그램매매(program trading)

③ 베타헤지(beta hedge)

4-3 4월 15일 현재 KOSPI200지수는 112이다. 무위험이자율은 연 5%, 차입금리는 연 5.4%이다. 예상배당은 4월 30일 시가대비 0.5%이고 5월 31일 0.3%이다. 선물의 경우에는 거래비용이 없지만 현물거래의 경우에는 0.4%를 부담한다.

(1) 만기가 두 달 후인 6월 15일 도래되는 6월물의 이론가격은 얼마인가?

(2) 예금금리는 연 5%, 차입금리는 연 5.4%라고 하면 6월물 이론가격의 범위는 얼마인가?

(3) 대개 증권회사들은 현물거래비용이 거의 들지 않는다. 증권회사는 재정거래가 가능하지만 일반투자자들은 가능하지 않은 가격범위를 제시하라.

4-4 현물주식으로 1억원 상당의 포트폴리오를 구성한 투자자가 9월물 주가지수선물을 이용하여 헤지를 계획하고 있다. 이 포트폴리오의 시장포트폴리오에 대한 베타는 1.8이고 9월물 주가지수선물의 시장포트폴리오에 대한 베타는 1.2이다. 현재 9월물 선물가격은 75.00포인트이고 포인트당 승수는 50만원이다. 최소분산을 달성하기 위한 선물계약수를 산출하라.

신문기사 [뉴욕개장전] 지난주 낙폭과대 인식에 지수선물 상승세

15일(현지시간) 뉴욕증시 지수선물이 상승세를 나타내고 있다. 지난 주의 낙폭이 과대했다는 인식이 퍼지고 유가도 반등하고 있는 데 따른 것이다.

현지시간으로 오전 7시 21분 현재 다우존스산업평균지수 선물은 전일 대비 109.00포인트 상승한 1만 7,300.00을, 스탠다드앤푸어스(S&P)500지수 선물은 14.30 오른 2004.70을 각각 기록중이다. 나스닥종합지수 선물은 33.25 오른 4,219.00을 나타내고 있다.

전날 뉴욕증시는 유가 급락에 따른 에너지주 약세와 글로벌 디플레이션 우려 등으로 인해 1%대 하락했다. 하지만 일부 전문가들은 미 경제지표들이 나쁘지 않은 데다가 저유가는 어느 정도 성장을 촉진하는 역할을 하기 때문에 지난주의 저유가 공포와 그에 따른 주가급락은 지나친데가 있다고 말했다.

이날 호주 시드니 도심 까페에서 벌어지고 있는 괴한의 인질극이 전 세계에 테러에 대한 우려를 다시한번 불러일으키면서 투자 심리를 위축시킬 수 있다는 우려도 제기됐지만 당장 증시에는 큰 영향을 미치지 않고 있다.

국제유가는 지난주의 하락에 대한 기술적 반등과 함께 리비아의 원유 터미널 두 곳의 폐쇄 소식에 힘입어 상승중이다. 서부텍사스산원유(WTI) 1월 인도분은 전장대비 0.96%오른 배럴당 58.97달러를 나타내고 있다. 브렌트유 1월물은 1.54%오른 62.80달러를 기록중이다.

이번주는 경제와 연관된 굵직한 이벤트들이 잇따라 있을 예정이다. 16~17일에는 연방공개시장위원회(FOMC) 회의가 열리며 17일에는 FOMC성명 발표와 이와 관련한 자넷 옐런 연방준비제도이사회(연준) 의장의 기자회견이 있을 예정이다. 같은 날 유럽중앙은행(ECB)는 기준금리 발표는 없지만 정책위원회 회의를 갖는다. 또한 18~19일은 유럽연합(EU)정상회담이 개최될 예정이다.

15일 발표되는 주요 지표는 산업생산과 전미주택건설협회(NAHB)주택가격지수, 엠파이어스테이트 제조업지수가 있다.

시장전문가들은 11월 산업생산이 마이너스였던 직전월에서 반등해 0.7% 증가하고 NAHB 주택가격지수는 59로 1포인트 개선될 것으로 내다보고 있다. 12월 엠파이어스테이트 제조업지수는 12를 기록해 11월의 10.16에서 개선될 것으로 전망하고 있다.

국제경제팀

〈머니투데이〉 2014.12.15

제 5 장 금리선물(Ⅰ)

금리선물은 채권을 기초자산으로 하는 선물을 말한다. 채권은 금리수준에 의해서 그 가치가 결정되기 때문에 금리선물을 이용하면 채권가격변동위험을 관리할 수 있다. 따라서 금리선물의 내용을 살펴보기 앞서서 채권가격과 금리의 관계, 금리의 기간구조 및 듀레이션을 이해해야 한다. 이러한 내용을 먼저 다루고 금리선물의 기초개념, 금리선물의 균형가격결정모형과 금리선물의 거래유형을 세부적으로 설명한다. 금리선물은 다른 선물과 달리 가격표시방법에 따라서 금리변화에 따른 효과가 달라질 수 있기 때문에 이에 대한 정확한 이해가 필요하다.

제1절 금 리

1 기초개념

(1) 채권평가모형

금리는 이자율이라고도 하며 채권시장에서 거래되는 채권의 가격으로부터 그 값을 산출할 수 있다. 채권가격은 미래의 현금흐름을 현재가치로 할인한 값이다. 따라서 채권의 현재가격(B)과 이자(C), 원금(F)은 다음과 같은 관계

식에 놓이게 되는데 이를 채권평가모형이라고 한다.[1)]

$$B_0 = \frac{C}{(1+r)} + \frac{C}{(1+r)^2} + \cdots + \frac{C}{(1+r)^n} + \frac{F}{(1+r)^n} \tag{5.1}$$

그런데 채권에서 얻게 되는 미래의 현금흐름은 이자(C)와 원금(F)인데 이자는 원금에 액면이자율(약정이자율)을 곱한 값이므로 이들 현금흐름은 만기와 함께 채권이 발행되는 시점에서 이미 결정된 값이다. 결국 채권시장에서의 채권거래가격(B)을 알게 되면 이로부터 식 (5.1)에서 미지수 R을 구할 수 있는데 이것을 흔히 시장금리라고 하는 것이다.

이러한 금리수준은 현재가격 B로 채권을 구입해서 만기까지 기간 동안에 약정된 이자(C)와 원금(F)을 받을 때의 수익률과 같은 값이기 때문에 채권수익률 또는 만기수익률(YTM: yield to maturity)이라고도 한다.

(2) 채권가격과 금리

채권평가모형 식 (5.1)을 보면 알겠지만 채권가격은 금리와 역관계에 있다. 따라서 금리가 상승하면 채권가격은 하락하고 금리가 하락하면 채권가격은 상승하게 된다. 이러한 관계가 [그림 5-1]에 나타나 있다. 채권가격과 금리의 역관계를 고려해서 투자자의 입장에서는 금리가 높아서 채권가격이 낮을 때 채권을 매입하고 금리가 낮아서 채권가격이 높을 때 매도해야 이익을 얻을 수 있을 것이다.

---

1) 이는 만기까지의 기간 중에 이자가 지급되는 이표채(coupon bond)에 대한 식이지만 이자는 없고 만기에 원금만 지급되는 할인채(discount bond)의 경우에는 다음과 같게 된다.

$$B_0 = \frac{F}{(1+r)^n}$$

그림 5-1 채권가격과 금리의 관계

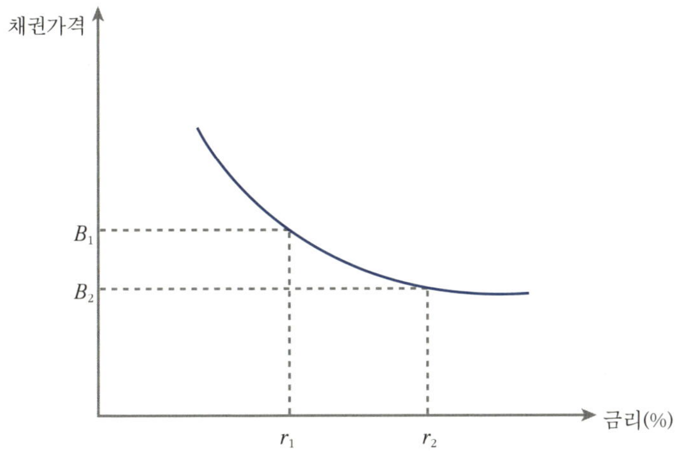

예제 5-1

현재 채권시장에서 만기까지 3년이 남고 액면이자율은 10%, 액면금액은 100만원인 채권이 95만원에 거래되고 있다. 이 채권의 만기수익률은 얼마인가?
만약 이 채권의 금리가 2% 상승하였다면 이 채권의 가격은 어떻게 변화할 것인가?

해설

주어진 정보에 따르면 다음과 같은 등식이 성립한다.

$$B_0 = \frac{C}{(1+r)} + \frac{C}{(1+r)^2} + \frac{C+F}{(1+r)^3} \text{ 에서}$$

$$95 = \frac{10}{(1+r)} + \frac{10}{(1+r)^2} + \frac{110}{(1+r)^3}$$

위 방정식을 풀면 만기수익률 $r = 12\%$가 된다.
금리가 2% 상승하면 $r = 14\%$이므로 채권가격이 다음과 같이 90.7만원으로 하락한다.

$$\frac{10}{(1+0.14)} + \frac{10}{(1+0.14)^2} + \frac{110}{(1+0.14)^3} = 90.7\text{(만원)}$$

그림 5-2 수익률곡선

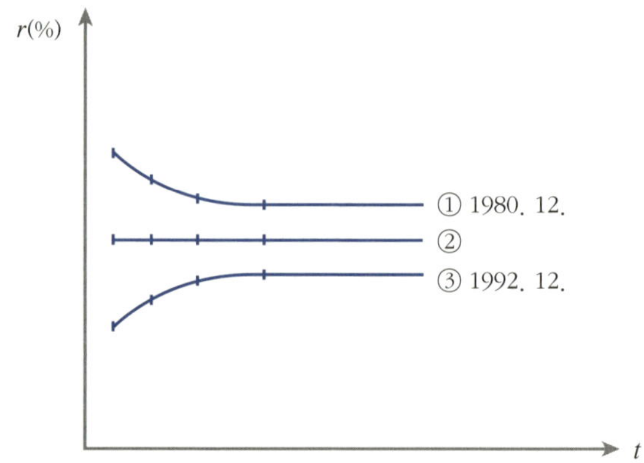

2 금리의 기간구조

(1) 수익률곡선

채권수익률은 현재 거래되고 있는 채권가격과 그 채권에서 얻게 되는 미래 현금흐름의 현재가치를 같게 하여 구해낸 것이다. 그런데 현재 채권시장에서 거래되고 있는 채권 중에는 만기가 1년 남은 것도 있고 3년 남은 것도 있을 것이다. 그리고 이처럼 만기가 다른 채권들에 대해서 각각의 채권수익률을 산출할 수 있을 것이다. 이렇게 산출한 채권수익률들이 서로 다른 값을 가질 때 다른 조건이 모두 동일하다면 그 차이는 만기가 다르기 때문에 나타난 것으로 볼 수 있다.

이때 각 만기와 이에 대응하는 채권수익률의 관계를 그림으로 나타낼 수가 있는데 이를 수익률곡선(yield curve)이라고 하며 작성시점에 따라서 [그림 5-2]와 같이 다양하게 나타날 수 있다.

①, ③은 1980년 12월과 1992년 12월에 각각 미국 재무성증권을 대상으로 이자율과 기간과의 관계를 나타낸 것이다. 이를 보면 1980년 12월에 채권수익률을 산출할 때에는 단기채권의 채권수익률보다 장기채권에서 산출한 채

권수익률이 낮은 수준이었기 때문에 우하향 형태의 수익률곡선이 나타나는 것이고 반대로 1992년 12월에는 단기채권의 이자율보다 장기채권에 적용되는 이자율이 더 높은 수준이었기 때문에 우상향 형태를 띠는 것이다. ②는 단기채권과 장기채권에서 산출된 금리수준이 모두 동일하다는 가정을 전제로 그린 것이다. 이와 같이 만기에 따른 금리수준의 차이를 설명하는 이론을 금리의 기간구조(term structure)이론이라고 한다.

(2) 현물이자율과 선도이자율

금리선물을 제대로 이용하기 위해서는 금리의 기간구조를 정확하게 파악해야 한다. 그리고 이를 위해서는 먼저 현물이자율과 선도이자율에 대한 이해가 필수적이다. 현물이자율(spot rate)은 현재시점을 기준으로 본 일정기간 동안의 연평균 이자율이다. 여기서는 현재시점을 기준으로 본 앞으로 1년 동안의 현물이자율은 ${}_0r_1$, 2년 동안의 이자율은 ${}_0r_2$, 그리고 n년 동안의 현물이자율은 ${}_0r_n$이라고 표기한다.

한편, 선도이자율(forward rate)은 현재시점에서 결정되는 미래 일정기간 동안의 이자율이다. 따라서 현재시점에서 결정된 2번째 기간의 선도이자율은 ${}_1f_2$, 3번째 기간의 선도이자율은 ${}_2f_3$, 그리고 n번째 기간의 선도이자율은 ${}_{n-1}f_n$으로 표기한다. 이러한 선도이자율은 서로 다른 현물이자율 사이의 관계를 이해하면 쉽게 구할 수 있다. 이를 위해 현물이자율 ${}_0r_1$, ${}_0r_2$를 [그림 5-3]과 같이 그림으로 나타내자.

그림에서 보듯이 1년간 현물이자율이 ${}_0r_1$이고 2년간 현물이자율이 ${}_0r_2$일 때, 2번째 기간의 이자율은 얼마가 되어야 하는가? 여기서 말하는 2번째 기간의 이자율이 선도이자율 ${}_1f_2$이다. 2년간 현물이자율이란 각 년도에 평균적으로 적용되는 이자율로서 2개년간의 각 년도 이자율에 대한 기하평균으로 산출된다.[2] 따라서 이들간에는 다음과 같은 관계식이 성립한다.

2) 이처럼 기하평균을 적용해야 하는 경우로는 위와 같은 이자율 이외에도 경제성장률 및 인구증가율 등이 있는데 이 모두 미래 일정시점의 값을 복리계산과정으로 산출하는 지수함수 형태를 갖기 때문이다.

그림 5-3 현물이자율과 선도이자율

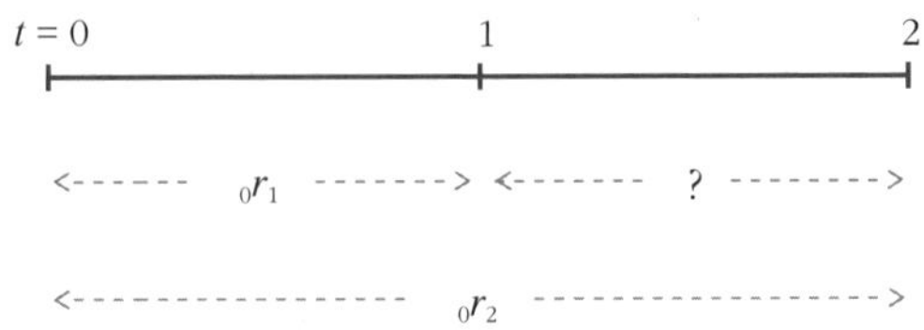

$$(1 + {}_0r_1)(1 + {}_1f_2) = (1 + {}_0r_2)^2$$

이로부터 $_1f_2$를 구하면 다음과 같다.

$$ {}_1f_2 = \frac{(1 + {}_1r_2)^2}{(1 + {}_0r_1)} - 1$$

위 식을 일반화시켜서 현물이자율과 선도이자율에 대해 각각 정리하면 다음과 같은 식을 구할 수 있다.

$$(1 + {}_0r_1)(1 + {}_1f_2)(1 + {}_2f_3)\cdots(1 + {}_{n-1}f_n) = (1 + {}_0r_n)^n$$

또는

$$ {}_0r_n = [(1 + {}_0r_1)(1 + {}_1f_2)(1 + {}_2f_3)\cdots(1 + {}_{n-1}f_n)]^{\frac{1}{n}} - 1 \qquad (5.2)$$

그리고 여기서 $_{n-1}f_n$은 다음과 같이 구할 수 있다.

$$ {}_{n-1}f_n = \frac{(1 + {}_0r_n)^n}{(1 + {}_0r_{n-1})^{n-1}} - 1 \qquad (5.3)$$

여기서 선도이자율을 미래 현물이자율의 기대값으로 보는 이론이 Fisher와 Lutz에 의해 제시된 불편기대이론(unbiased expectation theory)이다. 불편기대이론에 따르면 장기채권의 수익률은 미래 기대되는 단기채권수익률의 기하평균에 의해 결정된다.

한편, Hicks에 의해 제시된 유동성프리미엄이론(liquidity premium theo-

그림 5-4 선도이자율과 현물이자율의 관계

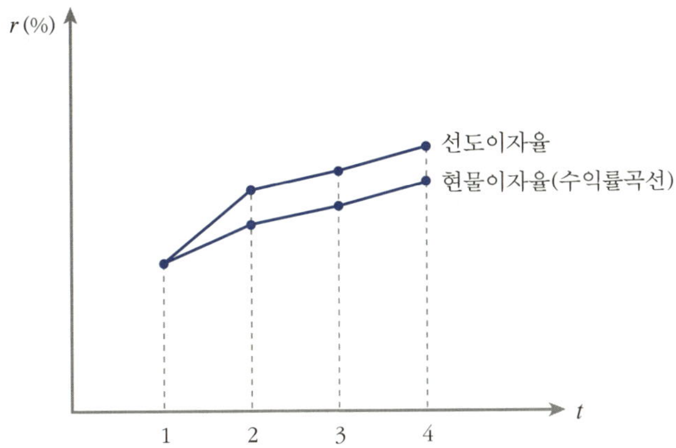

ry)은 선도이자율을 미래 현물이자율의 기대값에 장기채권보유에 따른 위험프리미엄을 더한 값으로 본다. 따라서 이 이론에 따르면 장기채권의 수익률은 기대현물이자율에 유동성프리미엄을 더한 값의 기하평균과 같게 된다.

이 두 가지 이론에서는 항상 미래에 예상되는 선도이자율의 기하평균값이 현물이자율을 결정하게 되므로 선도이자율과 현물이자율의 관계는 [그림 5-4]와 같게 나타난다.

금리의 기간구조를 설명하는 이론으로 이외에도 시장분할이론(market segmentation theory)이 있다. 여기서는 장기채권시장과 단기채권시장이 분리되어 있다고 가정하고 장기채권과 단기채권의 수익률이 각각 독립적인 수요와 공급에 의해서 결정된다고 보는 시각이다.

예제 5-2

현재 채권시장에서 액면금액이 10,000원인 할인채권이 1년 만기짜리는 9,091원에 거래되고 2년 만기짜리는 7,831원에 거래되고 있다. 현물이자율 및 선도이자율을 구하고 수익률곡선을 나타내라.

해설 (1) 현물이자율은 다음과 같이 구한다.

$$9,091 = \frac{10,000}{(1 + {}_0r_1)} \qquad \therefore {}_0r_1 = 10\%$$

$$7,831 = \frac{10,000}{(1 + {}_0r_2)^2} \qquad \therefore {}_0r_2 = 13\%$$

따라서 수익률곡선은 다음과 같다.

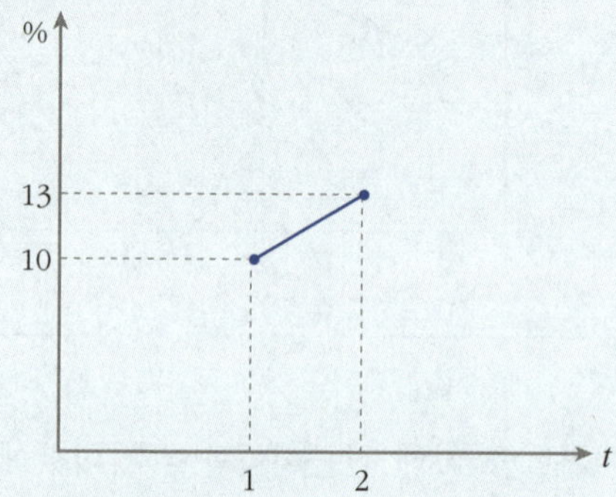

(2) 선도이자율은 (1)의 결과를 이용해서 다음과 같이 구할 수 있다.

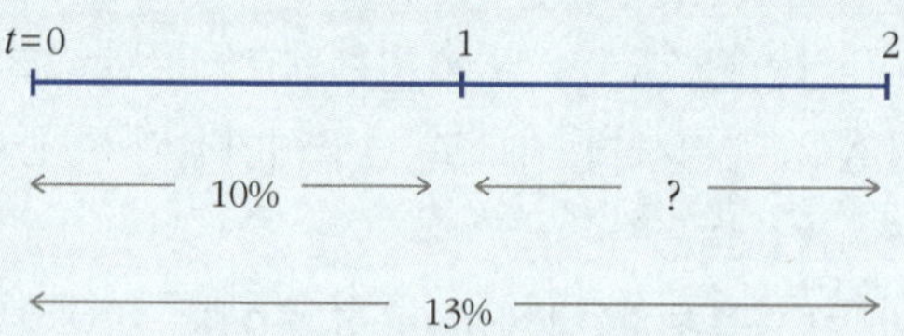

$(1+0.13)^2 = (1+0.1) \times (1 + {}_1f_2)$에서

${}_1f_2 = 16.08(\%)$

3 듀레이션

(1) 기초개념

① 듀레이션의 의의

금리와 채권가격의 관계를 분석하는 데 자주 이용되는 개념으로 듀레이션(duration)이 있다. 듀레이션이란 Macaulay(1938)가 채권가격의 이자율변화

에 대한 민감도를 측정하기 위해서 고안해 낸 개념이다. 구체적으로는 현금흐름이 발생하는 각 시점을 그 시점에 발생하는 현금흐름의 현재가치가 전체 현금흐름의 현재가치에서 차지하는 비율을 가중치로 해서 산출한 가중평균 만기로 정의된다. 이를 산출하기 위해서 다음과 같은 식이 이용된다.

$$D=\sum_{t=1}^{n} t\times\left[\frac{\frac{C_t}{(1+r)^t}}{\sum_{t=1}^{n}\frac{C_t}{(1+r)^t}}\right]=\sum_{t=1}^{n} t\times\frac{t\text{시점 현금흐름현가}}{\text{채권현가}(B_0)} \qquad (5.4)$$

위 식이 다소 복잡해 보이기도 하지만 다음과 같이 표현하면 좀더 쉽게 그 구조를 이해할 수 있을 것이다.

$$D=1\times\frac{PV(C_1)}{PV}+2\times\frac{PV(C_2)}{PV}+\cdots+n\times\frac{PV(C_n)}{PV}$$

여기서 분모의 PV는 전체현금흐름의 현재가치이므로 곧 채권가격, B_0가 된다.

예제 5-3

액면가액 1,000원이고 만기 3년, 액면이자율이 7%인 채권의 듀레이션을 산출하라. 단, 시장이자율은 6%이다.

해설

먼저 다음과 같이 현금흐름의 현재가치를 구한다.

기간(t)	현금흐름(C)	현가계수	현 가
1	70	$\frac{1}{1.06}$	66.04
2	70	$\frac{1}{1.06^2}$	62.30
3	1,070	$\frac{1}{1.06^3}$	898.39
			1,026.73

여기에서 듀레이션은 다음과 같이 산출된다.

$$D=1\times\frac{66.04}{1,026.73}+2\times\frac{62.30}{1,026.73}+3\times\frac{898.39}{1,026.73}=2.81(\text{년})$$

② 듀레이션의 결정요인

듀레이션을 결정하는 요인은 채권의 만기, 채권의 액면이자율 그리고 시장이자율, 세 가지 요인이다. 결론부터 말하면 채권만기가 길수록 듀레이션은 길어지고 액면이자율과 시장이자율이 높을수록 듀레이션은 짧아진다.

첫째, 채권만기와 듀레이션의 관계를 보기 위해서 할인채의 예를 생각해보자. 할인채의 경우는 현금흐름이 만기시점에 한번 유입되므로 듀레이션 산출식에서 보면 듀레이션이 만기와 같다는 것을 알 수 있다. 따라서 만기가 긴 할인채권의 듀레이션이 만기가 짧은 할인채보다 듀레이션이 길게 된다.

둘째, 채권의 액면이자율은 채권 발행시점에서 약정된 이자율로서 하는데 실제로 지급되는 이자금액을 결정한다. 여기서 액면이자율이 높다는 것은 만기 이전의 현금흐름이 증가한다는 것을 의미한다. 각 기간의 현금흐름이 똑같이 증가하더라도 듀레이션 산출식에서 살펴보면 각 기간의 가중치는 현재가치를 기준으로 산출되기 때문에 현 시점과 가까운 기간의 가중치가 현 시점에서 먼 기간의 가중치보다 상대적으로 커지기 때문에 듀레이션은 짧아지게 된다.

셋째, 시장이자율이란 채권수익률, 만기수익률이라고도 하는데 채권가격을 산출할 때에 할인율로 이용되는 이자율이다. 시장이자율이 높으면 곧 각 기간의 현금흐름의 현재가치를 산출할 때에 적용할 할인율이 증가한다는 것이다. 할인율이 증가하면 이에 따라서 현 시점에서 먼 기간의 현금흐름의 현재가치가 지수적으로 작아지기 때문에 상대적으로 현 시점과 가까운 기간의 가중치가 커진다. 따라서 듀레이션은 짧아진다.

위의 내용을 정리해서 듀레이션과 이를 결정하는 세 가지 요인들의 관계를 그림으로 나타내면 다음과 같다.

그림 5-5 듀레이션과 그 결정요인들과의 관계

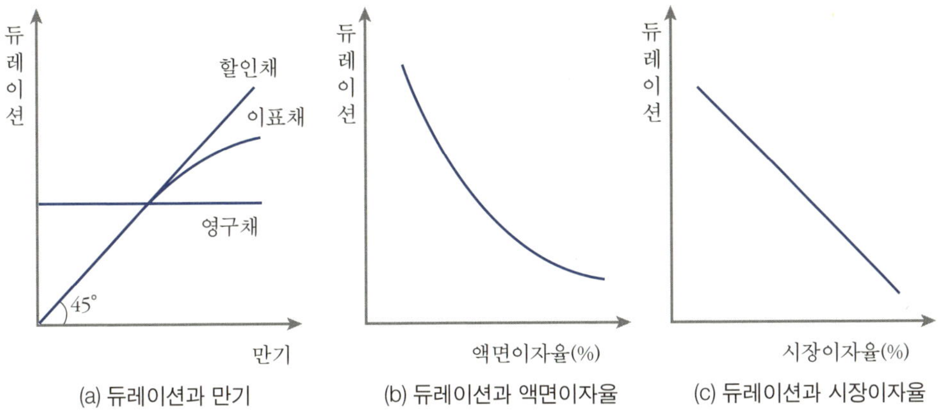

(2) 면역화

① **이자율변동위험**

채권만기까지의 기간 중 일정시점에서 채권투자자의 부가 이자율변화에 의해서 어떻게 영향을 받는지 생각해 보자. 여기서 채권투자자의 부를 구성하는 요소는 만기 이전에 지급받은 이자의 재투자수익(R_t)과 평가시점에서의 보유채권의 가격(B_t), 두 가지 요소가 된다. 이를 그림으로 나타내면 [그림 5-6]과 같다.

이자율이 상승하면 채권투자자가 받는 지급이자의 재투자수익은 증가할 것이다. 재투자수익은 지급이자의 미래가치로서 상승한 이자율에 의해서 결정되기 때문이다. 그러나 채권가격의 결정식에서 보듯이 채권가격은 이자율과 역관계에 있으므로 보유채권의 가격은 하락하게 된다. 만약 이와 반대로 이자율이 하락하면 같은 논리로 지급이자의 재투자수익은 감소하고 보유채권의 가격은 상승하게 된다.

이처럼 시장이자율의 변화는 미래 일정시점의 채권가격과 현재시점부터 미래시점까지의 재투자수익의 변동가능성을 가져다주는 데 각각에 미치는 효과는 상반된 방향으로 나타나서 이를 요약하면 〈표 5-1〉과 같다.

그림 5-6 이자수익과 채권가격

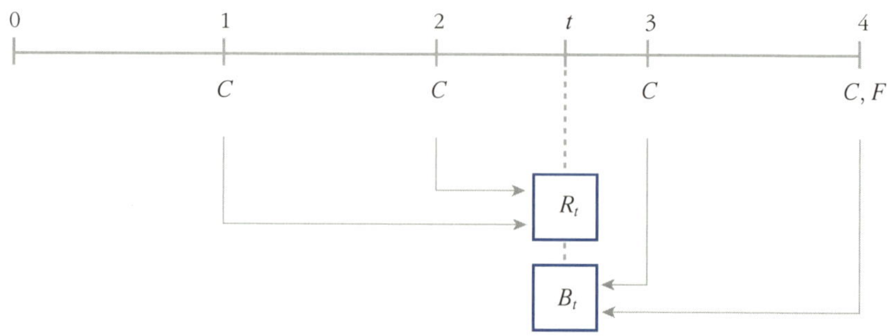

② **듀레이션의 면역효과**

시장이자율의 변화는 미래 일정시점에서 평가할 때, 채권투자자의 부에 채권가격과 재투자수익에 상반된 효과를 준다고 하였다. 그러면 이 상반된 효과의 크기가 서로 똑같게 되는 미래시점이 있을 것이라고 생각할 수 있다. 이러한 시점이 바로 앞서 산출한 채권의 듀레이션이다. 즉, 듀레이션시점에서 평가한 채권자의 부는 시장이자율의 변동과 무관하게 일정한 값을 갖게 되는데 이를 듀레이션의 면역효과(immunization effect)라고 한다.

이러한 원리를 이용하면 시장이자율의 변동에 따른 위험, 즉 재투자수익과 채권가격의 변동위험을 듀레이션을 이용함으로써 제거할 수 있다. 즉, 투자자가 목표투자기간 말에 이자율변동과 무관하게 현재의 수익률을 보장하는 전략으로 채권포트폴리오의 듀레이션을 목표투자기간에 일치시키면 된다.

표 5-1 이자율변동위험(2022년 현재)

이자율의 변화	채권가격(B_t)	이자수익(R_t)
이자율의 상승	하락(−)	증가(+)
이자율의 하락	상승(+)	감소(−)

출처 : 한국거래소

예제 5-4

〈예제 5-3〉에서 시장이자율이 6%에서 7%로 상승하였다고 가정하자. 이러한 이자율변동에도 불구하고 듀레이션시점에서의 채권투자자의 부에는 아무런 영향이 없음을 확인하라. 즉, 면역효과(immunization effect)를 보여라.

해설

듀레이션시점, 즉 2.81년에서 채권투자자의 부(wealth)를 6%의 경우와 7%의 경우를 비교해서 동일하다는 것을 확인하면 된다.

① 6%에서의 부

이자소득: $70 \times (1+0.06)^{1.81} + 70 \times (1+0.06)^{0.81} = \quad 151.17$

채권가격: $\dfrac{1,070}{(1+0.06)^{3-2.81}} = \dfrac{1,070}{1.06^{0.19}} \qquad = 1,058.22$

계 $= 1,209.39$

② 7%에서의 부

이자소득: $70 \times (1+0.07)^{1.81} + 70 \times (1+0.07)^{0.81} = \quad 153.06$

채권가격: $\dfrac{1,070}{(1+0.07)^{3-2.81}} = \dfrac{1,070}{1.07^{0.19}} \qquad = 1,056.33$

계 $= 1,209.39$

두 이자율의 경우에서 부가 동일하므로 이자율 변동은 듀레이션시점의 채권자부에 아무런 영향을 주지 않는다는 것을 알 수 있다.

(3) 듀레이션과 채권가격변화

앞서 설명하였듯이 이자율변화는 미래시점의 채권투자자의 부를 구성하는 이자수익과 채권가격에 상반된 방향으로 영향을 미친다. 그러나 채권가격에 미치는 효과만을 본다면 항상 역관계를 갖고 영향을 미친다. 즉, 이자율상승은 채권가격의 하락, 이자율하락은 채권가격의 상승을 가져온다.

그러면 이자율변화에 따라 채권가격이 얼마나 변화하는가를 어떻게 파악할 수 있을까? 이는 변화된 이자율에 따라서 산출한 채권가격과 변화전의 채권가격을 비교하면 될 것이다. 그러나 이자율변화에 따라 매번 채권가격을 다시 산출한다는 것은 번거로운 일이다.

그런데 듀레이션을 이용하면 이자율변화에 따른 채권가격의 변화를 쉽게 측정할 수 있다. 이를 확인하기 위해서 채권가격 결정식을 다음과 같이 표현해 보자.

$$B_0 = \sum_{t=1}^{n} \frac{C_t}{(1+r)^t} = \sum_{t=1}^{n} C_t (1+r)^{-t}$$

이자율변화에 따른 채권가격의 변화를 측정하기 위해서 윗식을 이자율에 대해서 미분하면 다음과 같다.

$$\begin{aligned}\frac{dB_0}{dr} &= \sum_{t=1}^{n} - t \cdot C_t (1+r)^{-t-1} \\ &= \sum_{t=1}^{n} \frac{-t \cdot C_t}{(1+r)^{t+1}} = - \frac{1}{1+r} \sum_{t=1}^{n} \frac{t \cdot C_t}{(1+r)^t}\end{aligned}$$

그리고 이를 채권가격의 변화액 dB_0에 대해서 정리한다.

$$dB_0 = - \frac{dr}{1+r} \sum_{t=1}^{n} \frac{t \cdot C_t}{(1+r)^t}$$

이제 채권가격의 변화율을 측정하기 위해서 윗식을 채권가격 B_0로 양변을 나눈다.

$$\frac{dB_0}{B_0} = - \frac{dr}{1+r} \left[\sum_{t=1}^{n} \frac{t \cdot \dfrac{C_t}{(1+r)^t}}{B_0} \right]$$

윗식을 살펴보면 [ ]안은 듀레이션 산출식과 동일함을 알 수 있다. 따라서 윗식은 다음과 같이 간단하게 표현된다.

$$\frac{dB_0}{B_0} = - \frac{dr}{1+r} \cdot D \tag{5.5}$$

바로 이 식이 이자율변화에 따른 특정채권의 가격변화를 그 채권의 듀레이션을 통해서 쉽게 측정할 수 있도록 해 주는 식이다. 이 식을 채권가격의 변화량 dB_0에 대해서 정리해 보자.

$$dB_0 = -\frac{dr}{1+r} DB_0 \tag{5.6}$$

이 식이 주는 경제적 의미는 듀레이션이 긴 채권일수록 이자율변화에 더 가격변화가 심하다는 것이다. 따라서 이자율이 상승할 때에 듀레이션이 긴 채권은 듀레이션이 짧은 채권보다 훨씬 많은 폭으로 가격이 하락하게 된다.

그런데 수정듀레이션(modified duration)을 이용하면 식 (5.5)를 좀더 간단하게 표현할 수 있다. 수정듀레이션(D')은 특정 채권의 만기수익률까지 고려해서 다음과 같이 산출된다.

$$D' = \frac{D}{1+r}$$

따라서 식 (5.5)는 다음과 같이 고쳐 쓸 수 있다.

$$\frac{dB_0}{B_0} = -dr \cdot D'$$

한편, 이자율 변화에 대한 채권가격의 변화도 탄력성의 개념으로 측정 할 수도 있다. 즉, 식 (5.5)의 양변을 $\frac{dr}{r}$로 나누면 탄력성(e)을 구할 수 있는데 이는 다음과 같이 정리된다.

$$e = -\frac{r}{1+r} \cdot D$$

이 식 역시 듀레이션이 긴 채권일수록 이자율 변화에 대한 채권가격의 탄력성이 크다는 것을 의미하고 있다.

예제 5-5

〈예제 5-3〉에서 시장이자율이 1% 상승하였다고 가정하자.

(1) 채권가격의 변화를 듀레이션을 통해서 측정하라.
(2) 그리고 수정듀레이션을 산출하여 이를 통해서 채권가격의 변화율을 구하라.
(3) 또한 이자율에 대한 탄력성을 산출하여라.

해설 (1) 식 (5.6)을 이용하여 다음과 같이 구한다.

$$dB_0 = -\frac{dr}{1+r} DB_0$$
$$= -\frac{0.01}{1+0.06} \times 2.81 \times 1,026.73 = -27.22$$

즉, 이자율이 1% 상승하면 채권가격은 27.22만큼 하락한다.

(2) 관련식을 이용하기 위해서 수정듀레이션 D'를 산출한다.

$$D' = \frac{D}{1+r} = \frac{2.81}{1.06} = 2.65$$
$$\frac{dB_0}{B_0} = -dr \times D' = -0.01 \times 2.65 = -0.0265(2.65\%)$$

즉, 이자율이 1% 상승하면 채권가격은 2.65%만큼 하락한다.

(3) 주어진 정보로 탄력성을 측정하면 다음과 같다.

$$e = -\frac{r}{1+r} \cdot D = -\frac{0.06}{1.06} \times 2.81 = 0.16$$

즉, 이자율의 변화율에 대해서 반대방향으로 0.16배만큼 변동한다.

제2절 금리선물의 개요

1 기초개념

(1) 의의

금리선물거래란 금리변동에 따른 각종 금융자산의 가격변동위험을 헤지하거나 또는 적극적으로 금리변동에 따른 매매차익을 도모하기 위해 이용하는 선물거래를 말한다. 따라서 금리선물의 기초자산은 금리에 의해서 가격이 결정되는 채권이 된다. 금리선물은 여타 선물과는 달리 시장별로 또는 상품별로 결제방법이나 가격표시방법 등이 여러 면에서 차이가 있기 때문에 다소 복잡한 편이다.

(2) 현금흐름

다른 선물의 경우에는 미리 결정된 가격으로 만기에서 현물을 인수도하거나 만기현물가격과의 차이를 결제하는 것으로 현금흐름이 만기에서 1회만 이루어진다. 그러나 금리선물의 경우에는 실물인수도방식의 결제방법을 따르면 그 현금흐름이 다른 선물거래와 다소 차이가 있다. 금리선물은 기초자산이 일정한 만기를 갖는 채권이므로 선물만기에서 채권을 인수도하고 채권만기에 가서 다시 채권의 원리금에 대한 현금흐름이 뒤따르게 되기 때문이다.

그러나 우리나라의 경우에는 시장 규모의 영세성에 기인한 시장조작의 가능성, 시중유동성부족에 따른 문제점을 제거하고 실물인수도의 절차상 복잡성 및 발생비용문제를 고려해서 금리선물 역시 주가지수선물과 마찬가지로 현금결제방식을 따르고 있다.

예제 5-6

현재 만기까지 6개월 남은 금리선물의 가격이 980,000원이라고 하자. 이 선물의 기초채권은 만기가 3개월인 할인채로서 액면금액이 1,000,000원이다. 6개월 후 현물채권의 가격이 985,000원이 되었다고 가정하자.

(1) 실물인수도방식에서 선물매입자의 현금흐름을 시간선상에 나타내라.
(2) 현금결제방식에서 선물매입자의 현금흐름을 시간선상에 나타내라.

해설

(1) 선물만기인 6개월 후에 할인채를 980,000원에 매입한다. 이때 매입하는 할인채는 만기가 3개월이므로 매입 후 3개월 경과시점에서 액면금액 1,000,000원을 회수하게 된다. 따라서 현금흐름은 다음과 같다.

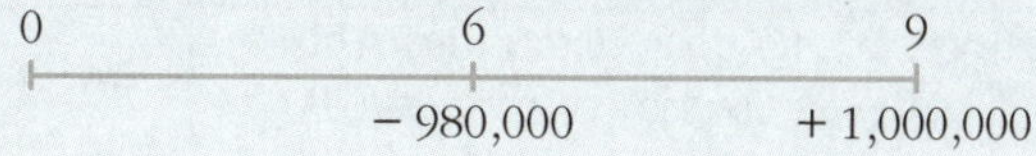

(2) 현금흐름결제방식에서는 선물만기에 형성된 현물가격과 선물가래가격의 차액만큼을 정산한다. 여기서는 선물매입가격이 980,000원인데 선물만기의 현물가격이 985,000원이므로 5,000원만큼의 이익이 실현된다. 따라서 현금흐름은 다음과 같다.

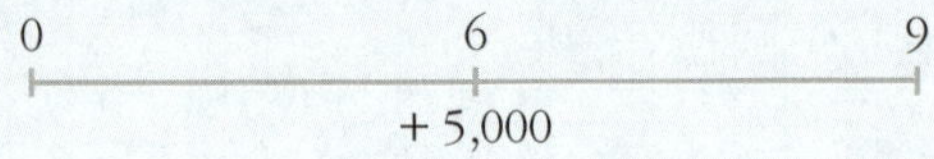

2 상품별 특징

(1) T−bill 선물과 T−bond 선물

금리선물의 대표적인 상품은 미국의 T-bill 선물과 T-bond 선물이다. T-bill 선물은 기초채권이 만기 90일인 할인채로서 단기적으로 금리변동위험을 관리하기 위한 금리선물이다. T-bond 선물의 기초채권은 만기 20년이고 표면금리 8%(연 2회 이자지급)인 이표채로서 장기적 관점에서 금리변동위험을 관리하기 위한 금리선물이다. 이들의 특징을 비교해서 요약하면 〈표 5-2〉와 같다.

표 5-2 금리선물의 비교(2022년 현재)

	T-bill 선물	T-bond 선물
거 래 소	CME(IMM)	CBOT
기초채권	만기 90일 T-bill	만기 20년 T-bond
계약단위	액면가액 $1,000,000	액면가액 $100,000
결 제 월	3, 6, 9, 12월	3, 6, 9, 12월
가격표시	100 − 연할인율	액면대비시가비율(%)
호가단위	0.01%(1tick가치* = $25)	1/32%(1tick* = $31.25)
결제방법	실물인수도	실물인수도

* 틱가치 T-bill: 1,000,000 × 0.01% × (90/360) = $25
T-bond: 100,000 × (1/32)% = $31.25

출처 : 한국거래소

(2) 가격표시

금리변동위험을 효과적으로 관리하기 위해서는 금리변동효과를 제대로 측정해야 한다. 이를 위해서는 금리선물의 가격표시에 대한 정확한 이해가 필요하므로 T-bill 선물과 T-bond 선물의 가격표시에 대해 좀더 자세하게 살펴볼 필요가 있겠다. 예를 들어, IMM에서 T-bill 금리선물의 경우 89-50이란 선물시장의 할인율이 연 10.5%(=100-89.5)라는 뜻이고 이를 이용하면 만기 90일인 T-bill 선물의 현재가격이 다음과 같이 산출된다.

$$1{,}000{,}000 - 1{,}000{,}000 \times 10.5\% \times \left(\frac{90}{360}\right) = 973{,}750$$

이렇게 산출한 값이 현재 선물시장에서의 선물1계약의 가격이 되는 것이다. 그리고 이때 10.5%는 T-bill의 가격표시를 위한 것이기 때문에 공시수익률이라고 부른다. 그러나 이 경우 실제수익률은 다음 식에서와 같이 10.78% 임을 확인할 수 있는데 이는 공시수익률과 구분해서 채권등가수익률(bond yield equivalent)이라고 한다.

$$973{,}750 \times \left(1 + r\frac{90}{360}\right) = 1{,}000{,}000 \Rightarrow r = 10.78\%$$

CBOT에서 거래되는 T-bond의 가격표시는 T-bill의 경우보다 단순하다. 예를 들어, T-bond의 경우 가격이 79 − 04 또는 $79\frac{4}{32}$로 표시되면 이는 현재의 채권시장가격을 다음과 같이 액면기준으로 $79\frac{4}{32}$%수준으로 형성되어 있다는 의미이다.

$$\text{현재의 채권시장가격} = \text{액면가액} \times 79\frac{4}{32}\%$$

(3) 기타 금리선물

T-bill 선물 이외에 단기금리선물로 1981년 유러달러금리선물이 CME에 도

입되었는데 이의 유동성이 높아서 거래비중이 계속 확대되고 있다. 유러달러 금리선물은 3개월 만기인 유러달러정기예금을 기초자산으로 하는데 T-bill 선물과 거래조건이 거의 동일하다. 다만, 결제방식이 현금결제라는 점과 가격표시(100-연할인율)에서 공시수익률이 아닌 채권등가수익률을 사용한다는 점이 중요한 차이점이다.

그리고 CBOT에서는 장기금리선물로 T-bond 선물 이외에 T-note 선물이 거래되고 있는데 이는 만기가 1년에서 10년 이하인 중기채권 T-note를 기초자산으로 하고 있다는 점 이외의 모든 특성이 T-bond와 유사하다.

3 금리선물의 균형가격

(1) 보유비용모형

금리선물의 균형가격은 채권가격으로 표시된다. 가격결정원리는 현물채권가격에 이를 만기까지 보유하는데 부담하는 비용을 더하여 산출된다. 그러나 만기까지의 기간 도중에 수입이자가 발생할 수 있으므로 이로 인한 이자수익을 고려해야 한다. 따라서 금리선물의 균형가격결정식을 다음과 같이 나타낼 수 있다.

$$F_t = S_0 + C - R$$

단, F_t : 만기 t의 채권선물가격
S_0 : 현재 채권가격

그리고 여기서 C는 현재 채권구입에 대한 만기까지 기회비용이므로 시장이자율을 r이라고 표시하면 다음과 같이 산출된다.

$$C = S_0 r \frac{t}{365}$$

한편, R은 만기까지의 기간 중에 수령한 이자와 이에 대한 만기까지 재투자이익으로서 이자수령액을 I, 이자수령시점부터 만기까지의 기간을 t'이라고 하면 다음과 같이 산출된다.

$$R = I\left(1 + r\frac{t'}{365}\right)$$

이제 C와 R의 산출식을 보유비용모형에 대입하면 균형가격결정식은 다음과 같이 표현된다.

$$F_t = S_0\left(1 + r\frac{t}{365}\right) - I\left(1 + r\frac{t'}{365}\right) \quad (5.7)$$

(2) 가격표시방법

① 보유비용모형에 따른 방법

식 (5.7)로 구한 선물가격은 현물채권가격을 기준으로 보유비용을 가산하고 선물만기 중의 수익을 차감해서 산출한 것이다. 이러한 방법은 보유비용모형을 충실하게 적용한 것이다. 다른 선물의 경우에는 대체로 이와 같이 현물자산의 가격을 기준으로 보유비용모형을 적용한 값으로 선물가격을 표시한다. 그러나 앞서 설명한 금리선물의 가격표시방법은 이와 다소 차이가 있다.

② 기초채권을 할인하는 방법

앞서 설명한 금리선물의 가격표시방법을 보면 T-bill이나 유러달러의 경우에는 기초채권의 만기를 고려해서 할인한 값에 대응하는 할인율로 나타내고 있으며 T-bond의 경우에는 기초채권의 액면대비시가비율로 나타내고 있음을 알 수 있다. 그러나 어떤 가격표시방법을 따르더라도 그 값은 보유비용모형을 적용해서 산출한 값과 동일한 값이 되어야 한다. 다음의 예제로 보유비용모형에 따른 채권의 할인가격과 이 값을 할인율로 가격표시하는 방법들의 관계를 살펴보자.

예제 5-7

액면가액이 1,000,000원이고 액면이자율이 7%인 채권이 1월 1일 현재 980,000원에 거래되고 있다. 이자지급은 매년 7월 1일에 이루어지는 조건이라면 1년 후 인도하는 채권의 선물가격은 얼마인가? 단, 시장이자율은 연 8%이다.
만약 이렇게 구한 가격이 액면 1,000,000원, 만기 6개월인 할인채를 기초자산으로 하는 금리선물가격이라면 T-bill 선물방식, 유러달러선물방식, T-bond 선물방식의 가격표시는 어떻게 되는가?

해설

(1) 금융자산의 경우 보관비용은 무시할 수 있으므로 보유비용(carrying cost)은 모두 기회비용이 된다.
채권의 이자수령을 시간선상에 표현하면 다음과 같다.

1/1	7/1	1/1
현재	이자수령액 1,000,000×7% = 70,000	1년후

식 (5.7)에 따르면

$$F_1 = S_0 + C - R$$

여기서 $S_0 = 980{,}000$

$C = 980{,}000 \times 8\% = 78{,}400$

$R = 1{,}000{,}000 \times 7\% \times \left(1 + 8\% \times \frac{1}{2}\right) = 72{,}800$

이를 위의 식에 대입하면

$$\begin{aligned} F_1 &= 980{,}000 + 78{,}400 - 72{,}800 \\ &= 985{,}600 \end{aligned}$$

(2) ① T-bill 선물방식

$$985{,}600 = 1{,}000{,}000 - 1{,}000{,}000 \times r \times \frac{1}{2}$$
$$\therefore r = 2.88\%$$

이 값은 공시수익률이므로 가격표시는 다음과 같다.

$$100 - 2.88 = 97.12 \rightarrow \text{즉, } 97\text{-}12$$

② 유로달러선물방식

$$985{,}600 \times \left(1 + r \times \frac{1}{2}\right) = 1{,}000{,}000$$
$$\therefore r = 2.92\%$$

이 값은 등가수익률이므로 가격표시는 다음과 같다.

$$100 - 2.92 = 97.08 \rightarrow \text{즉, } 97\text{-}08$$

③ T-bond 선물방식

$$985{,}600 = 1{,}000{,}000 \times 98.56\%$$

따라서 가격표시는 다음과 같다.

$$98.56 = 98\frac{18}{32}$$

제3절 금리선물거래

1 재정거래

(1) 균형가격의 산출

모든 재정거래가 그렇듯이 금리선물의 재정거래에서도 선물의 균형가격과 시장가격을 비교해야 한다. 따라서 우선적으로 이론적 모형을 통해서 선물의 균형가격을 산출해야 할 것이다. 금리선물의 가격표시방법을 자세히 보면 균형가격을 구하는 방법도 다음과 같이 두 가지로 생각해 볼 수 있다.

첫째, 만기가 기초채권의 만기와 일치하는 채권의 현재가격에서부터 시작하는 방법이다. 이는 보유비용모형을 충실하게 적용하는 방법으로서 채권의 현재가격을 선물만기시점의 미래가치로 계산하면 균형가격이 된다. 여기서 선물만기까지의 수익률로는 현재에서부터 선물만기까지의 현물이자율을 이용해야 할 것이다.

둘째, 기초채권의 만기 현금흐름에서부터 시작하는 방법이다. 이 현금흐름을 할인해서 선물만기시점의 현재가치를 구하면 균형가격이 된다. 이때에 할인율은 선물만기부터 기초채권의 만기까지의 기간에 해당하는 선도이자율이 될 것이다.

(2) 거래원리

금리선물의 균형가격을 구하는 방법을 두 가지로 설명하였지만 사실은 어떤 방법을 적용하더라도 단일의 균형가격이 산출된다. 다만 관련 정보 중에서 어떤 정보를 이용할 수 있느냐에 따라서 각 상황에 적합한 방법을 적용하면 될 것이다. 금리선물의 균형가격을 구하면 시장가격과 비교해서 재정거래 전략을 세우면 된다. 시장가격은 선물시장에서 쉽게 관찰할 수 있는 값이므로 문제될 것이 없다. 선물의 시장가격이 균형가격보다 높으면 선물매도, 현물매입의 재정거래전략을 취하고 선물의 시장가격이 균형가격보다 낮으면 선물매입, 현물매도의 재정거래전략을 취한다.

예제 5-8

5/25에 채권시장에서 현물가격과 선물가격에 대한 가격정보를 다음과 같이 수집했다. 단, 수익률곡선은 수평적이라고 가정하자.

9/1 만기 T-bill의 수익률	연 3.02%
6/3 만기 T-bill 선물계약의 가격	97 - 20

(1) 이와 같은 상황에서 가능한 재정거래의 형태를 설명하고 재정이익을 산출하라. 단, 선물계약 1단위를 기준으로 할 것임.
(2) 단순히 채권을 보유하는 경우와 재정거래를 하는 경우의 선물만기시점까지의 수익률을 연단위로 산출해서 비교하라.

해설

여기서 9/1은 현물채권 T-bill의 만기이고, 6/3은 채권의 만기와 동일한 만기를 갖는 채권, 만기 90일 T-bill을 기초자산으로 하는 선물계약의 만기를 의미하는 것이다. 그리고 현물채권의 수익률이 3.02%라는 것은 96-98과 같은 가격표시이다.
관련정보를 이해하기 쉽게 시간선상에 나타내면 다음과 같다.

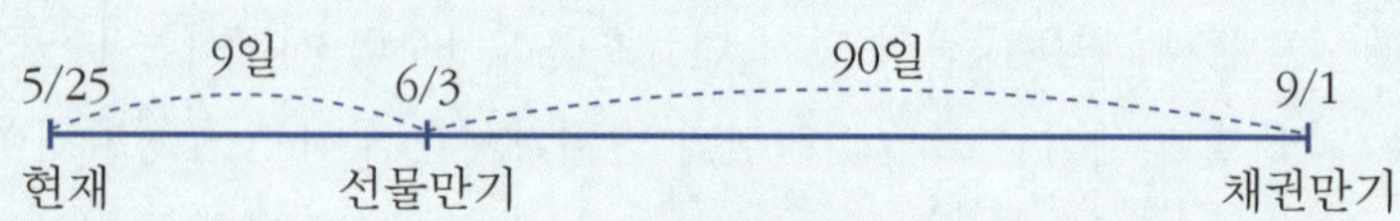

(1) 재정거래의 형태를 파악하기 위해서 균형선물가격을 산출하여 현재선물가격과 비교한다(T-bill은 선물계약 1단위가 100만 달러임).

① 균형선물가격

$$1{,}000{,}000 - 1{,}000{,}000 \times 3.02\% \times \frac{90}{360} = 992{,}450$$

여기서 현물수익률을 이용한 것은 수평적인 수익률곡선에서는 선도이자율이 현물이자율과 같기 때문이다.

② 현재선물가격

$$1{,}000{,}000 - 1{,}000{,}000 \times (100 - 97.2)\% \times \frac{90}{360} = 993{,}000$$

① < ②이므로 현재선물가격은 과대평가되어 있다. 따라서 선물매도, 현물매입의 재정거래를 한다. 구체적인 과정을 설명하면 다음과 같다.

〈5/25 현재〉
과대평가된 선물을 매도하고 9/1만기 T-bill을 구입한다. 이때 구입액은 다음과 같이 산출된다.

$$1{,}000{,}000 - 1{,}000{,}000 \times 3.02\% \times \frac{99}{360} = 991{,}695$$

〈6/3 선물만기〉
5/25에 구입한 T-bill을 인도하여 선물계약을 이행한다. 이때에는 평가액 992,450의 채권을 993,000에 인도하므로 550원(= 993,000 − 992,450)의 재정이익을 얻게 된다.

(2) ① 단순히 채권을 보유한 경우의 수익률

$$\frac{992{,}450 - 991{,}695}{991{,}695} \times \frac{360}{9} = 3.05\%$$

이렇게 산출된 3.05%가 실제수익률로서 채권등가수익률이라고 하며 문제에서 주어진 3.02%는 공시수익률이다.

② 재정거래를 한 경우의 수익률

$$\frac{993{,}000 - 991{,}695}{991{,}695} \times \frac{360}{9} = 5.26\%$$

이 값은 단순히 채권을 보유한 경우의 수익률 3.05%보다 높은 수익률이다.

2 헤지거래

(1) 거래가격

현재 채권을 보유하고 있는 투자자라면 이자율이 상승할 때에 채권가격의 하락으로 손실을 입게 된다. 따라서 선물시장에서는 채권에 대한 선물계약을 매도하였다가 일정기간이 경과한 후 헤지목표시점이 되면 선물계약을 다시 매입하여 청산한다. 그러면 선물시장에서의 이익으로 현물자산에서 발생하는 손실을 보전하게 된다. 이는 매도헤지를 예로 설명한 것이지만 매입헤지에서도 동일한 논리가 성립된다.

(2) 특징

다른 선물과 달리 금리선물거래가 갖는 특징이라면 다른 선물에서는 기초자산의 가격변동이 투자자의 부에 직접적으로 영향을 미치지만 금리선물의 경우에는 이자율의 변동이 먼저 채권가격에 음(-)의 방향으로 영향을 주고 이로 인한 효과가 투자자의 부에 영향을 미친다는 점에서 차이가 있다.

예제 5-9

채권을 보유하고 있는 투자자가 미래 금리변화에 따른 손실을 우려해서 금리선물거래을 통한 헤지를 도모하고자 한다. 어떤 전략을 취해야 하는가?

해설

채권보유자는 금리가 상승할 때에 채권가격의 하락으로 현물손실을 보게 된다. 따라서 금리상승시 선물거래에서는 이익을 얻어야 한다. 그러므로 금리선물을 매도하는 매도헤지(short hedge)를 취한다. 여기서 매도헤지라 함은 현재 시점에서 낮은 금리(즉, 높은 채권가격)로 금리선물을 매도한 후 금리상승 후 높은 금리(즉, 낮은 채권가격)로 금리선물을 매입하여 청산하는 것을 말한다.

3 금리선물의 헤지모형

금리선물을 이용해서 채권포트폴리오의 가치변동위험을 관리하는 기법은 다소 복잡한 편이다. 보유채권의 금리변동요인과 금리선물의 금리변동이 다를 경우에는 이를 조정해야 할 뿐만 아니라 보유채권과 선물의 기초채권이 동일하더라도 선물가격은 표준물에 대한 가격이기 때문에 선물가격의 변동을 보유채권의 가격변동으로 환산하는 절차가 추가로 필요하다.

따라서 여러 가지 방법의 헤지모형이 이용되는데 어느 방법을 이용하더라도 기본원리는 현물채권의 가치변동이 선물포지션의 가치변동과 같아지도록 선물계약수를 정하는 것이다.

(1) 단순모형과 헤지비율

현물채권의 가치와 선물계약의 가치가 동일한 크기로 변한다면 다음 식이 성립할 것이다.

$$\Delta S = \Delta F \tag{5.8}$$

이러한 경우에는 다음과 같이 산출한 선물계약수를 현물포지션과 반대로 취해서 헤지를 달성할 수 있는데 이러한 방법을 단순모형이라고 한다.

$$N = \frac{\text{헷지대상 현물채권의 가치}}{\text{선물계약 1단위의 가치}}$$

그러나 현실적으로는 현물채권과의 가격민감도가 이처럼 완전한 1:1의 상관관계를 갖는 선물계약은 존재하지 않는다. 단순모형이 이용하기는 쉬우나 헤지효과가 떨어지는 이유가 바로 여기에 있다. 따라서 헤지효과를 높이려면 현실적인 가격민감도를 반영해야 할 것이고 이를 위해서 다음 식이 만족되는 헤지비율(HR)을 구해야 한다.

$$\Delta S = HR \times \Delta F \tag{5.9}$$

예를 들어 현물채권 보유금액이 10억원이고 선물계약의 단위당 금액이 1억원이라고 할 때 현물채권의 가격변동이 선물가격변동의 1.5배라면 헤지비율은 1.5이고 선물계약수는 15계약이 된다. 그러나 이러한 헤지비율은 고정된 값이 아니라 시간경과나 가격변동에 따라서 달라지는 것이므로 계속적으로 조정해나가야 하는 것이다.

(2) 전환계수모형

전환계수(CF: conversion factor)란 특정채권의 선물계약 표준물에 대한 상대적 가치를 나타내는 계수이다.[3] 전환계수를 선물가격 대비 현물가격의 상대적 가격민감도로 이용하면 헤지효과를 높일 수 있는데 이를 전환계수모형이라고 한다. 예를 들어 보유채권의 전환계수가 1.2라면 이 채권의 가격민감도가 대략 선물가격민감도의 $\frac{1}{1.2}$배라는 의미이다.[4] 따라서 식 (5.9)에서 HR을 $\frac{1}{CF}$로 대신하여 선물계약수를 구하면 된다.

$$\text{선물계약수}(N_{CF}) = \frac{1}{CF} \times \text{단순헤지선물계약수}(N) \qquad (5.10)$$

선물거래소에서는 채권종류별로 전환계수표를 공시하기 때문에 전환계수모형은 쉽게 이용할 수 있다. 그러나 보유채권의 가격변동과 선물가격변동의 차이가 커질 때에는 헤지오차가 크게 되고 전환계수표도 일정한 주기로 발표되기 때문에 시의성이 떨어지는 단점이 있다.

(3) BPV모형

금리선물에서 1베이시스포인트(BP: basis point)는 0.01%이다. 따라서 BPV는 금리 0.01% 변동에 따른 채권가격의 변동액을 말한다. 즉, 금리변동

3) T-bond 선물의 경우 표준물은 액면금액 $100,000, 표면금리 6%, 연 2회 이자지급, 만기 20년짜리이다. 이 경우 전환계수는 특정채권의 액면금액 $1에 대한 미래현금흐름을 6%로 할인한 값이 된다. 따라서 표면금리가 6%보다 큰 채권은 전환계수가 1보다 크고 표면금리가 6%보다 작은 채권은 전환계수가 1보다 작게 된다.

4) 전환계수가 크면 만기이전의 현금흐름이 많게 되어 듀레이션이 작아진다. 따라서 가격변동이 작게 된다.

에 대한 채권가격의 민감도를 절대금액으로 나타난 값이 *BPV*가 된다. 예를 들어 액면가 1억원, 만기 3년, 표면금리 8%인 3개월 이표채권의 경우 금리가 9%에서 9.01%로 변동하면 채권가격은 97,390,000원에서 97,370,000원으로 20,000원 하락한다. 이 경우 *BPV*는 20,000원이 된다.[5)]

*BPV*를 이용하여 헤지비율을 결정하는 방법은 현물채권의 *BPV*를 선물계약의 *BPV*로 나누는 것이다. 이를 식으로 표현하면 다음과 같은데 이는 식 (5.9)에서 ΔS와 ΔF를 현물채권의 *BPV*와 선물계약의 B*PV*로 대체시킨 것에 불과하다.[6)]

$$HR = \frac{\text{현물채권의 } BPV}{\text{선물계약의 } BPV} \tag{5.11}$$

*BPV*모형을 이용한 선물계약수는 액면기준으로 산출된 단순계약수에 윗식에서 구한 헤지비율을 곱하면 된다.

$$\text{선물계약수}(N_{BPV}) = \left[\frac{\text{현물채권의 } BPV}{\text{선물계약의 } BPV}\right] \times \text{단순헷지선물계약수}(N) \tag{5.12}$$

(4) 듀레이션모형

듀레이션(duration)은 이미 앞서 설명하였듯이 채권의 현금흐름이 발생하는 각 시점을 그 시점에 발생하는 현금흐름의 현재가치가 전체 현금흐름의 현재가치에서 차지하는 비율을 가중치로 해서 산출한 가중평균만기로 정의되며 다음 식으로 산출된다.

$$D = \sum_{t=1}^{n} t \times \left[\frac{\dfrac{C_t}{(1+r)^t}}{\displaystyle\sum_{t=1}^{n} \frac{C_t}{(1+r)^t}}\right] = \sum_{t=1}^{n} t \times \frac{t\text{시점 현금흐름현가}}{\text{채권현가}(B_0)} \tag{5.4}$$

5) 이때에 ±1BP에 대한 채권가격 변동액의 평균값을 이용하기도 한다.

6) 선물계약이 현실적으로 존재하지 않는 표준물을 기초자산으로 하는 경우에 선물가격의 *BPV*를 구하려면 선물가격과 가장 가깝게 연동되는 현물채권, 즉 최저가 현물채권(CTD: cheapest-to-deliver)의 *BPV*로부터 구하게 된다. 구체적으로 선물가격의 *BPV*는 *CTD*의 *BPV*를 그것의 전환계수로 나누어서 구한다.

그런데 이렇게 산출된 듀레이션은 수익률 변화에 대한 채권가격의 변화를 측정하는 데 유용한 척도가 된다고 하였다. 즉, 듀레이션은 수익률 변화에 대한 현물채권의 가격변화를 백분율(%)로 나타내는 개념이기 때문이다. 이를 앞서 살펴 본 *BPV*와 비교하면 *BPV*는 수익률 변화에 대한 현물채권의 가격변화를 절대금액으로 측정하는 것인데 비해서 듀레이션은 수익률 변화에 대한 현물채권의 가격변화를 백분율(%)로 나타낸다는 점에서 차이가 있다.

이제 듀레이션을 이용한 헤지비율을 구해본다. 일단 현재 보유하고 있는 채권의 금리변동위험을 헤지하기 위해서 금리선물을 이용하는 경우 헤지비율은 $\Delta S = HR \times \Delta F$을 충족시켜야 한다. 그런데 여기서 현물채권의 가치변동(ΔS)과 선물계약의 가치변동(ΔF)은 현물채권의 듀레이션(D_S)과 선물계약의 기초채권의 듀레이션(D_F)으로 다음과 같이 산출된다.

$$\Delta S = \frac{-\Delta r_S}{(1+r_S)} D_S S$$

$$\Delta F = \frac{-\Delta r_F}{(1+r_F)} D_F F \qquad (5.13)$$

이 식에서 현물채권과 선물계약수익률이 같고($r_S = r_F$), 그 변화율도 동일하다면($\Delta r_S = \Delta r_F$), 헤지비율은 다음과 같이 산출된다.

$$HR = \frac{D_S}{D_F} \qquad (5.14)$$

그리고 헤지를 위한 선물계약수는 채권과 금리선물의 듀레이션뿐만 아니라 그 가치의 상대적인 비율까지 고려해서 변화금액이 일치하도록 해야 하므로 식 (5.15)에서 구한 헤지비율을 이용해서 다음과 같이 산출할 수 있다.

$$\text{선물계약수}(N_{HR}) = HR \times \text{단순헤지선물계약수}(N)$$

$$= \frac{D_S}{D_F} \times \frac{S}{F} \qquad (5.15)$$

그런데 이와 같이 듀레이션모형을 이용해서 완전헤지가 되려면 수익률의 변화율이 일정하다는 가정이 필요하다. 수익률의 변화율이 같지 않다면 현물채권수익률의 선물계약수익률에 대한 변동성배수를 구해서 추가적인 조정을 해야 할 것이다.

(5) 회귀모형

회귀모형은 포트폴리오이론적 모형이라고도 하는데 선물과 현물로 구성된 포트폴리오의 가치변동위험을 최소화시킬 수 있는 최소분산헤지비율을 찾는 것이다. 이미 앞서 살펴본 바와 같이 다음 식으로 헤지비율을 산출한다.

$$HR = \frac{Cov(\Delta S,\ \Delta F)}{Var(\Delta F)} \tag{5.16}$$

예제 5-10

가나기업은 현재 210일 후에 만기가 도래하는 국채(T-bill) $1,000,000를 보유하고 있는데 1개월 후에 매각할 계획이다. 금리상승이 예상되기 때문에 금리선물시장을 이용해서 매각시점의 부를 헤지하고자 한다. 구체적으로는 만기가 120일인 선물계약을 1단위 이용할 것인데 이는 만기 90일인 T-bill을 기초자산으로 하는 선물계약이다.

(1) 헤지전략을 설명하라.
(2) 1개월 후에 현물, 선물금리가 모두 1% 상승한 경우에 헤지결과를 보여라. 단, 현재 현물시장의 채권가격은 90-00이고 선물가격은 89-50 이다.
(3) 완전헤지를 위해서 체결해야 할 선물계약수는?

해설

(1) 금리가 상승하면 채권가격이 하락하여 채권매각시 현물시장에서 손실이 발생할 것이다. 따라서 선물시장에서는 금리가 상승하기 전에 낮은 금리수준(높은 채권가격)에서 선물계약을 매도하였다가 헤지목표시점에 가서 상승된 높은 금리수준(낮은 채권가격)으로 선물계약을 매입하여 청산함으로써 이익을 도모한다.
이를 간단하게 현물시장의 포지션이 채권을 보유한 상태인 long position이므로 선물시장에서는 선물계약을 매도하는 short position을 취한다고 한다.

(2) 시간선상에 관련정보를 나타내면 다음과 같다.

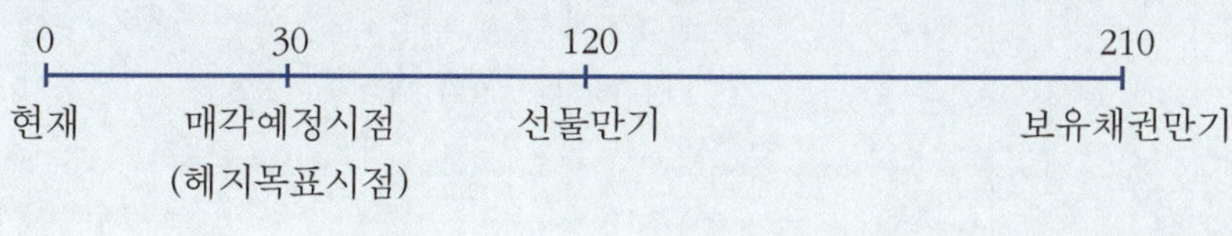

① 1개월 후 금리상승에 따른 현물시장의 기회손실
만약 상승 전 금리수준인 10%에서 매각하였다고 가정하면

$$1{,}000{,}000 - 1{,}000{,}000 \times 10\% \times \frac{180}{360} = 950{,}000$$

실제로는 상승 후 금리수준인 11%에서 매각하게 되므로

$$1{,}000{,}000 - 1{,}000{,}000 \times 11\% \times \frac{180}{360} = 945{,}000$$

따라서 기회손실은 다음과 같다.

$$950{,}000 - 945{,}000 = 5{,}000$$

② 1개월 후 선물계약 청산에 따른 거래이익
선물계약 매도에 따른 효과

$$1{,}000{,}000 - 1{,}000{,}000 \times 10.5\% \times \frac{90}{360} = 973{,}750$$

선물계약 매입에 따른 효과

$$1{,}000{,}000 - 1{,}000{,}000 \times 11.5\% \times \frac{90}{360} = 971{,}250$$

따라서 청산이익은 다음과 같다.

$$973{,}750 - 971{,}250 = 2{,}500$$

③ 부분헤지효과
금리상승에 따른 현물손실은 5,000이고 선물이익은 2,500이므로 부분적인 헤지효과를 얻게 된 것이다.

(3) 완전헤지를 위한 선물계약수
(2)에서 현물손실이 선물이익의 2배이므로 2단위 선물계약을 이용하면 완전헤지가 될 것이다.
*BPV*이용해서 헤지계약수를 확인할 수 있다. 먼저 현물채권의 *BPV*는 다음과 같다.

$$1{,}000{,}000 \times 0.01\% \times \frac{180}{360} = 50$$

선물계약의 BPV는 다음과 같이 산출된다.

$$1,000,000 \times 0.01\% \times \frac{90}{360} = 25$$

그리고 현물채권과 선물계약가격이 동일하므로 헤지비율과 헤지계약수 모두 다음과 같이 2이다.

$$\frac{50}{25} = 2(\text{계약})$$

4 금리선물의 투기거래

(1) 스프레드거래

금리선물을 이용해서 투기거래를 하는 방법으로 대표적인 것은 만기가 서로 다른 금리선물을 이용하는 것이다. 즉, 결제월이 서로 다른 선물계약을 동시에 하나는 매입하면서 다른 하나는 매도하면서 만기간 스프레드를 이용해서 투기거래를 하는 것이다. 이론적으로는 상품간 스프레드, 거래소간 스프레드도 가능하지만 거래관행의 차이와 계좌설정의 문제 등의 거래상 불편 때문에 거래소간 스프레드는 많이 이용되지 않는다. 따라서 여기서는 주로 만기간 스프레드에 대해서 살펴본다.

(2) 만기간 스프레드

만기간 스프레드는 강세스프레드와 약세스프레드로 대별된다. 강세스프레드(bull spread)는 만기가 가까운 근월물을 매입하면서 동시에 만기가 먼 원월물을 매도하는 것을 말한다. 흔히 근월물을 기준으로 해서 이를 매입스프레드라고도 한다. 강세스프레드는 근월물가격이 원월물보다 상대적으로 더 크게 상승할 것이라고 예상될 때에 유효한 전략이다.[7] 근월물가격이 원월물보다 상대적으로 더 크게 상승한다는 것은 근월물의 수익률이 원월물의 수익률보다 더 크게 하락한다는 것을 의미한다.

약세스프레드(bear spread)는 이와 반대로 원월물가격이 근월물보다 상대적으로 더 크게 상승할 것이라고 예상될 때에 근월물을 매도하면서 동시에 원월물을 매입하는 전략으로서 매도스프레드라고도 한다. 물론 이러한 전략은 예상이 빗나가면 손실을 보게 된다.

(3) 수익률곡선과 만기간 스프레드

수익률곡선은 금리의 기간구조를 나타내는 것이기 때문에 만기간 스프레드전략에서는 중요한 관찰대상이 된다. 수익률곡선이 상승하는 경우를 생각해 보자. 수익률곡선이 상승한다는 것은 장기금리가 단기금리에 비해서 더 크게 상승한다는 의미이다. 이는 만기가 먼 선도금리가 만기가 가까운 선도금리에 비해서 더 크게 상승한다는 것이고 이렇게 되면 원월물의 가격이 근월물의 가격보다 더 큰 폭으로 하락하게 된다. 따라서 만기간 스프레드는 축소되고 이러한 상황에서는 강세스프레드에서 이익이 발생하는 반면 약세스프레드에서는 손실이 발생한다.

예제 5-11

금리선물시장에서 3월 현재 T-bill을 기초자산으로 하는 선물가격정보를 수집한 결과가 다음과 같다.

종 목	가 격
6월물	94.00
9월물	94.40

(1) 이 두 선물간의 스프레드가 지나치게 크다고 생각하고 있는 투기거래자가 스프레드축소를 예상하여 취할 수 있는 전략은?

7) 선물가격이 하락하는 경우에는 근월물의 가격이 원월물가격에 비해 상대적으로 더 적게 하락할 것으로 예상될 때 유효한 전략이다.

(2) 1개월 후에 6월물의 수익률은 0.4% 하락하고 9월물의 수익률은 0.2% 하락하였다면 (1)과 같은 전략의 결과는 어떠한가?

(3) 1개월 후에 6월물의 수익률은 0.4% 하락하였는데 9월물의 수익률은 0.7% 하락하였다면 (1)과 같은 전략의 결과는 어떠한가?

해설

(1) 스프레드가 축소될 것으로 예상된다면 근월물을 매입하고 원월물을 매도하는 강세스프레드를 취하고 축소된 시점에서 반대거래(근월물 매도, 원월물 매입)를 통해서 청산하면 스프레드의 변화폭만큼 이익을 실현할 수 있다.

(2) 3월 현재에 근월물인 6월물 T-bill 선물을 94.00에 매입하고 동시에 원월물인 9월물 T-bill 선물을 매도한 후 4월에 가서 반대거래로 청산하였다고 하자. 청산시점의 6월물 T-bill 선물가격은 94.40(= 100 − (6 − 0.4))이 되고 9월물 T-bill 선물가격은 94.60(= 100 − (5.6 − 0.2))이 된다.
따라서 6월물 T-bill 선물은 94.00에 매입하였다가 94.4에 매도하여 0.40의 이익을 얻고 동시에 원월물인 9월물 T-bill 선물은 94.4에 매도하였다가 94.60에 매입청산하여 0.20의 손실을 보게 되어 0.20(= 0.40 − 0.20)의 순이익을 얻게 된다. 이를 금액으로 나타내면 T-bill 선물시장에서는 1BPV가 $25이므로 $500(= $25 × 20BP)가 된다.

(3) 이번에는 청산시점의 6월물 T-bill 선물가격은 94.40(= 100-(6-0.4))이 되고 9월물 T-bill 선물가격은 95.1(= 100 − (5.6 − 0.7))이 된다. 따라서 6월물 T-bill 선물은 94.00에 매입하였다가 94.4에 매도하여 0.40의 이익을 얻지만 동시에 원월물인 9월물 T-bill 선물은 94.4에 매도하였다가 95.1에 매입청산하여 0.70의 손실을 보게 되어 0.30(= 0.70 − 0.40)의 순손실을 보게 된다. 이를 금액으로 나타내면 T-bill 선물시장에서는 1BPV가 $25이므로 $750(= $25 × 30BP)가 된다.
이는 스프레드의 축소를 예상하여 강세스프레드를 취했지만 실제는 오히려 스프레드가 확대된 경우인데 약세스프레드를 취했더라면 동일한 금액만큼의 이익을 얻을 수 있었다.

연습 문제

5-1 다음 용어를 설명하라.

① 수익률곡선(yield curve)

② 현물이자율(spot rate)과 선도이자율(forward rate)

③ 듀레이션(duration)

5-2 금리선물을 이용한 헤지모형들을 설명하라.

5-3 현재부터 140일간의 이자율은 연 8%이고 230일간의 이자율은 연 8.25%이다. 만기 90일인 T-bill 선물의 가격을 산출하라.

5-4 3개월 후에 받을 대금 1,000만달러로 T-bond를 구입하려고 한다. 금리하락을 우려한 자금담당자는 T-bond선물 100단위를 매입하였다. 현재 현물가격은 126 – 00, 선물가격은 86 – 25이고 3개월 후에는 현물가격 127 – 04, 선물가격은 87 – 28이 되었다. 선물거래를 통해서 얼마의 채권매입비용을 절감하였는가?

5-5 연 2회 6,000원씩의 이자를 지급하는 이표채가 현재 90,000원에 거래되고 있다. 현물이자율은 6개월간은 연 10%, 1년간은 연 12%인데 이 채권을 기초자산으로 하며 만기가 1년 후에 도래되는 선물의 가격이 88,200원이다. 이 가격의 균형 여부를 판단하고 불균형이라면 어떤 형태의 거래로 얼마의 이익을 얻을 수 있는가 확인하라.

신문기사 채권 나흘째 약세 커브 6일만 스팁, 얇은 장 속 외인 선물매도

장중 저가매수+FOMC 선반영 인식+주가하락에 반등시도도

유가하락vs매파적인 한은 · Fed.

대외 불확실성 해소vs기술적부담 대치국면

채권시장이 나흘째 약세를 기록했다(국고3년물 기준). 단기물쪽이 안정을 찾으며 커브는 6 거래일만에 스티프닝으로 반전했다.

관심을 모았던 미 연준(Fed) 연방공개시장위원회(FOMC)가 '상당기간' 문구를 '인내심' 으로 변경했다. 정책금리 인상이 빨라질수 있다는 인식에 미국채 금리가 올랐고 원화채와 환율 시장에도 반영됐다.

장중에는 주가하락과 전일 약세에 따른 FOMC 선반영 인식에 저가매수세가 유입되면서 반등을 시도하기도 했다. 다만 연말 얇은장 흐름에서 외국인이 국채선물을 지속적으로 매도한 탓에 장막판 되밀렸다.

채권시장 참여자들은 유가하락과 매파적인 한국은행 및 Fed의 대치국면이 지속될 것으로 봤다. 아울러 FOMC가 끝나면서 그간 불확실성으로 자리했던 부문이 해소됐다는 점에서 저가매수가 지속될 수 있다는 분위기와 기술적분석상 좋지 않은 그림이라는 부담감이 대립할 것으로 예상했다.

연말분위기와 내년 전망으로 관심이 옮겨갈 것으로 봤다. 저가매수가 조심스러워 조정이 좀 더 진행될 것이라고 보는 쪽이 있는가 하면 불확실성 해소차원의 저가매수가 이어질 것이라는 전망도 있었다. 국고3년물 기준 2.12%에서 2.25% 사이에서 움직일 것으로 예상했다.

18일 채권시장에 따르면 통안1년물이 0.5bp 상승한 2.120%를 기록했다. 통안

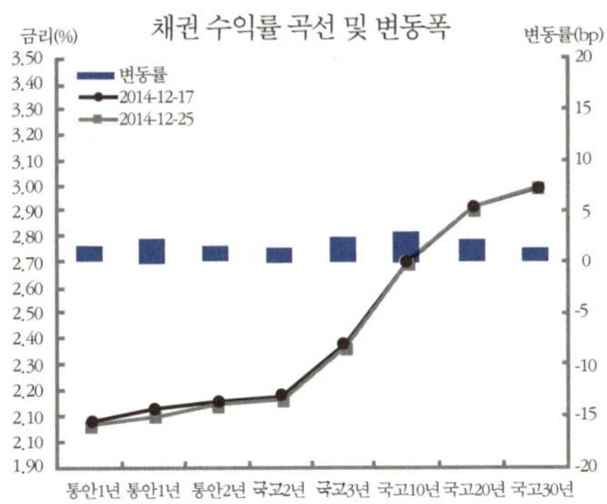

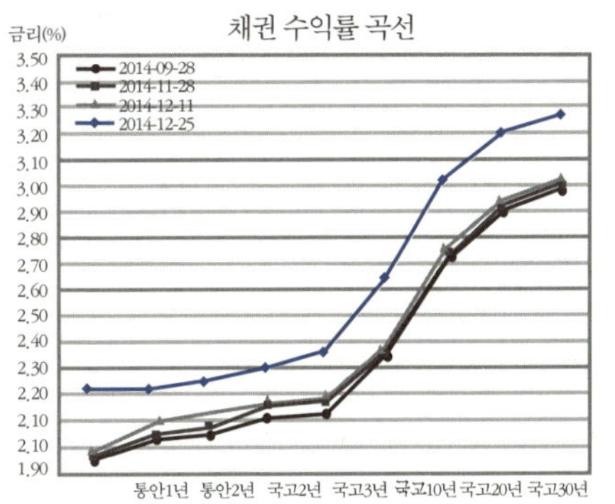

1.5년물이 1bp 올라 2.147%를 보였다. 통안2년물 또한 1.5bp 오른 2.165%에 거래를 마쳤다.

국고3년 14-6이 2.2bp 상승해 2.192%를 보였다. 국고5년 14-4도 2.5bp 올라 2.385%를 기록했다. 국고10년 14-5 역시 3.2bp 상승한 2.727%를 나타냈다.

국고20년 13-8이 2.8bp 오른 2.925%를, 국고30년 14-7이 2bp 상승한 3.000%를 기록했다. 국고10년 물가채 13-4도 2bp 올라 1.675%에 거래를 마무리했다.

5-3년 스프레드가 0.5bp 벌어진 19.3bp를 보였다. 10-3년 스프레드도 0.9bp 벌어진 53.5bp를 나타냈다. 이는 각각 지난 10일 22.8bp와 58.6bp를 기록하며 확대된 이후 처음으로 스팁된 것이다.

장외채권시장에서는 투자신탁과 증권이 2,286억원과 2,264억원어치를 순매도했다(거래대금 기준). 반면 은행이 1조 1,196억원 순매수로 대응했다. 연기금이 8,855억원, 보험이 5,514억원 순매수했다. 외국인도 2,143억원 순매수했다.

3월만기 3년 국채선물은 전장대비 6틱 떨어진 107.86으로 거래를 마쳤다. 장중고점과 저점은 각각 107.98과 107.84였다. 장중변동폭은 14틱에 머물렀다.

미결제는 21만 4,957계약으로 602계약 늘었다. 반면 거래량은 10만 9,608계약으로 1만 1,682계약 감소했다. 회전율은 0.51회로 전장 0.57회에서 줄었다.

매매주체별로는 외국인이 3,190계약 순매도하며 이틀째 매도했다. 반면 금융투자가 3564계약 순매수해 이틀연속 매수대응했다.

3월만기 10년 국채선물은 전일보다 36틱 떨어진 119.60을 기록했다. 장중고점은 120.03이었고, 저점은 119.55였다. 장중변동폭은 48틱을 보였다.

미결제는 881계약 늘어난 4만 3,319계약을 나타냈다. 거래량도 8,205계약 증가해 4만 9,997계약을 기록했다. 회전율은 1.15회로 지난 4일 1.46회 이후 가장 높았다.

매매주체별로는 외국인이 1,083계약 순매도해 이틀째 매도를 이어갔다. 은행도 213계약 순매도했다. 반면 금융투자가 828계약 순매수해 사흘연속 매수세를 지속했다. 연기금등이 280계약을, 보험이 223계약을 각각 순매수했다. 연기금등은 사흘만에 보험은 이틀째 매수세다.

서울외환시장에서 달러-원 환율이 6.60원 상승한 11,01.50원을 보이며 4거래일만에 1,100원선을 회복했다. 주식시장에서 코스피가 2.66포인트(0.14%) 하락한 1,897.50을 기록, 1,900선이 무너졌다. 이는 2월5일 1,891.32 이후 10개월만 최저치다.

외국계은행의 한 채권딜러는 “FOMC 결과가 어느정도 예상된대로 마무리됐다. 다만 상당기간이라는 문구를 빼면서 금리인상이 빨라질수 있다는 반응이었다. 환율

시장도 이같은 평가속에 움직였다. 국고3년물 기준 2.20% 근처에선 매수세를 보이긴 했지만 마감 무렵 되밀리는 양상을 보였다"며 "유가하락 분위기가 약간 수그러지는 분위기도 연출했다. 장이 워낙 얇아 외국인의 약간의 움직임에도 민감하게 반응한 측면도 있다. 커브도 섰다"고 전했다.

그는 이어 "큰 재료는 끝났다. 연말분위기에 내년 전망으로 관심이 옮겨갈 듯하다. 여전히 유가하락이 제일 큰 재료가 되겠지만 한은이나 Fed의 스탠스가 다소 매파적이다. 양재료의 대치국면이 지속될 듯 싶다"며 "저가매수가 조심스러워하는 분위기인 듯 싶어 약간의 조정이 좀더 진행될 듯 하다"고 예측했다.

반면 증권사의 한 채권딜러는 "미 금리상승으로 약세출발했다가 장중 저가매수와 전일 선반영인식 심리, 주가하락 요인으로 국채선물 기준 반등을 시도하기도 했다. 다만 외국인 매도가 나오며 되밀렸다"고 말했다.

그는 또 "단기쪽에서는 매도심리가 진정되는 것 같다. 그동안 악재로 여겨졌던 FOMC 불확실성이 해소됐다고 보는 쪽과 기술적으로 좋지 않다고 보는 쪽이 대치하는 국면이 이어지겠다"며 "다만 대외 악재요인이 어느정도 해소된 상태라는 점에서 선물기준 반등심리쪽이 우세하지 않을까 싶다. 국고3년물 기준 2.12%에서 2.25% 사이 흐름을 예상한다"고 덧붙였다.

김남현 기자

〈이데일리〉 2014.12.18

제 6 장

금리선물(Ⅱ)

제5장에서는 금리선물을 이해하기 위한 기초개념을 살펴보고 금리선물가격이나 거래유형을 미국금리선물을 중심으로 설명하였다. 이번 장에서는 우리나라의 금리선물에 대해서 구체적으로 살펴보겠다. 이미 앞서 언급하였듯이 금리선물은 가격표시방법이 서로 차이가 있기 때문에 금리변화에 따른 효과를 정확하게 이해할 필요가 있다. 우리나라의 금리선물로 도입되어 거래되고 있는 통안증권선물과 국채선물을 대상으로 이러한 효과를 좀 더 자세하게 분석해 본다.

제1절 우리나라의 금리선물

1 도입 내용

1997년 외환위기를 겪으면서 금융위험의 중요성이 크게 인식되었다. 이에 따라서 금융위험을 관리할 수 있는 선물시장이 개설되고 금리선물도 이러한 과정에서 자연스럽게 도입되었다.

금리변동위험을 단기적 관점에서 관리할 수 있는 단기금리선물로 CD선물이 1999년 4월에 한국선물거래소에 최초로 도입되었고 같은 해 9월에는 장기금리선물로 국채선물이 뒤이어 도입되었다. CD선물은 기초채권이 액면금액이 5억원, 잔존만기 91일인 양도성정기예금증서(CD : certificate of deposit)인데 비해서 국채선물은 기초채권이 액면금액이 1억원, 표면금리 연 8%인 3년 만기 국고채이다. 이때의 CD는 할인채이지만 국고채는 3개월 단위로 이자가 지급되는 이표채 형태이다.

2002년에는 새로운 단기금리선물로 통안증권선물이 추가로 도입되었다. 이는 한국은행이 통화조절목적으로 발행하는 통화안정증권을 기초채권으로 하는 것이다. 그리고 새로운 장기금리선물로 5년 국채선물과 10년 국채선물이 2003년과 2008년에 각각 추가로 도입되었다. 이렇게 단기금리선물로 CD선물, 통안증권선물이 거래되다가 거래량이 적어서 2007년에 CD선물이, 2001년에는 통안증권선물이 상장폐지되었다. 이후 장기금리선물로 3년, 5년, 10년 국채선물, 3종이 거래되다가 2019년 12월에 3년채와 10년채 사이의 스프레드를 대상으로 하는 국채선물 스프레드가 도입되었다.

2 세부내용

우리나라 금리선물들의 결제월은 3월, 6월, 9월, 12월이며 통안증권은 4개월물이 거래되지만 국채선물은 2개 내지 4개월물이 상장되어 있으며 결제일은 둘 다 해당 월의 셋째 주 수요일이다

가격표시의 구체적 내용은 각 절에서 자세히 설명하겠지만 먼저 간단하게 살펴본다. 우선 통안증권선물의 경우에는 가격표시방법이 100-R이다. 단, 여기서 R은 유통수익률을 의미한다. 이러한 방식은 IMM에서 거래되는 T-bill선물의 가격표시방법으로서 IMM지수방식이라고 한다. 예를 들어 유통수익률이 10.5%라면 선물가격은 89.50으로 표시되는 것이다.

그리고 계약단위는 액면금액 2억원이고 최소가격변동폭(1틱)은 0.01%이다. 또한 기초자산이 되는 통안증권은 만기가 364일이므로 1틱의 가치, 즉 BPV는 다음과 같이 20,000원이 된다. 단, 1년은 364일로 본다.

표 6-1 우리나라 금리선물의 내용(2022년 현재)

구 분	통안증권선물	3년 국채선물
거래대상	만기 364일인 통안증권	표면금리 연 5%, 6개월 이자지급 방식의 3년만기 국고채
계약단위	액면가 2억원	액면가 1억원
결제월주기	3, 6, 9, 12월	3, 6, 9, 12월
상장결제월수	4개 결제월	6개월 이내 2개 결제월
가격표시방법	100-R (R ; 선물수익률)	액면가 100원을 기준으로 표시
최소가격변동폭	0.01% (1tick의 가치=20,000원)	0.01% (1억원×0.01%=10,000원)
일일가격제한폭	기준가격 대비 상하 ±0.3%	기준가격 대비 상하 ±1.5%
최종결제일	결제월 세 번째 수요일	결제월 세 번째 수요일
최종결제방법	현금결제	현금결제

출처 : 한국거래소

$$2\text{억원} \times 0.01\% = 20{,}000\text{원}$$

한편, 국채선물의 경우에는 가격표시방법이 액면금액 100원 기준의 표시방법을 따르는데 이러한 표시방법은 액면기준의 시가비율로 표시된다는 점에서 미국의 T-bond 선물의 가격표시방법과 같다고 할 수 있다. 구체적으로는 연 8%, 3개월 이표지급방식의 3년 만기 국고채를 선도이자율로 할인한 값을 액면금액 100원 기준으로 나타낸다는 것이다. 계약단위는 액면금액 1억원이며 최소가격변동폭은 통안증권선물과 마찬가지로 0.01%이다.

그리고 우리나라 금리선물들은 미국의 대표적인 금리선물인 T-bill선물, T-bond선물이 실물인수도 방식으로 결제되는 것과는 달리 모두 현금결제방식을 따른다. 이는 우리나라 시장규모가 작아서 작전세력의 시장조작가능성이 있기 때문이며 또한 시중유동성의 부족문제를 제거하고 실물인수도방식에 따른 복잡성과 부수되는 발생비용문제를 고려한 것이다.

통안증권선물과 3년 국채선물의 주요 내용을 비교하면 〈표 6-1〉과 같이 나타낼 수 있다. 통안증권선물은 도입 이후 거래가 부진하여 2011년 상장폐지되었다. 그렇지만 통안증권선물은 미국 T-bill 선물의 가격표시방법과 동일한 방식이어서 T-bill선물의 가격표시제도는 물론이고 T-bill 선물거래의 경제적 효과를 이해하는 데에 유용하기 때문에 본서에서는 이를 소개한다.

제2절 통안증권선물

1 통안증권선물가격

(1) 발행수익률과 유통수익률

통안증권은 한국은행이 통화안정을 목적으로 발행하는 만기 364일인 통화안정증권을 말한다. 통안증권은 만기까지의 기간에 이자가 지급되지 않는 할인채이다. 통안증권선물이란 바로 한국은행이 발행하는 통안증권을 기초자산으로 하는 금리선물이다.

먼저 통안증권 현물의 가격을 나타낼 때 자주 이용되는 수익률의 개념으로 발행수익률과 유통수익률을 살펴보자.

만기가 364일이고 액면 1억원인 통안증권이 89,500,000원에 발행되었다고 하자. 1년을 364일로 가정하면 다음과 같은 식이 성립한다.

$$100{,}000{,}000 - 100{,}000{,}000 \times R = 89{,}500{,}000(\text{원})$$

이 식에서 R을 구하면 10.5%가 되는데 이것이 발행수익률이다. 이는 T-bill에서의 공시수익률과 같은 개념이다. 그런데 이러한 통안증권을 현재 89,500,000원에 구입해서 364일 후의 미래가치가 1억원이 되는 것이므로[1] 이론적으로 다음과 같은 식이 성립한다.

$$89{,}500{,}000 \times (1 + R) = 100{,}000{,}000$$

여기에서 R을 구하면 11.73%가 되는데 이것은 유통수익률이라고 부른다.

---

1) 이는 364일 후 유입되는 현금흐름 1억원의 현재가치가 89,500,000원이라는 것과 같은 의미이다.

이는 앞서 설명된 T-bill에서의 채권등가수익률(bond yield equivalent)과 같은 개념이다.

(2) 통안증권 선물의 가격표시

통안증권 선물은 100에서 선물수익률(R)을 차감하는 형태, 즉 100-R로 가격을 표시한다. 따라서 선물수익률이 11.73%라면 통안증권 선물의 가격은 88.27(=100−11.73)이 된다. 그런데 여기서 선물수익률 R은 유통수익률을 의미한다. 이러한 가격표시방법은 유로달러금리선물과 동일하다. 다음과 같은 예제를 통해서 통안증권 선물가격의 산출구조를 좀 더 자세하게 확인해 보자.

예제 6-1

현재는 4월 7일이다. 채권시장에서 거래되고 있는 통안증권의 유통수익률이 만기별로 다음과 같이 파악되었다.

만 기	유통수익률
1년	11.75%
2년	12.00

이러한 정보를 이용해서 통안증권금리선물 6월물의 이론가격을 구해 보자. 단, 6월물의 결제일은 6/16이라고 하자.

해설

먼저 다음과 같이 선도이자율을 산출한다.

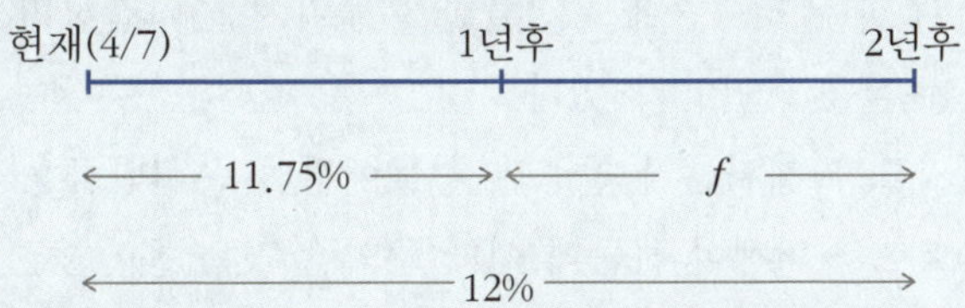

$$(1+0.1175)\times(1+f)=(1+0.12)$$
$$\therefore f=12.25\%$$

그리고 선물만기일인 6/16 현재 만기 1년인 통화증권수익률을 다음과 같이 산출한다.

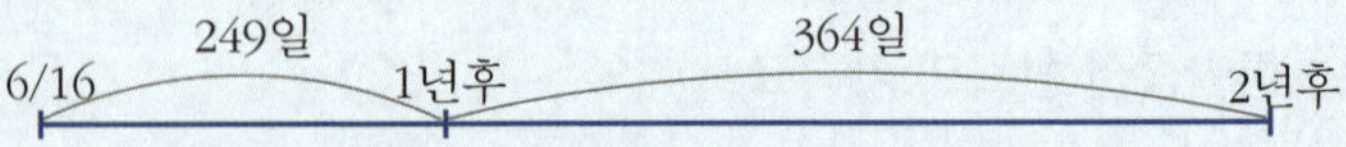

$$\left(1+0.1175\times\frac{294}{364}\right)\times\left(1+0.119\times\frac{70}{364}\right)=(1+R)$$

$$\therefore R=12.07\%$$

끝으로 다음과 같이 통화증권선물가격으로 환산한다.

$$\text{통화증권선물의 이론가격} = 100 - \text{통화증권수익률}$$
$$= 100 - 12.07 = 87.93$$

2 통안증권선물의 헤지사례

(1) 금리변동효과만을 헤지대상으로 하는 경우

통안증권선물을 이용해서 통안증권 현물에서 발생하는 손실을 헤지하는 경우를 분석해 보자. 이를 위해서 먼저 통안증권 현물을 보유한 투자자의 금리상승에 따른 손실을 산출해야 한다. 여기서 금리라고 하면 유통수익률을 말하는 것이다. 금리상승은 보유하고 있는 통안증권 현물의 가치를 감소시키는데 금리상승 이전의 금리수준에서 현물가치를 산출한 후 이 값에서 금리상승 이후의 금리수준에서 산출한 현물가치를 차감하면 순수하게 금리상승에 따른 손실을 확인할 수 있다.

헤지를 위해서는 통안증권 현물에서의 손실만큼을 통안증권 선물거래의 이익으로 커버해야 하는데 이때 주의할 것은 통안증권 선물가격이 유통수익률을 기준으로 표시되기 때문에 통안증권 선물거래손익도 이를 기준으로 산출된다는 점이다. 좀 더 자세한 분석을 다음 예제로 살펴본다.

예제 6-2

만기가 91일 남은 통안증권 현물을 액면금액기준으로 60억원어치 보유한 투자자가 있다고 하자. 현재의 통안증권 유통수익률은 9%이지만 금리상승이 예상되기 때문에 통안증권 현물의 가치가 하락할 것을 우려하고 있다. 따라서 통안증권 선물을 이용해서 금리변동위험을 헤지하려고 하는데 현재 선물시장에서 통안증권 선물의 가격은 92.00으로 파악되었다.

(1) 금리가 1% 상승한 경우 통안증권 현물에서의 손실금액을 산출하라.
(2) 통안증권 선물을 이용해서 완전한 헤지를 하려면 몇 계약을 어떻게 거래해야 하는가? 단, 금리상승폭은 현물과 선물이 동일하다고 하자.
(3) BPV를 이용해서 헤지비율과 헤지계약수를 산출하고 (2)의 결과와 비교해 보자.

해설

(1) 먼저 9% 금리수준에서 액면 60억원의 통안증권 현물가치를 다음과 같이 할인하여 시가로 평가한다.

$$\frac{60\text{억원}}{1+0.09\times\frac{91}{364}} = 5,867,970,660(\text{원})$$

금리가 1% 상승하면 10%가 되므로 액면 60억원의 통안증권현물의 시가는 다음과 같게 된다.

$$\frac{60\text{억원}}{1+0.1\times\frac{91}{364}} = 5,853,658,537(\text{원})$$

따라서 금리상승에 따른 현물에서의 손실금액은 다음과 같다.

$$5,867,970,660 - 5,853,658,537 = 14,312,123(\text{원})$$

(2) 통안증권 현물을 보유하고 있는 경우이므로 통안증권 선물계약을 일단 매도하였다가 목표헤지시점에서 매입청산하면 된다. 즉, 매도헤지를 취하면 된다. 먼저 통안증권선물 1계약을 매도하였다가 금리가 상승한 후 매입청산하였다고 가정하여 선물거래손익을 산출해 보자. 매도가격은 다음과 같이 구한다.

$$200,000,000 - 200,000,000\times 0.08 = 184,000,000(\text{원})$$

여기서 할인율 8%는 통안증권 선물가격 92.00(=100 − 8)에서 확인된 것이다. 한편 통안증권 선물금리도 1% 상승한다고 하였으므로 금리상승 후 이 계약을 매입청산할 때의 매입가격은 다음과 같이 구한다.

$$200,000,000 - 200,000,000 \times 0.09 = 182,000,000(\text{원})$$

따라서 통안증권선물 1계약의 거래이익은 다음과 같게 된다.

$$184,000,000 - 182,000,000 = 2,000,000(\text{원})$$

매도가격과 매입가격을 이렇게 분석하는 것은 통안증권선물거래의 손익산출 방식이 다음과 같이 액면금액에 유통수익률의 변화분(매입시점의 수익률과 매도시점의 수익률 차이)을 곱하여 산출하기 때문이다. 실제로 선물거래 손익은 이와 같이 계산하는 것이 편리하다.

$$200,000,000 \times (92.00 - 91.00)\% = 2,000,000(\text{원})$$

이제 완전헤지를 위한 선물계약수를 N이라고 하면 다음과 같은 식이 성립해야 현물손실을 선물거래이익으로 완전하게 커버할 수 있을 것이다.

$$2,000,000 \times N = 14,312,123 \qquad \therefore N = 7.16(\text{계약})$$

(3) 통안증권 현물 1단위의 BPV, 즉 9%에서 9.01%로 금리상승하는 경우 액면기준으로 2억원 현물의 가치변동을 구한다. 이때 액면기준으로 2억원의 통안증권 현물은 다음과 같이 시가기준으로는 195,599,022원이 된다.

$$\frac{200,000,000}{1 + 0.09 \times \dfrac{91}{364}} = 195,599,022(\text{원})$$

이제 9.01% 수준에서 시가를 구한다.

$$\frac{200,000,000}{1 + 0.09 \times \dfrac{91}{364}} = 195,594,240(\text{원})$$

따라서 현물 BPV는 4,782원(=195,599,022 − 195,594,240)이 된다. 그리고 통안증권선물의 BPV는 20,000원이므로 이로부터 다음과 같이 헤지비율을 구할 수 있다.

$$HR = \frac{4,782}{20,000} = 0.2391$$

이를 이용해서 헤지계약수를 구하면 다음과 같다.

$$N = 0.2391 \times \frac{6,000,000,000}{200,000,000} = 7.17(\text{계약})$$

이렇게 구한 계약수 7.17이 (2)에서 구한 계약수 7.16과 차이가 나는 이유는 채권가격과 금리가 비선형관계에 있기 때문이다. 이러한 차이를 없애려면 채권평가식의 볼록성(convexity) 문제까지 반영해야 할 것이다.

(2) 일정기간의 이자수익을 헤지대상으로 하는 경우

〈예제 6-2〉는 금리변동이 가져다주는 현물가치의 하락만을 헤지대상으로 하고 있다. 그런데 현실적으로는 일정기간 동안의 이자수익을 확정된 금액으로 고정시킬 필요가 있을 것이다. 이는 일정기간의 이자수익을 헤지대상으로 하는 경우에 해당된다.

예를 들어 현재의 금리(유통수익률)가 높은 수준이어서 통안증권 현물에 투자하고 싶지만 투자자금이 향후 유입될 예정이라고 해보자. 그런데 앞으로의 금리가 하락할 전망이라면 향후 조달될 자금에서 얻게 되는 이자수익은 지금보다는 낮은 수준이 될 것이다. 따라서 현재의 고금리수준을 누리고 싶다면 통안증권선물을 이용하면 된다. 이에 해당하는 사례를 다음의 예제를 통해서 분석해 보자.

예제 6-3

가나기업은 현재의 통안증권의 금리수준이 높은 편이어서 이를 매입하고 싶지만 현재로서는 투자자금이 없다. 다가올 6월 17일에 물품대금 100억원을 수취하기로 되어 있으며 이 자금이 들어오면 통안증권에 1년간 투자할 수 있다. 그러나 향후 금리가 하락할 전망이기 때문에 미래 구입할 통안증권의 수익률을 현재 수준에서 확정하려고 한다. 현재 선물시장에서 6월 17일이 만기인 통안증권 선물의 가격은 93.10으로 형성되어 있다.

(1) 통안증권 선물을 이용한 헤지전략과 계약수를 구하라.

(2) 6/17 매입시점에서 유통수익률이 6.7%가 되었다고 하여 (1)의 헤지성과를 보여라.
(3) 헤지전략으로 고정시킨 수익률수준은 얼마인지 확인해 보자.

해설

(1) 6/17에 통안증권 현물을 매입해야 하므로 가나기업은 short position에 있다. 따라서 통안증권 선물을 매입하는 long hedge를 취하면 된다. 그리고 매입해야 할 통안증권 선물의 계약수는 다음과 같다.

$$\frac{100\text{억원}}{2\text{억원}} = 50(\text{계약})$$

여기서도 헤지계약수를 산출할 때 분자는 6/17의 시가에 해당하는 100억원이고 분모는 통안증권 선물의 액면금액 2억원이 된다. 그 이유는 현물의 이자수익변동은 시가에 유통수익률의 변화분을 곱한 금액이 되지만 선물거래손익은 액면금액 2억원에 유통수익률의 변화분을 곱한 금액이 되기 때문이다.

(2) 6/17의 현물금리는 6.9%(=100 − 93.1)로 예상하였지만 실제로는 6.7%로 하락하였다. 따라서 6.7%의 금리가 적용되면 0.2%에 해당하는 유통수익률의 하락분만큼 이자수익이 감소할 것이므로 이에 따른 현물손실은 다음과 같게 된다.

$$100\text{억원} \times (6.9 - 6.7)\% \times \left(\frac{364}{364}\right) = 20{,}000{,}000(\text{원})$$

여기서 현물손실을 산출하는 과정이 〈예제 6-2〉와 다르다는 것을 주목할 필요가 있다. 〈예제 6-2〉는 금리변화에 따른 현물가치의 하락분만을 헤지대상으로 하는데 비해서 여기서는 통안증권 현물을 구입하여 보유하는 1년간의 이자수익을 헤지대상으로 하기 때문이다.
이제 통안증권 선물 20계약의 매입에 따른 선물거래손익을 산출한다. 통안증권 선물을 93.10에 매입해서 93.30에 결제하게 되므로 선물거래이익이 다음과 같다.[2)]

$$50\text{계약} \times 2\text{억원} \times (93.30 - 93.10)\% = 20{,}000{,}000(\text{원})$$

2) 이러한 선물거래이익은 금리가 0.2%, 즉 20틱만큼 하락하였으므로 1틱의 가치가 20,000원임을 이용해서 다음과 같이 계산하면 편리할 것이다.

$$50\text{계약} \times 20\text{틱} \times 20{,}000 = 20{,}000{,}000(\text{원})$$

(3) 위와 같은 헤지전략으로 확정시킨 수익률을 확인해 보자. 먼저 6/17에서 통안증권 현물을 매입해서 매입 후 1년 경과시점에서 수취하는 이자수익을 구하면 다음과 같다.

$$100\text{억원} \times 6.7\% \times \left(\frac{364}{364}\right) = 670{,}000{,}000(\text{원})$$

한편, 6/17에 통안증권 선물의 결제에 따른 이익은 20,000,000원이므로 모두 690,000,000원(=670,000,000+20,000,000)의 이익을 얻게 된다. 이를 연단위 수익률로 나타내면 다음과 같이 6.9%가 된다.

$$\frac{690{,}000\text{천원}}{100\text{억원}} = 6.9\%$$

이러한 결과에 따르면 가나기업은 6/17에 구입한 통안증권 현물에 대해서 금리가 하락하는 것과는 무관하게 1년간의 이자수익을 6.9%의 수준으로 확정한 것이 된다.

그러나 이는 선물거래이익에 대한 이자수익은 고려하지 않은 것이다. 이 사례에서의 현금흐름을 시간선상에 나타내면 다음과 같다.

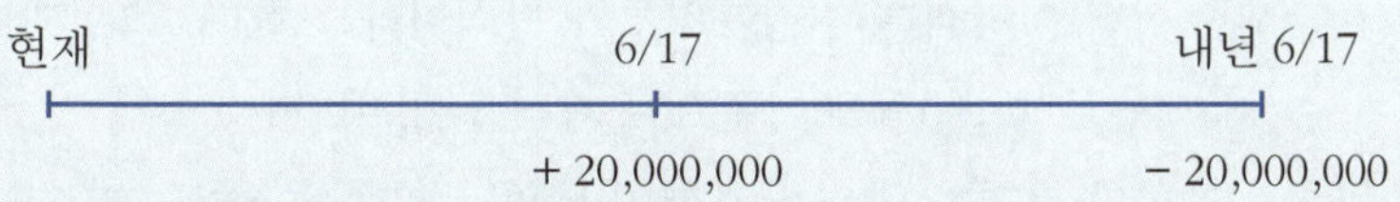

시간선에 나타낸 것과 같이 현물손실 20,000,000원은 내년 6/17에 실현되고 선물거래이익은 올해 6/17에 실현된 것이다. 그런데 헤지대상은 올해 6/17부터 내년 6/17까지의 기간(1년)에 해당하는 이자수익이므로 헤지목표시점은 내년 6/17로 보아야 할 것이다. 따라서 이번에는 선물거래이익에 대한 이자수익까지 고려해서 좀 더 정확하게 완전헤지를 위한 계약수를 산출해보겠다.

완전한 헤지계약수를 구하기 위해서는 6/17의 선물거래이익에 대한 화폐의 시간적 가치까지 고려한 내년 6/17에서의 미래가치가 현물손실 20,000,000원과 일치하면 될 것이다. 만약 완전한 헤지계약수를 N이라고 한다면 다음과 같은 식에서 46.86계약을 확인할 수 있다.

$$N \times 20\text{틱} \times 20{,}000 \times (1 + 6.7\%) = 20{,}000{,}000(\text{원})$$

$$\therefore N = 46.86(\text{계약})$$

제3절 국채선물

1 국채선물가격

통안증권 선물의 경우 이미 앞서 살펴본 대로 100-R과 같이 가격을 표시한다. 이러한 가격표시방법은 수익률호가 방식이라고 한다. 그러나 국채선물의 경우에는 이와 다른 형태로 가격을 표시한다. 국채선물의 기초자산은 표면금리 8%이며 6개월 단위 이자지급형태의 국고채(가상채권)이다. 다만, 3년국채선물은 기초채권의 만기가 3년이고 5년국채선물은 기초채권의 만기가 5년이라는 점만 차이가 있다. 이러한 국고채를 표준물로 해서 선도이자율로 이 채권의 현금흐름을 할인한 값을 산출한 후 이를 선물가격으로 사용하는 것이다. 이러한 방식은 직접가격호가 방식이라고 한다. 그런데 국채선물은 이때에 액면금액 100원을 기준으로 가격을 표시한다.

이미 설명한 내용을 보면 미국의 금리선물 중에는 T-bill선물, 유러달러선물 등이 수익률호가 방식을 따르고, T-bond선물이 직접가격호가 방식을 따르는 것임을 알 수 있을 것이다.

예제 6-4

국채수익률에 대한 만기별 정보가 다음과 같다.

만 기	시장이자율
1년	10.0%
4	11.5

이러한 정보를 이용해서 만기가 1년 남은 국채선물의 가격을 구하라.

해설 이 정보를 시간선상에 나타내면 다음과 같다.

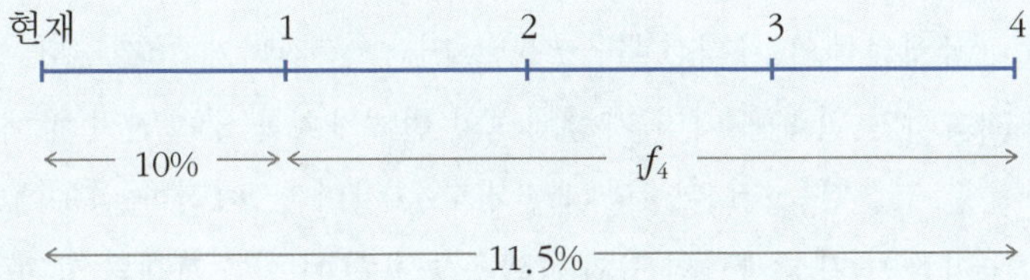

이러한 금리의 기간구조하에서 선도금리 $_1f_4$를 다음과 같이 구할 수 있다.

$$(1+0.1)(1+{}_1f_4)^3=(1+0.115)^4 \qquad \therefore\ {}_1f_4=12\%$$

국채선물의 기초채권은 3년 만기, 표면금리 8%, 분기별 이자지급조건의 표준물이다. 따라서 여기서의 미래현금흐름을 액면금액 100원 기준으로 측정하면 6개월 단위로 4원씩[3]의 이자가 6회에 걸쳐 유입되고 만기 3년시점에서는 100원의 원금이 유입될 것이다. 따라서 이러한 현금흐름에 대해서 1년 후 시점을 기준으로 현재가치를 구한다.[4]

이자의 현재가치	4×PVIFA(6%, 6) = 19.67
원금의 현재가치	100×PVIF (6%, 6) = 70.50
	90.17

여기서 1년 후 시점의 현재가치를 구하는 이유는 국채선물의 만기가 1년 남은 것이기 때문이다. 이렇게 산출된 90.17이 바로 만기가 1년 남은 국채선물의 이론가격이 되는 것이다.

이 예제에서 국채선물의 가격이 산출되는 구조를 보면 선도금리가 높아질수록 기초채권의 현재가치는 작아지므로 선물가격이 하락하는 것을 알 수 있다. 이러한 관계는 100-R의 수익률 호가방식(IMM지수방식)으로 표시되는 경우에서도 마찬가지이다.

---

3) 표면금리 8%, 액면금액 100원기준으로 분기마다 지급되는 이자는 다음과 같이 계산된다.

$$100\times 8\%\times\frac{1}{2}=4(\text{원})$$

4) 여기서 6%는 연단위 선도금리 12%를 2로 나누어 6개월 단위로 환산한 것이다.

2 국채선물의 헤지사례

국채선물의 가격산출구조를 보면 좀 복잡하게 느껴진다. 사실 선도금리의 계속적인 변화에 따라 가상채권의 현재가치를 구하면서 국채선물의 가격변화를 측정한다는 것은 상당히 번거로운 일이다. 이러한 경우에는 국채선물의 기초자산인 가상채권의 듀레이션을 이용하여 선물거래의 효과를 파악하는 것이 유용하다고 생각된다. 가상채권의 듀레이션과 보유현물의 듀레이션의 관계를 이용하면 선물거래에서 필요한 계약수를 쉽게 산출할 수 있기 때문이다.

예제 6-5

가나기업의 자금관리책임자는 여유자금으로 약 10억원 규모의 국고채를 구입해 놓고 있다. 이 국고채에 대한 정보는 다음과 같다.

종 목	보유금액(액면)	가 격	비 고
국고채	10억원	86.40	만기 3년인 할인채

향후 금리상승을 예상하고 이에 따른 채권가치의 하락을 우려하고 있다. 따라서 국채선물을 통해 헤지하려고 한다. 이용할 수 있는 국채선물은 선물가격이 92.16이고 듀레이션은 2.5년으로 산출되었다. 어떤 형태의 전략이 가능한가?

해설

먼저 현물에 대해서는 long position에 있으므로 선물에 대해서 매도헤지(short hedge)를 취한다. 그리고 목표헤지시점에서 선물을 매입청산함으로써 헤지효과를 도모할 수 있다.

듀레이션을 통해서 헤지비율을 산출하면 다음과 같다.

$$HR = \frac{D_S}{D_F} = \frac{3}{2.5} = 1.2$$

여기서 보유 중인 국고채는 할인채이므로 잔여만기가 곧 듀레이션이 된 것이다. 그리고 보유현물의 가치는 8.64억원(= 액면10억원×86.4%)이고 국채선물 1계약의 가치는 0.9216억원(= 액면1억원×92.16%)이다. 따라서 선물거래계약수는 다음과 같이 구한다.

$$\text{선물계약수}(N_{HR}) = \frac{D_S}{D_F} \times \frac{S}{F}$$

$$= \frac{3}{2.5} \times \frac{8.64}{0.9216} = 11.25(\text{계약})$$

예제 6-6

〈예제 6-5〉에 추가하여 가나기업이 보유하고 있는 채권 중에 회사채가 있다고 가정하자. 이 회사채는 현재 시가로 20억원의 가치를 갖고 있으며 듀레이션은 2.6년으로 산출되었다. 또한 이 회사채의 수익률은 국채선물수익률에 대해 1.25의 변동성배수를 갖는다.

(1) 회사채의 가치변동을 헤지하기 위한 선물계약수를 구하라.
(2) 1개월 후 금리상승으로 보유중인 국고채가치가 3% 하락하고 국채선물가격은 90.05가 되었다고 하자. 가나기업이 보유하고 있는 채권포트폴리오(국고채와 회사채로 구성된)의 가치변동액을 산출해 보자.

해설

(1) 이같이 현물수익률의 변화와 선물수익률의 변화가 같지 않다면 헤지비율은 변동성배수를 고려하여야 한다. 변동성배수가 1.25라 함은 $\Delta r_S = 1.25 \times \Delta r_F$라는 뜻이다. 따라서 헤지비율은 다음과 같이 구한다.[5]

$$HR = \frac{D_S}{D_F} \times \text{변동성배수} = \frac{2.6}{2.5} \times 1.25 = 1.3$$

따라서 회사채의 가치변동을 헤지하기 위해서 매도해야 할 국채선물계약수는 다음과 같다.

$$N = 1.3 \times \frac{20}{0.9216} = 28.21(\text{계약})$$

(2) 보유하고 있는 국고채의 경우 금리상승에 따라서 얼마나 그 가치가 하락하는가는 다음과 같이 쉽게 산출된다.

$$10\text{억원} \times 86.4\% \times 3\% = 25{,}920{,}000(\text{원})$$

그런데 회사채의 경우 가치하락금액은 다소 복잡한 과정을 거쳐서 산출된다. 먼저 듀레이션을 이용한 국고채(또는 국채선물)의 가치변화율 3%는 다음과 같이 표현할 수 있다.

5) 만약 이때 현물수익률과 선물수익률의 수준도 서로 다르다면 이러한 차이까지 반영한 수정듀레이션을 이용해야 정확한 헤지비율을 구할 수 있다.

$$\frac{\Delta F}{F} = \frac{-\Delta r_F}{1+r} D_F = 3\%$$

그리고 이를 이용해서 회사채의 가치변화(ΔS)를 다음과 같이 측정한다.

$$\Delta S = \frac{-\Delta r_S}{1+r} D_S S$$
$$= \frac{-1.25\Delta r_F}{1+r} D_S S$$

여기서 $\frac{-\Delta r_F}{1+r} = \frac{3\%}{D_F}$이므로 이 식을 위 식에 대입하면 회사채의 가치변화(ΔS)는 다음과 같이 표현된다.

$$\Delta S = -1.25 \times 3\% \times \frac{D_S}{D_F} \times S$$
$$= -1.25 \times 3\% \times \frac{2.6}{2.5} \times 20\text{억원} = -78,000,000(\text{원})$$

이제 보유채권의 가치하락을 정리하면 다음과 같다.

국고채 : 10억원 × 86.4% × 3% = 25,920,000(원)
회사채 : 20억원 × 3% × 1.25 = 78,000,000
103,920,000(원)

그리고 선물거래에 따른 이익을 계산해 보자. 보유 국고채의 헤지를 위해서 국채선물 11.25계약, 회사채의 헤지를 위해서 28.21계약, 모두 국채선물 39.46계약을 매도하였다. 따라서 선물거래에서 얻은 이익은 다음과 같다.

39.46계약 × 1억원 × (92.16 − 90.05)% = 83,260,600(원)

따라서 보유채권포트폴리오는 20,659,400원(= 103,920,000 − 83,260,600)의 가치가 하락하였다. 여기서 완전헤지를 달성하지 못하고 부분헤지가 된 이유는 사후적으로 나타난 금리변동의 결과에서 스프레드가 변동하였기 때문이다. 즉, 국채선물수익률의 변화폭과 국고채현물수익률의 변화폭이 달랐기 때문이다.
사후적이긴 하지만 완전헤지를 위해서 거래했어야 할 국채선물계약수는 다음과 같이 구할 수 있겠다.

$$N \times 1\text{억원} \times (92.16 - 90.05)\% = 103,920,000(\text{원})$$
$$\therefore N = 49.25(\text{계약})$$

신문기사 한은 금리동결에도 국채선물 상승

채권시장, 성장률 · 물가 전망 하향 주목

한국은행 금융통화위원회가 11일 예상대로 기준금리를 연 2.00%로 동결했음에도 채권시장은 강세 흐름을 이어가고 있다.

채권시장은 이주열 한은 총재가 내년도 경제성장률과 물가 전망치의 하향 조정이 불가피하다고 언급한 부분에 주목하며 추가 금리 인하 기대감을 꺾지 않는 모습이다. 다만, 기준금리의 동결이 만장일치로 이뤄진 점과 이 총재가 한국개발연구원(KDI)의 금리 인하 주장 등에 반박 논리를 내세운 점 등은 기대감을 상당 부분 제한하고 있다. 이날 오후 1시 34분 현재 10년 국채선물 가격은 60틱 오른 120.23에 거래되고 있다. 채권금리로는 0.07~0.08%포인트 떨어진 것을 의미한다. 같은 시각 3년 국채선물 가격도 17틱 오른 108.04을 나타냈다. 금리로는 0.05~0.06%포인트 하락한 셈이다.

이 총재가 내년 경제성장률과 물가 전망을 하향할 수 있음을 시사한 것이 금리 인하 기대감을 지지한 것으로 보인다. 이 총재는 "내년 경제성망률 전망치(3.9%)를 유지하긴 어렵겠다는 생각이 든다"며 유로존 경제 부진과 중국의 성장세 둔화, 국내 경제주체들의 심리 부진 등을 그 근거로 들었다. 이와 함께 환율, 유가 추이를 고려할 때 물가 전망도 하향 조정이 불가피할 것으로 내다봤다. 그러나 이 총재는 저성장 · 저물가 기조에서 벗어나려면 통화정책에 의존하기보다는 경제 구조개혁에 더 초점을 맞춰야 한다고 여러 차례 강조하며 추가 금리 인하에 신중한 태도를 보였다.

가계부채 문제도 통화정책이 아닌 금융당국 등의 미시적 정책으로 대응해야 한다는 견해를 밝혔다. 이슬비 교보증권 연구원은 "이 총재가 KDI의 금리 인하 논리를 반박하며 국채선물 가격이 보합권까지 밀리기도 했으나 이후 경기 하방 위험 등이 다시 강조되며 채권시장은 다시 강세 흐름을 지속하고 있다"고 말했다.

채권시장과 달리 금통위 이후 주식시장에는 별다른 영향이 나타나지 않았다.

주식시장은 충분히 예상됐던 금리 동결 재료보다 국제유가 급락과 이로 인한 미국증시의 하락, 선물 · 옵션 동시 만기일을 맞은 외국인의 매매 흐름 등에 더 크게 반응하는 모습이다. 코스피는 이 시각 현재 외국인과 기관의 동반 매도 속에 낙폭을 키우며 23.53포인트(1.21%) 내린 1,923.42을 나타내고 있다

임수정 기자
〈연합뉴스〉 2014.12.11

제 3 부

옵션일반

제 7 장

옵션의 개요

옵션은 상황이 유리하면 권리를 행사하고 불리하면 행사하지 않아도 되는 조건부청구권을 말한다. 기업환경의 불확실성이 더욱 증가하고 있는 현실에서 옵션은 경제현상을 분석하는 데에 매우 유용한 개념이다. 뿐만 아니라 실존하는 많은 재무증권들도 이러한 성격을 갖고 있기도 하다. 한편 옵션의 원리를 이용하면 다양한 형태의 현금흐름을 만들 수도 있는데 최근에 관심을 끌고 있는 파생금융상품도 알고 보면 전통적 금융상품에 이러한 옵션을 부여한 것이 많다. 이 장에서는 이러한 옵션에 대한 기초개념, 옵션투자전략 그리고 우리나라도 도입되어 있는 옵션거래에 대해서 살펴본다.

제1절 기초개념

1 옵션의 도입

최초로 옵션거래가 시작된 것은 17세기 경이다. 당시 네덜란드에서 튤립재배가 유행하면서 작황에 따라서 가격변동이 심하게 되자 튤립시장에서 튤립을 기초자산으로 하는 옵션이 거래되기 시작하였다. 미국에서는 18세기 말부터 증권중개업자들이 옵션중개인협회를 조직하여 뉴욕을 중심으로 주식옵션을 장외에서 거래하기 시작하였다. 옵션거래소로 대표적인 시카고옵션거래소(CBOE: Chicago Board of Options Exchange)가 1973년에 설립되면서 이러한 장외거래가 흡수되어 장내거래량이 급격하게 증가하였다. 옵션거래소는 옵션거래에 필요한 장소와 설비를 제공하는 것은 물론, 거래규칙을 정하고 거래조건을 표준화시킴으로써 옵션거래를 활성화시키고 옵션을 시장성 있는 상품으로 발전시켰다. CBOE의 거래 규모는 계속적으로 증가하면서 1981년에는 세계에서 제일 큰 뉴욕증권거래소(NYSE: New York Stock Exchange)의 90%를 넘어서 세계 제2위를 기록하기도 하였다.

2 옵션의 개념

삼성전자의 현재 주가가 40만원이라고 하자. 만약 삼성전자 주식을 현재 50만원에 살 수 있는 권리가 있다면 이 권리의 가치는 0이 될 것이다. 당장 현재 주가 40만원에 살 수 있으므로 굳이 이보다 비싼 50만원에 살 사람은 아무도 없기 때문이다.

그러나 삼성전자 주식을 3개월 후에 50만원에 살 수 있는 권리라면 얘기가 달라진다. 왜냐하면 3개월 후에는 삼성전자의 주가가 50만원이 넘을 가능성이 있기 때문이다. 물론 3개월 후에 50만원 미만이 될 가능성도 있지만 이때는 권리를 행사하지 않으면 될 것이므로 손해볼 일은 없다. 그렇다면 이러한 권리는 경제적 가치가 있는 것이 된다. 만약 이러한 권리가 시장에서 2만원에 거래된다고 하자.

(1) 관련용어

이와 같이 특정 주식을 미래의 일정시점에서 미리 정해진 가격으로 살 수 있는 권리를 콜옵션(call option)이라고 한다. 옵션의 정의와 관련해서 몇 가지 기초적인 관련용어를 정리해 보자.

① 기초주식

기초주식(underlying stock)이란 옵션의 행사로 살 수 있는 주식을 말한다. 이를 기초자산(underlying asset)이라고 하며 기초자산이 곡물, 금, 은 등과 같은 일반상품인 옵션은 상품옵션(commodity option)이라고 하고 기초자산이 주식, 채권, 주가지수, 통화 등의 금융상품인 옵션은 금융옵션(financial option)이라고 한다. 여기서는 일단 주식에 대한 옵션만을 고려하기로 한다. 앞의 예에서는 삼성전자 주식이 기초주식이 된다.

② 만기

옵션은 미래의 일정시점에서 행사할 수 있는 권리인데 이 시점을 옵션의 만기(time to expiration date)라고 한다. 만기까지 옵션의 권리를 행사하지 않으면 옵션은 효력을 상실하여 무효화된다. 앞의 예에서는 3개월이 만기가 된다.

③ 행사가격

옵션거래에서는 기초주식을 살 수 있는 가격이 미리 정해져 있는데 이를 행사가격(exercise price 또는 strike price)이라고 한다. 행사가격은 옵션발행 당시 기초자산의 시장가격을 기준으로 정하되 기초자산의 시장가격보다 높은 옵션, 시장가격과 같은 옵션, 시장가격보다 낮은 옵션 등이 발행된다. 또한 시장가격의 변화에 따라서 추가로 행사가격을 설정할 수 있어서 거래종목은 매우 많아질 수 있다. 앞의 예에서는 50만원이 행사가격이 된다.

④ 옵션프리미엄

앞의 예에서 현재 주가가 40만원이고 이를 3개월 후에 50만원에 살 수 있는 권리, 즉 옵션이 시장에서 2만원에 거래된다고 하였는데 2만원이 곧 옵션의 가격이 되며 이를 옵션프리미엄(option premium)이라고도 부른다.

(2) 옵션의 성격

지금까지의 설명에서 보면 만기와 행사가격은 미리 정해진 값을 가지므로 옵션의 가치는 결국 기초자산의 가격이 얼마가 되느냐에 따라서 가치가 변화한다는 것을 알 수 있다. 이러한 이유로 옵션을 조건부 청구권(contingent claim)으로서의 성격을 갖는다고 말한다.

3 현물거래 및 선물거래와의 비교

(1) 현물거래와 옵션거래

현물주식은 그 자체가 재산상의 권리를 나타내는 것인데 비해서 옵션은 현물주식을 기초자산으로 하는 파생상품이다. 따라서 현물주식은 기업이 발행하지만 옵션은 투자자가 개별적으로 발행할 수 있다. 발행형태 또한 현물주식은 증서로 발행되지만 옵션은 소유권증명을 위한 증서가 발행되지 않는다.

거래대상종목을 선정함에 있어서 현물주식의 경우에는 일정한 요건을 충

표 7-1 현물거래와 옵션거래의 비교(2022년 현재)

	현물거래	옵션거래
상품성격	그 자체가 재산권리를 나타내는 유가증권	주식, 채권 등 기본증권을 기초자산으로 하는 파생상품
거래성격	소유권이 이전되는 거래	기초자산을 매도 또는 매수할 수 있는 권리에 대한 거래
발행주체	기업, 국가 또는 공공단체가 발행	투자자가 발행하고 발행사무는 거래소가 대행
발행형태	소유권 증명을 위한 주식, 채권	소유권증명을 위한 증서가 없음
종목지정	발행주체의 신청에 따른 상장	기초자산 발행주체의 의사와 무관
거래비용	현물가치 상당의 투자금액이 필요하므로 옵션거래에 비해 유동성이 낮음	옵션가격은 현물가치보다 훨씬 소액이므로 유동성이 높음

출처 : 한국거래소

족한 기업이 상장신청을 하고 증권거래소가 이를 심사하여 거래대상종목으로 지정하는 데 반해서 옵션의 경우에는 주식발행기업의 의사와는 관계없이 거래소가 거래대상종목으로 지정할 수 있다. 우리나라의 경우 삼성전자, SK텔레콤 등의 개별주식에 대한 옵션이 홍콩증권시장에서 2001년에 먼저 거래가 시작되었고 우리나라 증권시장에서는 이보다 1년 늦은 2002년에 거래가 시작된 예를 볼 수 있었다.

(2) 선물거래와 옵션거래

선물거래는 일정시점에서 기초자산의 인도 또는 인수를 전제로 하는 거래이다. 즉, 선물거래는 권리와 의무가 동시에 수반된다. 이에 비해서 옵션거래는 기초자산을 매도 또는 매수할 수 있는 권리이기 때문에 자신에게 유리한 경우에만 행사할 수 있는 권리만 존재한다. 또한 선물거래자들은 프리미엄을 주고받는 것은 없지만 향후 가격변동에 따라 일일정산을 통해 손익을 부담하게 된다. 한편, 옵션거래에서는 매도자가 매수자에게 권리를 부여하는 대가로 프리미엄을 받게 된다.

표 7-2 선물거래와 옵션거래의 비교(2022년 현재)

	선물거래	옵션거래
상품성격	일정시점에 기초자산의 인수 및 인도를 약속한 계약	주식, 채권 등 기본증권을 기초자산으로 하는 파생상품
권리의무	매수자와 매도자에게 권리와 의무가 동시에 부과된다.	매수자에게는 권리만 주어지고 매도자에게는 의무만 주어진다.
프리미엄	프리미엄 없이 일일정산에 따라 손익이 발생한다.	매도자는 매수자에게 권리를 주는 대가로 프리미엄을 받는다.
증 거 금	매수자, 매도자 모두에게 징수한다.	매도자에게만 부과하고 매수자는 프리미엄으로 대체한다.
위험부담	매수자, 매도자 모두 무한정의 위험에 노출된다.	매수자는 프리미엄만큼의 위험만 부담한다.
결제방법	반대매매와 인수도에 의해 결제된다.	반대매매나 권리행사로 결제된다. 단, 권리포기시에는 결제해야 한다.

출처 : 한국거래소

위험부담의 관점에서 보면 선물거래자들은 현물과 연계시켜 헤지를 한 것이 아니라면 무한정의 위험에 노출된다. 그러나 옵션의 경우 매수자는 최대한 손실을 본다고 해도 옵션구입금액만큼에 한정되어 있고 매도자는 옵션매도금액만큼의 위험을 감소시킬 수 있다.

4 옵션의 종류

(1) 권리내용과 행사시기에 따른 분류

지금까지 설명한 옵션은 주로 미래의 일정 시점에서 특정 주식을 살 수 있는 옵션에 대한 것이다. 이러한 옵션은 유럽형 콜옵션이라고 하는데 옵션의 내용에 따라서 이외에도 여러 종류의 옵션이 있다.

먼저 어떤 옵션의 권리가 특정 주식을 매입할 수 있는 것이면 콜옵션(call option)이라고 하고 반대로 특정 주식을 매도할 수 있는 것이면 풋옵션(put option)이라고 한다. 또한 옵션의 권리를 어느 시점에서 행사할 수 있느냐에 따라서 미래의 일정 시점, 즉 옵션의 만기에서만 행사할 수 있는 옵션이면 유럽형 옵션(European option)이라고 하고 만기 이전이라고 해도 아무 때나 행사할 수 있는 옵션이면 미국형 옵션(American option)이라고 한다. 유럽형 옵션이 기본모형이라면 미국형 옵션은 이의 확장모형이라고 할 수 있기 때문에 대개 유럽형 옵션을 먼저 다루게 된다.

표 7-3 옵션의 종류(2022년 현재)

권리내용 / 행사시기	매 입	매 도
만기에만 가능	유럽형 콜옵션	유럽형 풋옵션
만기 이전에도 가능	미국형 콜옵션	미국형 풋옵션

출처 : 한국거래소

(2) 기초자산에 따른 구분

또한 옵션은 권리행사의 대상자산에 따라서 주식옵션, 주가지수옵션, 통화옵션, 금리옵션 그리고 상품옵션 등으로 구별할 수도 있다.

주식옵션(stock option)은 개별주식에 대한 옵션을 말하는데 미국의 경우에는 초기부터 주식옵션이 도입되었다. 우리나라에서는 주가지수옵션이 1997년에 먼저 도입되고 개별주식에 대한 옵션은 2002년에 삼성전자, SK텔레콤, 한국전력, 국민은행 등 주요 종목에 대한 주식옵션이 도입되었다.

주가지수옵션(stock index option)은 옵션매수자에게 특정 주가지수를 일정한 가격에 살 수 있는 권리를 제공하는 것이다. 주식옵션과는 달리 주가지수는 인도할 수 없는 추상적인 것이므로 권리행사시 손익을 현금결제한다. 주가지수옵션은 1983년에 CBOE에서 최초로 도입한 이후 현재는 세계적으로 많은 거래소에서 거래되며 특히 기관투자가들이 위험헤지수단으로 활발하게 이용한다.

통화옵션(currency option)은 미래의 일정 시점에서 특정 통화를 일정량을 지불하면서 다른 통화의 일정량을 수령할 수 있는 권리를 말한다. 통화옵션은 환율변동위험에 대한 헤지를 도모하면서 옵션매입자의 이익도 보장할 수 있다. 1982년 필라델피아증권거래소(PHLX: Philadelphia Stock Exchange)에 처음 도입한 이후 현재는 CBOE, CME 등에서도 거래되고 있다. 우리나라에서는 1999년 한국선물거래소에 미국달러에 대한 통화옵션이 도입되어 있다.

제2절 옵션의 가치

1 옵션의 만기가치

(1) 옵션의 만기가치

옵션의 만기가치(payoff)란 옵션의 만기시점에서 기초주식의 가격수준에 따라 옵션이 갖게 되는 손익형태를 말한다. 콜옵션과 풋옵션의 경우로 구분해서 살펴보면 다음과 같다.

① 콜옵션의 만기가치

행사가격을 X, 만기(t)에서의 주가를 S_t라고 하면 콜옵션의 만기가치 C_t는 다음과 같다.

$$C_t = S_t - X \qquad S_t \geq X\text{인 경우}$$
$$0 \qquad S_t < X\text{인 경우}$$

이와 같은 내용을 간단히 나타내면 다음과 같이 표현한다.

$$C_t = \max[S_t - X, 0] \tag{7.1}$$

② 풋옵션의 만기가치

풋옵션에서도 마찬가지로 행사가격을 X, 만기(t)에서의 주가를 S_t라고 하면 풋옵션의 만기가치 P_t는 다음과 같다.

$$P_t = X - S_t \qquad S_t < X\text{인 경우}$$
$$0 \qquad S_t \geq X\text{인 경우}$$

이와 같은 내용은 다음과 같이 간단하게 나타낼 수 있다.

그림 7-1 옵션의 만기가치

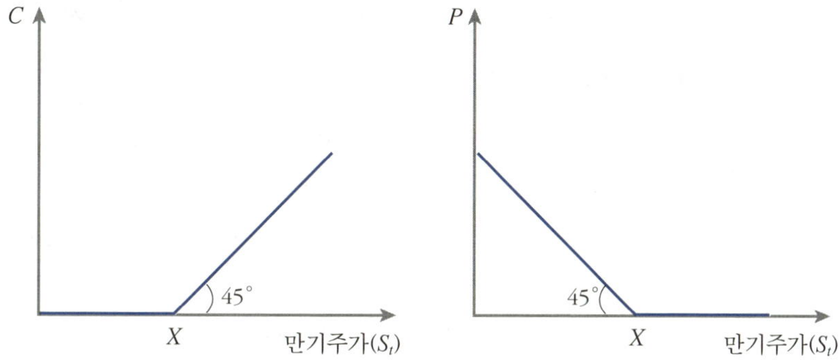

(a) 콜옵션의 만기가치

(b) 풋옵션의 만기가치

$$P_t = \max[X - S_t, 0] \tag{7.2}$$

특히 풋옵션의 만기가치를 보면 보험(insurance)과 동일한 효과가 있음을 알 수 있다. 예를 들어 1억원의 가치를 갖는 주택을 시가기준의 보험금액으로 화재보험에 가입하였다고 하자. 만약 화재가 발생하여 주택가치가 0이 되면 1억원을 받게 되고 주택가치가 4천만원이 되면 6천만원을 받게 된다. 물론 화재가 발생하지 않게 되면 보험금 수령액은 0이다. 이때 보험의 만기가치는 행사가격 1억원의 풋옵션 만기가치와 동일한 것을 확인할 수 있다.

(2) 옵션행사에 따른 손익

앞서 살펴보았듯이 옵션만기에서 옵션의 행사에 따른 손익은 만기주가(S_t)와 행사가격(X)과의 관계에서 결정된다. 여기서 옵션을 행사하면 이익이 생기는 경우를 내가격(ITM: in the money)이라고 하며 이때는 옵션이 내가격으로 끝난다고 말한다. 이와는 반대로 손실을 보게 되는 경우를 외가격(OTM: out of the money)이라고 하고 주가와 행사가격이 같아서 옵션행사로 손익이 발생하지 않는 경우는 등가격(ATM: at the money)이라고 한다. 콜옵션과 풋옵션의 경우 이러한 관계는 다음 〈표 7-4〉와 같이 나타난다.

표 7-4 내가격, 외가격, 등가격(2022년 현재)

	콜옵션	풋옵션
내가격	$S_t > X$	$S_t < X$
외가격	$S_t < X$	$S_t > X$
등가격	$S_t = X$	$S_t = X$

출처 : 한국거래소

이와는 달리 현재의 주가수준(S_0)을 행사가격(X)과 비교해서 내가격, 외가격, 등가격을 말하기도 한다. 이런 경우에는 현재의 주가수준이 행사가격보다 높은 수준이면 콜옵션이 내가격 상태에 있다고 말한다. 이와 반대로 현재의 주가수준이 행사가격보다 낮은 수준이면 콜옵션이 외가격 상태에 있다고 하고 같은 수준이면 등가격 상태에 있다고 말한다.

2 옵션의 현재가치

(1) 만기가치와 현재가치

앞서 예를 든 삼성전자의 경우를 다시 생각해 보자. 3개월 후에 삼성전자 1주를 50만원에 살 수 있는 콜옵션이 현재시점에서 2만원에 거래된다고 하였다. 이때의 2만원이 곧 옵션가격이다. 만약 최근 반도체가격이 상승하면서 앞으로 삼성전자의 주가가 더 크게 상승할 것으로 예측된다고 하자. 그러면 3개월 후에 옵션행사에 따른 만기가치도 커질 것이고 이에 따라서 이러한 콜옵션의 가격 역시 더 오를 것이다.

이와는 반대로 3개월 후의 삼성전자의 영업성과가 기대수준보다 낮을 것으로 예상된다고 하자. 그러면 3개월 후의 주가는 하락할 것이고 이에 따라 50만원에 매입할 수 있는 콜옵션의 만기가치는 작아질 것이므로 콜옵션가격은 떨어질 것이다. 한편, 이러한 경우에는 주가가 하락할 때에 이익을 볼 수 있는 풋옵션가격이 상승할 것이다.

이러한 옵션가격은 결국 옵션보유에 따른 만기가치가 반영된 것이므로 옵션가격을 옵션만기가치의 현재가치라고 볼 수 있다. 따라서 옵션가격을 옵션의 현재가치 또는 옵션프리미엄이라고도 한다.

(2) 옵션가격결정모형

옵션가격은 미래에 예상되는 옵션만기가치의 현재가치라고 하였다. 이러한 원리를 이용해서 옵션가격을 구하는 모형을 옵션가격결정모형(OPM: option pricing model)이라고 하는데 대표적인 모형으로 확실성모형, 이항분포모형과 블랙숄즈모형이 자주 이용된다. 이러한 모형들은 주가변동에 대해서 어떻게 가정하고 있는가가 서로 다른 것일 뿐, 모두 만기가치를 할인하여 산출한 현재가치를 옵션가격으로 하고 있다는 것은 동일하다. 보다 구체적인 내용은 제8장에서 다룰 것이다.

3 옵션의 기능

대부분의 파생금융상품이 그렇듯이 옵션의 기능은 크게 헤지기능과 레버리지기능, 두 가지로 구분된다. 그리고 이를 통해서 신금융상품을 만들 수 있기 때문에 옵션의 기능을 세분해서 다음과 같이 세 가지 기능으로 설명한다.

① 헤지기능

주식을 보유한 투자자는 옵션을 이용해서 주가변동으로 인한 위험(즉, 부의 변동가능성)을 감소시키거나 제거할 수 있는데 이러한 옵션의 기능을 헤지(hedge) 기능이라고 한다.

② 레버리지기능

옵션을 이용하면 미래에 이익이 날 때에는 그 이익을 더 크게 하고 손실이 날 때에는 그 손실이 더 커지게 할 수도 있는데 이러한 손익확대의 기능을 레버리지(leverage) 기능이라고 한다.

③ 신금융상품의 창조기능

옵션을 이용하면 전통적인 금융상품에서는 얻을 수 없었던 다양한 형태의 미래현금흐름을 도모할 수 있기 때문에 새로운 금융상품을 만들 수 있다. 이렇게 새로운 현금흐름을 가져다 주는 신금융상품의 설계과정을 연구하는 것이 재무공학(financial engineering)이다. 이러한 신금융상품의 등장으로 종전에는 얻을 수 없었던 투자기회를 갖게 되어 자본시장은 보다 더 완전한 시장으로 접근하게 되는 것이다.

예제 7-1

가나기업의 현재주가는 50,000원이고 이에 대한 call option(만기 1년, 행사가격 50,000원)의 가격은 4,000원이다.

(1) 1년 후 가나기업의 주가가 60,000원이 되었다고 할 때 주식을 구입한 투자자와 옵션을 구입한 투자자의 투자성과를 비교하라.

(2) 만약 1년 후 주가가 49,000원으로 하락하였다면 투자성과의 비교결과는 어떻게 달라지는가?

해설

(1) 주식투자자의 투자이익은 다음과 같다.

$$60{,}000 - 50{,}000 = 10{,}000(\text{원})$$

옵션투자자는 만기에 옵션의 행사로 주식을 50,000원에 구입하고 60,000원에 매각할 수 있으므로 옵션행사에 따른 이익은 주식투자자와 마찬가지로 10,000원이다.

그러나 투자원금을 감안한 투자수익률은 다음과 같다.

$$\text{주식투자자: } \frac{10{,}000}{50{,}000} = 0.2(20\%)$$

$$\text{옵션투자자: } \frac{10{,}000}{4{,}000} - 1 = 1.5(150\%)$$

이때 옵션을 구입한 투자자의 수익률이 훨씬 높게 된다.

(2) 각 투자자의 수익률은 다음과 같다.

$$\text{주식투자자}: \frac{-1,000}{50,000} = -0.02(2\%)$$

$$\text{옵션투자자}: \frac{-4,000}{4,000} = -1.0(100\%)$$

이 경우에도 옵션투자자의 손실이 훨씬 크게 나타나는데 이러한 효과를 옵션의 레버리지기능이라고 한다. 이러한 레버리지를 고려해서 주식투자와 옵션투자의 수익률을 비교하여 그림으로 나타내면 다음과 같다.

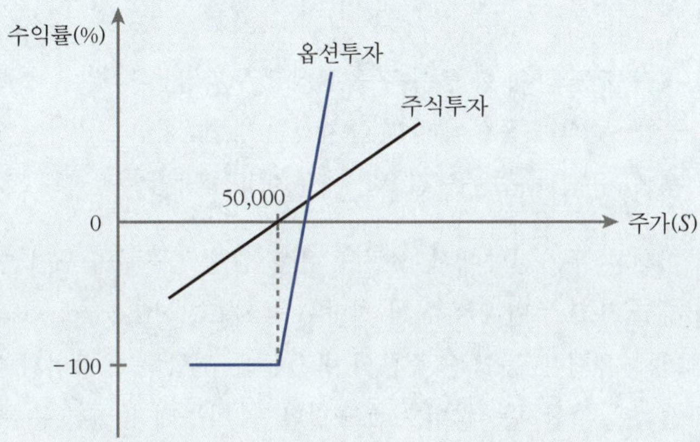

제3절 옵션의 투자전략

1 개 요

자본시장에 옵션이란 금융상품이 존재하게 되면 투자전략은 매우 다양하게 된다. 따라서 옵션을 이용한 관련상품이 너무 많아서 혼란스럽게 느낄 수도 있다. 그러나 이들의 유형을 구성방법의 특징을 비교해서 크게 구분하면 다음과 같이 세 가지로 구분할 수 있다.

표 7-5 옵션의 투자전략(2022년 현재)

투자방법		명 칭
단일옵션		순수포지션
주식과 옵션		헤지포지션
옵션과 옵션	같은 종류의 옵션	스프레드포지션
	다른 종류의 옵션	콤비네이션

출처 : 한국거래소

첫째, 단순하게 한 종류의 옵션에만 투자하는 방법
둘째, 주식과 옵션에 함께 투자하는 방법
셋째, 옵션과 옵션을 결합하여 투자하는 방법

이러한 투자전략에서 첫번째 유형의 전략을 순수포지션(naked position)이라고 하고 두번째 유형의 전략을 헤지포지션(hedge position)이라고 한다. 세번째 유형은 동일한 종류의 옵션들을 결합하는 방법과 서로 다른 종류의 옵션들을 결합하는 방법으로 구별할 수 있는데 동일한 종류의 옵션들을 결합하는 방법은 스프레드포지션(spread position), 서로 다른 종류의 옵션들을 결합하는 방법은 콤비네이션(combination)이라고 부른다.

이제부터 이와 같이 옵션을 이용하는 투자전략의 내용을 구체적으로 설명하고 이러한 투자전략의 만기손익은 어떻게 나타나며 어떤 효과가 있는지를 살펴본다. 이러한 과정에서 앞서 설명한 옵션의 기능을 확인할 수 있을 것이다.

2 순수포지션

(1) 의의

순수포지션(naked 또는 uncovered position)이란 하나의 증권을 매입 또는 매도하는 전략을 말한다. 그런데 옵션의 경우 매도(sell), 발행(write)이란 용어를 혼용하고 있으나 여기서의 매도란 곧 어떤 주식을 기초자산으로 해서 옵션을 발행하는 것을 의미하므로 발행이라는 용어를 사용하기로 한다.

(2) 유형

다음과 같이 단일의 콜옵션과 풋옵션을 매입하거나 발행하는 전략으로 구분할 수 있다.

① 콜옵션의 매입($+C$) 또는 발행($-C$)
② 풋옵션의 매입($+P$) 또는 발행($-P$)

이를 그림으로 나타내면 [그림 7-2]와 같다. 이 그림은 옵션의 만기가치를 나타내는 [그림 7-1]과 차이가 있는데 그 차이는 옵션구입가격까지 감안한 투자자의 만기손익을 나타낸 것이기 때문이다. 만기손익을 나타내는 [그림 7-2]가 옵션 자체의 만기가치를 나타내는 [그림 7-1]의 그림보다 옵션구입가격만큼 하향이동하는 것은 아니다. 왜냐하면 옵션의 가격은 현재 지출액이고 만기가치를 나타내는 것은 옵션의 만기시점이므로 옵션가격에 대한 시간적 가치를 고려해야 하기 때문이다. 따라서 만기시점을 기준으로 산출된 옵션가격의 미래가치만큼 하향이동된다. 즉, 콜옵션의 경우 옵션의 현재가격을 C라고 하면 이의 만기시점에서 가치는 $C(1+R_f)^t$가 된다.[1)]

옵션과 함께 전통적인 금융자산인 주식과 채권이 함께 결합되는 경우가 많으므로 이들의 매입과 공매에 따른 손익도 [그림 7-2]에 함께 나타내었다.

③ 주식의 매입($+S$) 또는 공매($-S$)
④ 채권의 매입($+B$) 또는 공매($-B$)

이러한 그림에서 매입의 경우 (+)로 나타낸 것은 보유를 의미하는 롱포지션(long position)을 의미하고, 발행의 경우는 이와 반대로 (−)인 숏포지션(short position)을 의미한다. 그런데 옵션매입자는 상황에 따라서 옵션을 행

1) 만약 연속복리를 가정한다면 이의 만기가치는 $Ce^{R_f t}$가 될 것이다. 그런데 옵션투자의 만기손익을 옵션구입가격의 시간적 가치를 무시하고 그림으로 나타내는 경우도 많다.

그림 7-2 | 순수포지션

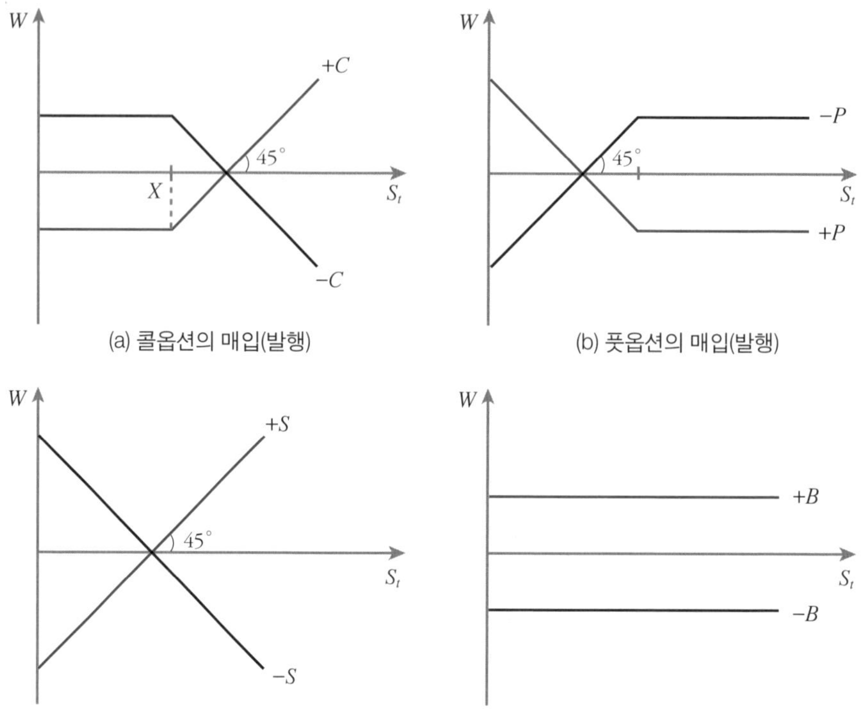

(a) 콜옵션의 매입(발행) (b) 풋옵션의 매입(발행)

(c) 주식의 매입(공매) (d) 채권의 매입(공매)

사할 수 있는 권리만을 갖지만 옵션발행자는 옵션매입자의 행사에 반드시 응해야 하는 의무를 갖는다. 따라서 이 두 투자자의 만기손익 합은 항상 0이 되는 제로섬(zero sum)의 특징을 갖는다. 그러므로 발행의 경우 만기손익은 항상 매입의 만기손익과 횡축을 중심으로 대칭이 된다. 앞으로의 복잡한 투자전략의 경우 이러한 원리를 이용하면 쉽게 만기손익을 파악할 수 있을 것이다.

3 헤지포지션

(1) 의의

헤지포지션(hedge position)이란 주식과 옵션을 결합하여 투자함으로써 주식에서 발생할 수 있는 손실(이익)을 옵션의 이익(손실)으로 보전하는 전략을 말한다. 이때에 주식에서 발생하는 손실(이익)의 크기와 옵션에서 발생하는 이익의 크기가 똑같은 경우에는 완전한 헤지효과를 얻을 수 있지만 그렇지 않은 경우에는 부분적인 헤지효과를 얻게 되는 것이다.

(2) 유형

① covered call

이는 특정 주식 1개를 매입하면서 이 주식을 기초자산으로 하고 현재주가를 행사가격으로 하는 콜옵션 1개를 발행하는 전략이다($S-C$). 이러한 전략은 단순히 주식을 보유하는 경우보다 주가가 높아져도 이익은 작지만, 주가가 낮아진 경우에는 손실을 상대적으로 작게 하는 효과를 도모할 수 있다.

② protective put

이는 특정 주식 1개를 매입하면서 동시에 이 주식을 기초자산으로 하고 현재주가를 행사가격으로 하는 풋옵션 1개를 함께 매입하는 전략이다($S+P$). 이러한 전략을 이용하면 단순히 주식을 보유하는 경우보다 주가가 높아져도 이익은 작지만, 주가가 아무리 낮아져도 손실은 일정한 하한선 이하로 내려가지 않게 하는 효과가 있다.

③ hedge portfolio

헤지포트폴리오를 구성하는 방법은 매우 많지만 여기서는 1개 주식과 1개 풋옵션을 함께 매입하면서 동시에 1개 콜옵션을 발행하는 전략을 말한다

그림 7-3 헤지포지션

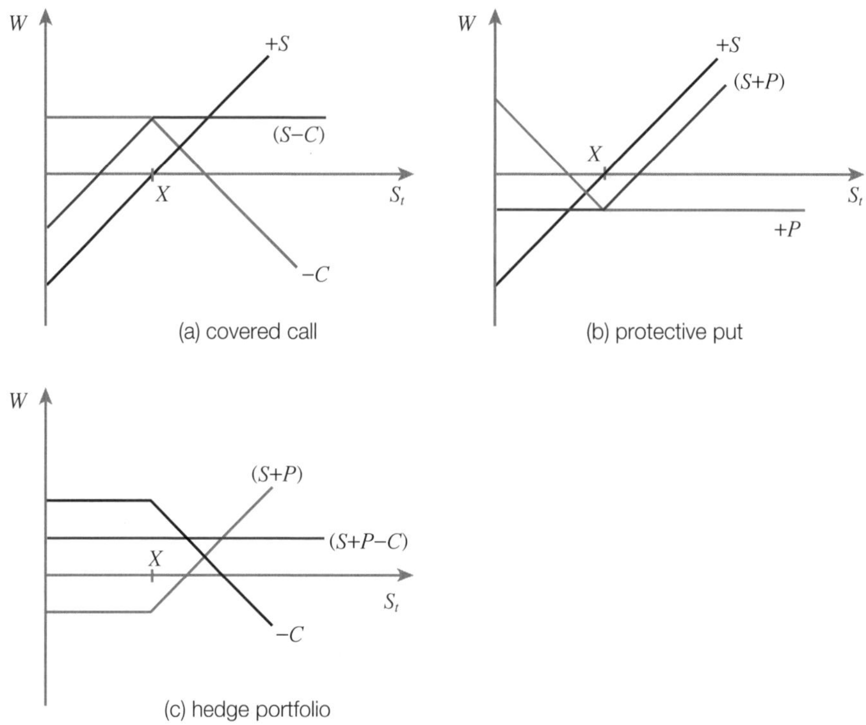

(a) covered call

(b) protective put

(c) hedge portfolio

$(S + P - C)$. 이러한 전략으로 미래의 주가수준과는 관계없이 일정한 수익을 보장하는 포트폴리오를 만들 수 있다. 이러한 헤지포트폴리오를 통해서 풋옵션가격과 콜옵션의 가격 사이의 관계식(풋-콜 패리티)을 도출할 수 있다.[2)]

2) 이에 대한 자세한 내용은 제8장에서 풋-콜 패리티에 대한 설명을 참조하기 바란다.

그림 7-4 수직스프레드

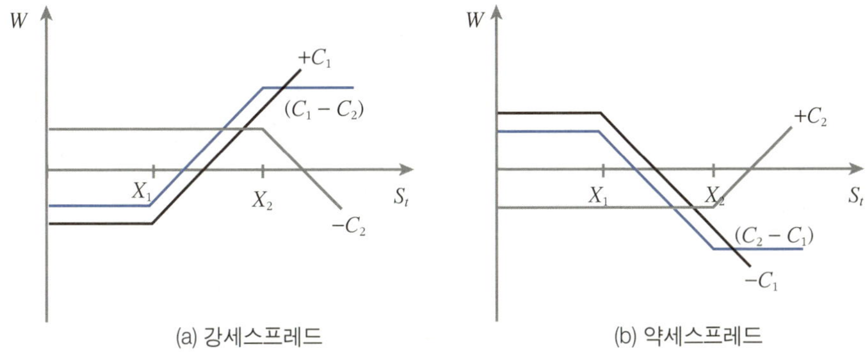

4 스프레드 포지션

(1) 의의

스프레드 포지션(spread position)이란 동일한 기초주식을 대상으로 하는 동일한 종류의 옵션들을 결합하는 것이다.[3)] 그런데 그 결합은 반대방향으로 구성한다. 즉, 하나를 매입하면 다른 하나는 발행하는 것이다. 구체적으로는 행사가격 또는 만기일이 서로 다른 옵션을 하나는 매입하고 다른 하나는 발행하는 전략을 말한다($C_1 - C_2$ 또는 $P_1 - P_2$).

이 전략은 시장가격이 예상대로 변화될 때 이익을 얻고 반면에 예상이 빗나가더라도 손실을 적게 하는 효과가 있다.

(2) 유형

① **수직스프레드**

수직스프레드(vertical spread)란 다른 조건은 모두 같고 행사가격만 차이

3) 이때에 투자대상이 되는 두 옵션은 동일한 종류이지만 행사가격이나 만기가 다르기 때문에 서로 다른 가격을 갖는데 이러한 가격차이를 흔히 스프레드(spread)라고 부른다.

그림 7-5 버터플라이 스프레드

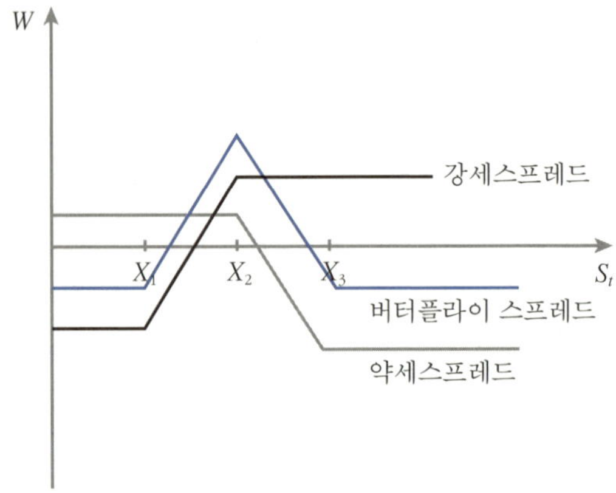

가 있는 옵션을 하나는 매입하고 다른 하나는 매도하는 전략으로서 가격스프레드(price spread)라고도 한다. 이는 어떤 가격의 옵션을 매입하느냐에 따라 다음과 같은 두 가지 유형으로 다시 분류된다.

i) 강세스프레드(bull spread)

낮은 행사가격(X_1)의 콜옵션을 매입하고 높은 행사가격(X_2)의 콜옵션을 매도하는 전략으로서 앞으로의 주가가 상승할 것이라고 예상될 때 취하는 전략이다.

ii) 약세스프레드(bear spread)

높은 행사가격(X_2)의 콜옵션을 매입하고 낮은 행사가격(X_1)의 콜옵션을 매도하는 전략으로서 앞으로의 주가가 하락할 것이라고 예상될 때 취하는 전략이다.

② 버터플라이 스프레드

버터플라이 스프레드(butterfly spread)란 만기일은 같으나 행사가격이 다른 3개의 옵션을 이용하는 투자전략이다.

즉, 행사가격이 중간에 있는 옵션을 2개 발행하고 양쪽(즉 낮은 가격, 높은 가격)에 있는 옵션을 각각 1개씩 매입하는 전략이다. 기초주식의 만기 가격이

그림 7-6 수평스프레드

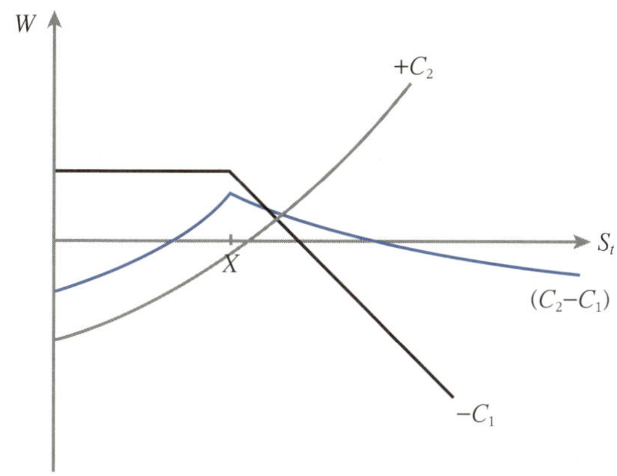

중간행사가격으로부터 일정범위내에서 움직이는 경우에만 이익을 얻을 수 있다.

버터플라이 스프레드는 다음과 같이 수직스프레드를 2개 결합한 것으로 이해하면 쉽게 만기손익을 그릴 수 있다.

낮은 가격(X_1)	중간가격(X_2)	높은 가격(X_3)		
+1	−1		⟶	강세스프레드
	−1	+1	⟶	약세스프레드
+1	−2	+1		버터플라이 스프레드

③ **수평스프레드**

수평스프레드(horizontal spread)란 다른 조건은 모두 같고 만기일만 다른 옵션을 하나는 매입하고 다른 하나는 매도하는 전략으로서 시간스프레드(time spread), 또는 캘린더스프레드(calendar spread)라고도 한다. 이는 장단기에 따른 옵션의 시간가치의 차이에 착안한 전략이다. 즉, 만기가 짧은 옵션을 발행하고 그 보다 만기가 긴 옵션을 매입하여 시간가치의 감소의 차이에서 이익을 얻고자 하는 것이다.

그런데 이 투자전략은 두 옵션의 만기가 서로 다르므로 한 옵션만기가 먼저 도달하여 나머지 옵션만기까지 스프레드를 유지할 수 없다. 따라서 일정 시점을 기준으로 나타내는 지금까지의 만기손익과 같은 선형적인 형태로 나타나지 않는다. 다른 조건은 모두 동일한 콜 옵션에서 만기가 짧은 콜옵션을 발행하고 만기가 긴 콜 옵션을 매입한 수평스프레드의 손익형태를 살펴보자. 대개 이러한 손익형태는 짧은 만기시점을 기준으로 나타내며 [그림 7-6]과 같다. 그림에서 보듯이 만기가 긴 옵션은 짧은 옵션 만기에서 아직 만기까지 기간이 남아 있어서 손익형태가 곡선의 형태로 나타나는 것이다.

예제 7-2

현재 옵션시장에서는 가나기업의 주식에 대해서 만기가 3개월 남은 콜옵션이 행사가격에 따라서 다음과 같이 가격이 형성되어 있다.

행사가격	옵션가격
30,000원	6,000원
50,000	4,500
70,000	4,000

(1) 행사가격이 30,000원인 콜옵션을 1개 구입하고 행사가격이 50,000원인 콜옵션을 1개 발행한 투자자의 만기손익을 그림으로 나타내라.
(2) 행사가격이 50,000원인 콜옵션을 2개 매도하고 행사가격 30,000원, 70,000원인 콜옵션을 각각 1개씩 매입한 투자자가 얻을 수 있는 최대이익과 최대손실은 얼마인가?

해설

(1) 시간적 가치를 측정할 수 있는 이자율에 대한 언급이 없으므로 옵션구입가격에 대한 기회비용은 고려하지 않는다. 이에 따라 3개월 후 위의 투자자의 만기손익도를 그림으로 그리면 다음과 같은 강세스프레드로 나타난다(단위: 천원).

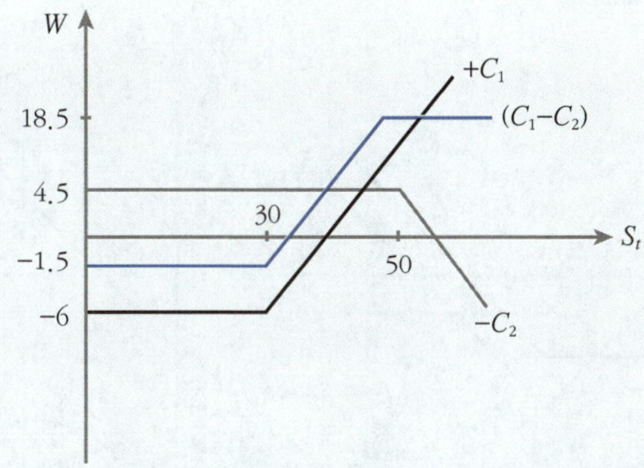

위의 그림에서 보듯이 3개월 후의 주가가 31,500원 이상이어야 이익이 발생하지만 주가가 50,000원 이상이어도 이익의 크기는 항상 18,500원으로 일정하게 된다.

(2) 문제에서 제시된 투자전략은 다음과 같은 2개의 스프레드가 결합된 형태이다.

행사가격 30,000원	50,000	70,000		
+1	−1		⟶	강세스프레드
	−1	+1	⟶	약세스프레드
+1	−2	+1		

강세스프레드는 (1)에서 나타낸 것과 같으므로 이에 약세스프레드를 함께 나타내서 합치면 다음과 같은 버터플라이 스프레드가 된다.

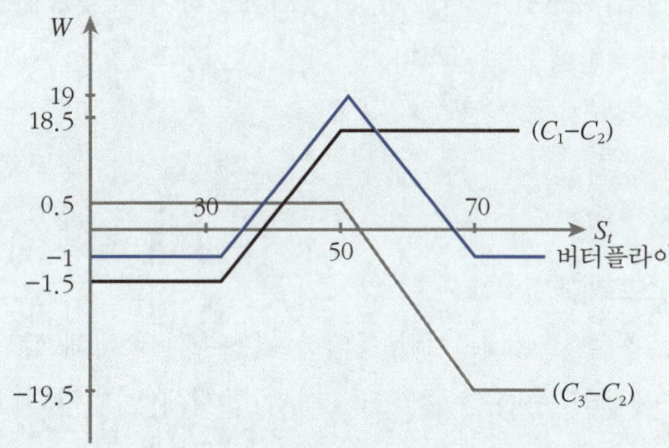

위의 그림에서 확인할 수 있듯이 최대이익은 19,000원이고 최대손실은 1,000원이다.

그림 7-7 스트래들

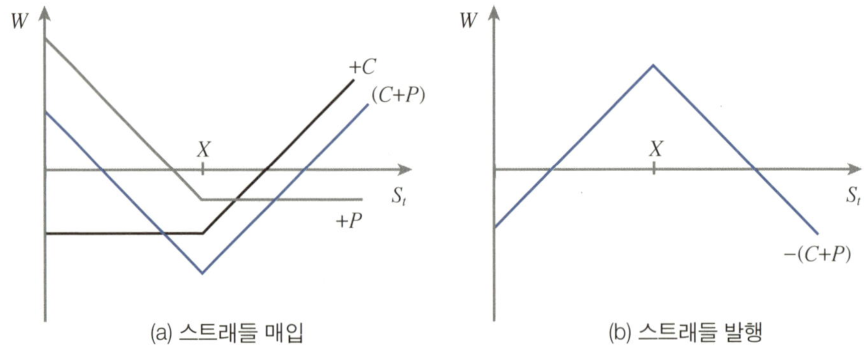

5 콤비네이션

(1) 의의

콤비네이션(combination)이란 동일한 기초주식에 대하여 콜옵션과 풋옵션을 동시에 결합하는 투자전략을 말한다. 즉, 서로 다른 종류의 옵션을 결합하는 전략이다. 그런데 그 결합은 동일한 방향으로 이루어지기 때문에 콜옵션을 매입하면서 동시에 풋옵션도 매입하거나 콜옵션을 발행하면서 동시에 풋옵션도 발행하는 것이다.

(2) 유형

① 스트래들

스트래들(straddle)이란 동일한 기초주식에 대해 행사가격, 만기일이 똑같은 콜옵션과 풋옵션을 각각 1개씩 동시에 매입하거나 발행하는 기법이다($C+P$ 또는 $-C-P$).

스트래들을 매입한 경우 기초주식의 만기가격이 행사가격과 프리미엄의 합계를 초과하여 움직이면 초과액만큼이 모두 이익이 된다. 그러나 손실은

그림 7-8 스트립, 스트랩

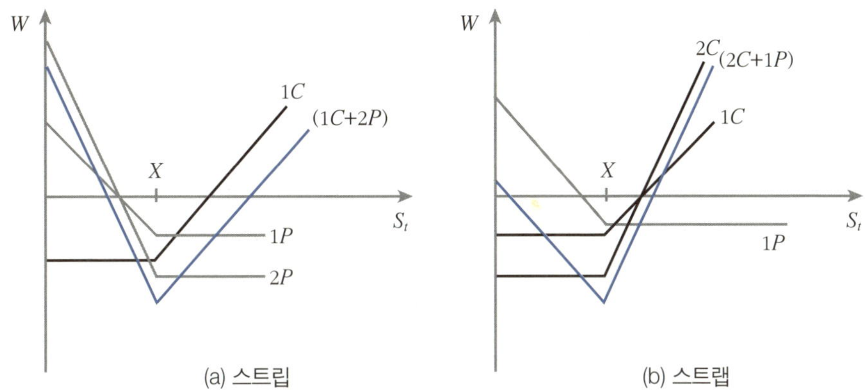

두 개 옵션의 프리미엄 합계로 한정되는 효과가 있다. 따라서 미래의 가격이 상 · 하 어느 쪽으로든 크게 변동될 것으로 예상될 때 유효한 전략이다.

스트래들은 1995년 영국 베어링사의 파산으로 더욱 유명해진 전략이다. 싱가포르에 설립한 자회사인 베어링선물회사의 닉 리슨이라는 직원이 일본 니케이지수가 크게 변동하지 않을 것이라고 예상하여 이에 대한 스트래들을 매도하였다. 그러나 니케이지수는 예상과 달리 하락하였고 특히 1995년 1월 일본에서 고베지진이 발생하면서 더욱 크게 하락하여 막대한 손실을 보게 되어 파산하였다. 그 결과 영국 베어링사는 네덜란드 ING에 단돈 1파운드에 매각되었다.

② 스트립, 스트랩

스트립(strip), 스트랩(strap)은 모두 스트래들과 동일한 원리의 투자전략인데 콜옵션과 풋옵션의 결합비율만 다르게 하는 것이다. 즉, 스트립은 1개의 콜옵션에 2개의 풋옵션을 결합하는 것이고($1C + 2P$), 스트랩은 반대로 2개의 콜옵션에 1개의 풋옵션을 결합하는 것이다($2C + 1P$).

둘 다 가격변동이 클 것을 기대하는 포지션이지만 스트립매입은 그 기대방향이 약세이지만 스트랩매입은 그 기대방향이 강세이다. 이는 이들의 만기가치를 나타낸 다음 [그림 7-8]에서 볼 수 있듯이 스트립의 경우에는 좌측 기울

그림 7-9 스트랭글

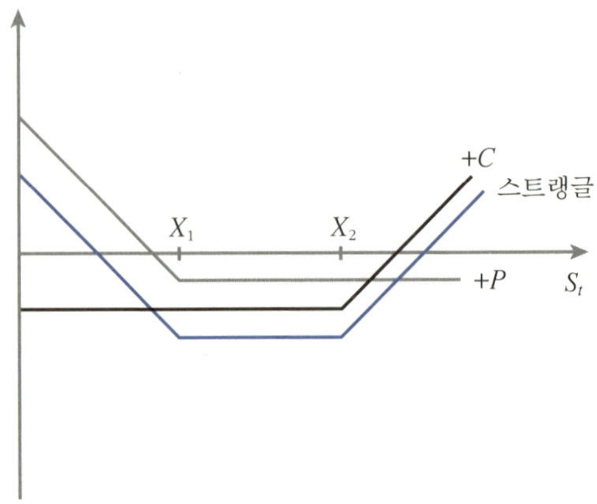

기가 더 크고 스트랩의 경우에는 우측 기울기가 더 크다는 것에서 확인할 수 있다.

③ **스트랭글**

스트랭글(strangle)이란 만기일이 같고 행사가격이 다른 콜옵션과 풋옵션을 결합시킨 기법이다. 여기서 콜매입과 풋매입의 결합을 스트랭글매입이라고 하고 콜매도와 풋매도의 결합을 스트랭글매도라고 한다.

스트랭글매입은 미래의 가격변동이 클 것으로 예상할 때 이익을 얻을 수 있으며 예상과 달리 가격변동이 적더라도 손실을 일정수준으로 막을 수 있는 전략이다. 스트랭글매도는 이와 반대의 효과를 얻을 수 있다.

예제 7-3

현재 옵션시장에서는 가나기업 주식에 대해서 만기가 똑같이 1년 남은 콜옵션과 풋옵션이 함께 거래되고 있다. 이때 행사가격이 100,000원인 콜옵션의 가격은 10,000원이고 행사가격이 80,000원인 풋옵션은 5,000원에 가격이 형성되어 있다.
무위험이자율은 연 10%라고 가정하고 다음 각 물음에 답하라.

(1) 이와 같은 콜옵션과 풋옵션을 1개씩 매입한 투자자의 만기시점의 부(wealth)를 그림으로 나타내라.
(2) (1)과 같은 투자자가 만기에 이익을 얻을 수 있는 가나기업 주식가격의 범위를 밝혀라.
(3) (1)과 같은 투자자가 입을 수 있는 최대손실액은 얼마인가?

해설

시간적 가치를 측정할 수 있는 이자율이 제시되어 있으므로 옵션구입가격에 대한 시간적 가치를 고려해 보자.

(1) ① 콜옵션 1개 매입한 투자자의 만기의 부(*W*)는 다음과 같다.

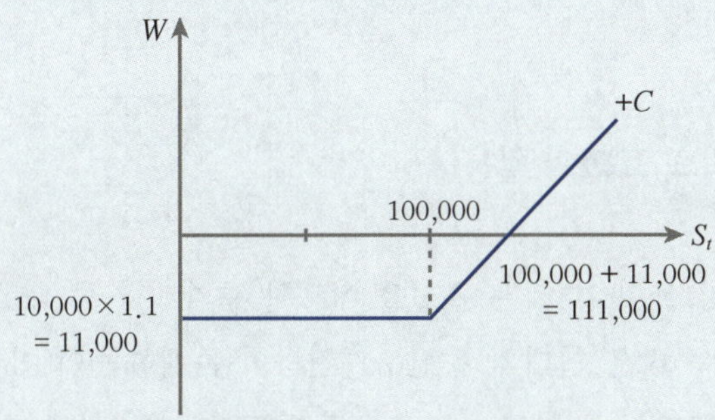

② 풋옵션 1개 매입한 경우 만기부는 다음과 같다.

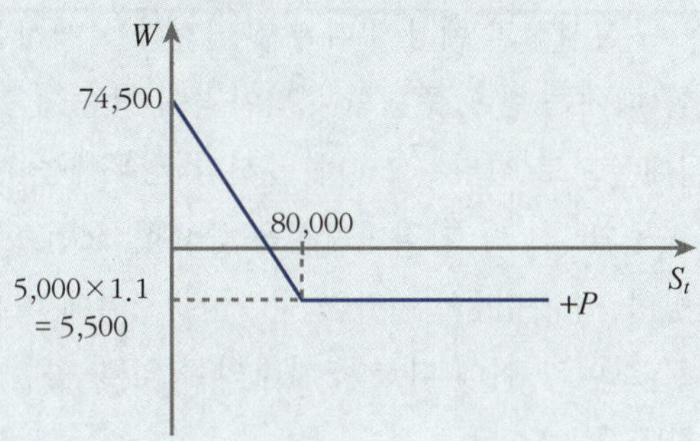

③ 콜옵션과 풋옵션을 1개씩 구입한 것은 스트랭글(strangle)이라고 하며 이는 그림 ①, ②의 합성을 의미하므로 다음과 같다.

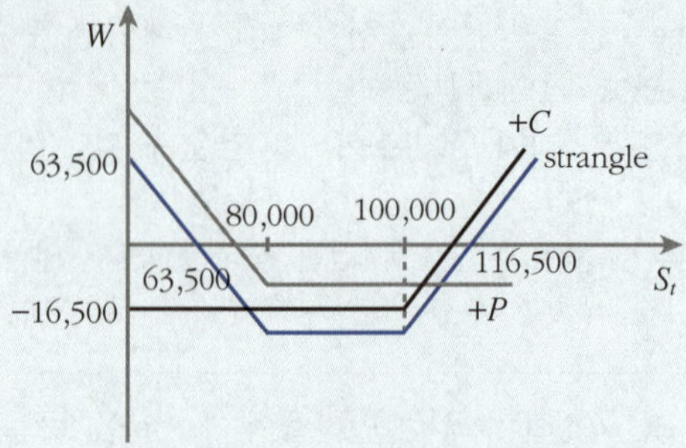

(2) 위의 그림 ③에서 $0 \leq S < 63{,}500,\ S > 116{,}500$
(3) 위의 그림 ③에서 −16,500

6 옵션전략의 효과와 활용

이제까지 살펴 본 것은 옵션을 이용한 투자전략 중 대표적인 것들이다. 이외에도 매우 많은 형태의 옵션투자전략이 존재하는데 이제까지의 원리를 이용하면 투자자는 자신의 투자목적에 맞도록 여러 형태로 결합시켜서 투자목적을 달성할 수 있는 것이다.

〈표 7-6〉은 주식시장의 예상에 따른 옵션전략을 제시한 것이다. 흔히 주식현물을 거래할 때에는 향후 주식의 시장가격이 상승할 것이냐 하락할 것이냐를 주된 분석대상으로 한다. 그러나 옵션의 경우에는 이러한 주가예상과는 별도로 주가변동의 폭, 즉 가격변동성을 중요한 요인으로 고려하여야 한다. 이러한 주가방향, 주가변동성이라는 두 가지 요인에 따른 각 전략의 만기손익을 그림으로 보이고 이에 따른 투자자의 이익과 손실에는 어떤 효과가 있는지를 요약하였다.

표 7-6 옵션전략의 유형과 효과(2022년 현재)

시장예측			옵션전략	손익도	효과 〈이익〉	효과 〈손실〉
시장예측	시장가격	상승한다	콜옵션 매입		무한정	한정
			수직적 강세 풋옵션 스프레드	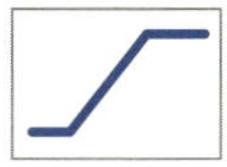	한정	한정
			수직적 강세 콜옵션 스프레드	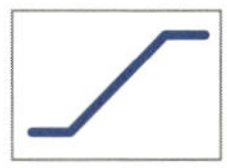	한정	한정
			풋옵션 매도	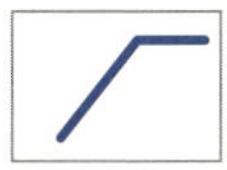	한정	무한정
		하락한다	풋옵션 매입		무한정	한정
			수직적 약세 풋옵션 스프레드	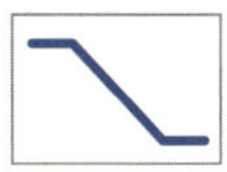	한정	한정
			수직적 약세 콜옵션 스프레드		한정	한정
			콜옵션 매도	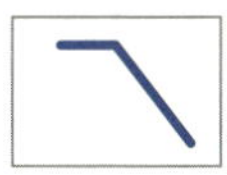	한정	무한정
	변동성	커진다	스트래들 매입		무한정	한정
			스트랭글 매입		무한정	한정
			나비형 매도		한정	한정
		작아진다	스트래들 매도		한정	무한정
			스트랭글 매도	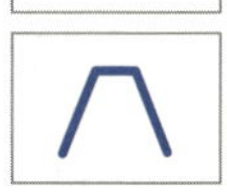	한정	무한정
			나비형 매입		한정	한정

출처 : 한국거래소

제4절 우리나라의 옵션

1 도입과정

우리나라에서는 1997년에 최초로 주가지수옵션이 증권거래소에 도입되었다. 거래지수는 1990년을 100으로 놓고 산출되는 KOSPI200이고 이는 1996년 도입된 주가지수선물의 거래지수이기도 하다. 이후 1999년 미국달러에 대한 통화옵션이 선물거래소에 도입되면서 옵션을 통한 환율변동에 대한 위험관리가 가능하게 되었다.

개별주식에 대한 옵션도입은 미루고 있다가 2001년 홍콩증권시장에서 삼성전자, SK텔레콤 등에 대한 주식옵션을 먼저 도입하자 우리나라에서도 이듬해 2002년에 이들에 대한 주식옵션을 증권거래소에 도입하였다.

2 도입내용

(1) 주가지수옵션

우리나라에서는 주가변동에 대한 위험관리의 필요성을 인식하면서도 주식시장규모의 영세성, 작전세력에 의한 주가조작의 가능성 등을 우려하여 개별주식이 아닌 주가지수에 대한 옵션을 먼저 도입하였다. 거래대상이 되는 지수는 KOSPI200인데 이는 주가지수의 시장대표성을 고려해서 증권거래소에 상장된 주식의 시가총액의 70% 수준이 되도록 구성종목수를 200종목으로 하고 1990년 1월 3일을 기준 100으로 하는 지수이다.

주가지수옵션거래는 '계약' 단위로 하며 1계약당 옵션가격은 포인트(point)로 표시되는 프리미엄에 승수 25만원을 곱한 금액이다. 예를 들어 현재 KOSPI200이 140이라면 현물 1계약의 가치가 3,500만원(=140×25만원)이 된다. 만약 콜옵션가격이 4.2라면 옵션 1계약을 매입하는 비용이 105만원(=4.2×25만원)이라는 뜻이다.

그런데 주가지수옵션은 구체적인 현물이 존재하지 않는 추상적 개념의 주가지수를 거래대상으로 하기 때문에 만기에 인수 또는 인도할 현물이 없다. 따라서 만기에서 권리를 행사한다면 옵션의 행사가격과 만기시점의 주가지수의 차이만큼을 현금결제한다. 구체적으로 두 지수차이에 승수 25만원을 곱한 금액만큼의 현금을 수수하게 된다. 만약 만기가 도래하기 이전에 반대거래로 청산한다면 최초거래시점과 반대거래시점의 옵션가격차이에 승수 25만원을 곱한 금액만큼의 손익을 보게 된다. 위의 예에서 만기일 KOSPI200이 150이 되었다면 콜옵션을 매입한 투자자는 만기에서 250만원(=(150 − 140)×25만원)의 수익을 얻게 된다. 그리고 이 투자자가 옵션거래로 얻게 되는 이익은 145만원(=250만원 − 105만원)이 된다.

주가지수옵션의 결제월은 연속 3개월물과 3, 6, 9, 12월 중 최근월물을 포함해서 모두 4개월물이 거래된다.

(2) 개별주식옵션

우리나라에서는 2002년에 이들에 대한 주식에 대한 옵션을 도입하였다. 도입 당시 거래대상이 되는 주식은 우리나라 대표주라고 할 수 있는 삼성전자, SK텔레콤, 한국통신, 포항제철, 현대자동차, 한국전력, 국민은행 등 7개 종목이었지만 이후 거래종목이 계속 늘어나고 있다. 개별주식옵션이 도입됨으로써 이들 개별 종목에 대해서는 투자위험을 완벽하게 헤지할 수 있게 되었다. 도입 초기에는 결제방식이 현물주식의 인도와 인수가 수반되는 실물인수도 방식이었으나 현물시장에 대한 부담으로 인한 혼란을 줄이기 위해서 주가지수옵션과 마찬가지로 현금결제 방식으로 전환하여 운영되고 있다.

개별주식옵션의 종류는 권리의 내용에 따라서 개별 종목을 기초주식으로 하는 콜옵션, 풋옵션으로 구분되어 도입되었다. 그리고 권리의 행사시기와 관련해서는 2010년 현재 만기일에만 권리를 행사할 수 있는 유럽형옵션만 도입되어 있다. 거래단위는 기초주식가격에 거래승수 10을 곱하여 결정된다. 개별주식옵션의 결제월도 주가지수옵션과 마찬가지로 연속 3개월물과 3, 6, 9, 12월 중 최근월물을 포함해서 모두 4개월물이 거래된다. 그리고 주가지수선물, 개별주식선물, 주가지수옵션, 개별주식옵션 등 4개 파생상품의 최종거래일이 모두 결제월 두 번째 목요일이기 때문에 이들이 동시에 만기가 된다. 이 경우 주식시장의 주가가 혼란스러운 모습을 보이게 되는데 이를 쿼드러플위칭데이(quadruple witching day)라고 한다. 따라서 쿼드러플위칭데이는 연 4회 나타나게 된다.

(3) 미국달러옵션

1997년 외환위기를 겪으면서 환율변동위험의 필요성이 크게 부각되었다. 이러한 배경에서 199년 선물거래소에 미국달러를 기초자산으로 하는 통화옵션이 도입되었다. 유럽형 옵션이며 1계약의 단위는 $10,000이다. 만기결제는 미국달러현물을 인수 또는 인도하는 실물인수도 방식으로 이루어진다.

옵션가격의 호가단위는 0.1원이고 이에 따른 최소가격변동폭, 즉 1tick의 가치는 1,000원(=0.1×$10,000)이 된다. 결제월은 연속 3개월물과 매년 3, 6, 9, 12월 중 최근월물 1개를 포함해서 항상 4개월물이 거래된다.

권리행사에 따른 결제방식을 보면 콜옵션의 경우 매수자(매도자)는 '계약수×$10,000×행사가격' 상당의 원화를 지급(수령)하고 '계약수×$10,000' 상당의 미국달러화를 수령(지급)한다. 풋옵션의 경우에는 매수자(매도자)는 '계약수×$10,000' 상당의 미국달러화를 지급(수령)하고 '계약수×$10,000×행사가격' 상당의 원화를 수령(지급)한다.

이렇듯 우리나라에서 거래되는 옵션은 주가지수옵션, 개별주식옵션, 미국 달러옵션 등 세 종류가 있다. 이들의 주요내용을 소개하면 〈표 7-7〉, 〈표 7-8〉, 〈표 7-9〉와 같다.

표 7-7 주가지수옵션(2022년 현재)

구 분	세 부 사 항
기초자산	코스피200지수
거래단위	코스피200옵션가격×25만(거래승수)
상장결제종목	비분기월 4개 및 분기월 7개(3,9월 각 1개, 6월 2개, 12월 3개)
가격의 표시	프리미엄(포인트)
거래시간	09:00~15:45(최종거래일 09:00~15:20)
최종거래일	각 결제월의 두 번째 목요일(공휴일인 경우 순차적으로 앞당김)
최종결제일	최종거래일의 다음 거래일
권리행사	최종거래일에만 가능(European 형)
결제방법	현금결제
가격제한폭	기초자산 기준가격 대비 아래에 해당하는 옵션이론가격을 단계적으로 확대적용 ① ±8% ② ±15% ③ ±20%
거래증거금 기준가격	최종 약정가격(최종 약정가격이 없는 경우, 옵션이론가격)
기준가격	전일의 거래증거금 기준가격
단일가격경쟁거래	개장시(08:30~09:00) 및 거래종료시(15:35~15:45)
필요적 거래중단	현금가격 급변으로 매매거래 중단 시 선물거래 일시중단 및 단일가로 재개

출처 : 한국거래소

표 7-8 개별주식옵션(2022년 현재)

구 분	세 부 사 항
기초자산	158개 기업
거래단위	주식옵션가격×10(거래승수)
결제월	비분기월 중 2개, 분기월 중 4개
상장결제월	1년 이내의 6개 결제월
가격의 표시	프리미엄(원화)
거래시간	09:00~15:45(최종거래일 09:00~15:20)
최종거래일	각 결제월의 두 번째 목요일(공휴일인 경우 순차적으로 앞당김)
최종결제일	최종거래일의 다음 거래일
권리행사	최종거래일에만 가능(European 형)
결제방법	현금결제
가격제한폭	기초자산 기준가격 대비 각 단계에 해당하는 옵션이론가격으로 확대 ① ±10% ② ±20% ③ ±30%
단일가격경쟁거래	개장시(08:30~09:00) 및 최종거래일 이외의 거래종료시(15:35~15:45)
필요적 거래중단	현금가격 급변시 주식옵션 거래 일시 중단

출처 : 한국거래소

표 7-9 미국달러옵션(2022년 현재)

구 분	세 부 사 항
거래대상	미국달러화(USD)
거래단위	US $10,000
결제월	분기월 중 2개와 그 밖의 월 중 2개
상장결제월	6개월 이내의 4개 결제월
행사가격의 설정	ATM을 기준으로 10원 간격으로 상하 각 3개(총 7개)
가격의 표시	프리미엄(원화)
호가가격단위	0.10원
최소가격변동금액	1,000원(US $10,000×0.10)
거래시간	09:00~15:45 (최종거래일 09:00~15:30)
최종거래일	결제월의 세 번째 월요일(공휴일인 경우 순차적으로 앞당김)
최종결제일	최종거래일의 다음 날
권리행사	최종거래일에만 행사가능(European 형)
결제방법	현금결제
가격제한폭	기초자산 기준가격 대비 ±4.5%에 해당하는 옵션이론가격
단일가격경쟁거래	개장시(08:30~09:00) 및 거래종료시(15:35~15:45)

출처 : 한국거래소

연습 문제

7-1 다음 용어를 간단하게 설명하라.

① 내가격(in the money)

② 강세스프레드(bullish spread)

③ 스트래들(straddle)

7-2 옵션투자에서는 주가방향뿐만 아니라 그 변동성도 중요한 고려변수가 된다. 변동성이 큰 주식시장에서 이익을 얻을 수 있는 전략에는 어떤 것들이 있는지 생각해 보자.

7-3 옵션시장에서 거래되는 콜옵션 중 만기가 동일하면서 행사가격이 다른 옵션의 가격이 다음과 같이 파악되었다.

행사가격	콜옵션가격
30,000원	5,000원
40,000	3,000
50,000	2,200
60,000	2,000

(1) 행사가격이 30,000원인 콜옵션을 매입하고 행사가격이 50,000원인 콜옵션을 매도한 포지션의 만기손익을 그림으로 나타내라.

(2) 행사가격이 50,000원인 콜옵션을 매도하고 행사가격이 60,000원인 콜옵션을 매입한 포지션의 만기손익을 그림으로 나타내라.

(3) (1)과 (2)의 전략을 동시에 취한 경우 이익을 얻을 수 있는 만기주가의 범위를 구하라

7-4 기초주식과 만기가 동일한 콜옵션과 풋옵션이 행사가격에 따라 다음과 같이 가격이 형성되어 있다.

행사가격	콜옵션	풋옵션
10,000원	600원	200원
11,000	100	500

(1) bearish call spread를 구성하여 만기손익도를 나타내라.

(2) bullish put spread를 구성하여 만기손익도를 나타내라.

(3) (1)과 (2)의 결합시킨 경우의 만기손익도를 나타내라(box spread).

(4) 균형상태에서의 무위험이자율을 산출하라.

7-5 주가지수와 연계하여 이자를 지급하는 만기 1년인 새로운 채권상품을 개발하였다. 이 상품의 현금흐름은 다음과 같다.

① 1년 후 액면 1,000,000원을 지급한다.

② 이자는 주가지수(S)의 수준에 따라서 다음과 같이 지급한다.

주가지수	이자지급액(천원)
$S < 650$	0
$650 \le S < 700$	$S-650$
$700 \le S < 750$	$750-S$
$750 \le S$	0

(1) 이 지수연계채권의 만기가치를 만기 주가지수의 수준에 대응해서 그림으로 나타내라.

(2) 만기 1년인 주가지수 콜옵션이 행사가격수준에 따라서 다음과 같은 가격으로 거래되고 있다. 콜옵션의 가격정보를 이용해서 (1)에서 제시된 지수연계채권의 균형가격을 산출하라. 단, 이자율은 연 10%이다.

행사가격(포인트)	옵션가격(원)
650	110,000
700	75,000
750	50,000
800	40,000

7-6 가나기업의 주식가격에 연계된 금융상품이 있다. 이는 1년 후 가나기업의 주가수준 (S)에 따라서 다음과 같은 만기가치를 갖는다. 단, 현재 가나기업의 1주당 가격은 42,000원이다.

① S < 50,000원이면 50,000/S 단위의 가나기업 주식을 지급한다.
② 50,000≤S < 60,000원이면 1단위의 가나기업 주식을 지급한다.
③ S≥60,000원이면 60,000/S 단위의 가나기업 주식을 지급한다.

(1) 이 금융상품의 만기가치를 그림으로 나타내라.
(2) 가나기업 주식을 기초자산으로 하는 만기 1년인 콜옵션이 행사가격수준에 따라서 다음과 같은 가격으로 거래되고 있다. 콜옵션의 가격정보를 이용해서 (1)에서 제시된 금융상품의 균형가격을 산출하라. 단, 이자율은 연 10%이다.

행사가격	옵션가격
45,000원	1,200원
50,000	900
55,000	800
60,000	750

신문기사 3년4개월 만에 주식옵션 거래 재개

금융시장 고도화 · 상품 다양화 기대

한국거래소가 3년 4개월 만에 거래를 재개한 주식옵션이 상장지수증권(ETN), 변동성지수선물 등 신지수와 함께 새로운 시장으로 자리를 잡을 지 기대되고 있다. 주식옵션이 성공할 경우 금융시장의 고도화 뿐만 아니라 향후 ETN, 변동성지수 등과 연계한 상품 개발도 가능할 것으로 전망된다.

주식옵션 시장조성자별 기초자산 현황

시장조성자	담당 기초자산
대우증권	LG전자, 기아차
신영증권	SK하이닉스, 한국전력
우리투자증권	LG디스플레이. 현대차
한국투자증권	포스코, 하나금융지주
현대증권	KB금융지주

거래소는 주식옵션시장 제도개선 이후 첫 거래일인 지난 17일 2,142계약을 기록하며 2011년 7월 이후 3년 4개월 만에 주식옵션 거래가 재개됐다고 18일 밝혔다.

거래소 관계자는 "주식옵션 시장이 활성화됐다는 것은 그만큼 금융시장이 고도화됐다는 의미"라며 "미국에서 최초 도입된 옵션도 지수옵션이 아닌 주식옵션이었고 가장 많이 거래가 되는 옵션도 주식옵션"이라고 말했다.

거래소는 지난 6월 금융위원회와 공동으로 발표한 '파생상품시장 발전방안'의 후속조치로 주식옵션의 종목수 축소 및 결제월 수 확대 등 제도개선을 시행한 바 있다. 이에 따라 기초주권 종목은 기존 33개에서 삼성전자, SK하이닉스 등 10개로 변경됐다. 기존 4개였던 결제월은 9개까지 늘었으며 호가수량한도는 기존 5,000계약에서 1,000계약으로 축소됐다.

특히 투자자가 언제든지 시장가격으로 주식옵션을 사거나 팔 수 있도록 매도 · 매수 호가를 제출한 KDB대우증권, 신영증권, 우리투자증권, 한국투자증권, 현대증권 등 시장조성자의 역할이 컸다는 설명이다.

시장조성자는 주식옵션에 상시적으로 매도 · 매수 양방향 호가를 제출하게 돼 유동성을 공급한다. 이를 통해 투자자가 언제든지 공정한 시장가격으로 거래할 수 있는 환경을 조성한다는 것이다.

대우증권의 경우 LG전자, 기아차를 담당 기초자산으로 한다.

신영증권은 SK하이닉스와 한국전력을, 우리투자증권은 LG디스플레이와 현대차를, 한국투자증권은 포스코와 하나금융지주를, 현대증권은 KB금융지주와 삼성전자 기초자산을 담당한다.

향후 시장조성자의 지속적인 유동성 공급으로 투자자가 언제든 주식옵션을 이용해 헤지 · 차익거래를 할 수 있을 것으로 전망된다.

거래소 관계자는 "개별주식 옵션이 시장에서 성공한다면 투자자 입장에서는 다양한 투자 수단을 제공할 수 있을 뿐만 아니라 수익측면에서도 도움이 될 것"이라면서 "아울러 ETN 기초자산이 될 수도 있고 주가연계증권(ELS) 등 간접투자상품 투자자에게 더 많은 금리를 제공할 수 있는 기회가 될 수도 있다"고 말했다.

김영권 기자

〈파이낸셜뉴스〉 2014.11.18.

제 8 장

옵션가격결정모형

옵션은 상황이 유리할 때에만 권리를 행사할 수 있는 조건부청구권이기 때문에 경제적 가치가 있는 것이다. 따라서 이러한 옵션을 취득하기 위해서는 그 경제적 가치에 해당하는 일정한 대가를 지불해야 한다. 여기서 옵션취득의 대가가 곧 옵션가격이 된다. 이번 장에서는 어떤 요인들이 옵션가격을 결정하는가를 살펴보고 옵션의 이론적 가격을 설명하는 옵션가격결정모형을 중점적으로 설명하게 될 것이다.

제1절 옵션가격의 결정요인과 범위

1 옵션가격

먼저 선물매입의 경우를 생각해 보자. 선물을 매입하고 만기까지 가게 되면 기초자산의 가격수준과는 상관없이 선물매입자는 기초자산을 인수받을 권리는 물론이고 반드시 인수해야 하는 의무까지 부담한다. 따라서 만기의 기초자산 가격수준에 따라서 선물매입자는 이익을 얻을 수도 있고 손실을 볼 수도 있다. 이러한 선물매입은 계약이행에 따른 증거금만 필요할 뿐 선물매입의 대가로 지불하는 것은 없다.

그러나 옵션은 보유하고 있는 투자자가 만기에 가서 기초자산의 가격수준이 자신에게 유리한 상황에서만 그 권리를 행사하고 불리한 상황이라면 권리를 포기하면 그만이다. 즉, 반드시 권리를 행사할 의무가 수반되는 것이 아니다. 따라서 옵션매입자는 만기에서 손실을 입게 될 가능성이 없다. 그러므로 옵션은 그 자체로서 경제적 가치를 갖게 되며 이러한 옵션을 매입하는 경우에는 그 대가를 지불해야 한다. 이때에 지불하는 대가가 곧 옵션가격이 된다. 옵션거래소에서 옵션을 취득하기 위해 지불하는 대가는 옵션의 시장가격이다. 한편, 옵션가격결정모형을 통해서 산출하는 옵션가격은 옵션의 이론가격이다. 이 두 가격이 동일하면 옵션시장은 균형상태인 것이고 그렇지 않다면 불균형상태가 되는 것이다.

2 옵션가격의 결정요인

옵션가격에 영향을 주는 요인들에는 어떤 것들이 있는지 살펴보자. 먼저 콜옵션의 경우에 가격결정요인을 이해하고 나면 풋옵션의 경우는 그와 반대의 논리로 쉽게 설명된다.

(1) 콜옵션

① 기초주식의 가격(S_0)

다른 조건이 동일한 상황에서는 현재의 주가가 높을수록 콜옵션의 가격은 상승한다. 예를 들어서 3개월 후에 삼성전자주식을 50만원에 구입할 수 있는 콜옵션을 생각해 보자. 현재 삼성전자의 주가가 40만원일 경우와 60만원일 경우에 이러한 콜옵션이 언제 더 비싸게 거래될까? 당연히 현재주가가 60만원일 경우에 이 옵션이 비싸게 거래될 것이다. 이는 현재 주가가 높을수록 만기일의 주가가 행사가격보다 높을 확률이 크기 때문이며 이때 많은 이익이 발생하기 때문이다.

② **행사가격(X)**

행사가격이 낮을수록 콜옵션의 가격은 상승한다. 이에 대한 설명을 위해서 이번에는 현재주가가 40만원이라고 가정하고 행사가격이 30만원인 콜옵션과 행사가격이 50만원인 콜옵션 중 어느 것이 비싸게 거래될까 생각해 보자. 행사가격이 더 낮은 30만원의 콜옵션이 더 좋을 것이라고 쉽게 생각할 수 있다. 이는 행사가격이 낮을수록 만기일의 주가가 행사가격보다 높게 될 확률이 크기 때문이다.

③ **만기(t)**

옵션을 행사하는 시점, 즉 만기가 길수록 콜옵션의 가격은 상승한다. 왜냐하면 만기가 길수록 주가변동의 가능성이 커지고 이에 따라 큰 이익을 얻을 수 있기 때문이다. 또한 만기가 길수록 행사가격의 현재가치는 작아지므로 만기가 콜옵션가격에 양(+)의 효과가 있음을 알 수 있다. 이처럼 만기가 옵션가치에 미치는 효과는 주가변동의 가능성과 행사가격의 현가에 미치는 효과를 함께 고려해야 하는데 둘 다 옵션가격에 (+)효과를 미친다.

④ **주가의 분산(σ^2)**

기초주식의 가격 또는 수익률의 분산이 클수록 콜옵션의 가격은 상승한다. 분산이 크다는 것은 주가변동폭이 크다는 것이다. 주가변동폭이 클수록 만기주가가 행사가격보다 훨씬 더 클 수 있다는 의미가 되는데 콜옵션의 이익은 주가에서 행사가격을 차감한 값이므로 큰 이익을 얻을 수 있기 때문이다.

⑤ **무위험이자율(R_f)**

무위험이자율이 오를 경우에는 행사가격의 현재가치가 감소하여 실질적인 행사가격을 인하시키는 효과가 있기 때문에 콜옵션의 가격은 상승하게 된다.

⑥ **배당(D)**

초보적인 단계에서 옵션가격을 산출할 때에는 만기까지 배당이 없다고 가정하는데 만약 가정을 현실화하여 배당이 있다고 하면 배당은 콜옵션가격을 하락시킨다. 왜냐하면 배당은 현재 주가에 (−)효과를 미치기 때문이다.

이상의 6가지 결정요인들을 고려해서 콜옵션가격을 이들의 함수로 나타낼 때 이들과의 관계를 다음과 같이 요약할 수 있다.

$$C = f\,(\underset{+}{S_0}, \underset{-}{X}, \underset{+}{t}, \underset{+}{\sigma^2}, \underset{+}{R_f}, \underset{-}{D})$$

(2) 풋옵션

① 기초주식의 가격(S_0)

다른 조건이 동일한 상황에서는 현재의 주가가 높을수록 풋옵션의 가격은 하락한다. 왜냐하면 현재 주가가 높을수록 만기일의 주가가 행사가격보다 높을 확률이 커져서 이익을 얻을 가능성이 적어지기 때문이다.

② 행사가격(X)

행사가격이 높을수록 풋옵션의 가격은 상승한다. 다른 조건이 동일하다면 행사가격이 높을수록 만기가치가 커지기 때문이다.

③ 만기(t)

만기가 풋옵션의 가격에 미치는 효과는 명확하지 않다. 왜냐하면 만기가 길수록 주가변동의 가능성이 커지고 이에 따라 큰 이익을 얻을 수도 있어서 만기가 풋옵션가격에 (+)효과를 미치는 면을 볼 수 있지만 만기가 길수록 행사가격의 현재가치는 작아져서 풋옵션가격에 (−)효과를 미치기도 하기 때문이다. 따라서 풋옵션의 가격에 미치는 효과는 이들 두 효과의 크기를 비교해야 한다.

④ 주가의 분산(σ^2)

기초주식의 가격 또는 수익률의 분산이 클수록 풋옵션의 가격은 상승한다. 분산, 즉 주가변동폭이 클수록 만기주가가 행사가격보다 훨씬 작아질 수 있다는 의미가 되고 풋옵션의 이익은 행사가격에서 만기주가를 차감한 값이므

표 8-1 옵션가격의 결정요인(2022년 현재)

결정요인	콜 옵 션	풋옵션
주식가격	+	−
행사가격	−	+
만　　기	+	?
주가분산	+	+
무위험이자율	+	−
배　　당	−	+

출처 : 한국거래소

로 큰 이익을 얻을 확률이 커지기 때문이다.

⑤ 무위험이자율(R_f)

무위험이자율이 오를 경우 행사가격의 현재가치가 감소하여 실질적인 행사가격의 인하효과를 가져오기 때문에 풋옵션의 가격은 하락한다.

⑥ 배당(D)

만약 만기이전에 배당이 있다고 하면 배당은 풋옵션가격을 상승시킨다. 왜냐하면 배당으로 인해서 현재주가가 하락하기 때문이다.

풋옵션가격을 6가지 결정요인의 함수로 나타내면 각 결정요인들과의 관계는 다음과 같게 된다.

$$P = f\,(\underset{-}{S_0}, \underset{+}{X}, \underset{?}{t}, \underset{+}{\sigma^2}, \underset{-}{R_f}, \underset{+}{D})$$

이제까지 설명한 내용을 정리하여 콜옵션 및 풋옵션과 6가지 결정요인들과의 관계를 요약하면 〈표 8-1〉로 나타낼 수 있다.

3 옵션가격의 결정범위

(1) 콜옵션

① $C \geq 0$

옵션은 이익이 생길 경우에 행사할 수 있는 권리이므로 그 가격은 음(−)일 수 없다.

② $C \leq S$

콜옵션가격은 주식을 구입할 수 있는 권리에 대한 가격이므로 주식가격보다 클 수는 없다. 왜냐하면 주가보다 콜옵션가격이 크다면 ($C > S$), 콜옵션을 사서 주식을 구입하는 것보다 직접 주식을 구입하는 것이 더 경제적이기 때문이다. 또한 이때에는 주식을 매입하고 그에 대한 콜옵션을 발행함으로써 $C-S$만큼의 재정이익을 얻는 재정거래로 인해서 주가는 상승하고 콜옵션가격은 하락하게 된다.

③ $C \geq S - \dfrac{X}{e^{R_f t}}$

위 식의 성립은 다음과 같은 두 개의 투자전략을 비교함으로써 증명할 수 있다. 먼저 특정 주식에 대한 콜옵션을 구입하고 동시에 이의 행사가격과 동일한 액면가액을 갖는 무위험채권을 구입하는 포트폴리오를 가정한다. 그리고 이를 그 주식을 직접 구입하는 경우와 만기가치를 서로 비교하면 다음 표와 같다.

상 황	만기주가(S_t)≤행사가격(X)	만기주가(S_t) > 행사가격(X)
콜옵션매입	0	(S_t-X)
채권매입	X	X
포트폴리오	X	S_t
주식매입(S)	S_t	S_t

그림 8-1 콜옵션의 가격결정범위

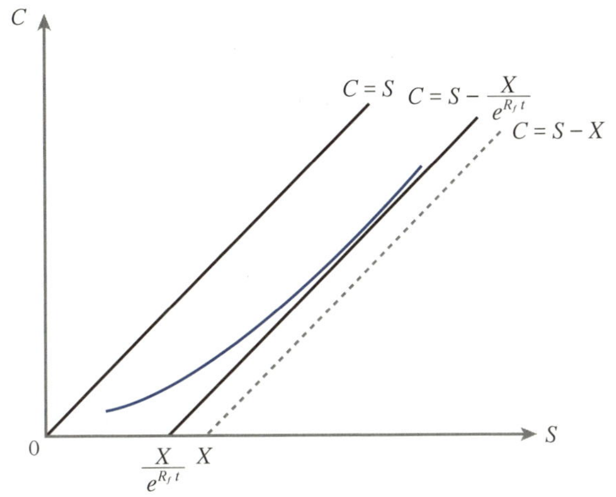

앞에서 포트폴리오의 만기가치를 보면 만기에 주가가 행사가격 이하로 하락할 때, 주식을 매입한 경우보다 크거나 같고, 주가가 행사가격보다 높을 때에는 주식을 매입한 경우와 같다는 것을 알 수 있다. 이처럼 포트폴리오의 만기가치가 항상 주식을 직접 매입한 경우보다 크거나 같으므로 포트폴리오에 대한 현재가치 $\left(C+\frac{X}{e^{R_f t}}\right)$도 주식의 현재가치($S$)보다 크거나 같아야 한다. 즉,

$C+\frac{X}{e^{R_f t}} \geq S$ 이므로 $C \geq S-\frac{X}{e^{R_f t}}$ 이 성립된다.

그런데 미국형 옵션의 경우에는 만약 $C < S-X$ 라면 콜옵션을 사서 바로 권리를 행사하여 주식을 매입하면 $(S-X)-C$ 만큼의 재정이익을 얻는 재정거래가 생길 것이다. 이로 인해서 옵션가격은 상승하고 주가는 하락하게 되어 $C \geq S-X$ 가 된다.

이제까지 설명한 ①, ②, ③의 내용에 따라서 콜옵션의 가격결정범위를 그림으로 나타내면 [그림 8-1]로 나타난다. 단, 여기서 점선표시 부분은 미국형 콜옵션의 가격결정범위를 보이는 것이다.

(2) 풋옵션

① $P \geq 0$

풋옵션도 콜옵션과 마찬가지로 이익이 생길 경우에 행사할 수 있는 권리이므로 그 가격은 음(−)일 수 없다.

② $P \leq X$

풋옵션은 행사가격 X에 특정 주식을 팔 수 있는 권리이므로 만약 $P > X$ 이면 풋옵션을 발행하여 매도함으로써 $P-X$만큼의 재정이익을 도모할 수 있기 때문에 $P \leq X$가 된다.

그러나 이는 풋옵션을 즉시 행사한다는 가정하에서 살펴 본 것이고 만약 일정기간이 경과해야만 행사할 수 있는 유럽형 풋옵션이라면 풋옵션가격을 행사가격의 현가와 비교해야 할 것이므로 $P \leq \frac{X}{e^{R_f t}}$가 된다.

③ $P \geq \frac{X}{e^{R_f t}} - S$

콜옵션의 경우와 마찬가지로 위 식의 성립도 다음과 같은 두 개의 투자전략을 비교함으로써 증명할 수 있다. 먼저 특정 주식에 대한 풋옵션을 매도하고 동시에 이의 행사가격과 동일한 액면가액을 갖는 무위험채권을 매입하는 포트폴리오를 가정한다. 그리고 이를 그 주식을 직접 구입하는 경우와 만기가치를 서로 비교한다.

상 황	만기주가(S_t)≤행사가격(X)	만기주가(S_t) > 행사가격(X)
풋옵션매도	$-(X-S_t)$	0
채권매입	X	X
포트폴리오	S_t	X
주식매입(S)	S_t	S_t

위에서 포트폴리오의 만기가치를 보면 만기에 주가가 행사가격 이하로 하락할 때, 주식을 매입한 경우와 같고, 주가가 행사가격보다 높을 때에는 주식을 매입한 경우보다 작다는 것을 알 수 있다. 이처럼 포트폴리오의 만기가치

그림 8-2 풋옵션의 가격결정범위

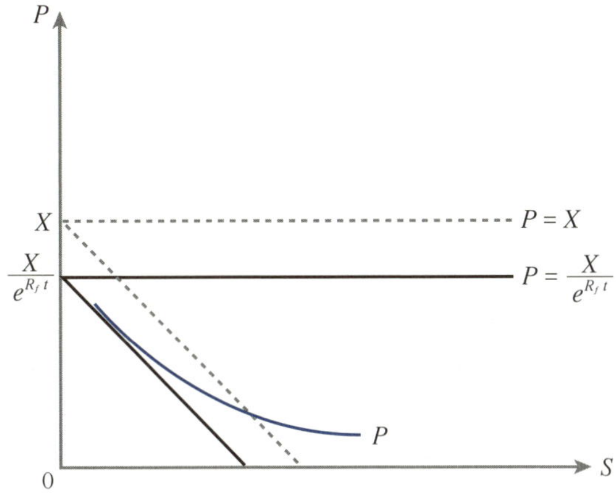

가 항상 주식을 직접 매입한 경우보다 작거나 같으므로 포트폴리오에 대한 현재가치$\left(-P+\frac{X}{e^{R_f t}}\right)$도 주식의 현재가치($S$)보다 작거나 같아야 할 것이다.

즉, $-P+\frac{X}{e^{R_f t}} \leq S$이므로 $P \geq \frac{X}{e^{R_f t}} - S$이 성립된다.

여기서도 미국형 옵션의 경우에는 만약 $P < X-S$라면 풋옵션을 사서 바로 권리를 행사하여 주식을 매입하면 $(X-P)-S$ 만큼의 재정이익을 얻는 재정거래가 생길 것이다. 이로 인해서 옵션가격은 상승하고 주가는 하락하게 되어 $P \geq X-S$가 된다.

이제까지 설명한 ①, ②, ③의 내용에 따라서 풋옵션의 가격결정범위를 그림으로 나타내면 [그림 8-2]로 나타난다. 단, 여기서에서도 점선표시 부분은 미국형 풋옵션의 가격결정범위를 보이는 것이다.

(3) 내재가치와 시간가치

① 내재가치

옵션의 가격결정범위를 나타내는 [그림 8-1], [그림 8-2]에서 보는 옵션가격은 내재가치와 시간가치의 합으로 분해할 수 있다. 내재가치(intrinsic value)

그림 8-3 옵션의 내재가치와 시간가치

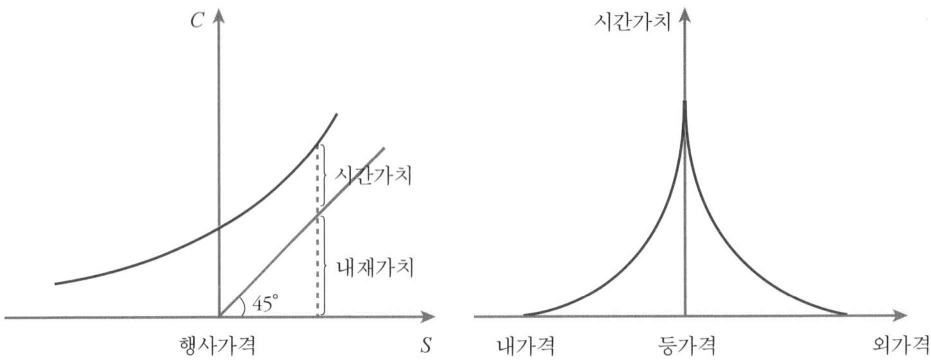

란 현재 그 해당 옵션의 권리를 행사한다고 할 때에 얻을 수 있는 가치와 0의 값 중 큰 값을 의미한다. 따라서 콜옵션의 경우에는 max$[S_0 - X, 0]$, 풋옵션의 경우에는 max$[X - S_0, 0]$으로 정의된다. 그러나 옵션의 실제가격은 기초주식가격의 변동가능성 때문에 항상 내재가치보다 높게 형성된다.

② **시간가치**

만약 삼성전자의 현재주가가 47만원이라고 할 때 행사가격이 45만원인 콜옵션의 실제가격이 3만원이라고 하자. 이 옵션의 내재가치는 2만원에 불과한데 왜 가격은 이보다 1만원이 더 큰 3만원일까? 그 이유는 이 옵션을 만기까지 보유하고 있을 때 삼성전자의 주가가 더 상승할 수 있기 때문이다. 이처럼 옵션을 보유할 때 시장가격이 자신에게 유리한 방향으로 변동할 가능성에 대한 가치를 옵션의 시간가치(time value)라고 하며 그 크기는 옵션의 실제가격에서 내재가치를 차감한 값으로 측정한다.

옵션의 시간가치는 콜옵션이나 풋옵션 모두 등가격에서 가장 크며, 외가격 또는 내가격에서 그 크기가 줄어든다. 그 이유는 옵션의 시간가치는 곧 만기까지 주가의 변동가능성을 나타내는데 이러한 변동가능성은 등가격일 때 가장 높고, 외가격 또는 내가격으로 갈수록 주가가 그 행사가격까지 변동할 가능성이 낮아지기 때문이다.

그림 8-4 헤지포트폴리오의 만기가치

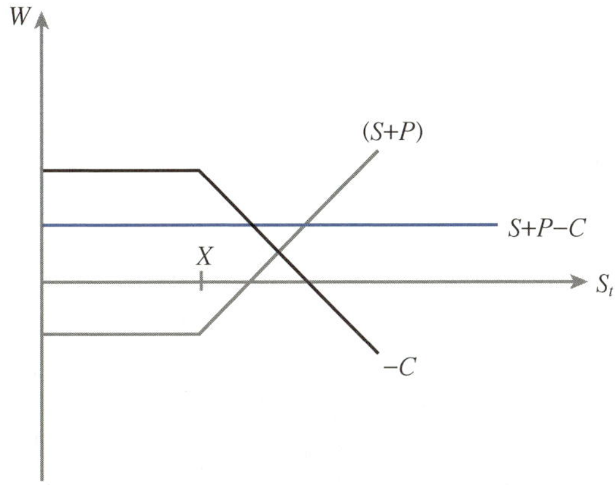

4 풋-콜 패리티

(1) 헤지포트폴리오

옵션의 투자전략에서 주식과 옵션의 결합으로 구성한 헤지포지션 중 헤지포트폴리오($S+P-C$)의 만기가치를 살펴보자. 이러한 포트폴리오의 만기가치를 그림으로 나타내면 [그림 8-4]와 같다.

이 그림에서 헤지포트폴리오는 만기에 기초주식의 가격이 얼마인가와 관계없이 일정한 수준의 부를 유지하고 있음을 볼 수 있다. 그러면 여기서의 일정한 수준이란 얼마의 값인지 구체적으로 확인해 보자.

투자종목에 옵션이 포함될 때 미래에 나타날 수 있는 상황이란 만기주가가 행사가격보다 작은 경우($S_t \leq X$)와 만기주가가 행사가격보다 큰 경우($S_t > X$), 두 가지뿐이다. 각 상황에서 헤지포트폴리오의 만기가치는 다음 〈표 8-2〉에서와 같이 미래상황과 무관하게 일정한 수익 X가 됨을 확인할 수 있다. 즉, 이는 [그림 8-4]에서 만기가치가 수평선으로 나타나는 것과 의미가 같은 것이다.

표 8-2 헤지포트폴리오의 만기가치(2022년 현재)

상 황	만기주가(S_t)≤행사가격(X)	만기주가(S_t) > 행사가격(X)
주식매입(S)	S_t	S_t
put 매입(P)	$X-S_t$	0
call 매도($-C$)	0	$-(S_t-X)$
계($S+P-C$)	X	X

출처 : 한국거래소

예제 8-1

가나기업의 주식 1주를 매입하고 이 주식을 기초주식으로 하는 풋옵션 1개를 매입하면서 동시에 콜옵션 1개를 발행하였다. 두 옵션의 행사가격은 모두 90,000원이고 만기도 똑같이 4개월 남았다. 가나기업의 4개월 후 주가가 95,000원이라고 할 경우 이 포트폴리오의 만기가치는 얼마인가? 만약 가나기업의 4개월 후 주가가 80,000이 되었다면 어떠한가?

해설

다음 표에서 보듯이 가나기업의 4개월 후 주가가 95,000원이든 80,000원이든 이 포트폴리오의 가치는 항상 행사가격과 같은 90,000원이 된다.

	만기주가가 행사가격보다 높을 때 95,000 ≥ 90,000	만기주가가 행사가격보다 낮을 때 80,000 < 90,000
주식가치	95,000	80,000
콜옵션매도	−(95,000 − 90,000) = −5,000	0
풋옵션매입	0	90,000 − 80,000 = 10,000
포트폴리오가치	90,000	90,000

(2) 풋−콜 패리티

동일한 기초주식과 만기 및 행사가격을 갖고 있는 콜옵션과 풋옵션의 가격은 균형하에서 일정한 관계를 갖는데 이를 풋-콜 패리티(put-call parity)라고 한다. 이러한 관계를 도출해 보겠다.

이를 위해서 헤지포트폴리오의 만기가치를 나타내는 〈표 8-2〉를 보자. 표에서 ($S+P-C$)는 현재시점의 투자금액이고 X는 만기 t에서 얻게 되는 수익(payoff)이므로 다음과 같이 무위험수익률이 보장되어야 균형이 성립된다.

$$(S+P-C)(1+R_f)^t = X$$

$$\Rightarrow S+P-C = \frac{X}{(1+R_f)^t} \tag{8.1}$$

만약 이러한 균형식이 성립되지 않으면 재정거래의 기회가 존재하고 재정거래로 인해 결국 균형식이 성립하게 된다. 이 식이 콜옵션가격과 풋옵션가격 사이의 관계를 나타내는 식으로서 이를 풋-콜 패리티라고 부르는 것이다. 이 식을 풋옵션의 가격에 대해서 정리하면 다음과 같게 된다.[1)]

$$P = C - S + \frac{X}{(1+R_f)^t}$$

결국 풋-콜 패리티를 이용하면 동일한 기초주식에 대해 행사가격과 만기가 같은 콜옵션(풋옵션)의 가격을 알면 풋옵션(콜옵션)의 가격은 쉽게 산출할 수 있다. 따라서 대부분의 옵션가격결정모형은 주로 콜옵션가격을 결정하는 내용을 다루는 것이다.

한편 풋-콜 패리티를 통해서 현재주가를 행사가격으로 하는 콜옵션 가격이 풋옵션 가격보다 높다는 것을 다음과 같이 보일 수 있다. 즉, 식 (8.1)로부터

$$\begin{aligned} C - P &= S - \frac{X}{(1+R_f)^t} \\ &= S - \frac{S}{(1+R_f)^t} > 0 \qquad (\because \text{ATM}) \end{aligned}$$

$$\therefore\ C > P$$

예제 8-2

가나기업의 현재주가는 25,000원이고 이에 대한 콜옵션(만기 2년, 행사가격 25,000원)의 가격은 5,000원이다. 무위험이자율이 10%일 때, 만기와 행사가격이 동일한 풋옵션의 가격은 얼마인가?

---

1) 이자계산이 연속복리로 이루어진다면 이 식은 다음과 같이 표현된다.

$$P = C - S + \frac{X}{e^{R_f t}}$$

해설

$$P = C - S + \frac{X}{(1+R_f)^t}$$
$$= 5,000 - 25,000 + \frac{25,000}{(1+0.1)^2}$$
$$= 661(원)$$

즉, 풋옵션의 균형가격은 661원으로서 실제 시장가격이 이와 다르게 형성되어 있으면 재정거래가 발생하게 된다.

제2절 확실성모형

1 OPM의 개요

옵션의 이론가격을 산출하는 모형을 옵션가격결정모형(OPM: option pricing model)이라고 한다. 지금까지 개발된 옵션가격결정모형은 수십 가지가 넘는다. 여기서는 비교적 내용이 단순하거나 많이 이용되는 확실성모형, 이항분포모형 그리고 Black-Scholes모형 등의 세 가지 모형을 살펴보겠다.[2)]

이러한 모형들의 공통된 원리는 옵션을 보유함으로써 미래에 얻게 될 만기가치를 할인하여 현재가치로 산출하고 그 값을 옵션의 이론가격으로 제시하는 것이다. 다만, 기초주식의 미래가격을 어떻게 보는가가 서로 다를 뿐이다.

확실성모형에서는 만기시점의 기초주식가격을 현재시점에서 확실한 단일값으로 알 수 있다고 가정한다. 한편, 이항분포모형은 기초주식의 가격이 이항분포를 따르기 때문에 만기에 나타날 수 있는 주가는 두 가지 값 중의 하나라고 가정한다. 그리고 Black-Scholes모형은 만기까지의 기간에 주가는 연속적으로 변화한다고 가정한다.

이러한 가정들을 비교해 보면 Black-Scholes모형이 가장 현실적이라고 생각할 수 있다. 현실적인 만큼 그 내용은 다른 모형에 비해서 어려운 편이다.

2) 이외에도 최근에 와서 전산용량의 대형화, 컴퓨터의 고성능화에 힘입어 시뮬레이션모형을 이용한 옵션가격결정이 인기를 끌고 있다.

따라서 가장 비현실적이지만 내용이 가장 쉬운 확실성모형부터 살펴보는 것이 이해에 도움이 되겠다.[3)]

2 확실성모형

(1) 가 정

확실성모형은 Haley와 Schall(1979)에 의해서 제시된 모형이다. 확실성모형은 그 모형의 명칭에서 보듯이 미래에 대한 확실성을 전제로 한다. 이는 불확실성이 존재하지 않는 상황이기 때문에 현재시점에서 만기일의 기초주식가격을 확실한 값으로 미리 알고 있다는 의미이다. 기초주식의 만기주가가 얼마인지를 알고 있다면 특정옵션을 보유함으로써 얻게 될 만기가치도 확실한 값으로 파악된다. 이 값은 확실한 값이므로 현재가치를 구할 때에의 할인율은 무위험이자율이 적용되어야 할 것이다.

(2) 모형의 도출

예를 들어서 삼성전자주식에 대한 옵션으로 행사가격 50만원이며 만기는 1년 남은 옵션이 있다고 하자. 그런데 1년 후 삼성전자의 주가는 55.5만원이라면 이 옵션의 가격은 얼마인가를 생각해 보자. 이 옵션을 갖고 있으면 만기주가가 행사가격보다 크므로 권리를 행사할 것으로 그 행사에 따라서 확실하게 1년 후에 5.5만원(= 55.5 − 50)을 얻게 된다. 여기서 무위험이자율이 연 10%라고 하면 1년 후의 5.5만원은 현재가치 5만원이 될 것이고 이 값이 이 옵션의 가격이 되는 것이다.

내용이 단순하기 때문에 모형화시키는 과정도 단순하다. 즉, 만기주가(S_t)

3) 경우에 따라서 이러한 OPM을 통해 계산한 이론가격은 실제 옵션가격과 상당한 차이를 보이는 경우도 있어, 실제 옵션투자에서는 이론가격을 참고자료로만 활용하기도 한다. 옵션의 경우, 많은 투자기관들이 자체시스템으로 옵션이론가격을 산출해서 제공하고 있지만 그 기본원리는 크게 다르지 않다.

가 행사가격(X)보다 클 때에 만기의 콜옵션의 가치(C_t)는 ($S_t - X$)로서 양(+)의 값을 가질 것이다. 그리고 이것은 확실한 값이므로 다음과 같이 현재의 콜옵션가격(C)은 이 값을 무위험이자율로 할인한 현재가치가 된다.

$$C = \frac{S_t - X}{(1 + R_f)^t}$$

그런데 불확실성이 존재하지 않는 상황이라면 현재주가 역시 미래주가를 무위험이자율로 할인한 현재가치가 될 것이므로, 즉 $S = \frac{S_t}{(1 + R_f)^t}$을 위 식에 대입하면 다음과 같이 정리된다.[4)]

$$C = S - \frac{X}{(1 + R_f)^t}$$

만약, 만기주가가 행사가격보다 작다면 콜옵션 만기가치는 0이 될 것이고 그 현재가치도 0이 된다. 따라서 확실성모형은 다음과 같이 요약된다.

$$\begin{aligned} C &= S - \frac{X}{(1 + R_f)^t} \qquad S \geq \frac{X}{(1 + R_f)^t} \text{ 인 경우} \\ &= 0 \qquad\qquad\qquad\quad S < \frac{X}{(1 + R_f)^t} \text{ 인 경우} \end{aligned} \tag{8.2}$$

이 식은 콜옵션의 가격이란 현재주가에서 행사가격의 현재가치를 차감한 값이라는 의미이다. 이러한 원리는 이후 소개할 이항분포모형이나 Black-Scholes모형에서도 그대로 적용되는 것이다.

(3) 모형의 특징

확실성모형은 기초주식의 미래가격을 현재시점에서 확실한 값으로 알고 있다고 가정하여 아주 단순한 형태의 옵션가격결정모형을 제시한 것이다. 미래주가를 확실한 값으로 알고 있으므로 앞서 살펴본 옵션가격결정요인에서

---

4) 이자계산이 연속복리로 이루어진다면 다음과 같이 표현된다.

$$C = S - \frac{X}{e^{R_f t}}$$

주가의 분산(σ^2)은 제외된다. 그러나 이러한 가정이 매우 비현실적이라는 것은 독자들도 쉽게 수긍할 것이다. 다만 옵션가격도 미래현금흐름의 현재가치로 결정된다는 기본원리를 제공하는 것이다.

확실성모형에서는 콜옵션의 가격이 양(+)의 값을 가지면 동일한 조건의 풋옵션의 가격은 0이 되고 이와 반대로 풋옵션의 가격이 양(+)의 값을 가지면 콜옵션의 가격이 0이 된다. 이는 자명한 내용이다. 앞서 예를 들었던 삼성전자의 1년 후 주가가 55.5만원이라면 이를 50만원에 팔 수 있는 풋옵션이 무슨 가치를 갖겠는가?

예제 8-3

현재 옵션시장에서는 가나기업 주식 1주를 2년 후에 취득할 수 있는 콜옵션이 1개당 8,000원에 거래되고 있다. 확실한 정보에 의하면 2년 후의 가나기업 주가는 45,000원이 될 것이라고 한다. 무위험이자율은 연 10%라고 할 때 다음 물음에 답하라.

(1) 이 옵션은 2년 후 가나기업 주식을 얼마에 구입할 수 있는 옵션인가?
(2) 그리고 가나기업 주식의 현재가격은 얼마인가?

해설

(1) 확실성하의 상황이므로 다음이 성립한다.

$$C = \frac{S_t - X}{(1+R_f)^t}$$

$$8,000 = \frac{45,000 - X}{(1+0.1)^2}$$

$$\therefore X = 35,320$$

즉, 이 콜옵션의 행사가격은 35,320원이다.

(2) 미래주가의 현재가치가 현재주가이므로 다음과 같이 구한다.

$$\begin{aligned} S &= \frac{S_t}{(1+R_f)^t} \\ &= \frac{45,000}{(1+0.1)^2} \\ &= 37,190 \end{aligned}$$

현재 가나기업의 주식가격은 37,190원이다.

제3절 이항분포모형

1 가 정

이항분포모형은 Cox와 Rubinstein(1976)에 의해서 제시된 모형이다. 이 모형에서는 기초주식의 가격변동이 이항분포를 따른다고 가정하기 때문에 이항분포모형(binomial approach)이라고 하는 것이다. 기초주식의 가격이 이항분포를 따른다는 것은 무슨 의미일까? 예를 들어 삼성전자의 현재주가가 40만원이라고 하자. 그런데 1기 후 이 주가는 52만원이 되거나 36만원 중 하나가 될 것이라고 가정하는 것이다. 미래주가는 두 가격 중에 하나로 나타난다는 것이다.

이러한 가정 역시 확실성모형의 가정과 마찬가지로 매우 비현실적이다. 그러나 중요한 차이점은 이항분포모형은 불확실성을 고려하고 있다는 점이다. 즉, 주가의 변동가능성을 고려하고 있다는 점이 큰 차이점이다.

2 모형의 도출

(1) 도출원리

이항분포모형이나 차후에 설명할 Black-Scholes모형은 모두 헤지포트폴리오를 구성하여 모형을 도출한다. 헤지포트폴리오란 미래의 주가변동과 무관하게 일정한 가치를 갖는 포트폴리오를 말한다. 기초주식 1주를 매입하고 이 주식에 대해 m개의 콜옵션을 발행하여 주가변동으로부터 헤지되는 헤지포트폴리오를 구성한다고 하자.[5)]

만약 시장이 균형상태에 있다면 이러한 헤지포트폴리오를 구성하는데 현

그림 8-5 1기간 이항분포에서 주식과 콜옵션의 가치

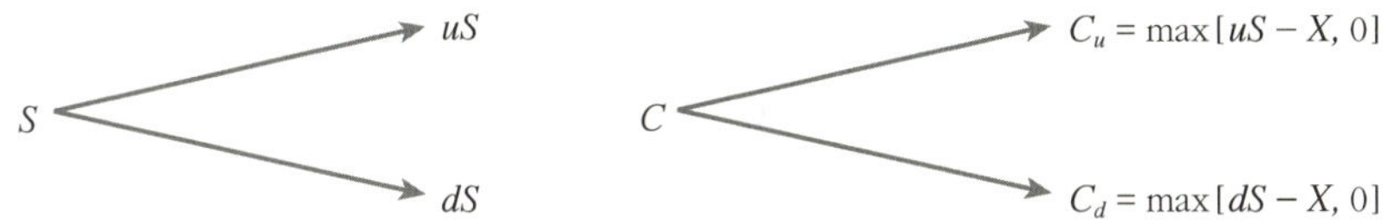

재시점에서 투자된 금액을 무위험이자율로 미래가치를 구한 값이 이 헤지포트폴리오의 만기가치와 같아야 할 것이다. 즉, 헤지포트폴리오를 구성해서 얻게 되는 만기까지의 수익률은 무위험이자율과 같아야 한다는 것인데 그 이유는 헤지포트폴리오의 만기가치가 단일의 확정값이기 때문이다. 만약 이러한 관계가 성립되지 않으면 불균형상태라고 할 수 있고 이러한 상태에서는 재정거래가 발생하여 결국 균형상태로 가게 된다.

(2) 도출과정

이항분포의 가정에 따라 현재주가가 1기간 후에 q의 확률로 uS가 되고 $(1-q)$의 확률로 dS가 된다고 가정하자. 그러면 주가와 이에 대한 콜옵션의 1기간 후 가치는 다음과 같은 분포를 보이게 된다.

이때에 u는 주가상승계수, d는 주가하락계수라고 하며 $d \leq 1 + R_f \leq u$ 관계가 성립한다.

이러한 관계를 증명하기 위해서 먼저 $d > 1+R_f$ 라고 해보자. 이는 최악의 상황에서도 주식수익률이 무위험수익률보다 높다는 뜻인데 이런 경우 무위험이자율에 의한 차입으로 주식을 매입하여 재정이익을 얻을 수 있게 된다. 따라서 $d \leq 1 + R_f$이어야 균형상태가 된다. 이번에는 $1 + R_f > u$ 라고 해보자. 이는 주식수익률이 아무리 높아도 무위험수익률보다 낮다는 뜻인데 이 경우

5) 기초주식의 가격과 콜옵션의 가치는 같은 방향으로 움직이므로 기초주식을 보유하면 콜옵션은 발행해야 헤지가 가능하다. 만약 풋옵션을 이용해서 헤지포트폴리오를 구성하려면 기초주식의 가격과 풋옵션의 가치가 반대방향으로 움직이므로 기초주식을 보유하면서 풋옵션도 매입해야 헤지가 가능하게 될 것이다. 이는 옵션투자전략에서 covered call, protective put 등을 생각해 보면 이해가 쉬울 것이다.

그림 8-6 1기간 이항분포에서 주식과 콜옵션의 결합

$$S - mC \rightarrow \begin{cases} uS - mC_u \\ dS - mC_d \end{cases}$$

에는 주식공매로 조달한 자금으로 무위험자산에 투자하여 재정이익을 얻게 된다. 따라서 $1 + R_f \leq u$이어야 균형상태가 된다. 두 가지 결과를 종합하면 결론적으로 균형상태가 되려면 $d \leq 1 + R_f \leq u$가 성립하여야 함을 알 수 있다.

이러한 상황에서 기초주식 1주를 매입하고 이 주식에 대해 m개의 콜옵션을 매도한 헤지포트폴리오(S−mC)를 구성한다. 그러면 이의 1기간 후 가치는 [그림 8-6]과 같은 분포를 이루게 된다.

이때 1기간 후의 두 가지 상황에서의 만기가치가 동일해야 할 것이다. 왜냐하면 주가변동과는 무관한 헤지포트폴리오를 구성하였다고 하였으므로 상황과 무관하게 일정한 값을 가져야 하기 때문이다. 따라서 다음 식을 통해서 헤지포트폴리오를 구성하기 위하여 기초주식 1주에 대해서 발행해야 할 콜옵션의 개수 m을 구할 수 있다.

$$uS - mC_u = dS - mC_d \text{ 에서 } m = \frac{uS - dS}{C_u - C_d}$$

이때의 m을 헤지비율(hedge ratio)이라고 한다.[6] 그리고 균형상태하에서 위의 헤지포트폴리오의 수익률은 무위험이자율 R_f와 같아야 하므로 다음 식이 성립된다.

$$(S - mC)(1+R_f) = uS - mC_u$$

만약 이 식이 성립하지 않으면 재정거래의 기회가 발생하게 된다. 그리고 이 식에 헤지비율 $m = \dfrac{uS - dS}{C_u - C_d}$을 대입하여 C에 대해서 정리하면 다음과 같

6) 여기서 $\Delta S = uS - dS$, $\Delta C = C_u - C_d$이므로 이때의 헤지비율 m도 $\Delta S = m \times \Delta C$를 만족한다. 이는 선물을 이용한 헤지비율 HR이 $\Delta S = HR \times \Delta F$을 만족하는 것과 동일한 원리이다.

은 가격결정식을 얻게 된다.

$$C = \left[C_u\left(\frac{(1+R_f)-d}{u-d}\right)+C_d\left(\frac{u-(1+R_f)}{u-d}\right)\right] \div (1+R_f)$$

여기서 $p = \frac{(1+R_f)-d}{u-d}$라고 놓으면 위의 식은 다음과 같이 간단하게 정리된다.

$$C = \frac{pC_u + (1-p)C_d}{1+R_f} \tag{8.3}$$

이때에 p를 헤지확률(hedge probability)이라고 하는데, 이는 주가가 상승할 확률 q와는 다른 것이다. 그리고 $d \leq 1 + R_f \leq u$관계가 성립하므로 $0 \leq p \leq 1$이 되어 확률의 모든 속성을 갖는다.

이렇게 p가 확률값과 같은 모양을 갖고 있지만 실제 확률값은 아니기 때문에 p를 유사확률(pseudo-probability)이라고 한다. 이를 이용하면 식 (8.3)을 쉽게 설명할 수 있다. 즉, 1기간 옵션가격은 1기말 옵션가치의 기대값을 현재가치로 계산한 값이라는 것이다.

3 모형의 특징

위에서 도출된 콜옵션 가격결정식을 살펴보면 다음과 같은 몇 가지 중요한 특징을 갖고 있음을 확인할 수 있다.

콜옵션의 가격은 주가의 상승확률(q)이나 하락확률($1-q$)과는 무관하게 결정된다. 이는 콜옵션가격결정식에 주가상승확률 q가 포함되지 않는 것을 통해 알 수 있다. 이는 옵션가격을 산출하는 과정에서는 자본자산가격결정모형(CAPM: capital asset pricing model)에서 필요한 주가변동에 대한 동질적 예측(homogeneous expectation)의 가정이 필요 없음을 의미한다.

또한, 콜옵션가격은 투자자들의 위험에 대한 태도(risk attitude)와는 무관하다. 투자자들의 위험에 대한 태도가 위험회피적(risk averse)이든가 또는 위험중립적(risk neutral)이든가 하는 가정은 이미 주가에 반영되어 있는 것이고 콜옵션가격은 어떤 형태로든 이미 결정된 주가수준을 주어진 값으로 산출되는 것이기 때문이다. 다만 투자자들의 재정이익을 취하려는 투자동기(prefer more to less)에 대해서만 가정했을 뿐이다.

그리고 풋옵션의 가치는 풋-콜 패리티의 관계식을 통해서 콜옵션의 가격으로부터 구할 수 있다.

예제 8-4

가나기업의 현재주가는 30,000원인데 1기간 후에 0.8의 확률로 36,000원이 되거나 또는 0.2의 확률로 24,000원이 될 것으로 예상된다. 주가의 변화는 이항분포를 따르며 무위험이자율은 연 10%라고 가정한다.

(1) 균형상태에서 행사가격이 28,000원이고 만기가 1년 남은 콜옵션의 현재가격은 얼마인가?

(2) 가나기업 주식 50주를 보유하고 있는 투자자의 콜옵션을 이용한 헤지전략은?

해설

(1) 주식가격과 콜옵션 만기가치의 이항분포는 다음과 같다.

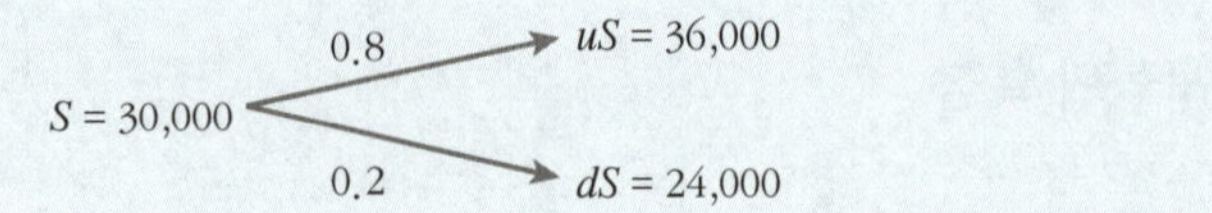

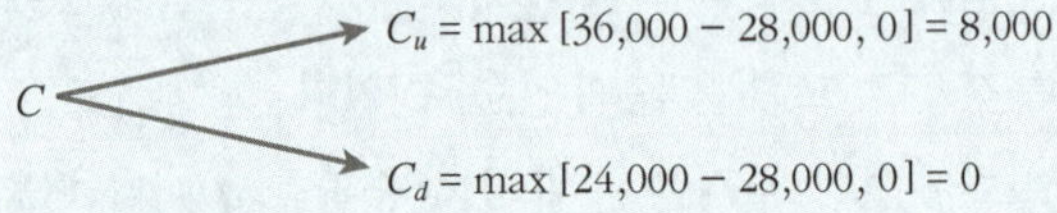

여기서 주식 1주를 매입하면서 m개의 콜옵션을 발행하여 헤지포트폴리오를 구성한다. 이의 만기가치에 대한 이항분포는 다음과 같다.

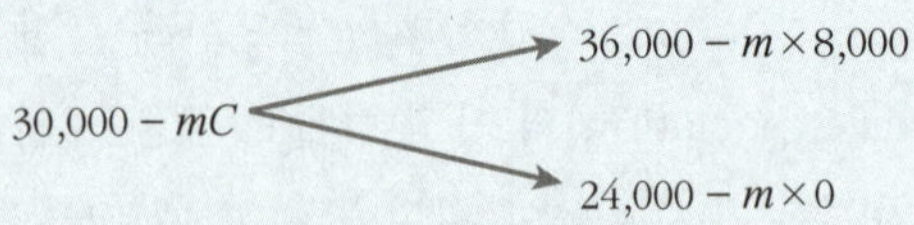

헤지포트폴리오가 되기 위해서는 모든 상황에서의 만기가치가 같아야 하므로 다음 식이 성립해야 한다.

$$36{,}000 - 8{,}000 \times m = 24{,}000$$

이로부터 헤지비율 $m = 1.5$임을 구할 수 있다.
따라서 헤지포트폴리오의 현재 투자액은 $30{,}000 - 1.5C$가 되고 이의 1년 후 가치는 24,000원이다.

이 기간의 수익률은 무위험이자율과 동일해야 한다. 그렇지 않으면 재정거래가 발생하게 된다. 따라서 다음 식이 성립하고 이로부터 콜옵션가격을 구할 수 있다.

$$(30{,}000 - 1.5C) \times 1.1 = 24{,}000 \qquad \therefore C = 5{,}454.55(\text{원})$$

(2) 1개 주식매입과 1.5개의 콜옵션 발행으로 헤지포트폴리오를 구성할 수 있으므로 50개 주식을 보유한 투자자라면 75개(= 50 × 1.5)의 콜옵션을 발행하여야 한다.

※ 도출된 공식을 이용해서 다음과 같이 구할 수도 있다.

주식가격의 이항분포는 다음과 같다.

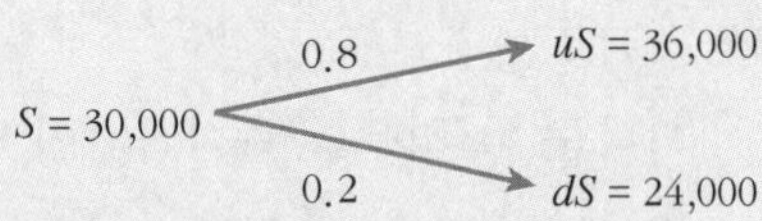

따라서 상승계수 $u = 1.2$, 하락계수 $d = 0.8$
이로부터 헤지확률 p를 구하면 다음과 같다.

$$p = \frac{(1 + R_f) - d}{u - d} = \frac{(1 + 0.1) - 0.8}{1.2 - 0.8} = 0.75$$

이제 주가변동에 따른 콜옵션의 만기가치를 이항분포로 나타내면 다음과 같다.

$$C \begin{cases} \xrightarrow{0.8} C_u = \max[36{,}000 - 28{,}000,\ 0] = 8{,}000 \\ \xrightarrow{0.2} C_d = \max[24{,}000 - 28{,}000,\ 0] = 0 \end{cases}$$

따라서 콜옵션의 균형가격은 다음과 같이 산출된다.

$$C = \frac{pC_u + (1-p)C_d}{1+R_f}$$
$$= \frac{0.75 \times 8,000 + 0.25 \times 0}{1+0.1} = 5,454.55(\text{원})$$

그리고 헤지비율 m은 다음과 같다.

$$m = \frac{uS - dS}{C_u - C_d} = \frac{36,000 - 24,000}{8,000 - 0} = 1.5$$

4 이항분포의 다기간 확장

(1) 2기간으로 확장

이제 앞에서 전개한 단일기간의 이항분포모형을 다기간으로 확장하기 위해서 옵션의 만기까지 2기간이 남아 있는 경우를 생각해 보자. 이러한 경우의 주가분포는 [그림 8-7]로 나타낼 수 있다.

[그림 8-7]에 나타나는 각 경우의 주식가격에 대응하는 콜옵션의 만기가치는 [그림 8-8]과 같은 분포를 보이게 된다.

그런데 앞에서 도출한 옵션의 만기까지 1기간이 남아 있는 단일기간 이항분포모형의 콜옵션평가식을 이용하면 제1기말의 옵션가치인 C_u와 C_d를 다음과 같이 구할 수 있다.

$$C_u = \frac{pC_{uu} + (1-p)C_{ud}}{1+R_f}, \qquad C_d = \frac{pC_{du} + (1-p)C_{dd}}{1+R_f}$$

이제 여기서 구한 C_u와 C_d를 현재의 콜옵션가격을 나타내는 다음 식에 대

그림 8-7 2기간 이항분포에서 만기주가

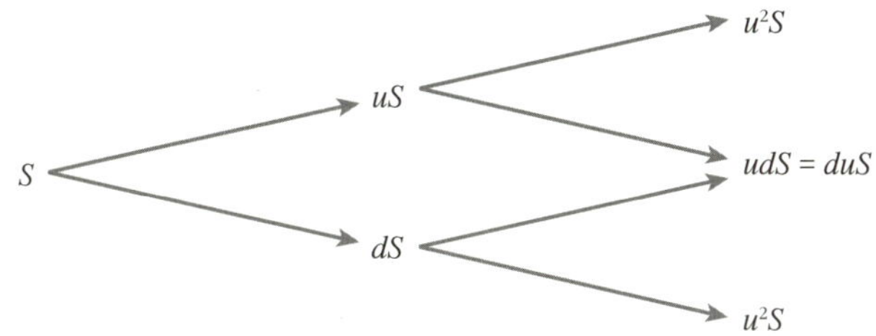

그림 8-8 2기간 이항분포에서 콜옵션의 만기가치

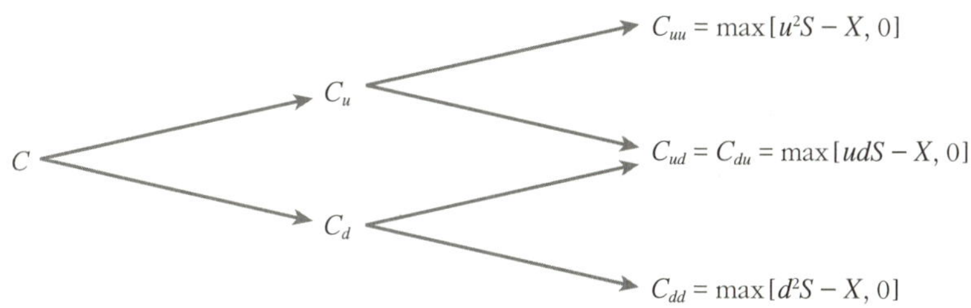

입한다.

$$C = \frac{pC_u + (1-p)C_d}{1+R_f}$$

대입한 결과를 정리하면 만기가 2기간 남아 있는 옵션의 현재가격을 다음과 같은 식으로 구할 수 있다.

$$C = \frac{p^2 C_{uu} + 2p(1-p)C_{ud} + (1-p)^2 C_{dd}}{(1+R_f)^2} \tag{8.4}$$

이 식을 살펴 보면 괄호 안의 각 항은 단일기간모형의 괄호 안에 있는 두 항의 2항 분포 전개식임을 알 수 있다.

따라서 식(8.4)의 2기간모형에서 n을 2기간 동안에 주가가 상승한 횟수라고 하면 $0 \le n \le 2$가 되며 식 (8.4)는 다음과 같이 쓸 수 있다.

$$C = \frac{\sum_{n=0}^{2} {}_2C_n\, p^n (1-p)^{2-n} \max[u^n d^{2-n} S - X,\ 0]}{(1+R_f)^2}$$

(2) 다기간(T)으로 확장

2기간모형을 구하는 과정에서 보았듯이 옵션의 가격을 구하는 과정은 다음과 같이 요약된다. 즉, 각 시점 앞에 기대되는 옵션가치에다가 그 가치에 해당하는 확률(정확히 말하면 헤지확률)을 곱하여 기대값을 구한다. 그리고 이를 무위험이자율로 할인하면 각 단계의 옵션가격이 되는 것이다.

이러한 과정을 반복하면 콜옵션가격 결정모형을 T기간모형으로 일반화시킬 수 있다. 이러한 과정을 따라서 만기가 T기간 남아 있는 경우의 콜옵션평가식을 구하면 다음과 같이 나타난다.(단, n은 T기간 동안의 주가상승횟수)

$$C = \frac{\sum_{n=0}^{T} {}_TC_n\, p^n (1-p)^{T-n} \max[u^n d^{T-n} S - X,\ 0]}{(1+R_f)^T} \tag{8.5}$$

그런데 식(8.5)를 풀어쓰면 다음과 같이 나타낼 수 있다.

$$C = \frac{\sum_{n=0}^{T} {}_TC_n\, p^n (1-p)^{T-n} u^n d^{T-n} S}{(1+R_f)^T} - \frac{\sum_{n=0}^{T} {}_TC_n\, p^n (1-p)^{T-n} X}{(1+R_f)^T}$$

이를 현재주가 S, 행사가격의 현가 $\frac{X}{(1+R_f)^T}$를 중심으로 정리하면 다음과 같다.

$$C = S\left[\frac{\sum_{n=0}^{T} {}_TC_n\, p^n (1-p)^{T-n} u^n d^{T-n}}{(1+R_f)^T}\right] - \frac{X}{(1+R_f)^T}\left[\sum_{n=0}^{T} {}_TC_n\, p^n (1-p)^{T-n}\right]$$

이렇게 정리된 식을 자세히 보면 확실성 모형의 구조와 공통점을 찾을 수

그림 8-9 | 파스칼의 삼각형

시행횟수	파스칼의 삼각형
0	1
1	1 1
2	1 2 1
3	1 3 3 1
4	1 4 6 4 1
·	· · · · · · · · · ·

전개식	$1 \cdot p^3$	$3 \cdot p^2(1-p)$	$3 \cdot p(1-p)^2$	$1 \cdot (1-p)^3$
옵션가치	C_{uuu}	C_{uud}	C_{udd}	C_{ddd}

있다. 즉, 현재주가에서 행사가격의 현가를 차감하여 옵션가격을 구하는 것이다. 다만 주가분포에 대한 가정이 다르기 때문에 현재주가와 행사가격의 현가에 이를 반영하는 [ ]에 해당하는 값을 곱해준 것만이 다를 뿐이다.[7]

(3) 이항분포모형에 대한 보충설명

이항분포모형에서 2기간 이상의 다기간 만기의 옵션가격을 결정하는 식을 얼핏 보면 매우 복잡하게 보인다. 그러나 실제로 다기간 만기의 옵션가격은 다음과 같은 두 가지 사항을 고려하면 쉽게 구할 수 있다.

① 파스칼의 삼각형을 이용하여 계수를 파악한다.

파스칼의 삼각형(Pascal's triangle)은 이항분포에서 시행횟수에 따른 각 상황이 발생할 경우의 수를 나타내는 것으로 [그림 8-9]와 같은 구조를 갖는다.

그림에서 나타난 구조에서 알 수 있듯이 각 행은 바로 위 행의 인접한 두 열의 값을 합한 것인데 이들은 $[p + (1-p)]^T$의 전개식에서의 계수를 나타낸

7) 이러한 구조적 공통점은 뒤에서 소개될 Black-Scholes 모형에서도 다시 확인할 수 있다.

다. 그리고 시행횟수는 옵션의 만기로 생각하면 된다. 예를 들어 만기가 3년인 옵션의 가격을 구할 때에는 다음과 같은 전개식이 될 것이고 각 항에 해당하는 옵션의 만기가치를 대응시킬 수 있다.

다기간 모형에서 분자에 해당하는 기대값이란 바로 위와 같은 전개식과 각 항에 해당하는 옵션가치를 곱하여 합한 값이다. 이렇게 구한 기대값을 무위험이자율로 할인하면 곧 옵션의 현재가격이 된다.

② 주가가 행사가격 미만으로 형성되는 경우는 고려할 필요가 없다.

위의 파스칼 삼각형에서 보면 만기가 T이면 고려해야 할 상황의 수는 $T+1$개임을 알 수 있다. 위에서 예로 든 만기가 3년인 경우에는 4가지 상황을 고려한 기대값을 구해야 한다.

그러나 실제로 옵션가치를 구할 때에는 4가지 상황을 모두 고려할 필요가 없는 것이다. 왜냐하면 만기의 주가가 행사가격보다 작게 되면 콜옵션의 만기가치는 0이기 때문이다. 위에서도 콜옵션의 만기가치를 C_{uuu}, C_{uud}, C_{udd}, C_{ddd}로 구분하였으나 C_{udd} 또는 C_{ddd}는 주가가 2회 이상 하락하였기 때문에 그 만기가치가 0일 가능성이 높다. 만약 이들이 0이라면 실제 고려할 옵션의 만기가치는 C_{uuu}와 C_{uud}, 두 가지뿐이다.

예제 8-5

〈예제 8-4〉에서의 콜옵션에 대해서 다른 조건은 동일하고 만기만 다른 콜옵션을 생각해 보자.

(1) 만기가 2년일 때 콜옵션의 균형가격을 구하고 만기가 1년인 콜옵션의 가격과의 차이가 갖는 경제적 의미를 설명하라.
(2) 또한 만기가 3년인 콜옵션의 균형가격은 얼마인가 ?

해설

(1) 만기가 2년인 콜옵션
주식가격의 이항분포는 다음과 같다.

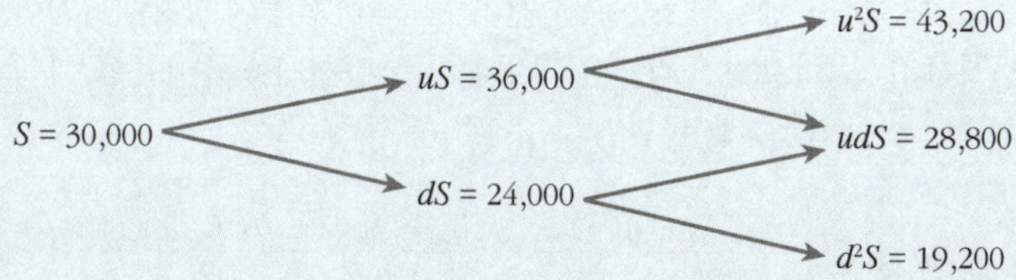

그리고 각 주가수준에서의 콜옵션 만기가치는 다음과 같다.

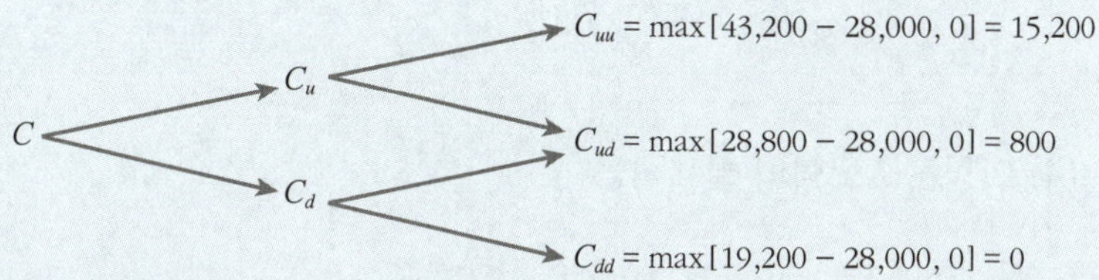

(8.4)를 이용하여 만기 2년인 콜옵션가격을 구하면 다음과 같이 산출된다.

$$C = \frac{p^2 C_{uu} + 2p(1-p)C_{ud} + (1-p)^2 C_{dd}}{(1+R_f)^2}$$
$$= \frac{0.75^2 \times 15,200 + 2 \times 0.75 \times 0.25 \times 800 + 0}{(1+0.1)^2}$$
$$= 7,314.05(\text{원})$$

이는 만기가 1년인 콜옵션가격 5,454.55(원)보다 높은 수준이다. 그 이유는 만기가 길수록 주가변동의 폭이 커져서 위험이 증가하는 효과와 만기가 길수록 행사가격의 현가가 작아지는 효과가 있기 때문에 콜옵션의 가격이 높아지는 것이다.

(2) 만기가 3년인 콜옵션가격

주식가격의 이항분포와 이에 해당하는 콜옵션의 만기가치를 살펴보면 다음과 같다.

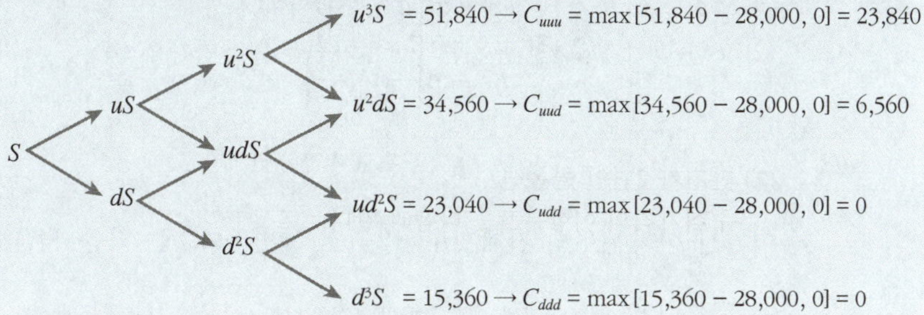

만기 주가가 행사가격 28,000보다 낮은 경우에는 콜옵션가치가 0이므로 무시한다. 그리고 파스칼의 삼각형에서 이항전개식의 계수를 파악하여 다음과 같이 콜옵션가격을 구한다.

$$C = \frac{p^3 C_{uuu} + 3p^2(1-p)C_{uud} + 3p(1-p)^2 C_{udd} + (1-p)^3 C_{ddd}}{(1+R_f)^3}$$
$$= \frac{0.75^3 \times 23,840 + 3 \times 0.75^2 \times 0.25 \times 6,560 + 0 + 0}{(1+0.1)^3}$$
$$= 9,635.61\,(\text{원})$$

(4) 이항분포모형의 실제적용

① 상승계수와 하락계수

지금까지 설명된 이항분포모형은 비현실적으로 단순한 형태이다. 옵션의 만기까지 동안 주가변화가 1기간, 2기간, 3기간 등의 이항분포를 따른다고 가정해서 구한 옵션가격은 근사값일 뿐, 정확한 가격이 될 수 없다.

이항분포를 실제로 이용하는 경우, 만기는 대체로 30개 이상으로 세분해서 적용한다. 즉, 매기간마다 주가는 상승하거나 하락하므로 30기간을 고려하면 31개의 만기가격이 있으며 약 10억개(정확하게 2^{10}개)의 주가변화가능성을 고려할 수 있다.

그리고 주가상승계수 u와 하락계수 d는 주가의 변동성(σ)에 의해서 결정된다. 그 결정방법은 여러 가지가 있는데 Cox와 Rubinstein(1985)에 의해 제시된 방법은 다음과 같다.[8)]

$$u = \exp\left[\sigma\sqrt{\frac{t}{n}}\right] = e^{\sigma\sqrt{\frac{t}{n}}}$$
$$d = \exp\left[-\sigma\sqrt{\frac{t}{n}}\right] = e^{-\sigma\sqrt{\frac{t}{n}}} = \frac{1}{u}$$

단, t : 연 단위로 측정한 만기

여기서 이항분포의 전개횟수 n을 1로 하면 u와 d는 다음과 같이 더 간단하

8) Jarrow와 Rudd(1983)에 의해 제시된 방법은 무위험이자율까지 고려해서 상승계수와 하락계수를 구하는 방법인데 이보다 좀더 복잡하다.

게 나타낼 수 있다.

$$u = e^{\sigma\sqrt{t}}$$
$$d = e^{-\sigma\sqrt{t}} = \frac{1}{u}$$

② 이항분포의 전개횟수

이항분포모형에서 옵션가격의 정확도는 만기까지의 기간을 얼마나 세분하느냐에 달려 있다. 예를 들어 만기가 3개월 남은 옵션의 가격을 구하기 위해 $n = 3$, 즉 1개월씩 3기간으로 나누는 것보다 1주일 단위로 $n = 13$으로 나누는 것이 더 정확하고 1일 단위로 $n = 90$으로 나누는 것이 보다 더 정확한 가격을 구할 수 있는 방법이 된다. 왜냐하면 잔존기간을 이렇게 세분할수록 만기주가분포는 더 현실에 가까운 모양이 될 것이기 때문이다. 그리고 여기서 n값을 크게 잡으면 그만큼 1기간의 상승계수, 하락계수는 더 작아질 것이다.

〈표 8-3〉은 만기까지 배당이 없다고 가정하여 현재주가가 5,000원이고 무위험이자율 10%인 상황에서 다양한 행사가격, 잔존만기, 가격변동성별로 콜옵션가격을 계산하여 작성된 것이다. 이항분포의 전개횟수 n을 5에서 25로 늘려서 계산한 옵션가격이 전개횟수를 무한대로 한 경우(이 경우가 Black-Scholes모형에 해당된다)의 가격에 훨씬 가까운 것을 확인할 수 있다.

표 8-3 이항분포전개횟수와 옵션가격(2022년 현재)

모 형	행사가격 / 잔존만기(일)	σ = 0.2			σ = 0.4		
		4,500	5,000	5,500	4,500	5,000	5,500
이항분포모형 $n = 5$	30	538	140	7	587	260	83
	120	674	321	112	803	553	306
	210	795	459	214	1,000	758	515
이항분포모형 $n = 25$	30	537	136	8	582	250	78
	120	670	313	108	823	535	329
	210	793	449	214	1,007	735	521
이항분포모형 $n = \infty$ (B-S모형)	30	539	136	8	583	249	77
	120	675	315	109	825	535	327
	210	802	454	221	1,011	736	522

출처 : 한국거래소

제4절 Black-Scholes모형

1 가정 및 개요

(1) 가정

앞서 살펴본 바와 같이 이항분포모형은 주가변동이 이항분포를 따른다고 가정함으로써 시간의 흐름을 이산적(discrete)으로 본 것이다. 따라서 주가도 일정시점과 다른 시점을 비교하여 그 변동을 파악한 이산적 시간모형(discrete time model)인 것이다.

이에 비해서 Black과 Scholes(1973)에 의해 제시된 Black-Scholes모형은 완전시장의 가정과 옵션의 만기까지 배당이 없다는 가정을 전제로 한다. 그러나 이보다 더 중요한 가정은 주가가 미세한 시간 사이에서 연속적으로 변동한다고 하는 것인데 이는 시간의 흐름을 연속적(continuous)으로 보는 것이다. 즉, Black-Scholes모형은 연속적 시간모형(continuous time model)이다.

(2) 주가변동

주가가 연속적으로 변동한다고 해도 불규칙하게 변동하는 것은 아니고 주가의 순간적 변동률은 일정한 기대치와 일정한 분산을 가진다고 가정한다. 이러한 주가변동은 다음과 같은 식으로 나타낼 수 있다.

$$\frac{dS}{S} = \mu dt + \sigma dz$$

이 식을 쉽게 설명하기 위해 주가를 술취한 등산객이 산을 올라간 높이로

그림 8-10 ||| 위너과정

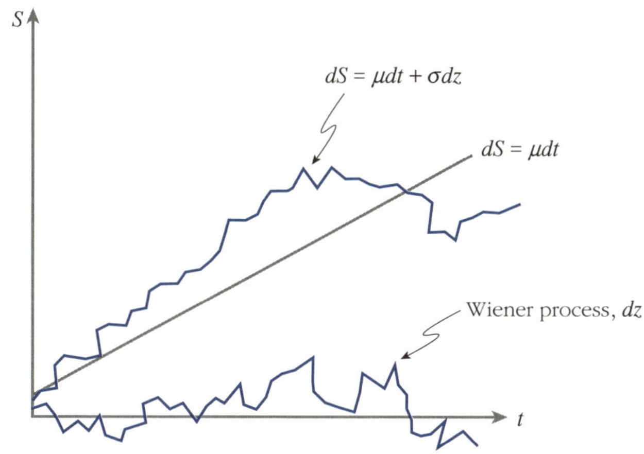

보자.[9] 이 사람의 매시점 높이는 두가지 요인에 의해 결정되는데 하나는 주어진 산의 경사(μ)이고, 다른 하나는 비틀거리는 정도(σ)이다. 한 걸음 내딛는 시간을 dz라고 하면 주어진 시간 dt 동안 비틀거리며 내디딘 거리는 σdz가 된다고 볼 수 있다. 이러한 주가변동을 그림으로 나타내면 [그림 8-10]과 같은데 이러한 특성을 가진 연속적인 확률과정(stochastic process)을 일반적 위너과정(generalized Wiener process)이라고 한다. 그리고 위너과정(Wiener process)은 그림에서 보듯이 일반적 위너과정에서 산의 경사에 따른 변동분을 차감한 것을 말한다. 위너과정은 흔히 브라운 운동(Brownian motion) 또는 확산과정(diffusion motion)과 거의 동의어처럼 사용된다.

2 모형의 도출

시간에 대한 가정을 생각해 보면 이산적 모형보다는 연속적 모형이 훨씬 현실적이다. 현실적인 만큼 그 도출과정은 이산적 모형보다 복잡하기 때문에

9) 강철준, 「금융선물 · 옵션거래」, 경문사, 1997, p.213.

높은 수준의 수학적 지식이 필요하다. 그러나 기본원리는 이항분포모형과 동일하다. 즉, 기초주식의 매입과 이에 대한 콜옵션의 발행으로 헤지포트폴리오를 구성하고 이의 수익률이 무위험이자율과 같아야 한다는 것이다. 다만, 연속적인 시간흐름을 전제로 구성된 헤지포트폴리오이므로 그 수익률은 순간적 수익률이 될 것이다. 그리고 재정거래 기회가 존재하지 않기 위해서 헤지포트폴리오의 순간적 수익률과 같아야 하는 무위험이자율도 연속복리 무위험이자율이어야 한다. 이러한 등식은 미분방정식이 되며 미분방정식을 풀어서 옵션가격결정모형이 도출된다. 도출결과로 나타난 가격결정식은 다음과 같다.

$$C = S \cdot N(d_1) - \frac{X}{e^{R_f t}} \cdot N(d_2) \tag{8.6}$$

단, C : 콜옵션의 가격
S : 기초주식의 현재가격
X : 행사가격
t : 만기까지 잔여년수
R_f : 연속복리 무위험이자율
$N(\cdot)$: 표준정규분포의 누적확률밀도함수

Black-Scholes 모형, 즉 식 (8.6)에서는 d_1, d_2가 다소 생소한 개념인데 이는 다음과 같이 산출한 값을 이용한다.

$$d_1 = \frac{\ln\left(\frac{S}{X}\right) + \left(R_f + \frac{\sigma^2}{2}\right)t}{\sigma\sqrt{t}}$$

$$d_2 = \frac{\ln\left(\frac{S}{X}\right) + \left(R_f + \frac{\sigma^2}{2}\right)t}{\sigma\sqrt{t}} = d_1 - \sigma\sqrt{t}$$

단, σ : 기초주식수익률의 표준편차

이렇게 정의되는 d_1, d_2의 개념을 설명하면 다음과 같다. Black-Scholes모형의 도출과정에서 설명한 바와 같이 기초주식의 매입과 콜옵션의 발행으로 구성된 헤지포트폴리오의 순간수익률을 연속복리 무위험이자율과 같게 놓아서 미분방정식을 세운다고 하였다. 이때의 미분방정식은 2차 미분방정식으로서 그 해가 두개가 되는데 d_1, d_2가 바로 그 해이다.

그런데 이와 같이 수학적 방법으로 도출된 Black-Scholes의 옵션가격결정식을 이해하기는 사실 쉽지 않은 일이다. 이 식의 의미를 좀더 쉽게 이해할 수 있도록 다음과 같이 설명해 보자.

모든 자산의 균형가격은 미래에 나타날 기대값의 현재가치이다. 이러한 원리는 앞서 여러번 설명되었고 이항모형에서도 이용되었다. 다만 이항모형에서는 미래에 나타날 가격이 단지 두 가지 경우의 이산적인 결과만 있었다. 그러나 현실적으로 미래에 나타날 수 있는 가격은 매우 많으므로 연속확률분포를 가정할 필요가 있는 것이다. 이러한 가정을 충족하는 모형이 Black-Scholes모형이다.

3 모형의 특징

(1) 각 변수와의 관계

식 (8.6)의 옵션가격결정식을 보면 가격결정요인이 기초주식의 현재가격, 행사가격, 기초주식의 수익률 분산, 만기 및 무위험이자율 등 5가지임을 알 수 있다. 그리고 이 옵션가격결정식을 각 요인에 대해서 1차 편미분하여 그 식의 부호를 살펴 보면 앞서 옵션가격에 대해 각 요인이 미치는 효과에서 설명한 것과 같이 기초주식의 현재가격, 수익률의 분산, 만기, 무위험이자율은 양(+)의 방향으로 영향을 미치고 행사가격만이 음(−)의 방향으로 영향을 미친다는 것을 확인할 수 있다.

(2) 모형의 실용성

위의 가격결정식은 복잡한 것처럼 보이지만 가격결정요인 중 주식수익률의 분산을 제외한 나머지 4개 변수는 쉽게 그리고 확실한 값으로 얻을 수 있는 것들이다. 따라서 Black-Scholes모형은 어려운 과정을 통해서 도출되었지만 실제 사용할 때에는 의외로 간편한 모형이다. 주식수익률의 분산은 이론적으로 사전적 확률분포를 이용하여야 하지만 이러한 확률분포를 작성한다는 것은 매우 어려운 일이기 때문에 실제로는 사후적 시계열자료를 이용하는 경우가 많다. 또 다른 방법으로 주식수익률 분산을 옵션의 실제시장가격으로부터 역으로 추정한 값을 이용할 수도 있는데 이를 내재변동성(implied volatility)이라고 한다.

(3) 주가와 행사가격에 대한 1차 동차성

또한 Black-Sholes모형에 있어서 콜옵션의 가격은 주가(S)와 행사가격(X)에 대해 1차 동차(homogeneous of degree one) 형태의 함수로 되어 있다.[10] 따라서 주가와 행사가격이 동일한 비율로 변화하면 옵션가격도 동일한 비율만큼 변화하게 된다. 그리고 이때에 $N(d_1)$, $N(d_2)$의 값은 주가와 행사가격이 동일한 비율로 변화하기 때문에 변화이전과 동일한 값을 유지하게 된다.

예제 8-6

가나기업의 현재 주가는 20만원이고 이 주식에 대한 행사가격이 24만원인 콜옵션의 가격은 2만원이라고 하자. 다른 조건은 동일하다고 가정하고 만약 가나기업의 주가가 25만원으로 상승하였다면 행사가격이 얼마인 콜옵션가격을 구할 수 있는가?

해설

콜옵션가격의 주가와 행사가격에 대한 1차 동차성을 이용하면 쉽게 생각할 수 있다. 즉, 가나기업의 주가가 25만원이라면 20만원의 1.25배에 해당하므로 행사가격 30만원(= 24만원×1.25)인 콜옵션의 가격을 다음과 같이 구할 수 있다.

$$2만원 \times 1.25 = 2.5만원$$

10) 독립변수 x, y인 함수 $z = f(x, y)$ 에서 모든 독립변수들을 각각 k배하여 이 함수에 넣었을 때 이 함수의 값이 k^r배로 변한다면 이를 r차 동차함수라고 한다. 즉, r차 동차함수에서는 다음 식이 성립한다. 단, 여기서 k는 임의의 상수이다.

$$f(kx, ky) = k^r f(x, y)$$

(4) $N(d_1)$, $N(d_2)$의 경제적 의미

위 모형도 기초주식의 매입에 대한 콜옵션의 발행으로 구성한 헤지포트폴리오로부터 도출된 것이다. 이때 기초주식 1개 매입에 대한 콜옵션의 발행갯수를 헤지비율이라고 하는데 이를 이항모형에서와 같이 m이라고 하자. 그러면 헤지포트폴리오의 가치는 다음과 같이 표현된다.

$$V_p = S - mC$$

이 포트폴리오는 주가변동으로부터 헤지된 것이어서 주가변동에 대한 포트폴리오의 가치변화는 0이므로 다음 식에서 m을 구할 수 있다.

$$\frac{\partial V_p}{\partial S} = 1 - m\frac{\partial C}{\partial S} = 0 \quad \Rightarrow \quad m = \frac{\partial S}{\partial C}$$

그런데 Black-Scholes모형을 미분하여 m을 구해 보면 이는 $N(d_1)$의 역수가 됨을 알 수 있다.[11] 여기서 m의 부호는 주가변동과 콜가치의 변동이 같은 방향이므로 양(+)의 값을 갖게 되는데 이는 주식보유자는 콜옵션을 발행해야 한다는 의미가 된다.[12]

한편, $N(d_2)$는 만기에 가서 주가가 행사가격보다 높게 형성될 확률, 즉 내가격(ITM: in the money)이 될 확률을 의미한다. 따라서 이는 옵션의 행사가능성을 나타내는 확률값을 나타내게 된다. 그러므로 Black-Scholes모형은 다음과 같은 경제적 의미를 갖는다.

$$\text{콜옵션가격} = \frac{\text{현재주가}}{\text{헤지비율}} - \text{행사가격의 현가} \times \text{행사확률}$$

---

11) $N(d_1)$를 헤지비율이라고 하는 경우도 있는데 이때에는 콜옵션을 기준으로 산출한 주식의 갯수를 의미하는 것으로 해석하면 될 것이다. 즉, $N(d_1)$개 주식매입에 대해 콜옵션 1개를 발행하면 헤지포트폴리오가 되는 것이다.

12) 풋옵션의 경우에는 주가변동과 풋가치의 변동이 반대방향이어서 헤지비율의 부호가 음(-)의 값을 갖게 되며 이는 주식보유자는 풋옵션을 매도해야 한다는 의미이다.

또한 $N(d_1)$, $N(d_2)$는 앞서 설명한 바와 같이 표준정규분포에서의 누적확률값인데 이는 모두 위험수준을 고려해서 산출되는 것이다. 이를 제외하면 Black-Scholes모형도 기본적으로 현재주가에서 행사가격의 현가를 차감하는 구조를 갖는다. 이는 이항분포모형에서 언급한 내용과 일치한다. 그리고 여기서 기초주식의 가격변동에 위험이 없다면, 즉 $\sigma = 0$ 이라면, d_1과 d_2의 값은 무한대가 되고 이에 대응하는 누적확률값 $N(d_1)$, $N(d_2)$는 모두 1이 될 것이다. 그러면 Black-Scholes모형은 다음과 같이 앞서 소개한 확실성모형과 동일한 형태가 되는 것을 확인할 수 있다.

$$\text{콜옵션가격} = \text{현재주가} - \text{행사가격의 현가}$$

4 모형의 이용

(1) 표준정규분포표의 이용

Black-Scholes모형을 통해서 콜옵션가격을 산출할 때에 표준정규분포를 이용하려면 다음과 같은 세 단계의 절차에 따른다.

① d_1, d_2를 산출한다.
② 표준정규분포표에서 $N(d_1)$, $N(d_2)$를 구한다.
③ 이렇게 구한 $N(d_1)$, $N(d_2)$와 함께 다른 변수의 값들을 가격결정식에 대입하여 콜옵션가격을 산출한다.

(2) 옵션가격표의 이용

표준정규분포표를 이용하여 옵션가격을 산출하면 정확한 값을 얻을 수는 있지만 그 과정이 번거로운 단점이 있다. 이에 비해서 근사값이기는 하지만 보다 쉽게 옵션가격을 구하는 방법이 있는데 바로 옵션가격표를 이용하는 것이다. 옵션가격표의 구조를 설명하면 표의 각행에는 (주식수익률의 표준편차

$\times\sqrt{\text{만기}}$)가 주어져 있고 각 열에는 $\left(\dfrac{\text{현재주가}}{\text{행사가격의 현가}}\right)$가 주어져 있다. 그리고 이 두 값이 교차하는 칸에는 현재 주가 대비 콜옵션의 가격이 비율로 주어져 있다. 따라서 옵션가격표를 이용할 때에는 다음과 같은 단계를 거치면 된다.

① $\sigma\sqrt{t}$, $\dfrac{S}{Xe^{-R_f t}}$를 산출한다.

② 옵션가격표에서 위의 각 값에 해당하는 행과 열이 교차하는 칸에 있는 비율을 찾는다.

③ 현재주가에 이 비율을 곱하면 콜옵션의 가격이 된다.

예제 8-7

가나기업의 현재 주가는 30,000원이고 이 주식의 수익률 분산은 0.2이다. 이 주식에 대한 행사가격이 28,000원이고 만기까지의 기간이 180일 남은 콜옵션의 가격은 얼마인가? 단, 연속복리 무위험이자율은 연 10%이다.

(1) 정규분포표를 이용하여 옵션가격을 산출하라.
(2) 옵션가격표를 이용하여 옵션가격을 산출하라.

해설

(1) 정규분포표의 이용

먼저 만기 180일을 연단위로 환산한다.

$$t = \frac{180}{360} = 0.5\,(\text{년})$$

그리고 d_1, d_2를 다음과 같이 산출한다.

$$d_1 = \frac{\ln\left(\dfrac{S}{X}\right) + \left(R_f + \dfrac{\sigma^2}{2}\right)t}{\sigma\sqrt{t}}$$

$$= \frac{\ln\left(\dfrac{30,000}{28,000}\right) + \left(0.1 + \dfrac{0.2}{2}\right)\times 0.5}{\sqrt{0.2}\times\sqrt{0.5}} = 0.53$$

$$d_2 = d_1 - \sigma\sqrt{t}$$

$$= 0.53 - \sqrt{0.2}\times\sqrt{0.5} = 0.22$$

표준정규분포표를 이용하여 $N(d_1)$, $N(d_2)$를 구하면

$$N(d_1) = N(0.53) = 0.7019$$

$$N(d_2) = N(0.22) = 0.5871$$

위에서 구한 값들을 Black-Scholes모형에 대입하여 콜옵션가격을 구한다.

$$C = S \cdot N(d_1) - \frac{X}{e^{R_f t}} \cdot N(d_2)$$
$$= 30,000 \times 0.7019 - \frac{28,000}{e^{0.1 \times 0.5}} \times 0.5871$$
$$= 5,420(\text{원})$$

(2) 옵션가격표의 이용
먼저 다음과 같이 $\sigma\sqrt{t}$와 $\frac{S}{Xe^{-R_f t}}$를 구한다.

$$\sigma\sqrt{t} = \sqrt{0.2} \times \sqrt{0.5} = 0.32$$
$$\frac{S}{X \cdot e^{-R_f t}} = \frac{30,000}{28,000 \times e^{-0.1 \times 0.5}} = 1.13$$

그리고 옵션가격표에서 행의 값으로는 0.32와 가까운 0.3을 찾는다. 한편, 열의 값으로는 1.12와 1.14가 주어져 있는데 이들과 0.3의 교차하는 값은 17.4%와 18.4%임을 확인할 수 있다. 따라서 이들의 중간값은 17.9%이지만 열값이 0.3보다 큰 0.32이므로 교차값을 18%로 보자.
그러면 다음과 같이 콜옵션가격을 구할 수 있다.

$$\text{C} = \text{현재주가}(S) \times 18\%$$
$$= 30,000 \times 18\%$$
$$= 5,400(\text{원})$$

* (1), (2) 모두 콜옵션가격을 구하는 과정에서 소수점 반올림 오차가 있으며 특히 정규분포표와 옵션가격표를 이용할 때에는 주어진 표에서 가까운 값을 이용하였다. 따라서 정확한 값과는 다소 차이가 있다.

5 옵션가격의 변동

이번에는 옵션가격의 움직임에 대해서 살펴보자. 즉, 옵션의 가격결정요인 1단위 변화에 따른 옵션가격의 변화를 측정하는 것으로 민감도 분석이라고 한다. 실무에서 가장 많이 이용되는 지표를 중심으로 옵션가격의 움직임을 설명하면 다음과 같다.

(1) 델타 (delta : Δ)

기초주식의 가격변화에 대한 콜옵션의 가격변화를 옵션의 델타라고 한다. 따라서 다음 식과 같이 옵션가격의 기초주식 가격에 대한 1차 편미분으로 측정한다. 만약 콜옵션의 델타가 0.5이면 기초주식가격이 1만원 오를 때 옵션가격은 5천원 오른다는 것을 의미한다.

$$\Delta = \frac{\partial C}{\partial S}$$

Black-Scholes모형에서 델타를 구하면 $N(d_1)$와 같게 된다. 그런데 $0 \leq N(d_1) \leq 1$이므로 기초주식의 가격변화폭은 항상 콜옵션의 가격변화폭 이상이라는 의미이다. 따라서 주식과 콜옵션으로 구성하는 헤지포트폴리오에서 헤지비율은 항상 1 이상의 값을 갖게 된다.

또한 콜옵션의 델타는 양(+)의 값을 가지고 풋옵션의 델타는 음(−)의 값을 갖는다. 그 이유는 기초주가의 상승에 따라 콜옵션가격은 증가하고 풋옵션가격은 감소하기 때문이다.

(2) 감마 (gamma : Γ)

옵션의 델타는 옵션이 내가격에 있느냐 또는 외가격에 있느냐의 상태에 따라서 달라진다. 즉, 델타는 고정불변의 값이 아니고 기초주가의 변화에 따라서 달라지는 것이다. 이러한 델타의 변화속도를 나타내는 것이 옵션의 감마이다. 즉, 옵션의 감마는 기초주식의 가격변화에 대한 옵션델타의 변화율을 말한다. 따라서 기초주식의 가격에 대한 옵션가격의 2차 편미분으로서 옵션의 곡률(option curvature)을 의미한다.

$$\Gamma = \frac{\partial \Delta}{\partial S} = \frac{\partial^2 C}{\partial S^2}$$

예를 들어 삼성전자의 1주당 가격이 50만원이라고 하고 행사가격이 50만원인 콜옵션가격이 4만원이고 델타가 0.5라고 하자. 여기서 만약 주가가 51만원으로 상승하면 이 콜옵션의 가격은 얼마일까? 델타만 고려한다면 콜옵션 가격은 5천원 상승한 4.5만원이 되어야 할 것이다. 그러나 주가변화에 따라서 델타가 달라지기 때문에 실제 형성되는 콜옵션가격은 4.5만원이 아니다. 만약 이 예에서 옵션의 감마가 0.04라고 하고 이를 고려하게 되면 새로운 델타는 0.54(= 0.5 + 1×0.04)이 되어 콜옵션가격은 4.54만원이 된다.[13)]

이러한 특성을 고려해 보면 감마가 큰 옵션은 주가변화에 민감한 델타를 가지므로 옵션매입자에게는 유리하지만 옵션발행자에게는 불리하게 된다.

(3) 람다 (lambda: Λ)

델타와 감마를 통해서 살펴본 것과 같이 기초주식의 가격변화는 그 자체가 직접 옵션가격을 변화시킨다. 그러나 또 한편으로는 이 주식의 가격변동성에 대한 전망을 변화시켜서 이차적으로 옵션가격에 다시 영향을 줄 수 있다. 여기서 가격변동성의 변화가 옵션가격에 미치는 영향을 측정하는 지표가 람다이다. 람다는 기초주식의 위험 한 단위(일반적으로 1%)의 변화에 대한 옵션가격변화를 의미한다. 이는 kappa, sigma 또는 vega 등으로 불리기도 하는데 다음과 같이 측정한다.

$$\Lambda = \frac{\partial C}{\partial \sigma}$$

람다는 옵션의 레버리지를 직접적으로 측정하는 단위라고 할 수 있다.

(4) 세타 (theta: Θ)

세타(theta: Θ)란 시간이 경과되어 만기일까지의 기간이 감소함에 따른 옵션의 가격변화를 말하며 다음과 같이 구한다. 이 식에서 시간의 변화는 연단

13) 만약 이와는 반대로 현재 주가가 1만원 하락하였다면 델타는 0.46(= 0.5 − 1×0.04)이 되어 0.5보다 작게 된다. 이때에는 콜옵션의 실제가격이 5천원보다 적게 하락한다. 여기서의 예와 같은 등가격옵션의 경우 감마가 큰 값을 갖는다.

위로 측정된 값을 이용한다.

$$\Theta = \frac{\partial C}{\partial t}$$

세타값은 음수로 나타나게 되는데 시간경과는 잔존만기를 감소시키는 것이므로 옵션가격은 하락하기 때문이다. 그리고 람다는 만기까지의 잔존기간이 길수록 큰 값을 갖는데 비해서 세타는 이와 반대로 만기까지의 잔존기간이 짧아질수록 큰 값을 갖는 대조적인 특징을 갖는다. 세타가 큰 옵션은 시간이 경과됨에 따라 옵션가치가 더 많이 감소할 것이므로 옵션매도자에게 유리하다.

(5) 로우 (rho: P)

로우는 이자율 변화(일반적으로 1%)에 따른 옵션가격의 변화를 의미한다. 즉, 이자율에 대한 옵션가치의 민감도로서 다음과 같이 구한다. 그런데 옵션만기는 대개 1년 이내이며 단기간에 금리변동은 크지 않기 때문에 그다지 중요한 지표로 사용되지는 않는다.

$$P = \frac{\partial C}{\partial r}$$

제5절 OPM의 현실화

앞서 제시된 옵션가격결정모형은 모두 만기가 도래되기 이전에는 그 권리를 행사할 수 없는 유럽형 옵션에 대한 것이었다. 그리고 만기 이전에는 배당도 지급되지 않는 경우를 가정한 것이었다. 그러나 현실적으로는 만기 이전에 배당이 지급되는 경우도 많고 만기 이전에 권리를 행사할 수 있는 옵션도 있다. 이러한 현실을 감안하여 OPM의 가정을 완화해서 현실적으로 OPM을 이용하려면 어떤 조정이 필요한가를 살펴보자.

1 만기 이전에 배당이 지급되는 경우

(1) 배당의 두 가지 효과

배당의 효과를 반영한 OPM을 살펴보기 위해서는 먼저 배당이 옵션가격결정요인에 어떤 영향을 미치는지 확인해야 한다. 배당이 OPM에 미칠 수 있는 효과는 다음과 같이 두 가지를 생각할 수 있다.

첫째, 배당이 지급되면 기초주식의 가격이 하락한다. 그리고 기초주식가격의 하락으로 옵션의 가격도 떨어지게 된다.

둘째, OPM은 주식보유와 콜옵션 발행으로 구성된 헤지포트폴리오의 수익률이 무위험이자율과 같다고 해서 도출된 것이다. 그런데 배당이 지급되면 이러한 헤지포트폴리오의 수익률은 무위험이자율에서 배당수익률을 차감한 수준이 되어야 할 것이다. 그래야만 재정거래가 발생하지 않기 때문이다.

(2) 배당조정 이항분포모형

위에서 설명한 배당의 효과를 반영하려면 배당의 가치만큼 기초주가를 낮추어서 옵션평가모형을 사용하면 될 것이다. 먼저 이항분포모형에서 이러한 배당효과를 반영해 보자. 이항분포모형에서 제시된 식 (8.5)는 만기까지의 기간 도중에 현물주식 보유에 따른 현금배당이나 기타 이자수익 등이 없는 것으로 가정한 식이다. 이러한 가정을 현실화시켜서 만약 중간에 q%만큼의 현금배당이 m회 실시된다고 하자. 이러한 배당효과를 고려하면 만기주가 $S_T = u^n d^{T-n} S$는 다음과 같게 될 것이므로 이를 이항분포모형에 대입하면 된다.

$$S_T = u^n d^{T-n}(1-q)^m S$$

그러나 현금배당이 이와 같이 일정한 비율과 횟수로 발생하지 않고 단속적으로 발생한다면 이 식을 그대로 사용할 수 없고 매기 배당을 고려해서 각 단계의 주가를 역산하고 단계별 콜옵션가격을 계산하면서 최종적인 옵션가격을 구해야 한다.

(3) 배당조정 Black-Scholes모형

현금배당의 금액과 지급시기가 알려져 있으면 유럽형 콜옵션의 가치를 계산하는데 Black-Scholes모형을 이용할 수 있다. Black-Scholes모형에서도 배당의 효과는 배당의 가치만큼 기초주가를 낮추면 된다. 이러한 모형을 제시하면 다음과 같다.

$$C = S' \cdot N(d_1) - \frac{X}{e^{R_f t}} \cdot N(d_2) \qquad (8.7)$$

여기에서 S'는 배당지급효과를 고려해서 감액조정된 기초주식의 가격을 의미한다. 만약 여기서 t시점 후의 배당액 D가 알려져 있다면 S'는 다음과 같이 구한다.

$$S' = S - \frac{D}{(1+R_f)^t}$$

그런데 주가지수옵션처럼 배당이 옵션만기까지의 기간 중 일정한 속도로 이루어진다면 이때는 배당수익률 q를 연단위로 적용해서 S'는 다음과 같이 산출된다.

$$S' = \frac{S}{e^{qt}}$$

이 경우에 S'을 Black-Scholes모형의 d_1, d_2에 대입하면 다음과 같이 표현될 수 있다.

$$d_1 = \frac{\ln\left(\frac{S'}{X}\right) + \left(R_f + \frac{\sigma^2}{2}\right)t}{\sigma\sqrt{t}}$$

$$= \frac{\ln\left(\frac{S}{X}\right) + \left[(R_f - q) + \frac{\sigma^2}{2}\right]t}{\sigma\sqrt{t}}$$

$$d_2 = d_1 - \sigma\sqrt{t}$$

이와 같이 d_1, d_2를 구할 때에 배당조정주가(S')를 사용하거나 또는 현재주가(S)를 사용하면서 무위험이자율(R_f)에서 배당수익률(q)을 차감하면 배당효과를 반영한 것이 된다. 그런데 만기까지 남은 기간이 1년 미만으로 짧은 옵션의 경우에는 수익률의 조정으로 인한 효과가 미미할 것이다. 따라서 대개 단기옵션의 경우에는 주가의 감액조정을 하고 주가지수옵션이나 장기옵션의 경우에는 수익률을 조정하는 방법을 따르는 경우가 많다.

이상의 방법은 모두 유럽형 옵션의 경우에만 적용될 수 있다. 미국형 옵션은 유럽형 옵션보다 조기행사의 가능성만큼 더 가치가 있으므로 이를 감안해 주어야 하는데 지금까지 이용한 Black-Scholes모형에서는 평가가 불가능하다.

예제 8-8

가나주식의 현재가격은 51,000원이고 이의 분산은 0.348이다. 3개월 후에 1주당 1,020의 배당이 있을 것이라고 할 때, 가나주식에 대한 행사가격이 46,000원이고 만기가 6개월 남은 콜옵션의 가격은 얼마인가? 단, 무위험이자율은 연10%라고 하자.

해설

이 예제는 단기옵션 문제이다. 먼저 배당금의 현재가치를 구해서 기초주식의 가격을 감액조정한다.

$$S' = 51,000 - \frac{1,020}{1.1^{0.25}} = 50,000$$

여기서 배당금의 현재가치를 무위험이자율로 할인하여 구한 것은 단기내에 배당이기 때문이다.

그리고 OPM을 이용하기 위한 관련 값을 구한다.

$$d_1 = \frac{\ln\left(\frac{50,000}{46,000}\right) + \left(0.1 + \frac{0.348}{2}\right) \times 0.5}{\sqrt{0.348} \times \sqrt{0.5}} = 0.53$$

$$d_2 = 0.53 - \sqrt{0.348} \times \sqrt{0.5} = 0.22$$

$$N(d_1) = 0.7019,\ N(d_2) = 0.5438$$

Black-Scholes OPM에 대입하여 옵션가격을 구하면 다음과 같다.

$$C = 50,000 \times 0.7019 - \frac{46,000}{e^{0.1 \times 0.5}} \times 0.5438$$
$$= 11,300(\text{원})$$

2 만기 이전에 권리를 행사할 수 있는 경우

(1) 무배당주식의 콜옵션

권리를 만기 이전에 행사할 수 있는 옵션은 미국형 옵션(American option)이라고 한다. 미국형 옵션의 가격은 배당이 있느냐, 없느냐 그리고 콜옵션이냐, 풋옵션이냐에 따라서 달라지게 된다. 그러나 배당이 없는 주식에 대한 콜옵션이라면 미국형 옵션의 가격이 유럽형 옵션의 가격과 똑같다. 왜냐하면 무배당주식의 콜옵션의 경우에는 만기 이전에 권리를 행사하는 것이 만기에 권리를 행사하는 것보다 항상 불리하기 때문이다. 이에 대한 근거로 다음과 같이 두 가지 이유가 제시된다.

첫째, 콜옵션이 갖는 보험기능이다. 즉, 주가가 행사가격 미만으로 하락할 경우 콜옵션은 옵션보유자의 부를 보호해 주는데 일단 권리를 행사하고 나면 보험기능이 소멸되기 때문이다.

둘째, 화폐의 시간적 가치 때문이다. 즉, 행사가격은 늦게 지급할수록 그 현재가치가 작아지므로 옵션의 가치에 유리하게 작용하기 때문이다.

이러한 이유로 무배당 주식에 대한 미국형 콜옵션의 가격은 만기에 권리를 행사할 수 있는 유럽형 콜옵션과 같게 되는 것이다.

(2) 풋옵션과 배당주식의 콜옵션

무배당주식에 대한 콜옵션이 아니라면 항상 미국형 옵션의 가격이 유럽형 옵션의 가격 이상의 값을 갖게 된다. 왜냐하면 미국형 옵션의 경우에는 유럽형 옵션에는 없는 조기행사의 가능성이 있기 때문이다. 이러한 조기행사가능성의 가치는 미국형 옵션의 가격을 구하고 이로부터 동일조건의 유럽형 옵션의 가격을 차감하여 구할 수 있다.

미국형 옵션의 가격을 이항모형을 이용해서 결정해 보자. 기본적인 절차는 이항분포의 끝에서부터 처음을 향해서, 즉 만기시점에서부터 현재시점으로 시간을 거슬러 올라가면서 이항과정을 역행하는 것이다. 그리고 매 시점마다 옵션을 행사하는 것이 최적인지를 판단해야 한다.

이항분포의 끝에서는 미국형의 옵션가치가 유럽형과 동일하다. 그러나 이를 제외한 각 시점에서 미국형 옵션은 유리할 경우에는 항상 그 권리를 행사할 수 있으므로 그 가치는 다음의 두 값 중에서 큰 값이 된다.

① 이항분포모형 식 (8.3)에 의해서 산출된 옵션가치
② 각 시점에서 권리를 행사하여 얻을 수 있는 가치

이미 앞에서 살펴보았듯이 유럽형 옵션이라면 최종옵션가격이 모두 ①에 의해서 결정된다. 그러나 미국형 옵션에서는 ②가 ①보다 더 큰 경우가 되면 권리를 행사할 것이므로 ① 대신 ②로 대체해서 최종옵션가격을 구해야 한다. 여기서 ②는 각 시점에서 측정되는 옵션의 내재가치로 볼 수 있다.

예제 8-9

가나기업의 현재 주가는 50,000원이며 주가변화는 각 기간마다 20% 상승 또는 20% 하락하는 이항분포를 따른다. 만기가 2년이고 행사가격이 52,000원인 유럽형 풋옵션의 가격과 매년 말에 권리를 행사할 수 있는 미국형 풋옵션의 가격을 각각 산출하라. 단, 무위험이자율은 연 5%이다.

해설

(1) 주가와 옵션가치의 이항분포는 다음과 같다.

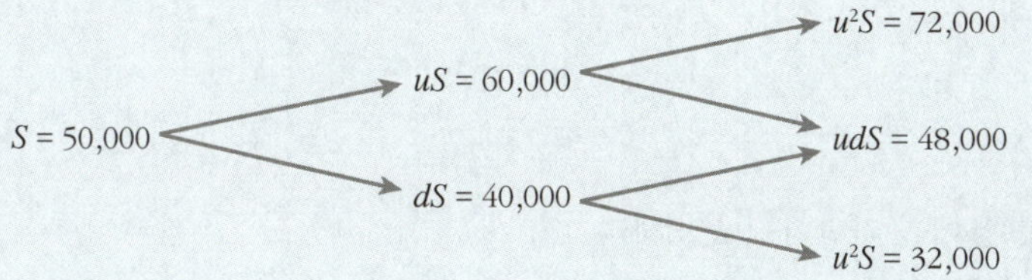

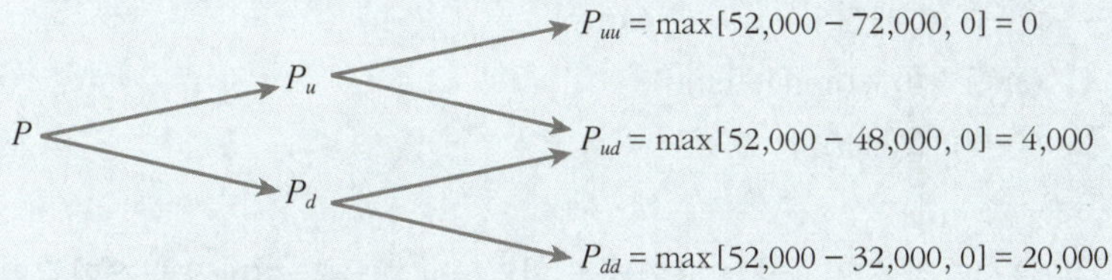

여기서 헤지확률을 구한다.

$$p = \frac{1.05 - 0.8}{1.2 - 0.8} = 0.625$$

헤지확률을 이용해서 P_u, P_d를 구하면 다음과 같다.

$$P_u = \frac{0 \times 0.625 + 4,000 \times 0.375}{1 + 0.05} = 1,429$$
$$P_d = \frac{4,000 \times 0.625 + 20,000 \times 0.375}{1 + 0.05} = 9,524$$

P_u, P_d 값을 통해서 유럽형 풋옵션가격을 산출한다.

$$P = \frac{1,429 \times 0.625 + 9,524 \times 0.375}{1 + 0.05} = 4,252(\text{원})$$

(2) 만약 매기간 말에 옵션을 행사할 수 있다면 P_u, P_d 값이 다음과 같이 산출된다.

$$P_u = \max[1,429, 0] = 1,429$$
$$P_d = \max[9,524, 12,000] = 12,000$$

이 값을 이용해서 미국형 풋옵션가격을 다음과 같이 구할 수 있다.

$$P = \frac{1,429 \times 0.625 + 12,000 \times 0.375}{1 + 0.05} = 5,136(\text{원})$$

연습 문제

8-1 다음 용어를 간단하게 설명하라.

① 시간가치(time value)와 내재가치(intrinsic value)

② 풋-콜 패리티(put-call parity)

③ 헤지비율(hedge ratio)

④ 델타(delta)

8-2 옵션가격을 결정하는 요인들을 열거하고 이들의 변화가 옵션가격에 어떻게 영향을 주는가 설명하라.

8-3 가나기업의 현재 1주당 가격은 40,000원이다. 매기간 주가는 100% 상승하거나 50% 하락하는 이항분포를 따른다. 이자율은 연 10%라고 하여 다음 물음에 답하라.

(1) 위험중립확률을 구하라. 이를 이용해서 가나기업의 주식을 기초자산으로 하고 행사가격이 50,000원이며 만기가 1년 남은 풋옵션의 가격을 산출하라.

(2) (1)의 풋옵션과 동일한 효과를 얻기 위해서 주식과 채권으로 포트폴리오를 구성한다면 어떻게 해야 하는가?

(3) (2)에서 구성한 포트폴리오의 투자금액을 구하고 (1)에서 구한 풋옵션의 가격과 비교하라.

8-4 가나기업의 현재 1주당 가격은 60,000원이다. 매기간 주가는 50% 상승하거나 50% 하락하는 이항분포를 따른다. 이자율은 연 10%라고 하여 다음 물음에 답하라.

(1) 기초주식과 채권을 이용해서 행사가격이 60,000원이며 만기가 2기간 후인 유럽형 풋옵션을 복제할 수 있는 방법을 설명하라.

(2) (1)의 결과를 이용해서 풋옵션의 가격을 구하라.

8-5 가나기업의 현재 1주당 가격은 22,000원이고 주식수익률의 표준편차는 0.2이다. 이 주식에 대해 만기가 90일 남은 콜옵션이 거래되고 있는데 행사가격은 20,000원이다. 이자율은 연 10%라고 하고 다음 물음에 답하라.

(1) 콜옵션과 풋옵션의 시간가치를 구하라.

(2) 주식 1단위를 보유한 투자자가 콜옵션을 이용해서 헤지할 수 있는 방법과 풋옵션을 이용해서 헤지할 수 있는 방법을 설명하라.

(3) 콜옵션 1단위를 보유한 투자자가 주식을 이용해서 헤지할 수 있는 방법과 풋옵션을 이용해서 헤지할 수 있는 방법을 설명하라.

(4) 만기는 동일하면서 행사가격이 22,000원인 콜옵션이 앞서 제시된 콜옵션과 별도로 거래되고 있다. 행사가격 20,000원인 콜옵션 1단위를 보유한 투자자가 행사가격 22,000원인 콜옵션을 이용해서 헤지할 수 있는 방법을 설명하라.

8-6 ABC기업 주식의 1년 후 주가는 \$1에서부터 \$10까지의 정수값을 갖게 될 것이다. ABC기업의 주식을 기초자산으로 하는 10개의 옵션은 현재 모두 \$1/11의 가격으로 거래되고 있다. n번째 옵션의 만기가치는 다음과 같다.

$$n\text{번째 옵션의 만기가치}\begin{cases}1 \text{ if ABC주가} = n \\ 0 \text{ if ABC주가} \neq n\end{cases}$$

즉, 1년 후 주가가 n일 때에만 옵션을 행사하여 \$1를 받을 수 있다. 이러한 정보를 이용해서 다음 각 물음에 답하라.

(1) 1년 만기 \$100 할인채의 현재가격은 얼마인가?

(2) 위험중립적 상황에서 ABC주식의 현재가격을 산출하라.

신문기사 **금융의 패러다임이 '진짜' 바뀌었다, 리스크관리 금융의 중요성**

금융위기는 우리에게 '금융이란 무엇인가' 를 다시 생각하게 만든다. 몇 차례 위기를 겪었음에도 왜 '동양사태' 는 반복되는 것일까? 아직도 많은 사람들이 금융의 패러다임이 바뀌었음을 제대로 인지 못한 탓일 것이다.

금융이란 '자금의 융통' 의 준말이다. 전통적인 금융은 '돈의 여유가 있는 곳' 에서 '돈이 부족한 곳' 으로 자금을 융통해 주는 것이었다. 이런 금융의 의미가 바뀌었다. '자금의 융통' 에 '리스크 관리' 가 추가된 것이다. 과거에는 기업의 신규투자나 정부의 대규모 인프라사업 등을 위해 자금을 모으는 일이 중요했다. 그러나 다양한 자금조달 기법이 개발되면서 자금부족 현상은 많이 해소됐다. 반면 경제가 개방화 · 자유화되면서 주가, 환율, 부동산가격 등의 급격한 변동에 따른 위험은 매우 커졌다. 이런 리스크 관리가 금융의 주요 업무로 추가된 것이다.

종전까지 '리스크 관리' 라면 보험을 떠올렸다. 그런데 보험에는 한계가 있다. 화재나 자동차 보험의 경우, 사고 난 자는 소수에 불과하다. 수많은 가입자들이 보험료를 갹출해 사고 발생 자에게 보험금을 몰아줌으로써 위험부담을 완화할 수 있었다.

그러나 경제적 재난은 다르다. 예컨대 환율 폭등이나, 주가나 지가의 폭락시 수많은 사람들이 동시에 고통을 받는다. 따라서 미래에 발생할 수 있는 이런 위험에 대비한 새로운 수단이 필요해졌다.

주가폭락으로 많은 투자자들이 고통받는 것을 지켜본 버클리 대학의 헤인 리랜드 교수는 1976년, 교통사고에 대비한 상해보험과 같은 주식투자 방법을 고민했다. 그는 곧 풋옵션을 떠올렸다. 풋옵션은 주식가치가 떨어질 것을 대비해 미리 정해진 가격에 팔 수 있는 권리를 사는 것이어서 주가가 폭락하더라도 일정가격을 보장 받을 수 있다.

풋옵션은 일종의 보험이다. 이것으로 주가변동에 따른 리스크를 줄일 수 있지만 문제는 옵션가격을 얼마로 해야 하는 지 알 수 없었다. 옵션가격을 계산할 수 있다면 리스크의 가격 산출이 가능해진다. 또 리스크의 가격이 매겨진다면 이를 사고파는 시장도 만들 수 있다.

한편, 1973년 시카고 대학의 피셔 블랙과 마이런 숄즈는 옵션가격결정 모형을 만들었다. 1960년대 이미 미국의 장외시장에서는 대형 상장주식의 옵션이 거래되고 있었다. 그러나 이때 가격은 어림짐작으로 책정됐기 때문에 시장을 활성화시키기 어려웠다. 이들은 현재 주가, 가격변동성, 기간, 금리 등의 데이터를 활용해 주식옵션의 이론가격을 도출했다. 이론가격의 산출에 따라 리스크의 가격 매김이 가능해진 것이다.

그 결과, '리스크 관리'의 큰 장이 열렸다. '파생금융'이라 불리는 시장이 바로 이것이다. 은행, 증권사들은 개인이나 기업의 자산 중 리스크를 떼어내 거래하면서 리스크 관리에 적극 나서고 있다. 예컨대 주식이나 채권을 사면서 동시에 헤지할 파생상품을 구입한다. 풋옵션 같은 파생상품을 통해 언제든지 리스크를 상쇄할 수단을 갖추는 것이다.

'리스크 관리'는 종전의 '자금 융통'이라는 금융의 패러다임에 큰 변화를 가져왔다. 1997년 숄즈가 옵션가격이론으로 노벨경제학상을 받은 이래, 올해 노벨경제학상도 결국 리스크 관리와 연관된 자산가치 연구자들에게 돌아갔다. 리스크 관리 금융은 이미 세계적 관심사가 됐다.

〈헤럴드경제〉 2013.10.18.

제 4 부

옵션의 응용

제 9 장 OPM의 응용(Ⅰ)

재무관리에서 옵션의 원리가 이용되는 분야는 매우 많다. 기업을 둘러싼 여러 재무현상을 설명하거나 실물투자에 대한 결정과정을 좀더 정교하게 분석할 수 있다. 이외에도 특정한 목적의 포트폴리오를 구성할 때에도 옵션의 원리가 이용된다. 이번 장에서는 이러한 실물분야에서 OPM의 원리가 적용되는 내용을 중심으로 설명한다. 이때에 주의할 것은 단순하게 OPM을 그대로 적용하는 것이 아니라는 점이다. 각 경우에서 살펴보면 알 수 있겠지만 상황이 약간씩 차이가 있기 때문에 관련변수를 잘 선택해야 하고 새로운 요인을 추가로 고려해야 할 때도 있기 때문이다.

제1절 실물분야의 옵션

옵션의 원리가 적용되는 분야는 매우 많기 때문에 이러한 분야를 명확하게 구분하는 것은 쉽지 않다. 다만, 이번 장에서는 상대적으로 실물적 성격을 띠고 있는 자본구조, 실물투자와 관련된 의사결정문제 그리고 옵션을 이용한 포트폴리오관리 등을 먼저 살펴보겠다. 그리고 다음 장에서는 여러 증권의 특성을 함께 갖고 있는 전환사채, 신주인수권부사채 등 혼성증권에 대한 내용을 설명할 것이다.

그리고 본격적으로 OPM이 응용되는 사례를 분석하기 전에 만기가치와 현재가치의 개념을 다시 한번 분명히 할 필요가 있다. 이미 앞에서 언급한 바와 같이 만기가치(expiration value)란 특정 증권의 소유자가 만기까지 이를 보유할 때에 만기에 가서 얻게 되는 이득형태(payoff)를 말한다. 이러한 만기가치의 구조에 옵션적 특성이 있으면 이에 OPM을 이용하여 그 현재가치(present value)를 산출할 수 있는데 이것이 바로 이 증권의 가격(price)인 것이다. OPM이 응용되는 사례에서는 그 내용이 대부분이 이처럼 만기가치를 파악하는 것과 이에 OPM을 적용하여 그 현재가치를 산출하는 두 단계로 구성되기 때문에 이에 대한 개념을 명확하게 할 필요가 있다.

제2절 자본구조

1 가 정

여기서 자본구조(capital structure)란 기업의 가치를 부채가치와 자기자본가치로 구분해서 채권자지분과 주주지분을 평가하는 것을 말한다. 여기서 주주지분은 곧 주식의 가치가 되는데 종전에는 주식의 가치를 미래 배당액의 현재가치로 인식하고 이를 산출하기 위한 모형으로 배당평가모형, 자본자산가격결정모형(CAPM), 재정가격결정이론(APT) 등이 제시되었다. 그러나 주주의 유한책임을 고려하면 주식에도 옵션과 같은 성격이 있음을 알 수 있고 따라서 OPM을 이용해서 주식가치, 즉 자기자본의 가치를 평가할 수 있는 것이다.

분석의 편의상 여기서는 기업이 조달한 자본형태는 주식과 할인채권(discount bond), 두 가지 형태라고 가정한다. 그러므로 기업은 부채 만기까지 이자를 지급할 필요가 없고 만기일에 액면금액만을 상환하면 된다. 이러한 가정을 전제로 자기자본과 부채의 만기가치를 살펴보고 이에 대해서 OPM의 원리를 적용하여 자기자본과 부채의 현재가치를 구해 보자.

2 콜옵션을 이용한 만기가치분석

기업의 자본구조에서 부채와 자기자본의 만기가치를 설명하면서 콜옵션을 이용할 수도 있고 풋옵션을 이용할 수도 있다. 어떤 방법으로 설명해도 동일한 대상을 분석하는 것이므로 만기가치는 동일하게 나타날 것이고 이에 대한 현재가치도 동일한 값이 되어야 한다. 먼저 콜옵션을 이용한 분석방법을 다룬다.

(1) 자기자본의 만기가치

부채를 사용하고 있는 기업의 경우, 주주의 경제적 위치는 기업총자산을 기초자산으로 하고 행사가격은 부채의 액면금액인 콜옵션을 매입한 것과 동일하다. 왜냐하면 주주는 부채만기에 가서 기업가치가 부채의 액면금액보다 커야 부채액면금액을 상환하고 이를 초과하는 기업가치를 가져갈 것이기 때문이다. 그러나 기업가치가 부채액면금액보다 작다면 주주는 기업가치를 포기하면 그만이다. 즉, 주주는 만기의 기업가치가 부채액면보다 커서 자신에게 유리하면 주주로서의 권리를 행사하고 그렇지 않으면 권리를 포기할 수 있는 콜옵션을 보유한 것이다.

따라서 자기자본의 만기가치(S_t)는 기업의 만기가치(V_t)와 할인채의 액면금액(D)을 이용해서 다음과 같은 식으로 표현할 수 있다.

$$S_t = \max[V_t - D, 0] \tag{9.1}$$

단, Vt : 기업의 만기가치
D : 부채의 액면금액

이러한 만기가치를 그림으로 나타내면 [그림 9-1]과 같은데 이는 이미 앞에서 살펴 본 콜옵션의 만기가치와 동일한 구조임을 알 수 있다.

그림 9-1 자기자본의 만기가치

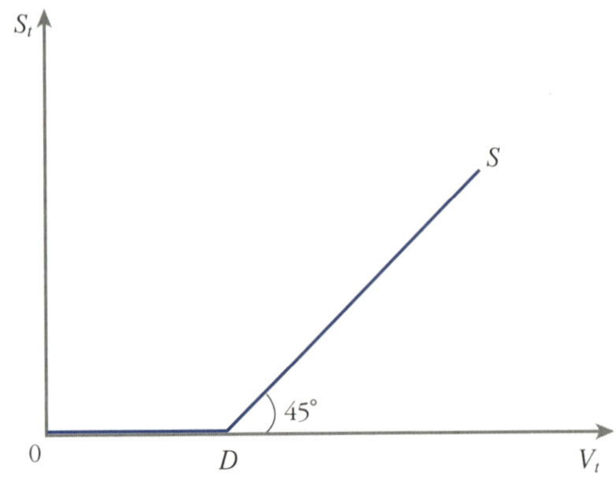

(2) 부채의 만기가치

이번에는 앞서의 부채(할인채)를 매입한 채권자가 얻게 되는 만기가치에 대해서 생각해 보자. 이때에도 미래의 상황은 기업의 만기가치가 부채의 액면금액보다 큰 경우와 작은 경우, 두 가지로 구분된다. 만약 기업의 만기가치가 부채의 액면금액보다 크다면 주주가 부채의 액면금액을 상환할 것이므로 채권자가 얻게 되는 만기가치는 부채의 액면금액이 될 것이다. 그러나 기업의 만기가치가 부채의 액면금액보다 작다면 주주가 자신의 권리를 포기하게 되어 채권자가 얻게 되는 만기가치는 부채의 액면금액보다 작은 기업의 만기가치가 될 것이다.

따라서 부채의 만기가치(B_t)는 기업의 만기가치(V_t)와 할인채의 액면금액(D)을 이용해서 다음과 같은 식으로 표현할 수 있다.

$$B_t = \min[V_t, D] \tag{9.2}$$

이러한 식으로 표현된 부채의 만기가치는 다음과 같이 구성하는 옵션전략과 동일하다.

그림 9-2 부채의 만기가치

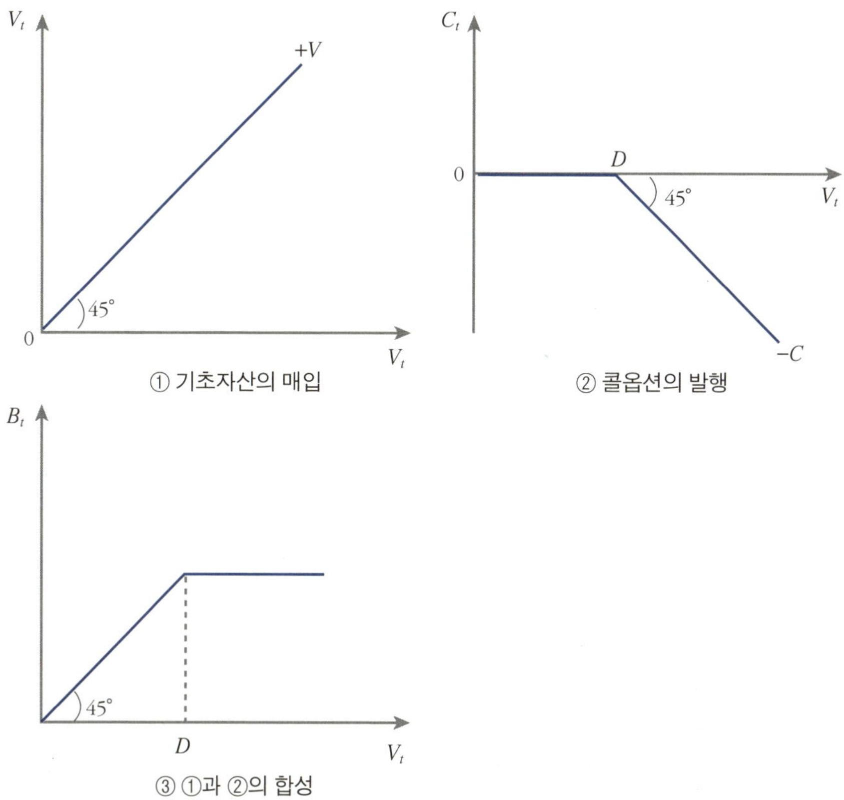

① 기업자산을 매입한다($+V$).

② 기업자산을 기초자산으로 하고 부채액면금액(D)을 행사가격으로 하는 콜옵션을 발행한다($-C$).

이러한 과정은 [그림 9-2]로 나타낼 수 있으며 여기서 ③의 그림이 식 (9.2)의 부채만기가치가 되는 것이다. 즉, 채권자의 경제적 위치는 기업자산을 매입하고 이를 기초자산으로 하고 만기액면금액을 행사가격으로 하는 콜옵션을 발행한 것과 동일함을 확인할 수 있다.

그리고 기업의 가치는 항상 자기자본과 부채의 합계가 되는 대차대조표등식, $V = S + B$이 성립하므로 [그림 9-1]과 [그림 9-2]의 합계는 곧 기업의 가치,

그림 9-3 ||| 총자산의 만기가치

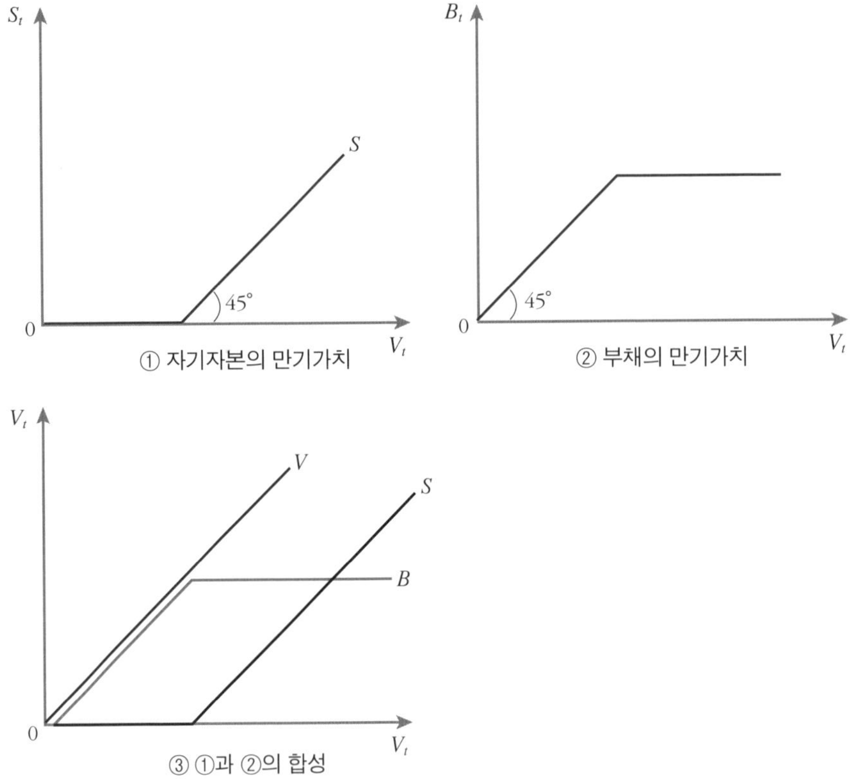

즉 총자산의 가치가 되어야 한다. 따라서 이 두 그림의 합성은 [그림 9-3]에서와 같이 항상 45° 선으로 나타난다.

3 풋옵션을 이용한 만기가치분석

(1) 자기자본의 만기가치

자기자본의 만기가치를 풋옵션을 이용해서 설명하는 과정은 콜옵션을 이

그림 9-4 자기자본의 만기가치

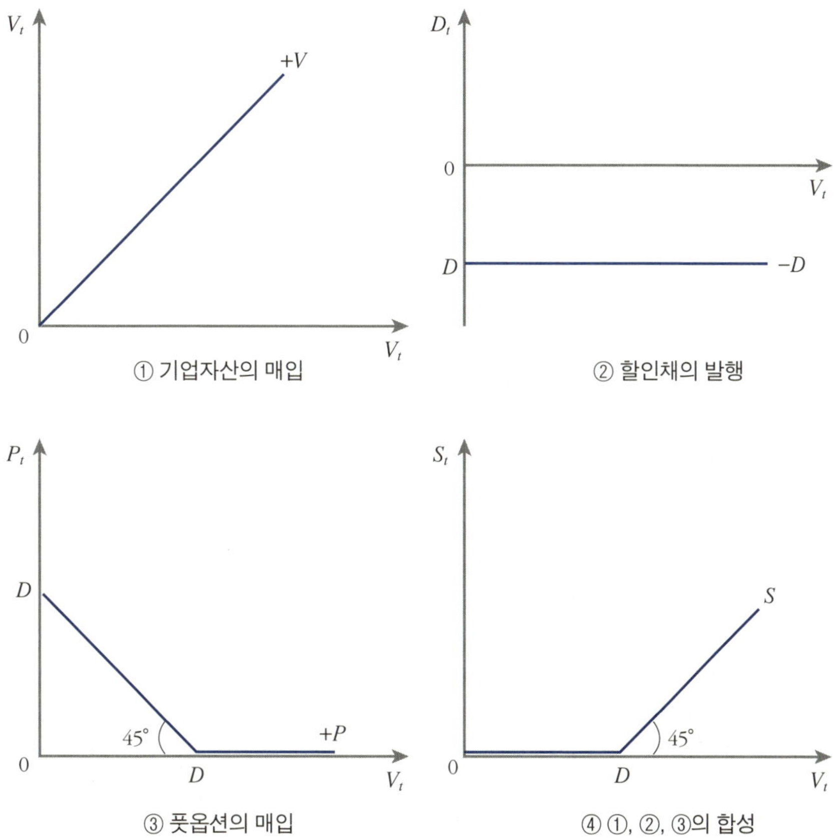

용하는 경우보다 다소 복잡한 편이다. 우선 풋옵션을 포함하는 옵션전략에서 콜옵션과 동일한 형태의 만기가치를 만들어 낼 수 있는 방법을 생각해 보자. 이 방법은 다음과 같은 세 가지 요소로 포트폴리오를 구성하는 것이다.

① 기업자산을 매입한다($+V$).
② 할인채를 발행한다($-D$).
③ 할인채의 액면금액(D)을 행사가격으로 하는 풋옵션을 매입한다($+P$).

그림 9-5 | 부채의 만기가치

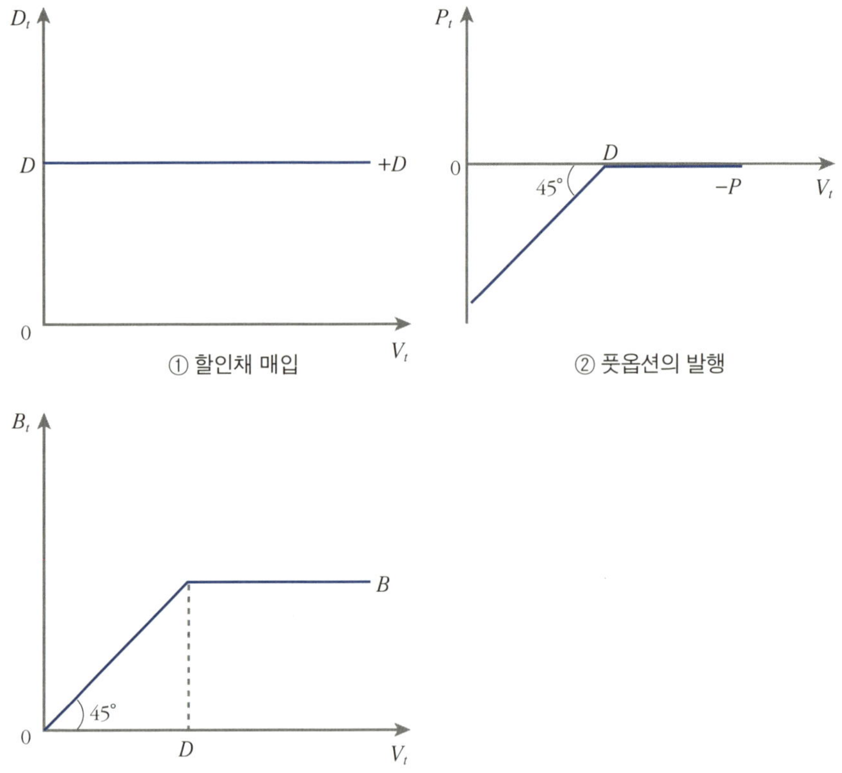

① 할인채 매입 ② 풋옵션의 발행

③ ①과 ②의 합성

이러한 세 가지 만기가치를 그림으로 나타낸 후 이들을 모두 합친다. 이러한 합성과정이 [그림 9-4]에 나타나 있다. 그림에서 보면 최종결과인 ④가 콜옵션으로 설명한 자기자본의 만기가치와 동일하다는 것을 알 수 있다.

(2) 부채의 만기가치

이번에는 풋옵션을 이용해서 부채의 만기가치를 나타낸다. 자기자본의 만기가치를 살펴 볼 때와 마찬가지로 어떻게 풋옵션을 이용하면 부채의 만기가치를 만들어 낼 수 있는가를 생각해 보자. 그 방법은 다음과 같은 두 가지 요소로 포트폴리오를 구성하는 것이다.

① 할인채를 매입한다(+D).
② 할인채의 액면금액(D)을 행사가격으로 하는 풋옵션을 발행한다(+P).

사실 이러한 전략은 자기자본의 만기가치를 구성하는 전략과 반대포지션에 있게 되는 것이므로 새로울 것이 없다. 아무튼 ①과 ②의 그림을 나타내고 이들을 모두 합치면 콜옵션을 이용한 분석에서 확인한 것과 똑같은 부채의 만기가치를 만들어 낼 수 있는데 이러한 과정이 [그림 9-5]에 나타나 있다. [그림 9-4]와 [그림 9-5]의 합성이 총자산의 만기가치가 된다는 것은 이미 [그림 9-3]에서 확인하였다.

4 자기자본, 부채의 현재가치

(1) 자기자본의 현재가치

자기자본의 만기가치는 콜옵션의 만기가치와 동일한 구조를 갖는다는 것을 수식과 그림에서 모두 확인하였다. 따라서 자기자본의 현재가치를 구하기 위해서 Black-Scholes OPM을 적용할 수 있다. Black-Scholes OPM을 이용한 자기자본의 현재가치(S_0)는 다음과 같다.

$$S_0 = V_0 \cdot N(d_1) - \left(\frac{D}{e^{R_f t}}\right) \cdot N(d_2)$$

$$= \text{현재기업가치} \cdot N(d_1) - \text{부채액면의 현가} \cdot N(d_2) \qquad (9.3)$$

$$\text{단, } d_1 = \frac{\ln\left(\frac{V_0}{D}\right) + \left(R_f + \frac{\sigma^2}{2}\right)t}{\sigma\sqrt{t}}, \quad d_2 = d_1 - \sigma\sqrt{t}$$

그런데 여기서 구한 자기자본의 현재가치(S_0)는 자기자본 전체의 가치이다. 따라서 1주당 주식가격은 이를 발행주식수로 나누어 구할 수 있다.

(2) 부채의 현재가치

만기가치를 기준으로 보거나 현재가치를 기준으로 보아도 기업가치(V)는 자기자본(S)과 부채(B)의 합이다. 즉, 대차대조표등식 $V = S + B$은 어느 시점에서나 성립하는 식이므로 부채의 현재가치를 다음과 같이 구할 수 있다.

$$\begin{aligned} B_0 &= V_0 - S_0 \\ &= V_0(1 - N(d_1)) + \left(\frac{D}{e^{R_f t}}\right) N(d_2) \end{aligned} \tag{9.4}$$

그런데 여기서 표준정규분포의 대칭성을 고려하면, $1 - N(d_1) = N(-d_1)$이 성립함을 알 수 있다. 그러므로 부채의 현재가치를 나타내는 위 식은 다음과 같이 나타낼 수도 있다.

$$B_0 = V_0 N(-d_1) + \left(\frac{D}{e^{R_f t}}\right) N(d_2)$$

예제 9-1

가나기업의 현재가치는 47억원이고 현재 만기 4년, 액면 50억원의 할인사채를 발행한 상태이다. 기업자산수익률의 표준편차는 0.25이고 무위험이자율은 연 10%라고 할 때 자기자본의 가치와 부채의 가치를 산출하라. 그리고 발행주식수가 10만주라면 1주당 가격은 얼마가 되는가? 그리고 부채의 가치는 얼마인가?

해설

옵션가격표를 이용하기 위해 다음 값을 구한다.

$$\sigma\sqrt{t} = 0.25 \times \sqrt{4} = 0.5$$
$$\frac{S}{Xe^{-R_f t}} = \frac{47}{50 \cdot e^{-0.1 \times 4}} = 1.4$$

옵션가격표에서 이 두 값이 교차하는 비율을 찾으면 0.348이 된다. 따라서 콜옵션으로서 자기자본가치는 다음과 같다.

$$47 \times 0.348 = 16.356(\text{억원})$$

1주당 가격은 다음과 같다.

$$\frac{16.356\text{억원}}{10\text{만주}} = 16,356(\text{원})$$

그리고 부채의 가치 B는 다음과 같다.

$$\begin{aligned} B &= V - S \\ &= 47 - 16.356 \\ &= 30.644(\text{억원}) \end{aligned}$$

5 풋-콜 패리티의 확인

앞서 자기자본과 부채의 만기가치를 분석하면서 콜옵션을 이용하는 방법과 풋옵션을 이용하는 방법을 함께 살펴보았다. 그런데 여기서 분석대상이 동일하다면 콜옵션을 이용하든지 풋옵션을 이용하든지 만기가치는 물론 현재가치도 동일한 평가액으로 산출될 것이다.

먼저 자기자본의 현재가치를 콜옵션으로 평가했을 때 그 값은 S_0가 된다. 그런데 이를 풋옵션으로 평가한다면 기업가치를 매입하면서 할인채를 발행하고 풋옵션을 매입하는 것이라고 하였으므로 현재가치를 기준으로 나타내면 다음 식이 성립한다.

$$S_0 = V_0 - \frac{D}{e^{R_f t}} + P_0 \tag{9.5}$$

이 식에서 좌변은 콜옵션으로 평가한 자기자본의 현재가치를, 우변은 풋옵션으로 평가한 자기자본의 현재가치를 의미한다.

이번에는 콜옵션을 이용한 부채의 현재가치를 생각해 보자. 부채의 현재가치는 기업의 현재가치에서 자기자본의 현재가치를 차감한 값이므로 $V_0 - S_0$가 된다. 그런데 풋옵션을 이용한 부채는 할인채의 매입과 풋옵션의 발행이라고 하였다. 따라서 이의 현재가치가 $V_0 - S_0$와 같아야 하므로 다음 식이 성립한다.

$$V_0 - S_0 = \frac{D}{e^{R_f t}} - P_0 \tag{9.6}$$

이 식에서 좌변은 콜옵션으로 평가한 부채의 현재가치를, 우변은 풋옵션으로 평가한 부채의 현재가치를 의미한다.

이러한 두 개의 등식 식 (9.5)와 식 (9.6)으로부터 공통적으로 다음과 같은 식을 구해낼 수 있다.

$$V_0 + P_0 - S_0 = \frac{D}{e^{R_f t}} \tag{9.7}$$

이 식은 기호만 바뀌었을 뿐, 제8장에서 식 (8.1)로 나타낸 풋-콜 패리티와 동일한 식이다.

제3절 자본예산

1 기초개념

앞서 살펴 본 OPM의 응용분야는 기업의 자본구조를 분석하는 것이었다. 좀더 정확하게 말하면 주식을 옵션으로 평가하는 것이었다. 그러나 이외에도 기업이 내려야 할 투자결정 또는 자본조달결정 등 많은 분야에 옵션이 들어 있다. 이러한 옵션은 실물투자분석과정에서 고려하게 되기 때문에 실물옵션(real option)이라고 한다.

실물투자에 대한 자본예산과 관련해서 OPM이 응용되는 분야를 콜옵션과 풋옵션으로 나누어서 각각 살펴보겠다. 여기서 기본적인 개념이 되는 것은 "오늘의 의사결정은 내일 이용할 수 있는 옵션에 의해서 영향을 받을 수 있다"는 사실이다.

2 콜옵션과 자본예산

(1) 후속투자기회

자본예산(capital budgeting)이란 실물투자에서 투자안의 경제성을 평가하는 기법이다. 그런데 자본예산에서 투자 여부를 결정하는 기준이 되는 것은 투자안의 순현재가치(*NPV*: net present value)이다. *NPV*는 투자안에서 유입될 미래현금흐름을 자본비용으로 할인하여 현재가치(이를 투자안의 현재가치라고 한다)를 구한 후, 이로부터 투자비용을 차감하여 구한 값으로서 다음 식으로 표현된다.

$$NPV = \sum_{t=1}^{n} \frac{C_t}{(1+R)^t} - C_0 \tag{9.8}$$

단, C_t : t시점 현금흐름
C_0 : 최초 투자액
R : 자본비용

여기서 *NPV*가 0보다 크면 *NPV*만큼 기업가치가 증가하는 것이므로 투자안을 수행하고 0보다 작으면 *NPV*만큼 기업가치가 감소하는 것이므로 투자안을 기각하는 것이다.

그런데 투자안의 *NPV*가 0보다 작은데도 불구하고 후속투자기회(follow-on opportunity)가 있기 때문에 이를 수행하는 경우가 있다. 대규모 연속공사에서 건설회사가 초기단계의 공사에 터무니없이 낮은 가격으로 입찰하는 경우가 있는데 이러한 경우가 대표적인 예라고 할 수 있다. 건설회사는 초기단계공사의 연고권에 근거한 후속투자의 기회를 감안하는 것이다. 따라서 초기단계공사의 경제성을 평가할 때에는 후속투자기회를 평가해서 포함시켜야 할 것이다. 그리고 여기서 후속투자의 기회는 반드시 수행해야 하는 의무가 아니라 선택의 문제이기 때문에 콜옵션의 성격을 갖게 된다. 따라서 이러한 후속투자기회의 가치를 평가할 때에 OPM이 이용될 수 있다.

어떤 투자안의 *NPV*가 음(−)의 값을 갖지만 후속투자의 기회가 있다면 이

그림 9-6 후속투자의 기회

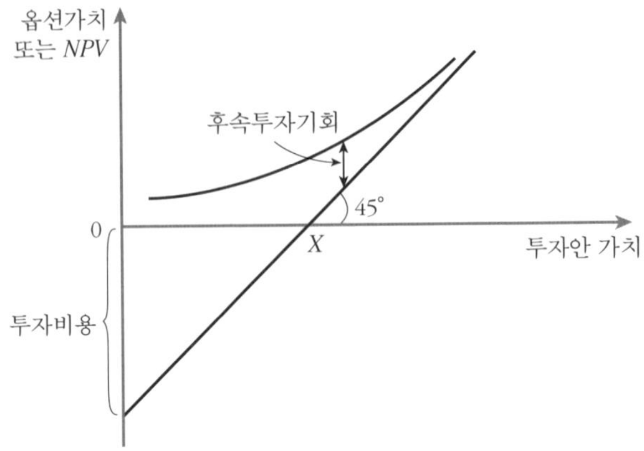

러한 투자안을 평가할 때에는 콜옵션으로 평가한 후속투자의 가치까지 반영된 *NPV*를 구해서 투자 여부를 결정해야 할 것이다. 이러한 후속투자기회까지 반영된 *NPV*를 전략적 *NPV*(strategic *NPV*)라고 하는데 다음과 같은 식으로 표현할 수 있다.

$$\text{전략적 } NPV = \text{최초 } NPV + \text{follow-on opportunity} \tag{9.9}$$

이러한 내용을 옵션의 체계에서 그림으로 나타내면 [그림 9-6]과 같다.

[그림 9-6]에 대해 좀더 자세하게 설명해 보자. 수평축은 투자안에서 예상되는 미래현금흐름의 현재가치를 나타낸다. 그리고 이때의 *X*는 투자안을 수행하기 위한 투자비용이다. 따라서 우상향하는 직선 45° 선은 후속투자기회를 고려하지 않은 투자안의 *NPV*를 나타내는 선이 된다. 그리고 ↕로 표시된 부분은 후속투자의 기회를 옵션으로 평가한 가치를 보여준다. 그러므로 45° 선과 ↕로 표시된 부분을 합한 곡선은 후속투자기회까지 감안하여 평가한 투자안의 가치를 의미하는 것이다.

예제 9-2

*NPV*가 −45억원인 투자안 A가 있다. 그런데 이 투자안을 채택하면 2년 후 투자비용이 740억원이고 *NPV*가 60억원인 투자안 B를 수행할 수 있다고 한다. 투자안에 대한 할인율은 연 20%이고 무위험이자율은 연 9%이다.

(1) 투자안 B의 현금흐름에 대한 변동성(σ)은 0.1이다. 투자안 A의 선택 여부를 결정하라.
(2) 만약 투자안 B의 변동성(σ)은 0.32라고 하면 평가결과는 어떻게 되는지 확인하라.

해설

(1) 투자안 A는 투자안 B에 대한 콜옵션을 갖고 있으므로 이 가치를 평가해서 투자안 A의 가치에 반영해야 한다.

0	1	2	3 ⋯
$NPV = -45$		$PV_2 = 800$	
		$C_2 = 740$	

옵션가격표를 이용하기 위해 관련값을 구한다.

$$\sigma\sqrt{t} = 0.1\times\sqrt{2} = 0.1414$$
$$S = \frac{PV_2}{e^{Rt}} = \frac{800}{e^{0.2\times 2}} = 536.26$$
$$\frac{S}{Xe^{-R_f t}} = \frac{536.26}{740\times e^{-0.09\times 2}} = 0.8676$$

옵션가격표를 이용하면 콜옵션가격을 다음과 같이 구할 수 있다.

$$C = S\times 0.013 = 536.26\times 0.013 = 6.97$$

따라서 이 가치를 반영한 투자안 A의 가치는 다음과 같다.

$$-45 + 6.97 = -38.03 < 0$$

옵션가치를 반영해도 여전히 음(−)의 값이므로 기각한다.

(2) 관련값은 다음과 같이 바뀐다.

$$\sigma\sqrt{t} = 0.32\times\sqrt{2} = 0.4525$$
$$\frac{S}{Xe^{-R_f t}} = \frac{536.26}{740\times e^{-0.09\times 2}} = 0.8676$$

콜옵션가격은 다음과 같다.

$$C = S \times 0.122 = 536.26 \times 0.122 = 65.42$$

따라서 투자안 A의 가치는 다음과 같이 양(+)의 값을 갖게 되므로 채택하는 것이 바람직하다.

$$-45 + 65.42 = 20.42 > 0$$

(2) 연기가능성

후속투자기회 이외에도 현재시점에서 투자할 것인가 아니면 좀더 기다렸다가 투자할 것인가 하는 문제도 기업이 직면하는 상황이 될 수 있다. *NPV*법에 의한 투자결정은 단순하다. 즉, 투자안의 *NPV*가 0보다 크면 투자하는 것이다. 그러나 현실은 이보다 복잡하기 때문에 좀더 투자를 늦춤으로써 좀더 많은 정보를 얻게 될 수 있다. 예를 들어 시험마케팅, 기술발전, 경제여건이나 또는 경쟁상태의 변화를 지켜볼 수 있는 것이다. 이러한 경우에는 투자안을 늦출 수 있는 옵션은 경제적 가치를 갖게 된다.

이렇게 투자결정을 일정시점까지 연기할 수 있다면 이러한 연기가능성(option to delay)은 콜옵션의 성격을 갖는다. 이때에 연기 여부를 결정하는 기준은 다음과 같다.

먼저 현재시점에서 즉시 투자안을 수행할 경우 투자안의 *NPV*를 구한다. 그리고 연기가능성의 가치를 OPM을 이용해서 평가한 값을 즉시 투자할 경우의 *NPV*와 비교하는 것이다. 만약 현재상황에서의 *NPV*보다 콜옵션의 가치가 더 크게 나오면 현재의 투자안을 연기하였다가 미래의 일정시점에서 투자 여부를 결정하는 것이 바람직한 것이다. 이와 반대로 콜옵션의 가치가 더 작으면 현재시점에서 즉시 투자안을 수행한다.

[그림 9-7]은 이러한 연기가능성을 옵션의 체계에서 나타낸 것이다.

그림에 대한 설명도 후속투자기회를 나타낸 그림과 비슷하다. 여기서도 마찬가지로 수평축은 투자안에서 예상되는 미래현금흐름의 현재가치를 나타낸다. 그리고 이때의 *X*는 투자안을 수행하기 위한 투자비용이다. 따라서 우상

그림 9-7 연기가능성

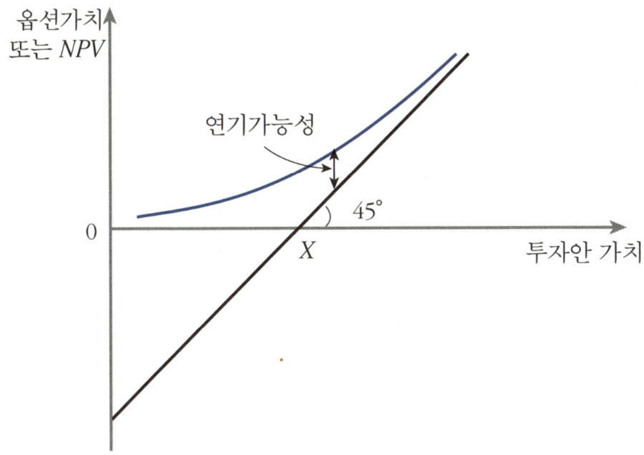

향하는 직선 45° 선은 연기가능성을 고려하지 않은 투자안의 *NPV*, 즉 지금 즉시 투자안을 수행한다고 가정한 경우의 *NPV*를 나타낸다. 여기서도 ↕로 표시된 부분은 연기가능성을 옵션으로 평가한 가치를 보여준다. 그러므로 45° 선과 ↕로 표시된 부분을 합한 곡선은 연기가능성까지 감안하여 평가한 투자안의 가치를 의미하는 것이다.

예제 9-3

매년 10억원의 영구적 현금흐름을 가져오는 투자안을 수행하려면 현재 시점에서 90억원의 투자비용은 소요된다. 이 투자안에 대한 자본비용은 연 10%이다. 그런데 시장의 불확실성이 크게 증대되어 이 투자안의 수행을 연기할 것을 검토 중이다.
시장조사결과 이 투자안을 1년 후에 수행한다면 다음과 같은 변화가 예상된다.

시장상황	확 률	변화내용
호황	40%	매년 현금흐름이 20억원으로 증가
불황	60%	매년 현금흐름이 6억원으로 감소

무위험이자율은 연 6%라고 할 때에 이 투자안의 연기가능성을 옵션으로 평가하고 그 결과를 이용해서 연기 여부를 결정하라.

해설

미래의 상황이 두 가지로 나타날 수 있으므로 이항분포모형을 이용한다. 투자안의 만기가치에 대한 이항분포는 다음과 같다.

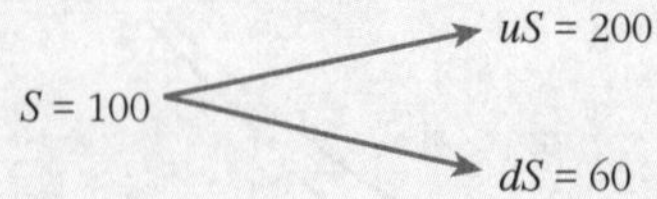

이에 따른 콜옵션만기가치의 이항분포는 다음과 같다.

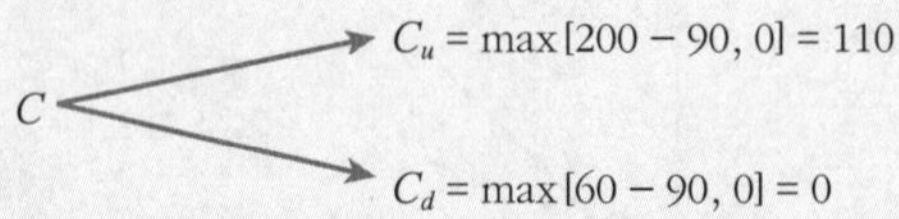

상승계수 u는 2.0이고 하락계수 d는 0.6이므로 헤지확률 p는 다음과 같이 산출된다.

$$p = \frac{1.06 - 0.6}{2.0 - 0.6} = 0.3286$$

따라서 연기옵션의 가치는 다음과 같이 콜옵션평가식을 이용하여 산출한다.

$$C = \frac{p \times C_u + (1-p) \times C_d}{1 + R_f}$$
$$= \frac{0.3286 \times 110 + 0.6714 \times 0}{1 + 0.06} = 34.1(\text{억원})$$

그런데 현재시점에서 즉시 투자안을 수행한다고 가정할 경우 투자안 NPV는 다음과 같다.

$$NPV = \frac{10}{0.1} - 90 = 10(\text{억원})$$

연기옵션가치가 즉시투자의 NPV보다 크므로 투자안을 1년 연기한 후 투자 여부를 결정한다.

3 풋옵션과 자본예산

(1) 처분기회

콜옵션뿐만 아니라 자본적 의사결정에 풋옵션도 자주 등장한다. 대표적인 분야로 처분기회(option to abandon)와 지급보증(gurantees)을 들 수 있다. 먼저 처분기회에 대한 내용을 살펴보자.

어떤 투자안을 수행하면서 미래의 어느 시점에서 이를 일정한 가격에 처분할 수 있다고 하자. 이때 이러한 처분가능성은 투자안의 가치를 기초자산으로 하고 처분금액을 행사가격으로 하는 풋옵션의 성격을 갖게 된다. 따라서 기업의 입장에서 이러한 투자안을 평가할 때에는 이 풋옵션의 가치를 함께 고려해야 최적의사결정을 도모할 수 있다.

구체적으로는 OPM을 이용해서 산출한 풋옵션의 가치를 구한 후, 이를 투자안의 *NPV*에 합산해서 투자안의 경제성을 평가해야 할 것이다. 다음과 같은 평가식이 가능하다.

예제 9-4

현재 *NPV*가 1억원인 투자안이 있다. 1년 후에 가서 현금흐름수준이 당초 예상한 수준에 크게 미달하면 5억원에 이 투자안을 매각처분할 수 있다. 1년 후 미래 현금유입의 현재가치는 6.5억원이고 이 현금흐름의 변동성(σ)은 0.55이다. 무위험이자율이 연 12%라고 할 때 처분기회의 가치는 얼마인가?

해설

옵션가격을 이용하기 위한 다음 값들을 먼저 산출한다.

$$\sigma\sqrt{t} = 0.55 \times \sqrt{1} = 0.55$$

$$\frac{S}{Xe^{-R_f t}} = \frac{6.5}{5 \times e^{-0.12 \times 1}} = 1.4657$$

콜옵션가격을 옵션가격표로 구하면 다음과 같다.

$$C = S \times 0.38 = 6.5 \times 0.38 = 2.47$$

이제 풋-콜 패리티를 이용해서 풋옵션가격을 계산한다.

$$P = C - S + \frac{X}{e^{R_f t}}$$
$$= 2.47 - 6.5 + \frac{5}{e^{0.12 \times 1}} = 0.4(\text{억원})$$

따라서 처분기회까지 반영된 이 투자안의 전략적 *NPV*는 다음과 같다.

$$1\text{억원} + 0.4\text{억원} = 1.4(\text{억원})$$

(2) 지급보증

풋옵션의 개념이 이용되는 가장 일반적인 분야는 지급보증(guarantees)이다. 지급보증이 기업에 의해서 제공되거나 정부 또는 금융기관 등에 의해서 제공되더라도 이는 모두 미래의 현금흐름이 일정금액 미만으로 떨어질 때에 이 일정금액의 현금흐름을 보장하는 것이다.

Merton(1977)은 이러한 지급보증의 가치를 풋옵션으로 평가할 수 있음을 보였다. 만약 지급보증이 있는 경우 부채만기일에 부채사용기업의 만기가치(V)가 상환채무액(B)보다 크다고 해보자. 이 경우에는 기업에 의해 부채가 상환될 것이므로 보증가치는 0이다. 그러나 V가 B보다 작은 경우에는 채권자는 보증기관으로부터 B를 지급받게 되며 이에 따라 보증기관은 보증금액과 기업가치의 차이인 $B - V$만큼 손실을 보게 된다. 따라서 부채만기일에서의 지급보증의 만기가치(G)는 다음과 같이 나타낼 수 있다.

$$G = \max[B - V, 0]$$

지급보증의 이러한 만기가치가 갖는 구조적 특성은 풋옵션구조와 동일한 것을 확인할 수 있다. 즉, 보증기관이 지급보증을 한다는 것은 피보증기업에게 만기일에 가서 기업자산을 B금액으로 보증기관에게 팔 수 있는 권리를 부여한 것이다. 즉, 지급보증인은 보증금액이 행사가격인 풋옵션을 발행한 것과 같은 위치가 된다. 따라서 지급보증의 대가는 곧 이러한 풋옵션을 OPM에 의해서 평가한 값이 된다. 만약 지급보증기간이 다기간이라면 이는 일련의 풋옵션들의 합으로 볼 수 있을 것이다.

대개 기업매각을 원활하게 하기 위해서 이러한 지급보증을 하게 된다. IMF 관리체제에 있던 우리나라에서도 기업구조조정의 일환으로 부실기업을 외국기업에 매각하는 과정에서 이러한 지급보증을 이용한 사례가 있다.

이러한 지급보증은 기업이 발행하는 부채의 가치를 평가하는 데에도 이용될 수 있다. 즉, 채무불이행의 가능성이 없는 정부가 발행하는 채권은 무위험부채로서 동일한 조건으로 발행되는 회사채보다 그 가치가 크다. 지급보증이 되어 있는 채권으로 볼 수 있기 때문이다. 이러한 논리에 따르면 기업이 발행한 회사채는 위험부채로서 동일한 조건의 국채에서 지급보증의 가치를 차감한 값으로 평가할 수 있다. 따라서 다음과 같은 식이 성립한다.

위험부채의 가치
= 무위험부채의 가치 − 지급보증의 가치 (9.10)

예제 9-5

가나기업은 섬유사업부를 ABC기업에 매각할 예정이다. 매각 이후 3년간은 6억원 이상의 현금유입을 보장해야 한다면 가나기업은 이의 대가로 얼마를 요구하면 적당한가? 가나기업의 조사결과에 따르면 3년간의 현금흐름은 다음과 같이 추산되며 그 변동성은 표준편차 0.4이고 적정한 할인율은 25%, 무위험이자율은 9%이다.

$t=1$	2	3
4.5억원	5.5	8.0

해설

먼저 $t=1$ 현금흐름에 대한 지급보증의 가치를 옵션가격표를 이용해서 산출한다. 1기 후 4.5억원의 현재가치는 다음과 같다.

$$\frac{4.5}{e^{0.25\times 1}} = 3.5(\text{억원})$$

그리고 옵션가격표와 관련된 다음 값을 구한다.

$$\sigma\sqrt{t} = 0.4\sqrt{1} = 0.4$$

$$\frac{S}{Xe^{-R_f t}} = \frac{3.5}{6\cdot e^{-0.09\times 1}} = 1.6383$$

옵션가격표에서 구한 콜옵션가격을 풋-콜 패리티식에 대입하여 풋옵션가격을 구하면 $t=1$ 현금흐름에 대한 지급보증의 가치가 된다. $t=2$, $t=3$ 현금흐름에 대한 지급보증의 가치도 같은 방법을 반복한다. 계산과정을 요약하면 다음과 같다.

시점	현재가치	$\sigma\sqrt{t}$	$S/Xe^{-R_f t}$	풋
$t=1$	$\frac{4.5}{e^{0.25\times1}}=3.5$	$0.4\sqrt{1}=0.4$	$3.5/6\cdot e^{-0.09\times1}=0.6383$	2.42
$t=2$	$\frac{5.5}{e^{0.25\times2}}=3.34$	$0.4\sqrt{2}=0.5657$	$3.34/6\cdot e^{-0.09\times2}=0.6665$	1.77
$t=3$	$\frac{8.0}{e^{0.25\times3}}=3.78$	$0.4\sqrt{3}=0.6928$	$3.78/6\cdot e^{-0.09\times3}=0.8253$	1.53
				5.72

따라서 3년간의 지급보증가치는 5.72억원이 된다.

제4절 포트폴리오보험

1 기초개념

이번에는 옵션을 이용한 포트폴리오관리기법으로 포트폴리오보험을 살펴본다. 포트폴리오보험(PI: portfolio insurance)이란 프로그램매매의 일종으로 1980년대 초에 등장하였다. 이는 기초포트폴리오를 구성하고 시장상황의 변화에 따라 이의 가치가 특정 수준 이하로 하락하게 될 때에 이 손실을 막을 수 있도록 하는 것이다. 반대로 기초포트폴리오의 가치가 상승하여 이익이 발생할 때에는 일정한 비용을 제외한 모든 이익이 투자자에게 귀속되도록 하는 새로운 투자관리기법이다.

포트폴리오보험이 개발되어 처음 적용된 곳은 바로 연금포트폴리오관리 분야이다. 연금투자자들은 이미 은퇴하여 연금을 받고 있는 수혜자들과 연금기금에 계속 납입을 하고 있는 미래의 수혜자들로 양분된다. 여기서 전자 그룹에게는 고정된 연금을 지급해야 하고 후자 그룹에게는 최소한의 수익률을

그림 9-8 포트폴리오보험의 만기손익

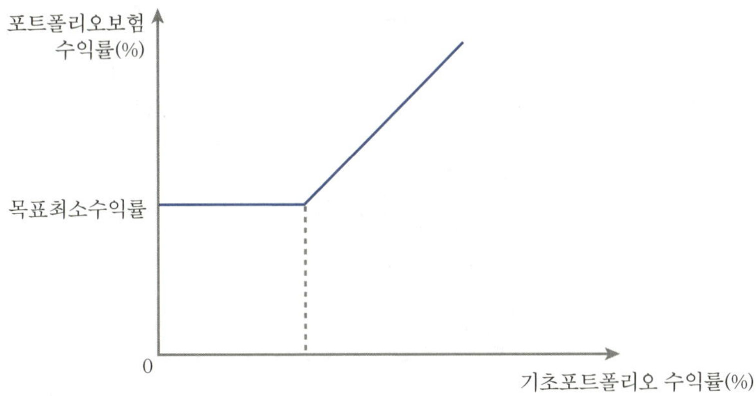

보장해 주어야 한다. 따라서 연금관리자의 입장에서는 목표수익률을 정하여 최소한 이를 확보하면서 만약 이를 초과하는 수익률을 얻을 수 있으면 좋을 것이다. 이러한 수익구조를 나타낸 손익도가 [그림 9-8]에 제시되어 있는데 이는 곧 포트폴리오보험의 만기손익을 나타낸 것이기도 하다.

2 구성방법

(1) 주식-풋옵션

포트폴리오보험을 구성하는 방법은 여러 가지가 있지만 그 중 가장 대표적인 것은 기초포트폴리오는 그대로 보유하면서 이의 가치를 특정 수준으로 유지하는 데 적합한 행사가격을 갖는 풋옵션을 매입하는 것이다.

이러한 구성방법은 옵션을 이용한 투자전략 중에서 주식과 풋옵션을 결합시키는 protective put의 원리를 이용한 것이다. 따라서 포트폴리오보험을 위해서 매입해야 할 풋옵션의 수는 주식의 수와 일치해야 한다. 여기서 옵션가격은 일종의 보험료라고 할 수 있는데 일반적인 보험에서와 마찬가지로 옵션

그림 9-9 기초포트폴리오와 포트폴리오보험의 비교

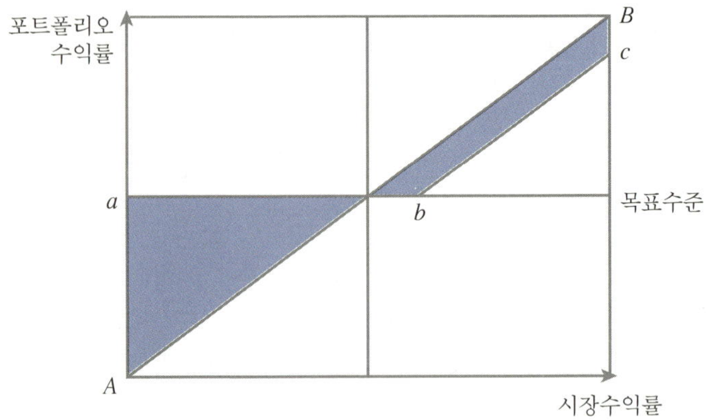

가격은 반환되지 않으며 주식포트폴리오가 보호되는 정도는 옵션의 행사가격에 달려 있다. 풋옵션의 경우 행사가격이 높으면 높을수록 보호되는 정도가 더 커지지만 매입해야 할 풋옵션가격도 비싸지기 때문에 그만큼 더 많은 보험료를 부담하게 되는 것이다.

예를 들어 어느 투자자가 주식으로 구성된 인덱스펀드를 매입하면서 포트폴리오보험을 위해서 이 포트폴리오의 현재가치와 동일한 수준을 유지할 수 있는 풋옵션을 매입하였다고 하자. 이때에 기초포트폴리오의 만기가치와 포트폴리오보험의 만기가치를 비교하면 [그림 9-9]와 같이 나타날 것이다.

이 그림에서 대각선 *AB*는 보험을 취하지 않은 기초포트폴리오의 만기가치를 나타내고 선 *abc*는 풋옵션을 이용한 포트폴리오보험의 만기가치를 나타낸다. 기초포트폴리오의 수익률이 목표수준 이하로 떨어지면 포트폴리오보험은 기초포트폴리오보다 높은 성과(선 *ab*)를 얻고 있지만 목표수준 이상으로 상승하면 기초포트폴리오보다 낮은 성과(선 *bc*)를 얻고 있음을 확인할 수 있다. 결국 기초포트폴리오의 가치가 목표수준 이하로 떨어질 수 있는 가능성을 막기 위해서 가치상승시에 있어서의 성과감소를 대가로 치루는 것이다. 이러한 대가가 바로 포트폴리오보험을 구성하는 과정에서 부담하는 보험료인 것이다.

예제 9-6

가나기업의 현재 주가는 75,000원이며 행사가격이 75,000인 풋옵션의 시장가격은 5,000원이다. 1억원을 1년 동안 운용하려는 투자자가 포트폴리오보험을 구성하려고 한다.

(1) 매입해야 할 주식과 풋옵션의 수를 구하라.
(2) (1)과 같이 구성한 후 1년 후 가나기업의 주가가 100,000이 된 경우와 50,000이 된 경우의 투자성과를 비교하라.

해설

(1) 이 투자자가 포트폴리오보험을 위해서는 동일한 수의 주식과 풋옵션을 매입해야 하므로 다음과 같이 산출할 수 있다.

$$N = \frac{V}{S+P} = \frac{1억원}{75,000 + 5,000} = 1,250(개)$$

(2) 만기주가가 행사가격보다 높을 때는 풋옵션을 행사하지 않을 것이고 반대로 만기주가가 행사가격보다 낮을 때는 풋옵션을 행사할 것이다. 만약 만기주가가 100,000원으로 행사가격 75,000원보다 큰 수준이면 풋옵션은 행사하지 않고 소멸될 것이므로 투자성과는 다음과 같이 기초포트폴리오의 가치에서 풋옵션가격을 차감하면 된다.

1,250주 × 100,000원 − 1,250개 × 5,000원 = 118,750,000(원)

그러나 만기주가가 50,000원으로 행사가격 75,000원보다 낮은 수준이면 풋옵션을 행사할 것이므로 투자성과는 다음과 같다.

1,250개 × 75,000원 − 1,250개 × 5,000원 = 87,500,000(원)

여기서 주가가 50,000원보다 더 낮은 수준으로 떨어져도 최소한 87,500,000원 가치는 항상 확보할 수 있음을 알 수 있다. 단, 여기서 풋옵션가격에 대한 이자비용은 무시하였다.

(2) 채권－콜옵션

포트폴리오보험을 구성하는 또 한 가지 방법은 국공채와 같은 무위험채권에 투자하면서 동시에 주식에 대한 콜옵션을 매입하는 것이다. 이러한 방법의 효과를 확인하기 위해서 콜옵션가치와 풋옵션가치의 관계를 나타내는 식,

풋-콜 패리티를 다음과 같이 나타내 보자.

$$S + P - C = \frac{X}{(1+R_f)^t} \Rightarrow S + P = C + \frac{X}{(1+R_f)^t} \tag{9.12}$$

이 식을 보면 좌변은 앞서 설명한 protective put를 의미한다. 이와 등식을 이루는 우변의 의미를 보면 콜옵션과 채권의 합성임을 알 수 있다. 즉, 콜옵션과 채권을 동시에 보유하는 전략은 주식과 풋옵션을 동시에 보유하는 전략과 주가변동에 대해서 동일한 효과를 얻는다는 것이다. 따라서 채권과 콜옵션을 이용해서도 포트폴리오보험을 구성할 수 있는 것이다.

콜옵션과 무위험채권의 현재가격을 각각 C, B라고 할 때 투자금액 V로 콜옵션 N_C개, 무위험채권 N_B개를 매입했다고 하자. 콜옵션의 기초주식가격이 행사가격 미만으로 하락하였다면 만기에 콜옵션의 가치는 0이 되므로 무위험채권만 남게 되므로 만기의 투자성과는 무위험채권의 단위당 만기가치 B_t에 의해서 결정될 것이며 그 값은 $N_B \times B_t$가 될 것이다. 따라서 목표수익을 이 값으로 정할 수 있다. 이렇게 목표수익을 정하고 나면 매입해야 할 무위험채권 수량이 정해지고 이에 따라서 매입해야 할 콜옵션의 개수 N_C가 다음과 같이 결정된다.

$$N_C = \frac{V - N_B \times B}{C} \tag{9.13}$$

예제 9-7

1억원을 1년 동안 운용하려는 투자자가 콜옵션과 무위험채권을 이용해서 포트폴리오보험을 구성하려고 한다. 가나기업의 현재주가는 75,000원이고 행사가격이 75,000인 콜옵션의 시장가격은 5,000원이라고 하자. 만기가 1년 남은 무위험 할인채의 액면금액은 100만원이고 할인율은 연 10%로 파악되었는데 이 투자자는 1년 후 목표수익을 9,000만원으로 정하고 있다.

(1) 매입해야 할 할인채의 수량과 콜옵션의 수를 구하라.
(2) (1)과 같이 구성한 후 1년 후 가나기업의 주가가 100,000이 된 경우와 50,000이 된 경우의 투자성과를 비교하라.

해설

(1) 목표수익을 9,000만원으로 정하였으므로 매입해야 할 할인채는 90단위(= 9,000만원÷100만원)가 된다. 그리고 액면금액 100만원인 할인채의 현재가격은 909,091원(= 100만원÷1.1)이므로 매입해야 할 콜옵션의 개수는 다음과 같이 산출된다.

$$N_C = \frac{1\text{억원} - 909,091 \times 90\text{단위}}{5,000} = 3,636(\text{개})$$

(2) 만기주가가 행사가격보다 낮을 때는 콜옵션을 행사하지 않을 것이고 반대로 만기주가가 행사가격보다 높을 때는 콜옵션을 행사할 것이다. 만약 만기주가가 50,000원으로 행사가격 75,000원보다 낮은 수준이면 콜옵션은 행사하지 않고 소멸될 것이므로 투자성과는 다음과 같이 채권의 만기가치인 9,000만원(= 90단위×100만원)이 된다. 그러나 여기에 콜옵션비용까지 감안하면 최소수익은 다음과 같이 71,818,190원이 된다.[1)]

$$90,000,000\text{원} - 3,636\text{개} \times 5,000\text{원} = 71,818,190(\text{원})$$

그러나 만기주가가 100,000원으로 행사가격 75,000원보다 높은 수준이면 콜옵션을 행사할 것이므로 투자성과는 다음과 같다.

할인채의 만기가치	90단위×100만원	= 90,000,000(원)
콜옵션의 만기가치	+ 3,636개×(100,000 − 75,000원)	= 90,900,000
콜옵션비용 차감	− 3,636개×5,000원	= 18,180,000
		162,720,000(원)

(3) 동적헷징

포트폴리오보험의 구성방법으로 가장 많이 이용되는 전략이 채권과 주식을 넘나드는 동적헷징(dynamic hedging)이다. 동적헷징의 내용을 살펴보기 위해서 먼저 풋-콜 패리티를 나타내는 식 (9.9)를 연속복리의 식으로 바꾸고 콜옵션가격 C를 Black-Scholes OPM을 이용해서 표현하자. 그러면 다음과 같은 식을 얻게 된다.

$S + P = C + \frac{X}{e^{R_f t}}$에서 $C = S \cdot N(d_1) - \frac{X}{e^{R_f t}} \cdot N(d_2)$이므로 이를 대입해서 정

1) 이 예에서는 옵션비용을 고려하지 않고 목표수익를 정한 경우이지만 옵션비용까지 고려해서 목표수익을 정할 수도 있다. 만약 옵션비용까지 고려한 후의 목표수익을 확보하려면 이에 맞추어서 매입할 채권수량이나 옵션개수를 역산하면 될 것이다.

그림 9-10 수익률의 확률분포 비교

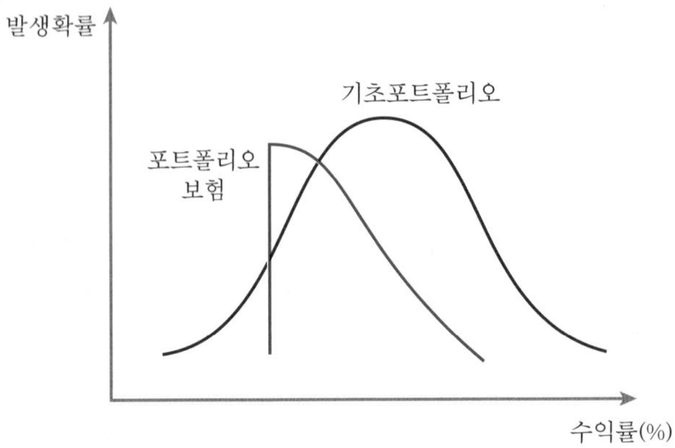

리하면

$$
\begin{aligned}
S+P &= SN(d_1) - \frac{X}{e^{R_f t}}N(d_2) + \frac{X}{e^{R_f t}} \\
&= SN(d_1) + \frac{X}{e^{R_f t}}[1-N(d_2)] \\
&= SN(d_1) + \frac{X}{e^{R_f t}}N(-d_2) \qquad (9.14)
\end{aligned}
$$

이 식의 우변이 갖는 경제적 의미는 $N(d_1)$개의 주식과 $N(-d_2)$개의 무위험할인채를 구입한다는 것이다. 즉, 주식과 무위험할인채의 적절한 결합을 통해서 포트폴리오보험을 달성할 수 있다는 것이다. 이러한 방법은 Leland와 Rubinstein(1981)에 의해서 제시되었는데 기초주식의 가격 S가 변동함에 따라서 연속적으로 무위험채권의 투자비율을 조정해서 투자금액을 배분해야 한다. 이러한 방법을 동적자산배분(dynamic asset allocation)이라고도 부르는 이유가 이에 연유하는 것이다.

포트폴리오보험을 구성하는 방법은 지금까지 설명한 방법들말고도 여러 가지 방법이 존재한다. 그러나 모두 그 효과는 기초포트폴리오의 최저가치를 일정수준으로 확정짓고 가치상승시에는 상승에 따른 이익을 누리는 것이다. 이에 따른 수익률의 확률분포를 포트폴리오보험을 취하지 않은 기초포트폴리오와 비교해서 나타내면 [그림 9-10]과 같다.

3 한계점

포트폴리오보험이 헤지효과와 주가상승효과를 함께 누릴 수 있는 장점이 있어서 많이 이용되었지만 그 한계점도 무시할 수 없다. 일반적으로 포트폴리오보험이 갖는 한계점으로 다음과 같은 것들을 들 수 있다.

첫째, 포트폴리오보험을 구성할 때 그 가치를 보호해야 할 기초포트폴리오는 대개 장기적으로 운용되는 것이지만 이에 대응하는 장기옵션은 존재하지 않는다. 설령 만기가 긴 옵션이 존재한다고 해도 거래가 활발하지 않는 문제점이 있고 만기를 정확하게 일치시킬 수 없다는 한계가 있다.

둘째, 기대했던 효과를 만기에 실현시키기 위해서는 변동성과 이자율의 예측이 정확해야 한다. 그러나 이러한 변수들은 투자기간 동안에 계속 변동할 수 있기 때문에 동적헷징의 결과를 쉽게 예측할 수 없다.

셋째, 동적헷징은 가격이 연속적이고 무차별적으로 움직인다고 가정한다. 이는 동적헷징이 근거로 하고 있는 OPM의 가정과 같다. 그러나 실제로는 지수가격이 불연속적인 점프형태로 움직이기도 한다. 점프 크기가 작으면 문제없지만 점프 크기가 크게 나타나면 동적헷징은 원하는 효과를 얻지 못하게 된다.

넷째, 거래비용의 문제이다. 여기서 말하는 거래비용에는 거래수수료와 호가스프레드에 따른 비용이 포함되는데 이들은 거래횟수와 규모가 늘어나면서 눈덩이처럼 불어나 좋은 전략으로 얻은 이익을 모두 상쇄시킬 수도 있다. 이를 줄일 수 있는 방법으로 주가지수선물을 이용하는 방법이 있는데 이 경우에는 주가가 크게 하락할 때 급격한 선물매도가 뒤따라서 주가의 대폭락을 초래할 수 있다. 이러한 배경에서 1987년 10월 미국주식시장이 폭락할 때 그 책임이 포트폴리오보험에 있다는 지적이 많았다.[2)]

2) 현물주가가 하락하면 이를 헤지하고자 주가지수선물에서 매도포지션을 취하게 되고 이에 따라 선물가격은 하락한다. 이와 같은 선물가격의 하락은 곧 미래주가 하락의 신호가 되어 다시 현물주식을 매도하여 주가는 더 하락한다. 이러한 악순환이 주가 대폭락의 원인이 되었다는 것이다.

제5절 대리문제

1 기초개념

종전에는 기업을 둘러싼 이해관계자들(예를 들면 경영자, 주주, 채권자들)이 모두 공통된 목적을 갖고 있다고 가정하기도 하였지만 현대이론에서는 이들이 서로 다른 목적을 추구하여 갈등이 발생한다고 보는 것이 일반적이다. 이러한 갈등을 대리문제로 인식하고 이를 해결하고자 하는 이론이 대리이론(agency theory)이다.

대리관계는 정보가 부족하지만 경제적 자원을 갖고 있는 위임자(principal)가 정보가 많고 관리능력이 있는 대리인(agent)에게 경제적 자원에 대한 의사결정권을 위임하면서 성립한다. 기업의 이해관계자 사이에서는 주주가 위임자가 되면서 경영자가 대리인이 되는 관계, 또는 채권자가 위임자가 되면서 소유경영자가 대리인이 되는 관계가 쉽게 관찰되는 대리관계이다.

그리고 이들 사이의 목표가 서로 달라서 발생하는 대리문제는 대리관계 설정에 대한 관점에 따라서 여러 유형으로 정의되고 분류된다. 여기서는 소유경영자와 채권자의 관계에서 발생할 수 있는 대리문제 중에서 과대위험유인(risk incentives)을 옵션을 이용해서 분석한다.

2 과대위험유인

과대위험유인이란 부채를 사용하고 있는 기업의 소유경영자가 채권자의 부(wealth)를 주주인 자신에게로 이전시키기 위해 선택가능한 여러 가지 투자안 중에서 가급적 위험이 높은 투자안을 채택하려는 경향이 있다는 것을 말한다.

그림 9-11 기대수익이 동일한 경우의 과대위험유인

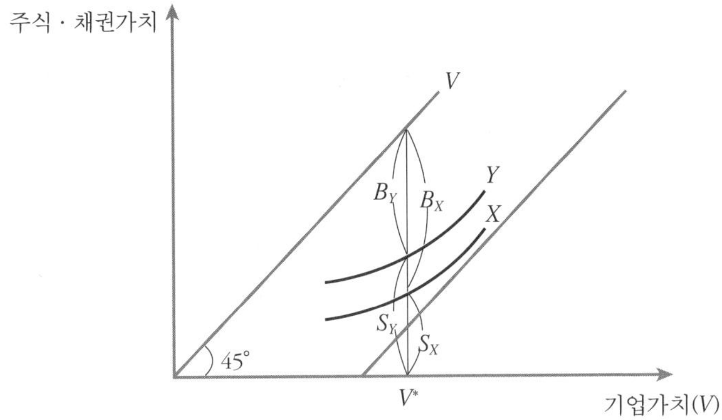

이러한 대리문제를 옵션으로 분석하기 위해서 먼저 본장 제2절의 내용을 다시 생각해 보자. OPM을 이용하여 자본구조를 설명할 때에 부채를 발행한 기업의 자기자본은 콜옵션의 가치와 같아서 주주는 콜옵션을 취득한 것과 동일하다고 하였다. 그리고 채권자는 기초자산을 취득하고 이에 대해 콜옵션을 발행한 것과 동일한 경제적 위치에 있다고 설명하였다. 이러한 원리를 이용하면 부채기업의 주주는 무부채기업의 주주에 비해서 위험이 더 높은 투자안을 선택하려는 경향이 있음을 확인할 수 있다. 다만 여기에서는 기업의 가치를 투자안의 가치로 바꿔서 생각하면 쉽게 이해가 될 것이다. 과대위험유인을 좀더 세분해서 서로 위험이 다른 대체적인 두 투자안의 기대수익이 동일한 경우와 서로 다른 경우로 구분해서 살펴보자.

(1) 기대수익이 동일한 경우

먼저 [그림 9-11]을 이용하여 기대수익이 동일한 대체적 투자안의 경우에 과대위험유인을 살펴본다. 이미 앞서 설명하였듯이 자기자본의 가치는 콜옵션의 가치로 볼 수 있으므로 기업가치(여기서는 투자안의 가치)에 대한 자기자본가치는 [그림 9-11]에서 S_X, S_Y로 나타낼 수 있다. 그리고 기업 또는 투자안의 가치는 항상 자기자본과 부채가치의 합계이므로 부채가치는 기업 또는 투자안의 가치에서 주식가치 S_X, S_Y를 차감한 B_X, B_Y로 측정할 수 있다.

[그림 9-11]에서 그 가치가 V로 동일한 투자안 X, Y가 존재하며 투자안 Y는 투자안 X에 비해 투자안의 수익률분산, 즉 위험이 더 크다고 하자. 그러면 소유경영자의 입장에서 보면 투자안 X를 선택하면 자신의 주식가치가 S_X 밖에 안되지만 투자안 Y를 선택하면 이보다 더 큰 S_Y가 된다. 따라서 투자안 X, Y 중 위험이 더 큰 투자안 Y를 택하게 되는 것이다. 이러한 선택에 따라 부채의 가치는 B_X에서 B_Y로 하락하게 되고 $B_Y - B_X$만큼의 채권자의 부가 주주에게로 이전되는 것이다.

예제 9-8

가나기업의 자본구조와 관련된 정보는 다음과 같다. (단위 : 백만원)

	자 산		부 채
자산총액	2,000	부채액면	1,000
수익률분산	0.04	부채만기	4 년

위 부채는 할인채로 발행한 것이며 무위험이자율은 연 6%라고 가정할 때 다음 각 물음에 답하라.

(1) 가나기업 자기자본과 부채의 가치를 평가하라.
(2) 가나기업은 보유현금으로 시장성 유가증권을 구입할 것을 고려 중이다. 이러한 투자로 기업가치는 변동이 없지만 자산수익률의 분산이 증가할 것이다. 소유경영자의 입장에서 유가증권의 구입문제를 검토하라.
(3) 만약 (2)에서 유가증권의 구입으로 자산수익률의 분산이 0.09로 증가하였다고 하고 이때의 자기자본과 부채의 가치를 구하고 이와 관련된 대리비용을 설명하라.

해설

(1) Black-Scholes OPM을 이용한다.

$$S = V\,N(d_1) - \frac{D}{e^{R_f t}} N(d_2)$$

단, S : 자기자본, V : 기업가치, D : 부채액면

여기서

$$d_1 = \frac{\ln\left(\frac{2,000}{1,000}\right) + \left(0.06 + \frac{0.04}{2}\right) \times 4}{\sqrt{0.04} \times \sqrt{4}} = 2.533$$

$$N(d_1) = N(2.533) = 0.9943$$

같은 방법으로 $d_2 = 2.133$, $N(d_2) = 0.9835$

$$S = 2,000 \times 0.9943 - \frac{1,000}{e^{0.06 \times 4}} \times 0.9835 = 1,215(\text{백만원})$$

따라서 부채가치 B는 다음과 같다.

$$B = V - S = 2,000 - 1,215 = 785(\text{백만원})$$

(2) 기업가치가 일정하면서 그 수익률의 분산이 증가하면 이를 기초자산으로 하는 콜옵션인 주식은 가치가 증가하게 된다. 따라서 주주가 의사결정권을 갖고 있다면 유가증권을 구입할 것이다.

(3)

$$d_1 = \frac{\ln\left(\frac{2,000}{1,000}\right) + \left(0.06 + \frac{0.09}{2}\right) \times 4}{\sqrt{0.09} \times \sqrt{4}} = 1.855$$

$$N(d_1) = N(1.855) = 0.968$$

같은 방법으로 $d_2 = 1.255$, $N(d_2) = 0.895$

$$S = 2,000 \times 0.968 - \frac{1,000}{e^{0.06 \times 4}} \times 0.895 = 1,232(\text{백만원})$$

$$\therefore \text{부채가치 } B = V - S = 2,000 - 1,232 = 768(\text{백만원})$$

그림으로 (1), (3)의 관계를 나타내면 다음과 같다.(단위 : 백만원)

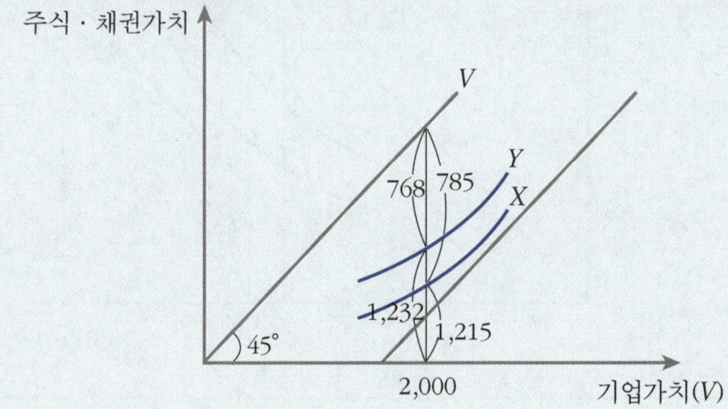

단, X는 유가증권을 구입하지 않고 현금을 보유하는 경우이고 Y는 보유현금으로 유가증권을 구입한 경우를 나타낸다. 따라서 자산을 보다 위험한 것으로 대체하여(즉, 현금을 유가증권으로), 17백만원(= 785백만원 − 768백만원)만큼의 채권자 부를 주주인 소유경영자에게로 이전시킬 수 있다.

(2) 기대수익이 다른 경우

이번에는 [그림 9-12]를 통해서 대체적인 관계에 있는 두 투자안의 기대수익이 서로 다른 경우를 분석해 본다. 분석모형은 앞서와 동일한다. 투자안 X의 가치는 V_X로서 투자안 Y의 가치 V_Y에 비해 더 크고 동시에 수익률의 분산도 더 작은 바람직한 투자안이다. 그러나 투자의사결정권이 소유경영자에게 있는 경우에는 투자안 X는 기각되고 투자안 Y가 채택될 것이다.

왜냐하면 투자안 Y를 채택하는 경우에는 [그림 9-12]에서 보듯이 자기자본가치가 S_Y가 되는데 이 값은 투자안 X를 채택하는 경우의 자기자본가치인 S_X보다 더 크기 때문이다. 이때에는 채권자의 부가 주주에게로 이전될 뿐만 아니라 대체적인 두 투자안의 기대수익이 동일한 경우와는 달리 사회 전체적으로도 부의 손실이 $(V_Y - V_X)$만큼 발생하게 된다.

그림 9-12 기대수익이 다른 경우의 과대위험유인

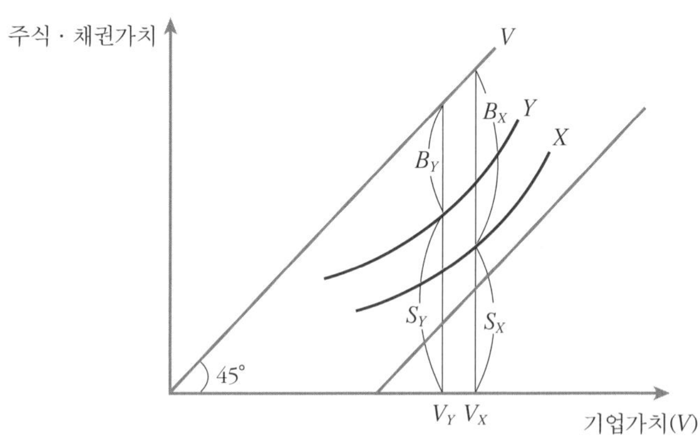

예제 9-9

가나기업은 액면가액이 100억원이고 만기가 5년인 할인부채를 4년 전에 발행하였다. 현재 회사의 자산가치는 110억원이고 자산수익률의 분산은 0.1이다. 그런데 가나기업의 경영자는 투자비용이 모두 20억원인 다음과 같은 상호배타적인 투자안 *A*, *B*를 놓고 어느 투자안을 선택할 것인지 검토 중이다.

	투자안 *A*	투자안 *B*
순현재가치	11억원	10억원
수익률분산	0.05	0.83

(1) 가나기업의 자기자본 및 부채가치를 산출하라. 단, 무위험이자율은 연 6%이다.

(2) 가나기업의 경영자는 소유경영자이다. 투자자금을 유상증자로 조달한다고 가정할 때, 가나기업의 경영자가 선택하는 투자안은?

해설

(1)
$$d_1 = \frac{\ln\left(\frac{110}{100}\right) + \left(0.06 + \frac{0.1}{2}\right) \times 1}{\sqrt{0.1} \times \sqrt{1}} = 0.6492$$
$$N(d_1) = N(0.6492) = 0.7419$$

같은 방법으로 $d_2 = 0.3330$, $N(d_2) = 0.6298$

이렇게 구한 값을 Black-Scholes OPM에 대입해서 자기자본의 가치를 다음과 같이 구한다.

$$S = V \cdot N(d_1) - \frac{D}{e^{R_f t}} \cdot N(d_2)$$
$$= 110 \times 0.7419 - \frac{100}{e^{0.06 \times 1}} \times 0.6298 = 22.3(\text{억원})$$

그리고 부채가치는 다음과 같다.

$$B = 110 - 22.3 = 87.7(\text{억원})$$

(2) ① 투자안 *A*를 채택하는 경우

기업가치 $V = 110 + 11 + 20 = 141$(억원)

수익률의 분산 $\sigma^2 = \left(\frac{110}{141}\right)^2 \times 0.1 + \left(\frac{31}{141}\right)^2 \times 0.05 = 0.0633$

(공분산은 0이므로)

$$d_1 = \frac{\ln\left(\frac{141}{100}\right) + \left(0.06 + \frac{0.0633}{2}\right) \times 1}{\sqrt{0.0633} \times \sqrt{1}} = 1.7299$$

$$N(d_1) = 0.9582$$

같은 방법으로 $d_2 = 1.4783, \quad N(d_2) = 0.9304$

$$S = 141 \times 0.9582 - \frac{100}{e^{0.06 \times 1}} \times 0.9304 = 47.5(\text{억원})$$

$\therefore$ 부채가치 $B = 141 - 47.5 = 93.5$(억원)

② 투자안 B를 채택하는 경우

기업가치 $V = 110 + 10 + 20 = 140$(억원)

수익률의 분산 $\sigma^2 = \left(\frac{110}{141}\right)^2 \times 0.1 + \left(\frac{30}{140}\right)^2 \times 0.83 = 0.1$

$d_1 = 1.4119, \quad N(d_1) = 0.9210$
$d_2 = 1.0957, \quad N(d_2) = 0.8630$
$S = 140 \times 0.9210 - \frac{100}{e^{0.06 \times 1}} \times 0.8630 = 47.7$(억원)

$\therefore$ 부채가치 $B = 140 - 47.7 = 92.3$(억원)

③ 소유경영자의 입장에서는 자기지분, 즉 자기자본 S의 가치가 큰 투자안 B를 선택할 것이다.

즉, 소유경영자는 기대수익이 낮은 투자안 B를 선택하는 것이 자기자본을 0.2억원(= 47.7억원 − 47.5억원) 증가시킬 수 있으므로 이를 택할 것이다.

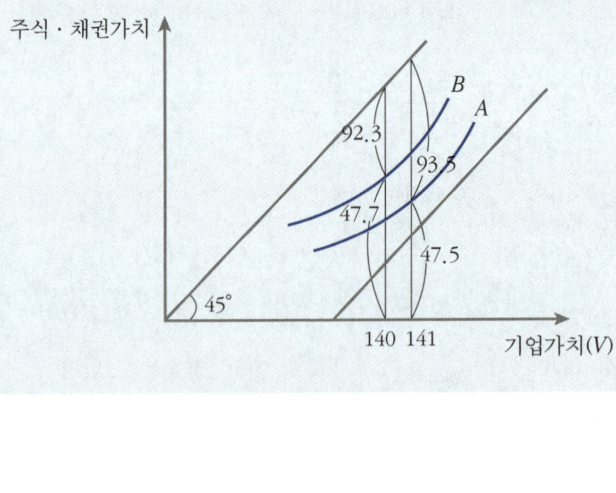

9-1 다음 용어를 간단하게 설명하라.

① 실물옵션(real option)

② 포트폴리오보험(portfolio insurance)

③ 과대위험유인(risk incentives)

9-2 자기자본의 가치를 콜옵션으로 설명하라. 또 풋옵션으로도 설명해 보자. 그리고 이들의 관계로부터 풋-콜 패리티를 도출해 보라.

9-3 투자안 *A*는 250억원이 소요되는데 이에 따른 현금유입은 첫째 해 20억원, 둘째 해 30억원, 그리고 셋째 해부터는 매년 3%씩 증가된다. 그리고 투자안 *A*를 채택하면 둘째 해에 가서 새로운 투자안 *B*를 수행할 기회가 주어지는데 이는 투자비용이 350억원이고 1년 후에 30억원, 2년 후에 40억원, 그 이후부터는 역시 매년 3%씩 증가되는 현금흐름을 가져다 준다.

(1) 투자안 *A*의 경제성을 NPV값을 구해서 판단하라. 단, 할인율은 15%이다.

(2) 투자안 *A*에 이어서 투자안 *B*를 함께 수행한다면 (1)의 결과는 어떠한가? NPV법으로 평가하라.

(3) (2)의 내용을 옵션에 기초해서 평가하라. 단, 주어진 미래현금흐름의 변동성은 표준편차 0.5이고 무위험이자율은 10%이다.

9-4 현재 부는 100,000천원이다. 주가지수는 이항분포를 따르며 상승계수(u)는 1.25이고 하락계수(d)는 0.8이다. 2기 후 포트폴리오가치가 현재 부의 수준 밑으로 떨어지지 않게 지수펀드를 이용해서 포트폴리오보험을 구성하려고 한다. 단, 무위험이자율은 5%라고 하자.

(1) 무위험채권과 지수펀드를 이용해서 포트폴리오보험을 구성하는 방법을 설명하라.

(2) 주가하락시 포트폴리오보험이 더욱 주가를 하락시킨다는 지적이 있다. (1)의 결과를 이용해서 이러한 지적의 타당성을 설명하라.

(3) 만약 풋옵션이 존재하고 이를 통해서 (1)과 동일한 포트폴리오보험효과를 얻을 수 있다면 이러한 풋옵션의 균형가격은 얼마인가?

신문기사 금융의 옵션전략 비즈니스에 접목한 인텔

큰 펀치 前에 잽 먼저 날린다
다수의 벤처에 지분출자 시장성 보이면 제휴 강화
가능성 없으면 투자 중단, 미래의 리스크 크게 축소

인텔은 1990년대 후반 300여 개에 달하는 반도체 · 인터넷 · 통신 관련 벤처 기업에 전략적으로 지분 출자를 했다. 포스트 PC 시대를 주도할 차세대 기술이 뭔지 몰랐기 때문이다. 인텔은 자사 제품을 위협 · 와해할 수 있는 기술을 개발 중이거나, 자사 경쟁력 강화에 도움이 되는 보완적 기술을 개발하는 기업에 출자해 기술 개발 정보를 우선 확보했다. 생산 · 판매 라이선스를 취득하거나, 출자 기업을 인수 · 합병(M&A)하기도 했다.

송재용 서울대 경영대 교수는 이를 '실물 옵션'이라 설명했다. 미래를 모르는 상황에서 시장에 일찍 뛰어들어 게임에 참여할 역량을 확보하되 성급한 풀 베팅만큼은 자제하는 단계적 투자 전략이다. 커다란 기회를 포착할 가능성을 확보하면서 동시에 실패 리스크도 줄이는 게 실물 옵션 전략의 장점이다.

인텔은 공장 신설에도 신중했다. 반도체 생산 장비는 주문 후 공급받기까지 2~3년이 소요된다. 그 사이에 시장 상황이 달라진다면 반도체 생산 장비는 무용지물이 된다. 그렇다고 일방적으로 주문을 취소하면 공정거래 위반으로 문제가 될 소지가 크다. 인텔은 반도체 생산 장비업체에서 실물 옵션을 구매했다. 만약 해당 장비가 필요 없어지면 구매 계약을 취소한다는 조건을 추가하는 대가로 장비업체에 미리 비용을 지불한 것이다.

실물 옵션은 기술 발전이 매우 빠르지만 발전 과정이 불연속적인 제약 산업에서도 널리 활용되고 있다. 신약 개발은 로또 복권 당첨만큼이나 성공 확률이 낮다. 이 때문에 글로벌 선도 제약업체들은 유망 신약 후보 물질을 개발한 다수 벤처 기업에 전략적 지분 출자를 한다. 신약 개발 과정에 따라 투자를 조금씩 높이거나 중도에 투자를 포기하는 실물 옵션 전략을 구사하고 있다.

실물 옵션은 금융시장에서 활용되는 옵션 아이디어를 실물 부문에 적용한 것이다. 금융시장에서 변동성이 높을수록 옵션 가치가 높아지는 것처럼, 실물 옵션도 실물 투자의 불확실성이 높아질수록 그 가치가 커진다.

기존 실물 투자는 주로 현재가치법(NPV)에 따라 이뤄졌다. 미래에 대한 일정한 가정을 전제로 해 복수의 투자 대안 중 하나를 선정하고 투자를 집중한다. 가정이 잘못됐을 때 '몰빵' 투자했기 때문에 큰 손해를 보기 쉽다.

이동기 서울대 경영대 교수는 "1~2년 앞도 내다볼 수 없는데 20~30년 후 현금 흐름까지 감안해서 현재 가치를 계산하는 것은 말이 안 된다"며 "지금까지 기업들과 컨설팅기업이 해온 투자 타당성 분석이 점점 설득력을 잃고 있다"고 지적했다.

반면 실물 옵션을 통해 투자 의사를 결정할 때는 처음부터 한 가지 대안을 확정하기보다는 일단 여러 대안을 갖고 동시에 소규모 투자를 행한다. 각 대안에 대해 보다 잘 파악하고 역량을 확보한 뒤 단계적으로 각 대안의 성공 가능성과 예상 수익률을 재점검해 투자 확대 · 지속 · 중단 여부를 결정한다.

전문가들은 한국 기업도 실물 옵션 전략을 잘 활용할 필요가 있다고 조언한다.

이동기 교수는 "경영자들이 불확실성이 높다고 투자를 동결하거나, 무턱대고 모험을 하는 사례가 많은데 둘 다 바람직하지 않다"며 "실물 옵션을 통해 체계적으로 리스크를 관리해야 한다"고 말했다.

송재용 교수는 "한국 기업들이 모방자에서 창조자로 거듭나기 위해 원천기술 개발에 힘쓰고 있는데, 모든 원천기술을 자체 개발할 수는 없다. 국내외 유망 벤처기업들에 전략적 지분 출자를 하거나 대학과 산 · 학 연계를 하는 등 실물 옵션적 사고를 해야 한다"고 조언했다.

용환진 기자

〈MK 뉴스〉 2012.8.31.

제 10 장 OPM의 응용(Ⅱ)

이번 장에서도 제9장에 이어서 옵션의 원리가 응용되는 분야를 살펴본다. 이번 장에서 살펴볼 내용은 주로 혼성증권에 관한 것들이다. 혼성증권이란 두 개 이상의 특성을 동시에 갖고 있는 증권으로서 이에는 전환사채, 신주인수권부사채, 수의상환사채 등이 있다. 이러한 증권의 분석도 만기가치에서 옵션적 특성을 확인하고 이로부터 현재가치를 산출하여 그 값을 균형가격으로 본다. 이러한 방법은 제9장에서의 분석원리와 동일한 것이다.

제1절 혼성증권과 옵션

전통적인 금융자산으로 대표적인 것은 주식과 채권이라고 할 수 있다. 이러한 금융자산에 옵션이 부여되면 매우 다양한 목적으로 이용될 수 있다. 전환사채는 사채권자가 원하면 주식으로 전환될 수 있는 선택권이 옵션으로 부여되어 있는 증권이다. 그리고 신주인수권의 경우에는 그 자체로 스톡옵션을 설명할 수 있으며 이러한 신주인수권이 부여된 신주인수권부사채는 사채권자가 주주와 마찬가지로 증자에 참여하여 신주를 인수받을 수 있는 선택권이 옵션으로 부여되어 있는 증권이다. 또한 수의상환사채나 수의상환우선주는 발행자가 자신에게 유리한 상황에서 일방적으로 사채나 우선주를 상환할 수 있는 선택권을 옵션으로 보유하고 있는 증권이다.

이렇듯 두 개 이상의 증권들의 특성을 함께 갖고 있는 증권들을 혼성증권(hybrid securities)이라고 부른다. 이들이 독특하게 갖고 있는 특성이 옵션이라는 점을 고려하면 혼성증권의 가치를 분석하는 과정에서 옵션의 원리가 유용하게 이용될 수 있음을 알 수 있다.

제2절 전환권과 전환사채

1 기초개념

(1) 전환사채의 의의

전환사채(CB: convertible bonds)란 일정한 시간이 경과한 후 채권발행회사의 주식으로 전환할 수 있는 일종의 콜옵션, 즉 전환권을 부여해서 발행하는 채권을 말한다. 따라서 전환사채는 일정기간 동안은 일반회사채와 동일한 형태를 갖고 있다가 어느 정도 시간이 경과하면 투자자의 선택에 따라 주식으로 전환될 수도 있다. 이러한 전환사채와 구분해서 전환사채와 다른 조건은 동일하면서 전환권만 없는 일반사채는 straight bond라고 한다.

투자자의 입장에서는 장래 주가가 상승할 때에는 주식으로의 전환을 통해서 주가차익을 기대할 수 있고 주가가 떨어지면 채권형태로 보유하면서 고정금리를 받으면 되므로 채권과 주식의 성질 중 원하는 것을 택할 수 있다. 발행자의 입장에서는 전환사채에서 제공하는 금리가 일반사채로 발행하는 경우보다 낮기 때문에 자금조달금리를 낮출 수 있고 주식으로 전환되는 경우에는 유상증자를 통해 부채를 상환하는 효과가 있기 때문에 재무구조 건전화를 도모할 수 있는 장점이 있다.

(2) 관련 용어

전환사채를 살펴보기 전에 이와 관련해서 자주 등장하는 몇 가지 용어를 먼저 이해해야 할 필요가 있어서 이를 소개한다.

① 전환비율

전환비율(conversion ratio)이란 전환사채 1개를 전환할 때 받게 되는 주식의 수를 말한다. 결국 1개의 전환사채에는 전환비율에 해당하는 주식을 취득할 수 있는 옵션이 포함된 것이므로 전환비율은 전환사채 1개에 포함된 콜옵션의 개수와 같다고 할 수 있다.

② 전환가격

전환가격(conversion price)이란 주식 1주로의 전환을 위해서 포기해야 하는 사채의 액면가액을 말한다. 그렇다고 해서 이러한 전환가격이 곧 콜옵션의 행사가격을 말하는 것은 아니다. 만약 전환권을 행사할 수 있는 시점이 사채의 만기와 동일하다면 전환가격이 콜옵션의 행사가격이 된다. 그러나 대개 전환권은 사채만기 이전에 행사할 수 있는 경우가 많은데 이러한 경우에 콜옵션의 행사가격은 행사시점 이후에 사채로부터 유입되는 현금흐름을 전환권 행사시점에서 산출한 현재가치가 될 것이다.

③ 전환권의 가치

전환권의 가치란 전환사채 1개에 포함된 옵션의 가치를 말한다. 전환사채는 다른 조건은 동일하고 전환권만 없는 일반사채(straight bond)보다 높은 가격에 거래되는데 그 이유는 전환사채에는 전환권의 가치가 포함되어 있기 때문이다. 결국 전환사채의 가치에서 일반사채로서의 가치를 차감하면 전환권의 가치를 구할 수 있다.

그런데 여기서의 전환권은 전환비율만큼의 주식을 취득할 수 있는 것이므로 전환권 1개의 가치를 구하기 위해서는 전환권의 가치를 전환비율로 나누면 된다. 따라서 전환권의 가치는 다음과 같은 두 가지 식으로 측정할 수 있다.

$$\text{전환권가치} = \text{전환사채의 가치} - \text{일반사채로서의 가치}$$
$$= \text{콜옵션 단위당 가격} \times \text{전환비율}$$

여기서 콜옵션의 가치를 구하는 것이 전환사채를 평가하는 과정에서 핵심적인 과제이다. 즉, 이 값을 구하기 위해서 OPM을 이용하는 것이다. 위에서는 이미 형성된 전환사채의 가치에서 일반사채로서의 가치를 차감하여 전환권가치를 구한다고 설명하였지만 논리적인 순서로는 OPM을 이용하여 전환권가치를 구하고 이를 일반사채로서 평가된 값에 더하여 전환사채의 이론가격을 산출하는 것이다.

④ 전환가치

전환가치(CV: conversion value)란 현재의 주가수준에서 전환권을 행사한다고 할 때에 전환사채가 갖는 가치를 주가수준으로 측정한 값을 말한다. 따라서 전환가치를 측정하는 식은 다음과 같이 표현할 수 있다.

$$\text{전환가치} = \text{1주당 가격} \times \text{전환비율}$$

⑤ 전환프리미엄

전환프리미엄(conversion premium)이란 미래 주가상승에 대한 기대를 화폐적 가치로 나타낸 것이라고 정의할 수 있다. 전환프리미엄을 전환사채가 전환가치를 상회하여 발행될 때 이 초과액이라고도 한다. 그러나 이는 전환가치가 일반사채로서의 가치보다 높을 경우에 해당하는 정의로서 Premium over Conversion Value로 표현한다.

만약 현재의 주가수준에서 일반사채의 가치가 전환가치보다 크다면 전환프리미엄은 전환사채의 가치가 일반사채의 가치를 초과하는 부분으로 측정하고 이를 Premium over Bond Value라고 표현한다. 따라서 전환프리미엄은 다음 식으로 표현할 수 있다.

$$전환프리미엄 = CB - \max[BV, CV] \tag{10.1}$$

단, CB : 전환사채의 현재가치
BV : 일반사채로서의 현재가치
CV : 전환가치

다음의 예제를 통해서 지금까지 설명된 전환사채와 관련된 개념들을 정리해 보자.

예제 10-1

가나기업은 액면 1,000만원의 전환사채를 1,300만원에 발행하였다. 1년 후에 이 전환사채는 50주의 보통주식으로 전환할 수 있으며 현재 이 기업의 주가는 24만원이다. 전환권만 없고 다른 조건은 이 전환사채와 동일한 일반사채의 시장가격은 1,100만원이다.

(1) 이러한 전환사채의 예에서 전환비율, 전환가격, 전환권의 가치, 전환가치, 전환프리미엄을 구하라.
(2) 만약 이 기업의 주가가 18만원이고 전환사채는 1,150만원에 발행되었다면 어떠한가?

해설

(1) 전환비율은 전환사채 1개가 전환하여 얻을 수 있는 주식수이므로 50이다. 전환가격은 전환사채 액면을 전환비율로 나눈 값이므로 20만원(= 1,000만원 ÷ 50)이고 전환가치는 현재의 주가수준에 전환비율을 곱한 값이므로 1,200만원(= 24만원 × 50)이다.
전환권의 가치는 전환사채의 가치에서 일반사채로서의 가치를 차감한 값으로 200만원(= 1,300만원 − 1,100만원)이며 콜옵션 1개의 가치는 이를 전환주식수로 나눈 4만원(= 200만원 ÷ 50)이 된다.
전환프리미엄은 전환사채의 가치에서 일반사채로서의 가치와 전환가치 중 큰 값을 차감한 것이므로 100만원(= 1,300만원 − 1,200만원)이 된다.

(2) 전환비율은 50, 전환가격은 20만원으로 동일하다. 다만, 현재의 주가수준이 18만원이므로 전환가치는 900만원(= 18만원 × 50)이 된다. 그리고 전환권의 가치는 50만원(= 1,150만원 − 1,100만원)이며 이에 따른 콜옵션 1개의 가치는 1만원(= 50만원 ÷ 50)이 된다. 또한 일반사채로서의 가치 1,100만원이 전환가치 900만원보다 큰 값이므로 전환프리미엄은 전환권의 가치와 동일한 50만원(= 1,150만원 − 1,100만원)이 된다.

2 전환사채의 만기가치

(1) 전환권의 만기가치

먼저 분석의 편의를 위해서 기업의 자본조달에 대해서 다음과 같은 가정을 한다. 즉, 기업은 주식과 전환사채, 두 가지 방법으로만 자본을 조달한다고 가정한다. 그리고 전환권의 행사는 전환사채의 만기시점에서 가능하다고 하자.

그러면 전환권(C_t)의 만기가치는 전환권의 만기시점에서의 기업가치(V_t)의 수준에 따라서 결정된다. 만약 전환사채권자가 전환권을 행사해서 주식을 취득할 때에 그 주식의 가치가 전환사채의 가치[1]보다 크게 되면 전환권을 행사하여 주주로서의 경제적 지위를 누릴 것이다. 그러나 만약 주식의 가치가 전환사채의 액면금액보다 작다면 전환권을 포기하고 일반사채로서 액면금액을 받을 것이다. 따라서 전환권의 만기가치를 다음과 같이 표현할 수 있다.

$$C_t = \max[a \cdot V_t - D, 0] \tag{10.2}$$

단, V_t : 만기시 기업가치
D : 전환사채의 액면금액

이를 그림으로 나타내면 [그림 10-1]의 (a)와 같게 된다. 그리고 여기서는 전환사채권자가 전환권을 행사함으로써 얻게 되는 주식이 전체주식 중에서 차지하는 비율이다. 따라서 전환사채권자의 주식지분율은 다음과 같이 산출한다.

$$a = \frac{N_C}{N_S + N_C}$$

단, N_S : 전환권 행사 전 주식수
N_C : 전환권 행사에 따른 신주발행수

1) 이때는 만기시점이므로 전환사채의 가치는 액면금액과 같다.

그림 10-1 전환사채의 만기가치

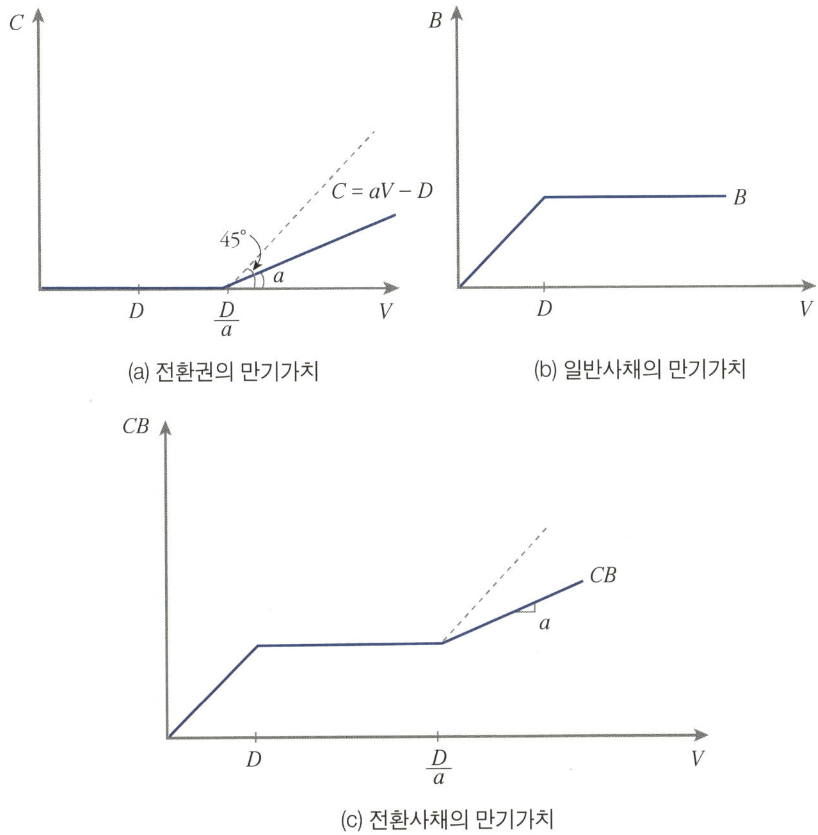

(2) 전환사채의 만기가치

전환사채는 일반사채에 전환권을 부가한 것이다. 이때의 일반사채란 다른 조건은 동일하면서 전환권만 없는 straight bond를 의미하는데 이미 이러한 부채의 만기가치는 제9장에서 확인하였다. 제9장에서 설명된 일반사채의 만기가치는 [그림 10-1]의 (b)에 나타나 있다.

최종적으로 전환사채의 만기가치는 전환권과 일반사채의 만기가치를 합하여 구할 수 있으므로 [그림 10-1]의 (a)와 (b)를 합성하여 [그림 10-1]의 (c)로 나타낼 수 있는 것이다.

이러한 전환사채의 만기가치는 전환권의 만기가 전환사채의 만기와 동일하다고 가정해서 그림으로 나타낸 것이다. 즉, 전환사채의 만기시점에서 전환권을 행사할 수 있으므로 이 시점에서의 기업가치가 어느 수준이냐에 따라서 전환사채권자가 갖게 되는 만기손익을 나타낸 것이다. 이러한 만기손익을 수식으로 나타내면 다음과 같다.

$$CB_t = \min[V_t, \max(D, a \cdot V_t)] \tag{10.3}$$

(3) 자기자본의 만기가치

이제 전환사채를 발행한 기업에서 자기자본의 만기가치를 구해 보자. 자기자본의 만기가치는 만기에서 주주가 갖게 되는 손익을 의미한다. 그런데 앞서 주식과 전환사채로만 자본을 조달한다고 가정하였으므로 자기자본은 기업가치에서 전환사채의 가치를 차감한 것이다. 이러한 논리를 따라서 기업의 만기가치에서 전환사채의 만기가치를 차감하여 구한 자기자본의 만기가치는 다음과 같은 식으로 표현할 수 있다.

$$S_t = \max[0, \min(V_t - D, (1 - a) \cdot V_t)] \tag{10.4}$$

이러한 자기자본의 만기가치는 [그림 10-2]의 (a)에 나타나 있다. 그리고 여기서 기업가치, 즉 총자산의 가치는 자기자본의 만기가치와 전환사채의 만기가치의 합이므로 [그림 10-2]의 (b)로 나타낸 전환사채의 만기가치를 [그림 10-2]의 (b)와 합하면 그림 (c)와 같이 45° 선으로 표현되는 총자산의 가치, 즉 기업가치가 된다.

그림 10-2 전환사채와 자기자본의 만기가치

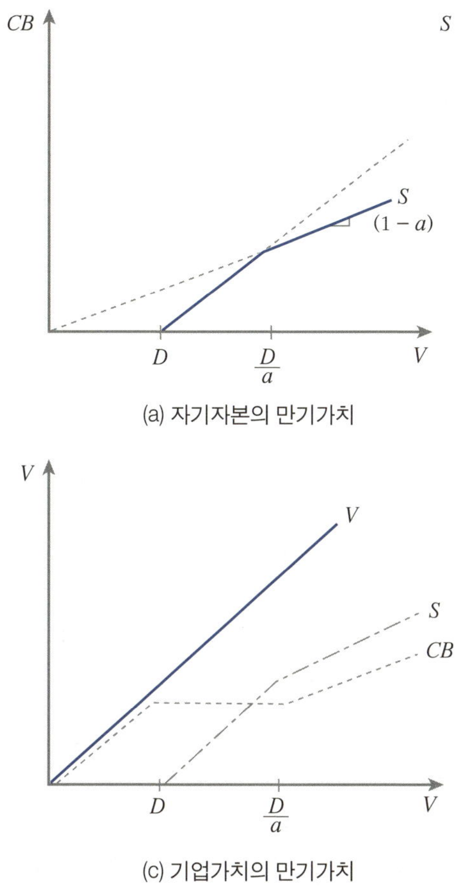

예제 10-2

가나기업은 단위당 액면 1백만원인 전환사채 20개를 발행하였다. 전환비율은 40이며 만기는 1년 후이며 전환권도 이때에 행사할 수 있다고 하자. 중도에 이자 지급은 없으며 현재 가나기업의 발행주식수는 1,200주이다.

(1) 전환사채의 전환권은 콜옵션이다. 이 콜옵션의 행사가격을 구하고 그 의미를 설명해 보자.
(2) 1년 후 전환권이 행사될 것으로 판단되는 기업가치의 수준은 얼마인가?
(3) 1년 후 기업가치수준에 따른 전환사채의 만기가치를 그림으로 나타내라.
(4) 1년 후 기업가치가 1천만원, 3천만원, 6천만원일 경우에 전환사채의 가치와 기존주식의 가치는 각각 얼마인가?

해설

(1) 전환권 만기가 사채만기와 같다. 이 경우 콜옵션으로서 전환권의 행사가격은 곧 전환가격이며 이는 보통주 1주의 취득대가를 의미한다. 그 금액은 다음과 같다.

$$\frac{1,000,000}{40} = 25,000$$

그러나 사채만기 이전에 전환권 만기가 도래된다면 전환권의 행사가격은 사채보유에 따른 미래현금흐름에 대한 전환시점에서의 현재가치가 된다.

(2) 전환권을 모두 행사할 경우 보유주식수는 20개 $CB \times 40 = 800$주

따라서 지분율$(a) = \frac{800}{1,200+800} = 40\%$

전환권이 행사되려면 기업가치(V)의 40%가 2,000만원 이상이 되어야 한다.

$$\therefore \frac{2,000}{0.4} = 5,000\text{만원}$$

또는 $C = \max[a \cdot V - D, 0]$에서

(단, a : 지분율, V : 기업가치, D : 사채액면)

$$a \cdot V - D > 0 \rightarrow V > \frac{D}{a} = \frac{2,000}{0.4} = 5,000\text{만원}$$

(3) 1년 후 전환사채의 만기가치는 다음과 같이 일반사채와 전환권의 만기가치를 합하여 도출한다.

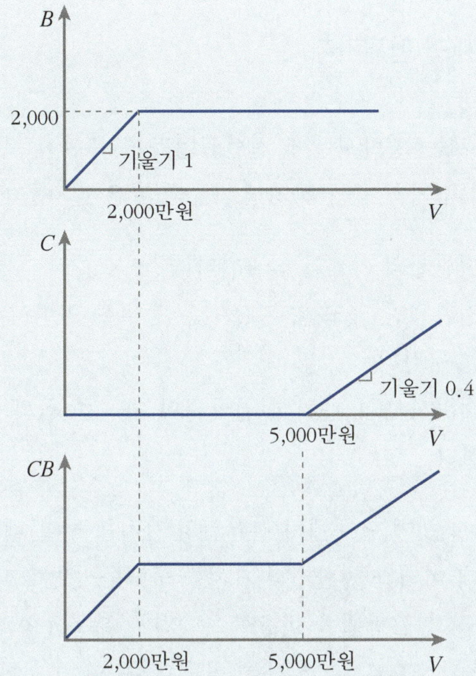

(4) 1년 후 기업가치 수준에 따른 *CB*가치는 (3)의 그림을 이용하여 구하고 기존 주식가치는 기업가치에서 이를 차감하여 산출할 수 있다.

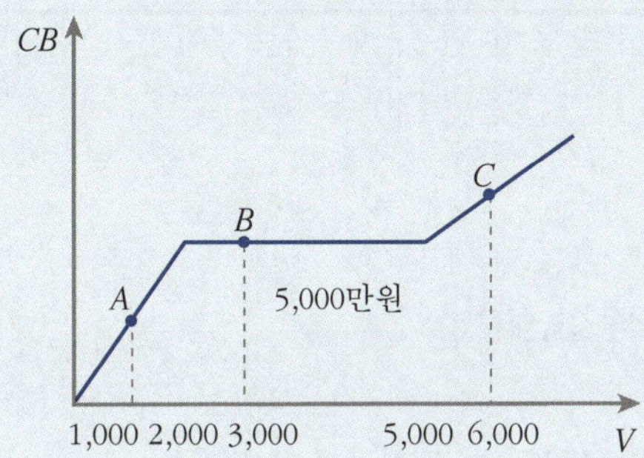

A : 기업가치가 1,000만원일 때 *CB*가치는 1,000만원, 주식가치는 0
B : 기업가치는 3,000만원일 때 *CB*가치는 2,000만원, 주식가치는 1,000만원
C : 기업가치는 6,000만원일 때 *CB*가치는 2,400만원, 주식가치는 3,600만원

3 전환사채의 현재가치

전환사채는 일반사채에 전환권이라는 옵션이 부가된 형태의 채권이므로 그 현재가치(가격)를 구하려면 다음과 같은 절차를 따르면 될 것이다.

첫째, 전환권의 가치를 산출한다.
둘째, 전환권만 없고 다른 조건은 동일한 일반사채(straight bond)의 가치를 구한다.
셋째, 일반사채의 가치에 전환권의 가치를 합하면 전환사채의 가치를 구한다.

여기에서 첫째 단계에서 전환권의 가치를 구할 때에 OPM이 이용되는 것이다. 그런데 이러한 전환권의 가치를 구하는 방법으로 부분균형적 접근방법과 일반균형적 접근방법을 이용할 수 있다. 부분균형적 방법이란 개별주식 1단위를 기초자산으로 보고 이를 취득할 수 있는 전환권을 분석대상으로 하는 방법이다. 이에 비해서 일반균형적 방법이란 기업 전체의 관점에서 접근하는 것인데 주식은 곧 기업가치에 대한 지분이므로 기업가치를 기초자산으로 보고 분석하는 방법이다. 구체적인 차이점은 각 방법을 설명하면서 언급하겠다.

4 부분균형적 접근방법

(1) 전환권, 전환사채의 현재가치

부분균형적 접근방법은 기초주식 한 주를 취득할 수 있는 전환권을 분석대상으로 하여 이의 가치를 Black-Scholes모형으로 평가하는 것이다. 그리고 취득대상이 되는 주식의 가격이 전환권을 행사하더라도 현재의 주가수준을 그대로 유지한다고 가정한다.

기초주식의 1주당 현재가격을 S라고 하고 이 주식 1주를 취득하기 위한 옵션의 행사가격을 X라고 하자. 이러한 조건에서 주식 1주를 취득하기 위한 콜옵션, 즉 1단위의 전환권은 Black-Scholes모형으로 다음과 같이 평가된다.

$$C_0 = S_0 \cdot N(d_1) - \left(\frac{X}{e^{R_f t}}\right) \cdot N(d_2) \tag{10.5}$$

$$\text{단, } d_1 = \frac{\ln\left(\frac{S_0}{X}\right) + \left(R_f + \frac{\sigma^2}{2}\right)t}{\sigma\sqrt{t}}, \qquad d_2 = d_1 - \sigma\sqrt{t}$$

부분균형적 접근방법에서는 이렇게 구한 콜옵션의 가격을 전환권의 현재가치, 즉 전환권의 이론가격으로 보는 것이다. 그런데 1개의 전환사채에는 전환비율에 해당하는 개수만큼의 이러한 콜옵션이 포함되어 있다. 따라서 이와 같이 산출한 전환권의 가치를 이용하면 전환사채의 단위당 가치는 다음과 같이 구할 수 있다.

전환사채의 현재가치
= 일반사채의 현재가치 + 전환권의 가치 (10.6)
= 일반사채의 현재가치 + [콜옵션 단위당 가격 × 전환비율]

전환권은 콜옵션의 성격을 가지므로 항상 0 이상의 값을 갖게 된다. 따라서 전환사채의 가치는 항상 일반사채가치 이상의 값을 갖게 되는 것이다. 이러한 이유로 일반사채의 가치는 전환사채가치의 하한선이 된다.

한편, 전환권을 현재 행사할 수 있다고 가정하면 전환사채는 곧 주식으로서의 가치, 즉 전환가치를 확보할 수 있는 것이므로 전환가치 역시 전환사채의 하한선이 된다.[2)]

이러한 두 가지 하한선과의 관계를 고려하여 전환사채의 가치를 그림으로 나타내면 [그림 10-3]과 같다.

[그림 10-3] 중 전환사채의 현재가치를 나타내는 그림에서 색칠한 부분이 전환프리미엄에 해당한다. 그런데 예외적으로 전환가치가 일반사채의 가치보다 클 때에도 전환프리미엄을 전환사채의 가치에서 일반사채의 가치를 차

2) 이러한 내용은 제8장의 옵션가격결정 범위에서 설명한 바와 같이 콜옵션의 현재가치가 항상 내재가치보다 크다는 사실에서도 확인할 수 있다.

그림 10-3 전환사채의 현재가치

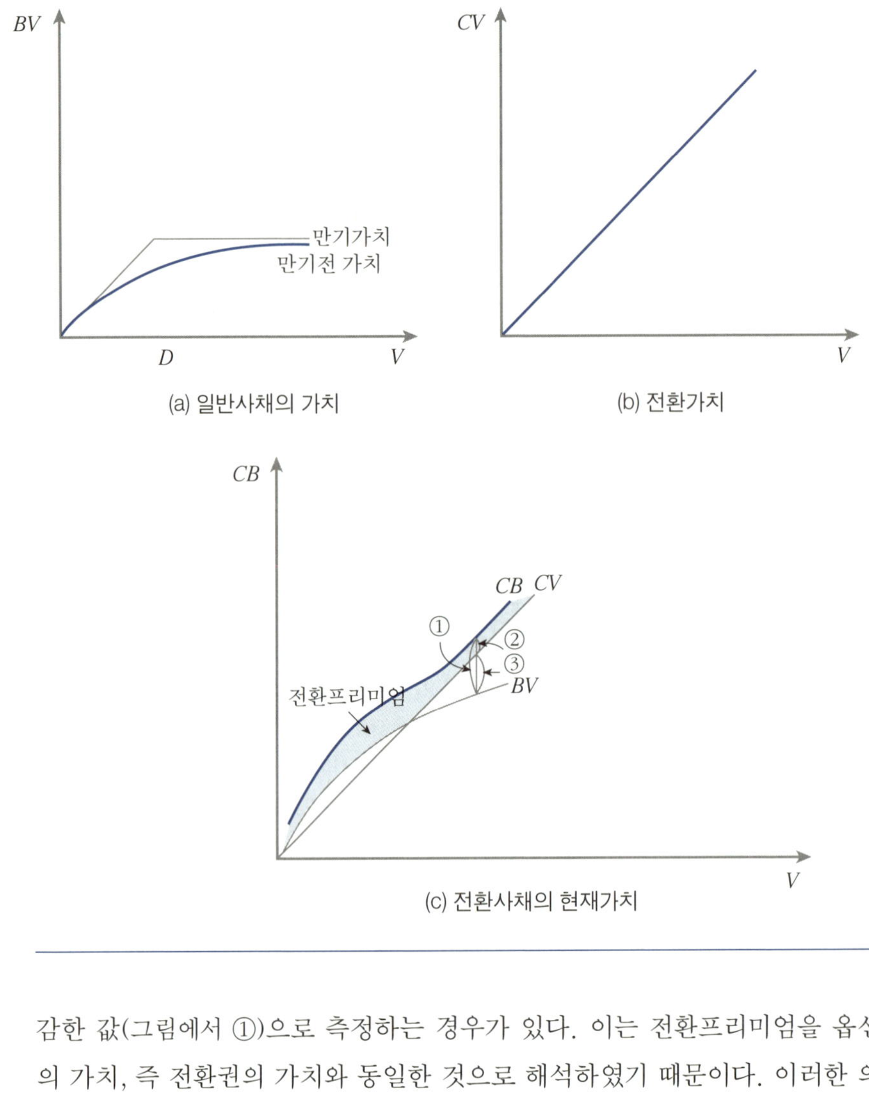

(a) 일반사채의 가치

(b) 전환가치

(c) 전환사채의 현재가치

감한 값(그림에서 ①)으로 측정하는 경우가 있다. 이는 전환프리미엄을 옵션의 가치, 즉 전환권의 가치와 동일한 것으로 해석하였기 때문이다. 이러한 의미로 본다면 전환프리미엄은 미래 주가상승에 대한 기대가치(그림에서 ②)뿐만 아니라 현재 주가상승에 의해서 이미 실현된 부분(그림에서 ③)까지 포함한 것이다.

그러나 대부분의 경우에는 본서와 같이 미래 주가상승의 가능성에 대한 가치(그림에서 ②)만을 전환프리미엄으로 정의한다.

(2) 모형의 특징

① 부분균형 분석모형

식 (10.5)로 제시된 전환권 평가식의 특징을 살펴보자. 이 식은 우선 기초자산인 주식의 가격이 전환권 행사와 무관하게 일정한 수준을 유지한다고 가정한 모형이다. 그러나 실제로 전환사채권자의 입장에서는 현재주가보다 낮은 수준에서 주식으로 전환해야 유리하므로 전환가격이 현재주가보다 낮을 경우에만 전환권을 행사할 것이다. 이러한 점을 감안하면 전환권이 행사됨으로써 평균주가는 현재주가보다 낮아질 것임을 알 수 있다. 이를 희석화(dilution)라고 한다.

그런데 위 모형은 이러한 가능성을 무시하고 전환권 행사 이전의 주가와 행사 이후의 주가가 동일하다고 가정하고 있다.[3] 위 모형이 부분균형적 성격을 갖는다고 하는 것이 이러한 연유에서이다.

② 사채와 전환권의 만기

대개 상황을 단순화시키기 위해 사채의 만기시점에서 전환권을 행사할 수 있다고 가정하는 경우가 많지만 사채의 만기와 전환권의 만기는 구별해야 한다. 이러한 구별로 전환권의 행사가격을 정확하게 파악할 수 있기 때문이다.

즉, 사채의 만기시점에서 전환권을 행사할 수 있다면 전환권의 행사가격은 전환사채의 액면금액을 전환비율로 나눈 값이 된다. 그러나 사채만기 이전에 전환권을 행사할 때에는 행사시점의 사채시장가치를 전환비율로 나눈 값이 행사가격이 된다. 즉, 주식 1주를 취득하기 위해 포기하게 되는 시장가치가 행사가격이기 때문에 이때에는 행사시점 이후 사채의 현금흐름을 행사시점에서 현재가치로 평가한 값이 행사가격인 것이다.

또한 위 모형은 전환권 행사시점까지 배당은 없다고 가정한다. Black-

---

3) 이처럼 현재주가를 기초자산의 가격으로 보고 이 값이 일정하다고 보는 것은 논리적이지 못하다. 왜냐하면 채권자가 합리적인 투자자라면 전환권의 행사로 자신이 취득하게 되는 주식의 가격을 전환가격(행사가격)과 비교하여 전환 여부를 결정할 것이기 때문이다. 그러므로 기초자산의 가격은 전환권 행사에 따라 추가로 주식이 발행된 상태에서의 평균주가, 즉 희석화효과가 반영된 주식가격으로 보는 것이 논리적이다.

Scholes모형 자체가 배당이 없다고 가정한 것이므로 Black-Scholes모형을 이용한 위 모형도 배당을 고려하지 않고 있다.

예제 10-3

가나기업은 다음과 같은 조건의 전환사채를 발행하였다.

액면금액 : 100,000원
액면이자율 : 연 7%
사채만기 : 발행 후 10년
전환권행사시기 : 발행 후 3년 시점
전환비율 : 8:1

가나기업의 현재주가는 12,000원이고 주가변동의 표준편차는 0.5이며 무위험이자율은 연 9%, 시장이자율(채권수익률)은 12%이다. 전환사채의 가치를 구하라.

해설

(1) 일반사채(straight bond)의 가치는 다음과 같다.

$$
\begin{aligned}
&\text{이자의 현가} : 7{,}000 \times PVIFA(12\%, 10) = && 39{,}551.4 \\
&\text{원금의 현가} : 100{,}000 \times PVIF(12\%, 10) = && \underline{32{,}200} \\
& && 71{,}751.4
\end{aligned}
$$

(2) 콜옵션의 가치

그런데 전환권을 3년 후에 행사한다고 하였으므로 행사가격은 다음과 같이 산출하여야 한다.

$t = 3$에서 사채가치

$$
\begin{aligned}
&\text{이자의 현가} : 7{,}000 \times PVIFA(12\%, 7) = && 31{,}946.6 \\
&\text{원금의 현가} : 100{,}000 \times PVIF(12\%, 7) = && \underline{45{,}235} \\
& && 77{,}181.6
\end{aligned}
$$

전환비율이 8:1이므로 1주 취득을 위한 행사가격은 다음과 같다.

$$\frac{77,181.6}{8} = 9,647.7$$

이로부터 d_1, d_2를 구하면 다음과 같다.

$$d_1 = \frac{\ln\left(\frac{12,000}{9,647.7}\right) + \left(0.09 + \frac{0.5^2}{2}\right) \times 3}{0.5 \times \sqrt{3}} = 0.997$$

$$d_2 = 0.997 - 0.5 \times \sqrt{3} = 0.131$$

정규분포를 이용해서

$$N(d_1) = 0.84, \qquad N(d_2) = 0.552$$

이제 Black-Scholes모형을 통해서 콜옵션 가치를 구하면

$$C = 12,000 \times 0.84 - \frac{9,647.7}{e^{0.09 \times 3}} \times 0.552$$
$$= 6,014.6\,(\text{원})$$

이 값은 주식 1개를 취득할 수 있는 옵션의 가치이고 사채 1개로 주식 8개를 취득할 수 있으므로 사채 1개에 포함된 전환권가치는 다음과 같다.

$$6,014.6 \times 8 = 48,116.8$$

(3) 전환사채의 가치

전환사채의 가치는 일반사채의 가치에 전환권가치를 합한 것이므로 다음과 같이 산출한다.

$$71,751.4 + 48,116.8 = 119,868.2$$

5 일반균형적 접근방법

(1) 전환권, 전환사채의 현재가치

일반균형적 접근방법이란 주어진 기업가치(V_0)를 전제로 전환권 전체의 가치를 구하는 방법이다. 먼저 전환권의 현재가치를 구한 후, 이를 이용해서 전환사채 및 자기자본의 현재가치를 단계별로 산출한다.

① **전환권의 현재가치**

식 (10.2)와 [그림 10-1]의 (a)로 나타낸 전환권의 만기가치에서 직접 Black-Scholes모형을 적용한다. 즉, aV_t가 D보다 클 경우에 콜옵션(전환권)이 행사될 것이므로 전환권의 현재가치는 다음과 같이 산출된다.

$$C_0 = aV_0 \cdot N(d_1) - \frac{D}{e^{R_f \cdot t}} \cdot N(d_2) \tag{10.7}$$

$$\text{단, } d_1 = \frac{\ln\left(\frac{aV_0}{D}\right) + \left(R_f + \frac{\sigma^2}{2}\right) \cdot t}{\sigma\sqrt{t}}, \qquad d_2 = d_1 - \sigma\sqrt{t}$$

이때에 V_0는 기업의 현재가치를, D는 전환사채의 액면총액을 나타낸다. 그리고 a는 전환권을 행사함으로써 채권자가 얻게 되는 주식지분율이다. 따라서 위 식은 전환권 전체의 가치를 구하는 것이다.

② **전환사채의 현재가치**

전환사채의 가치를 구하기 위해 다음과 같은 절차를 따른다.

첫째, 제9장의 자본구조에서의 식 (9.4)를 이용하여 먼저 전환권이 없는 일반사채(straight bond)의 가치를 산출한다.

$$B_0 = V_0 \cdot N(-d_1) + \left(\frac{D}{e^{R_f t}}\right) \cdot N(d_2)$$

둘째, 앞서 설명한 식을 이용하여 전환권의 가치를 구한다. 단, 여기서 구한 값은 전환권 전체의 가치이므로 만약 전환권의 단위당 가치를 구하려면 이를 전환권의 개수로 나누어 주면 될 것이다.

$$C_0 = aV_0 \cdot N(d_1) - \left(\frac{D}{e^{R_f t}}\right) \cdot N(d_2)$$

셋째, 위에서 구한 두 값을 합하면 전환사채의 가치가 된다.

$$CB_0 = C_0 + B_0$$

③ **자기자본의 현재가치**

이때 만약 주식의 가치를 구하고자 하면 주식과 전환사채로만 자본을 조달한다고 가정하였으므로 다음과 같이 현재의 기업가치(V_0)에서 전환사채의 가치(CB_0)를 차감하면 될 것이다.

$$S_0 = V_0 - CB_0$$

이처럼 일반균형적 접근방법에서 자기자본가치는 전환사채의 가치를 산출한 후에 이를 기업가치에서 차감하여 결정된다. 그런데 이와는 달리 부분균형적 접근방법에서는 자기자본가치(주식가격)가 미리 일정한 값으로 주어져 있다고 가정하여 이로부터 전환사채의 가치를 산출하고 있음을 알 수 있다.

(2) 모형의 특징

① **일반균형 분석모형**

식 (10.7)을 이용하여 전화사채를 구하는 방법은 기초자산을 기업가치로 보고 주식의 가격이 전환권 행사 후에 하락할 수 있다는 희석화 가능성까지 고려한 것이다. 이 방법은 기업가치를 주어진 외생변수로 보고 이로부터 전환사채의 가치와 자기자본의 가치를 구해내는 것이기 때문에 일반균형 분석모형이라고 할 수 있다. 그러나 앞서 설명한 부분균형 분석모형에서는 주어진 주가수준을 외생변수로 해서 전환사채의 가치만을 구하는 점이 이와 다르다.

주식의 가치를 구하는 방법으로는 크게 OPM을 이용하는 방법과 CAPM을 이용하는 방법이 있다. 이때에 OPM을 이용하는 방법은 주어진 기업가치를 외생변수로 보고 이로부터 주식가치와 부채가치를 구하는 반면 CAPM은 주식가치를 직접 구한다는 점에서 차이가 있다. 따라서 OPM을 일반균형적 모형이라고 하고 CAPM을 부분균형적 모형이라고 할 수 있다.

② **전환권의 가치평가식**

위에서는 전환권의 만기가치를 나타내는 그림에서 직접 Black-Scholes모형을 이용하여 전환권의 현재가치를 평가하는 모형을 도출하였다. 이는 전환권의 만기가치를 나타내는 식에서 기울기 및 절편을 고려하여 Black-Scholes모형에 그대로 대입한 것이다.

이외에 전환권을 행사하기 이전에 배당이 없다고 가정하는 것은 부분균형적 분석방법과 동일하다.

예제 10-4

가나기업의 현재 자산가치는 100억원인데 액면금액 40억원에 해당하는 전환사채와 보통주식 180,000개를 발행하고 있는 상태이다. 전환사채의 발행개수는 총 2,000개이고 전환비율은 10이며 전환권의 행사는 전환사채의 만기인 4년 후에만 가능하다. 가나기업은 주식과 전환사채에 의해서만 자금을 조달하였으며 자산수익률의 표준편차는 40%이고 무위험수익률은 10%라고 가정하고 희석화를 고려하여 다음 각 물음에 답하라.

(1) 전환사채의 만기가치를 그림으로 나타내라.
(2) 전환사채의 가격을 산출하라.
(3) 가나기업의 1주당 가격을 구하라.

해설

(1) 전환사채의 만기가치는 일반사채와 전환권의 만기가치를 합한 것으로서 다음과 같다.

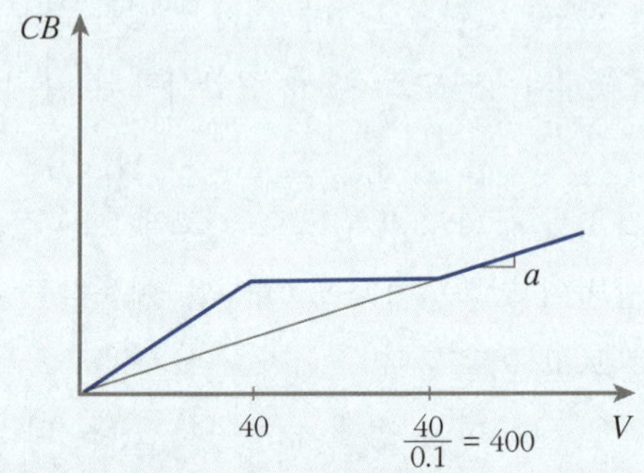

그림에서 기울기 a는 다음과 같이 산출된다.

$$a = \frac{20,000}{180,000 + 20,000} = 0.1\,(10\%)$$

(2) ① 1단계

식 (9.4)를 이용해서 일반사채의 가치를 구한다.

$$B = V \cdot N(-d_1) + \frac{D}{e^{R_f t}} \cdot D(d_2)$$

여기서 d_1, d_2는 다음과 같다.

$$d_1 = \frac{\ln\left(\frac{100}{40}\right) + \left(0.1 + \frac{0.4^2}{2}\right) \times 4}{0.4 \times \sqrt{4}} = 2.045$$

$$d_2 = 2.045 - 0.4 \times \sqrt{4} = 1.245$$

정규분포표를 이용하면

$$N(-d_1) = N(-2.045) = 0.0205$$

$$N(d_2) = N(1.245) = 0.893$$

따라서 전환권이 없는 일반사채가치 B는 다음과 같다.

$$B = 100 \times 0.0205 + \frac{40}{e^{0.1 \times 4}} \times 0.893$$

$$= 26(\text{억원})$$

② 2단계

식 (10.7)을 이용하여 전환권의 가치 C를 산출한다.

$$C = aV \cdot N(d_1) - \frac{D}{e^{R_f t}} \cdot N(d_2)$$

여기서 d_1, d_2는 다음과 같다.

$$d_1 = \frac{\ln\left(\frac{10}{40}\right) + \left(0.1 + \frac{0.4^2}{2}\right) \times 4}{0.4 \times \sqrt{4}} = -0.83$$

$$d_2 = -0.83 - 0.4 \times \sqrt{4} = -1.63$$

정규분포표를 이용하면

$$N(-0.83) = 0.2033, \quad N(-1.63) = 0.0516$$

따라서 전환권의 가치 C는 다음과 같다.

$$C = 10 \times 0.2033 - \frac{40}{e^{0.1\times 4}} \times 0.0516$$
$$= 0.65(\text{억원})$$

③ 3단계

전환사채의 가치는 일반사채와 전환권 가치의 합이므로 다음과 같이 산출된다.

$$CB = B + C = 260.65 = 26.65(\text{억원})$$

(3) 기업의 자본조달원천이 주식과 CB이므로 다음 식이 성립한다.

$$V = S + CB$$

따라서 자기자본가치 S는 다음과 같다.

$$S = V - CB$$
$$= 100 - 26.65 = 73.35(\text{억원})$$

그러므로 1주당 가격은 73.35억원을 발행주식수로 나누어 산출한다.

$$\frac{73.35(\text{억원})}{180,000} = 40,750(\text{원})$$

제3절 신주인수권과 신주인수권부사채

1 기초개념

(1) 신주인수권의 의의

신주인수권이란 주식을 정해진 기간내에 일정한 가격으로 인수받을 수 있는 권리를 말한다. 이는 경영자 보상의 일환으로 또는 자기자본을 증가시키기 위해서 기업이 발행하는 콜옵션이라고 할 수 있다. 구체적으로는 누가 행사할 수 있는 권리인가에 따라서 채권자가 행사할 수 있는 경우에는 주식인수권(stock warrants), 주주가 행사할 수 있는 경우에는 신주인수권(stock rights)이라고 구별하기도 하지만 일반적으로 신주인수권이라는 용어가 통용된다. 또한 OPM의 체계에서도 이들을 동일한 내용으로 분석한다.

(2) 신주인수권부사채

일반사채에 신주인수권이 부여된 채권을 신주인수권부사채(BW: bond with warrants)라고 한다. 구체적으로 신주인수권부사채는 사채권자에게 발행회사가 신주를 발행하는 경우 증자에 참여할 수 있는 권리를 부여한 사채를 말한다. 이러한 신주인수권이 사채와 따로 분리되어 독립된 상품으로 거래될 수 있으면 분리형 BW, 그렇지 않으면 비분리형 BW로 구분된다.

신주인수권부사채는 전환사채(CB)와 함께 기업의 경영권과 관련한 인수 및 합병과정에서 자주 등장하는데 다음과 같은 차이가 있다.

첫째, BW는 신주인수권을 행사하여 주식을 취득해도 사채가 남지만 CB는 전환권을 행사하면 사채가 소멸되면서 주식을 취득하게 된다.

둘째, 이러한 이유 때문에 대체로 BW의 발행금리는 보통사채보다는 낮지만 CB의 발행금리보다는 높은 편이다.

셋째, 분리형 BW의 경우 신주인수권만 별도로 유통이 가능하지만 CB는 사채와 함께 하는 경우에만 권리의 이전이 가능하다.

넷째, BW의 신주인수권이 행사되면 신규자금이 유입되지만 CB의 경우에는 전환권이 행사되어도 신규자금의 유입이 없다.

2 신주인수권의 만기가치

OPM을 이용해서 신주인수권의 가치를 평가하는 과정에서 분석의 편의를 위해 우선 다음과 같은 가정을 하자. 즉, 기업은 주식과 신주인수권을 발행해서 두 가지 형태로 자기자본을 조달한다고 가정한다. 그러면 이때에 신주인수권의 만기가치(W_t)는 다음과 같이 표현된다.

그림 10-4 신주인수권의 만기가치

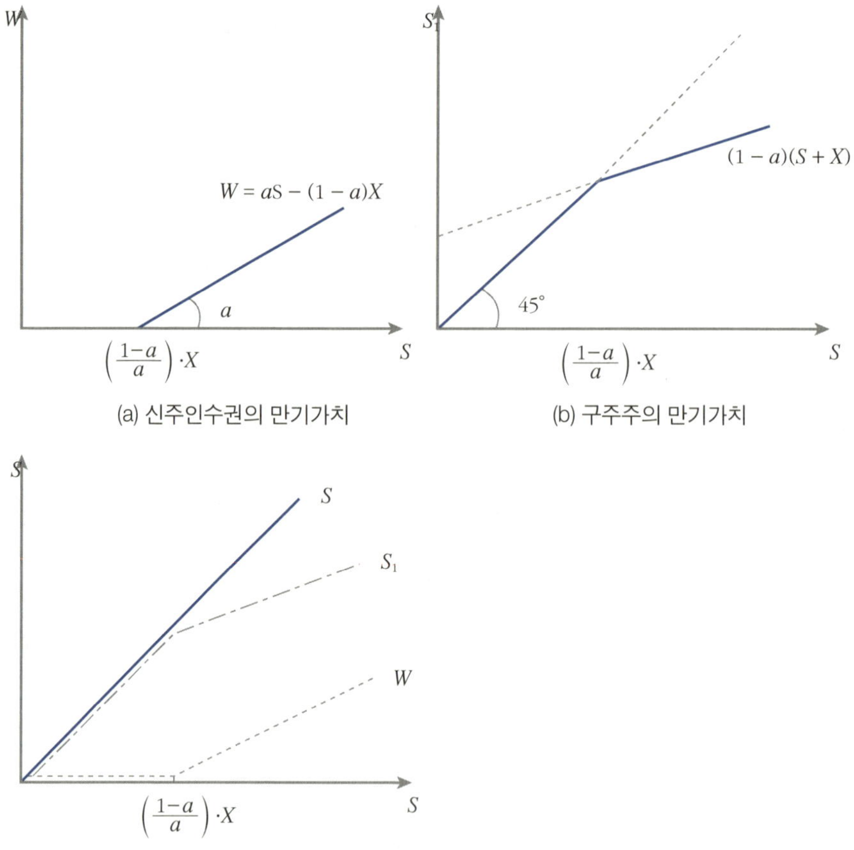

$$W_t = \max[a(S_t + X) - X, 0] \tag{10.8}$$

단, S_t : 신주인수권 행사 전 자기자본가치
X : 신주인수권의 행사가격으로서 신주인수에 따른 주금납입액
a : 신주인수권 행사 후 신주인수권자의 지분율

즉, 신주인수권을 행사할 투자자는 신주인수권을 행사한 후 일정한 지분을 갖는 주주가 될 것이고 이때 기초자산의 가치는 현재의 자기자본가치에다가 추가로 납부할 주금납입액이 포함된 금액 $(S_t + X)$가 될 것이다. 이 금액에서

자신의 지분에 해당하는 금액 $a(S_t + X)$과 신주인수권을 행사하면서 지불하게 될 주금납입액 X를 비교해서 전자가 클 경우에는 신주인수권을 행사하고 후자가 클 경우에는 행사하지 않을 것이다. 그리고 여기서 신주인수권 행사 후 지분율 a는 다음과 같이 구할 수 있다.

$$a = \frac{N_w}{N_s + N_w}$$

단, N_s : 신주 발행 전 주식수
N_w : 신주인수권의 수

식 (10.8)로 표현되는 신주인수권의 만기가치를 그림으로 표현하면 [그림 10-4]와 같이 나타난다.

3 신주인수권의 현재가치

신주인수권의 균형가격은 앞서 설명한 만기가치를 현재가치로 산출한 값이다. 그 현재가치를 구하는 과정에서 Black-Scholes모형을 이용하게 된다. 신주인수권의 현재가치를 구하는 경우에도 전환사채에서 전환권의 가치를 구하는 방법과 마찬가지로 부분균형적 접근방법과 일반균형적 접근방법으로 구분할 수 있다. 그리고 부분균형적 접근방법에서는 신주인수권 1단위의 가치를 구하고 일반균형적 접근방법에서는 신주인수권 전체의 가치를 구하는 것도 전환사채의 경우와 동일하다. 그런데 전환사채의 경우와는 달리 신주인수권의 가치를 구할 때에는 부분균형적 접근방법에서도 약간의 조정과정을 통해서 부분균형적 접근방법이 갖는 한계점을 해결할 수 있다.

4 부분균형적 접근방법

Black-Scholes모형은 옵션의 행사가 기초자산의 가격에 영향을 주지 않는다고 가정한다. 이러한 가정은 일반적인 옵션의 경우에는 유효한 가정이지만 전환권 또는 신주인수권의 행사에서는 성립되지 않는 가정이다. 즉, 이러한 전환권 또는 신주인수권의 행사는 발행주식수의 증가와 동시에 주가의 하락을 초래하기 때문이다. 따라서 정확한 옵션가치를 산출하려면 이러한 현상을 반영해야 할 것이므로 추가적인 조정과정이 필요하게 된다.

부분균형적 접근방법을 이용하여 다음과 같은 두 가지 단계에서 신주인수권의 단위당 가치를 구하면서 이러한 내용이 어떻게 반영되는가를 확인해 본다.

(1) 1단계

우선 신주인수권의 단위당 만기가치 W_t^1을 다음과 같이 나타낸다. 이는 단순하게 만기시점에서의 1주당 가격 S_t와 신주 1주를 인수하는 데 필요한 주금납입액 X를 비교하는 것이다. 따라서 이때의 W_t^1는 신주인수권 행사에 따른 주가하락 효과를 고려하지 않은 것이 된다.

$$W_t^1 = \max[S_t - X, 0] \tag{10.9}$$

단, W_t^1 : 1단계에서 신주인수권의 만기가치
S_t : 신주인수권 행사 전 1주당 가격
X : 신주 1주에 대한 인수가격

그리고 이에 해당하는 신주인수권의 현재가치 W_0^1을 구하기 위해서 Black-Scholes모형을 이용한다. 그러면 신주인수권의 현재가치는 다음과 같이 산출할 수 있다.

$$\begin{aligned} W_0^1 &= S_0 \cdot N(d_1) - \left(\frac{X}{e^{R_f t}}\right) \cdot N(d_2) \\ &= \text{현재주가} \cdot N(d_1) - \text{인수가격의 현가}(d_2) \end{aligned} \tag{10.10}$$

$$\text{단, } d_1 = \frac{\ln\left(\frac{S_0}{X}\right) + \left(R_f + \frac{\sigma^2}{2}\right)t}{\sigma\sqrt{t}}, \qquad d_2 = d_1 - \sigma\sqrt{t}$$

그런데 여기서 산출한 신주인수권의 가치 W_0^1은 신주발행에 따른 희석화 효과를 고려하지 않은 만기가치로부터 구한 것이므로 신주발행에 따른 주가변

동이 없거나 발행주식수가 늘어나지 않는 경우에만 유효하다. 그러나 신주인수권도 전환권과 마찬가지로 행사가격이 현재주가보다 낮을 때 행사될 것이므로 이러한 경우에는 발행주식수가 늘어나면서 평균주가는 하락하는 희석화 효과(dilution effect)가 나타난다. 이러한 희석화 효과는 다음과 같은 추가적인 단계를 거치면서 반영할 수 있다.

(2) 2단계

여기에서는 희석화 효과를 고려하여 1단계의 모형을 조정한다. 신주인수권자가 신주인수권을 행사하려면 먼저 신주 1주당 인수가격이 신주인수권의 만기시점에서 1주당 시장가격보다 낮아야 할 것이다. 이러한 상황에서 신주가 발행되면 평균주가는 하락하게 될 것이고 이때의 평균주가는 다음과 같이 산출된다.

$$a = \frac{N_s S_t + N_w X}{N_s + N_w}$$

단, S_t : 신주인수권 행사 전 1주당 가격
X : 신주 1주에 대한 인수가격(행사가격)
N_s : 신주 발행 전 주식수
N_w : 신주인수권 행사에 따른 발행주식수

그런데 신주인수권자가 신주인수권의 행사로 취득하게 되는 주식의 가격은 희석화 효과가 반영된 평균주가가 될 것이므로 이 값이 신주인수권의 행사가격보다 클 경우에 신주인수권의 행사할 것이다. 즉, 단순하게 1주당 인수가격과 1주당 시장가격을 비교하는 것은 정확한 분석이 아닌 것이다. 이러한 관계를 고려하면 2단계에서 신주인수권의 만기가치 W_t^2는 다음과 같이 나타난다.

$$W_t^2 = \max\left[\frac{N_s S_t + N_w X}{N_s + N_w} - X,\ 0\right] \qquad (10.11)$$

그런데 위 식에서 다음과 같은 관계가 성립한다.

$$\frac{N_s S_t + N_w X}{N_s + N_w} - X = \frac{N_s S_t + N_w X - N_s X - N_w X}{N_s + N_w} = \frac{N_s(S_t - X)}{N_s + N_w}$$

이를 이용해서 신주인수권의 만기가치를 나타내는 위 식을 다음과 같이 고쳐 쓸 수 있다.

$$W_t^2 = \frac{N_s}{N_s + N_w} \max[S_t - X, 0] \tag{10.12}$$

이 식을 살펴보면 희석화를 고려하지 않은 신주인수권의 만기가치에 $\frac{N_s}{N_s + N_w}$를 곱한 것임을 알 수 있다. 만기가치에서 이러한 관계가 성립한다면 현재가치에서도 이러한 관계가 그대로 성립한다. 이에 따라서 희석화를 고려한 신주인수권의 현재가치도 1단계에서 구한 신주인수권의 현재가치 W_0^1에 $\frac{N_s}{N_s + N_w}$을 곱해 주면 된다. 즉, 다음 식이 성립한다.

$$W_0^2 = \frac{N_s}{N_s + N_w} W_0^1$$

여기서 $\frac{N_s}{N_s + N_w}$는 1보다 작은 값으로서 희석화계수라고 부른다. 희석화계수의 분모와 분자를 모두 N_s로 나누면 다음과 같게 될 것이다.

$$\frac{N_s}{N_s + N_w} = \frac{1}{1 + N_w / N_s} = \frac{1}{1 + q}$$

이때 q는 증자비율에 해당하므로 위 식을 이용하면 증자비율을 통해서 희석화계수를 직접 구해낼 수도 있다.

예제 10-5

가나기업의 현재 자기자본은 650억원이고 발행주식수는 5백만주이다. 그리고 현재 발행한 신주인수권은 50만개이며 이의 행사가격은 단위당 10,000원이다. 신수인수권의 만기까지 4년이 남아 있으며 무위험이자율은 10%이다. 가나기업의 주식수익률 분산은 16%라고 가정하여 다음 각 물음에 답하라.

(1) 신주인수권의 행사에 따른 주가변동은 없다고 가정하여 신주인수권의 가치를 산출하라.
(2) 회석화(dilution)를 고려하여 신주인수권의 가치를 구하라.

해설

(1) 만기가치 W_1은 다음과 같다.

$$W_1 = \max[S - X, 0]$$

따라서 현재가치 W_1은 Black-Scholes모형을 이용한다.

$$W_1 = S \cdot N(d_1) - \frac{X}{e^{R_f t}} \cdot N(d_2)$$

그리고 1주당 가격은 13,000원(= 650억원 ÷ 5백만주)이므로 여기서 d_1, d_2는 다음과 같다.

$$d_1 = \frac{\ln\left(\frac{13,000}{10,000}\right) + \left(0.1 + \frac{0.16}{2}\right) \times 4}{\sqrt{0.16} \times \sqrt{4}} = 1.23$$

$$d_2 = 1.23 - \sqrt{0.16} \times \sqrt{4} = 0.43$$

정규분포표를 이용하면

$$N(d_1) = 0.8907, \qquad N(d_2) = 0.6664$$

현재가치 W_1을 구하는 식에 관련 자료를 대입하면 신주인수권가치는 다음과 같다.

$$\begin{aligned} W_2 &= 13,000 \times 0.8907 - \frac{10,000}{e^{0.1 \times 4}} \times 0.6664 \\ &= 7,112(\text{원}) \end{aligned}$$

(2) 회석화효과를 고려하려면 만기가치와 현재가치 모두 (1)에서 구한 값 W_1에 $\frac{N_s}{N_s + N_w}$를 곱하면 된다.

$$\begin{aligned} W_2 &= \frac{N_s}{N_s + N_w} \times W_1 \\ &= \frac{500}{500 + 50} \times 7,112 \\ &= 6,465(\text{원}) \end{aligned}$$

5 일반균형적 접근방법

일반균형적 접근방법으로 신주인수권의 가치를 구하는 것은 전환사채에서 전환권의 현재가치를 구하는 방법과 동일한 원리를 따른다. 즉, 전환권의 만기가치를 나타내는 그림에서 직접 Black-Scholes모형을 이용하여 전환권의 현재가치를 구하였던 것과 마찬가지로 신주인수권도 [그림 10-4]의 만기가치를 나타내는 그림에서 직접 Black-Scholes모형을 이용하여 신주인수권 현재가치를 구하는 방법이다. 이때의 신주인수권가치는 단위당 가치가 아니라 신주인수권 전체의 가치를 나타낸다.

신주인수권의 만기가치를 나타내는 식의 기울기 및 절편을 고려하여 신주인수권의 현재가치 W_0를 구하면 다음과 같다.

$$\begin{aligned} W_0 &= aS_0 \cdot N(d_1) - \left(\frac{(1-a)X}{e^{R_f t}}\right) \cdot N(d_2) \\ &= a\text{자기자본가치}\cdot N(d_1) - (1-a)\,\text{행사가격의 현가}\cdot N(d_2) \end{aligned} \qquad (10.14)$$

$$\text{단, } d_1 = \frac{\ln\left(\frac{aS_0}{(1-a)X}\right) + \left(R_f + \frac{\sigma^2}{2}\right)t}{\sigma\sqrt{t}}, \qquad d_2 = d_1 - \sigma\sqrt{t}$$

여기서 구한 신주인수권의 가치 W_0값은 신주인수권 전체의 가치이므로 단위당 신주인수권의 가치는 이를 신주인수권 발행수로 나눈 값이 된다.[4)]

6 보충사항

(1) 주가와 신주인수권의 관계

신주인수권의 평가와 관련해서 기초주식의 현재가격과 신주인수권의 관계

4) 이와 같이 산출한 신주인수권의 가치는 주가의 희석화 효과를 고려한 값이므로 앞서 설명한 부분균형적 접근방법의 2단계에서 산출한 신주인수권의 가치와 그 값이 동일하게 된다.

를 좀더 자세하게 살펴보자. 앞서 신주인수권의 현재가치를 평가하는 식 (10.10), 식 (10.13) 그리고 식 (10.14)들은 모두 Black-Scholes모형으로서 기초주식의 현재가치가 주어진 상황에서 콜옵션인 신주인수권을 평가할 수 있는 것이다. 그런데 신주인수권은 경제적 가치가 있는 것이므로 양(+)의 값에 발행되는 것이 일반적이다.[5] 그리고 신주인수권에 대한 대가로 유입된 현금흐름은 기초주식의 현재가치에 반영되어 있을 것이다. 따라서 신주인수권을 평가하는 위 식들에서 기초주식의 현재가치 S_0는 다음과 같이 산출해야 할 것이다.

$$S_0 = \frac{N_s S + N_w W}{N_s}$$

단, S : 신주인수권 발행 전 1주당 가격
W : 신주인수권 단위당 발행가격
N_s : 신주 발행 전 주식수
N_w : 신주인수권 발행수

이러한 내용이 반영된 다음의 예제를 살펴보자.

예제 10-6

무부채기업인 가나기업의 발행주식수는 현재 100만주이며 1주당 가격은 60,000원이다. 경영자에게 인센티브를 주기 위해서 만기 5년, 행사가격 70,000원인 신주인수권을 단위당 10,000원에 4만개를 매입하여 보유하도록 하였다.

(1) 가나기업의 만기주가가 50,000원, 80,000원, 100,000원이 될 경우 신주인수권의 만기가치는 얼마인가?
(2) 무위험이자율이 5%이고 가나기업 주식수익률의 위험(표준편차)이 31.3%일 때 신주인수권의 현재가치는 얼마인가?
(3) 가나기업의 경영자는 신주인수권의 취득으로 얼마의 이익을 얻은 것인가?

5) 종업원의 사기진작 차원에서 신주인수권으로서 스톡옵션이 무상으로 지급될 수도 있으나 예외적인 경우이다.

해설 (1) 각 주가 수준에서의 만기가치 W는 다음과 같다.

① W = max[50,000 − 70,000, 0] = 0
② W = max[80,000 − 70,000, 0] = 10,000
③ W = max[100,000 − 70,000, 0] = 30,000

(2) 여기서는 옵션가격표를 이용해 보자. 이를 위해서 $\sigma\sqrt{t}$와 $\frac{S}{X\cdot e^{-R_f t}}$를 먼저 구한다.

$$\sigma\sqrt{t} = 0.313\times\sqrt{5} = 0.7$$

그런데 현재주가 S는 다음과 같다.

$$S = \frac{100\text{만주}\times 6\text{만원} + 4\text{만개}\times 1\text{만원}}{100\text{만주}} = 60,400$$

따라서

$$\frac{S}{X\cdot e^{-R_f t}} = \frac{60,400}{70,000\times e^{-0.05\times 5}} = 1.11$$

옵션가격표에서 0.7과 1.11의 교차점에 해당하는 비율은 약 0.31이 된다. 그러므로 신주인수권의 현재가격 W는 다음과 같이 산출된다.

$$W = 60,400\times 0.31 = 18,724(\text{원})$$

그리고 희석화효과를 고려한 신주인수권의 현재가격은 다음과 같다.

$$\frac{N_s}{N_s+N_w}\times W = \frac{100,000}{1,000,000+40,000}\times 18,724 = 18,003.85(\text{원})$$

(3) 신주인수권 취득에 따른 경영자의 이익은 다음과 같다.

i) 신주인수권 가치 18,003.85 × 40,000 = 720,154,000
ii) 이에 대한 대가지급 10,000 × 40,000 = 400,000,000
320,154,000

〈예제 10-6〉을 보면 신주인수권의 현재가치는 18,000원인데 기업이 경영자에게 신주인수권을 발행한 가격 10,000원은 무엇인가? 이는 경영자에게 인센티브를 주기 위한 방법으로 향후 주가상승에 따른 이익가능성과 함께 현재시점에서도 신주인수권을 정상적인 가치보다 낮은 가격인 10,000원에 발행한 것이다. 여기서 만약 경영자에게 발행된 가격이 단위당 10,000원이 아니라 15,000원이 된다면 신주인수권의 현재가치도 이에 따라서 달라지게 된다. 따라서 예제에서 구한 신주인수권의 현재가치 18,000원은 발행가격 10,000원을 전제로 산출된 조건부 균형가격이라고 할 수 있겠다.

그렇다면 발행가격을 균형가격으로 하려면 얼마에 신주인수권을 발행해야 할 것인가 하는 문제를 생각해 보자. 이러한 문제에서 특이한 점은 신주인수권의 가치를 평가하기 위해서는 기초주식의 현재가치를 알아야 하는데 기초주식의 현재가치에는 신주인수권의 발행가격이 반영되어야 하므로 신주인수권의 발행가격을 알아야 한다. 그런데 신주인수권을 균형가격으로 발행한다고 하였으므로 균형가격을 구하기 위해서는 신주인수권의 가치를 미지수로 놓고 이를 이용해서 기초주식의 현재가격(역시 미지수임)을 구하고 이를 기초로 다시 신주인수가치를 산출하는 과정을 여러 번 반복해야 한다는 것이다. 이러한 반복과정이 필요한 것은 기초주식의 가치는 신주인수권의 함수이면서 신주인수권도 기초주식의 함수가 되기 때문이다.

(2) 신주인수권부 사채

콜옵션으로서 신주인수권의 기초자산은 기업가치가 아니라 자기자본가치이다. 그런데 신주인수권부 사채를 발행하는 경우에는 신주인수권의 발행에 따라서 자본구조가 변경될 수 있다. 이러한 가능성을 파악하기 위해서 우선 자기자본만으로 구성된 기업이 신주인수권을 발행한 경우부터 살펴보자. 만약 자기자본만으로 구성된 기업이 신주인수권을 발행하면 신주인수권에 대한 대가가 자기자본에 포함되며 여전히 이 기업은 자기자본만으로 구성된 자본구조를 갖게 된다. 이때에는 기업가치의 수익률 분산이 자기자본가치의 수익률 분산과 동일한 값을 갖게 되므로 기업가치의 수익률 분산을 이용해서 신주인수권의 가치를 구할 수 있다.

자기자본만으로 구성된 기업이 이번에는 신주인수권부 사채를 발행한다고 하자. 이때에도 신주인수권부 사채의 대가 중 신주인수권에 대한 부분은 자기자본가치를 구성하지만 나머지 일반사채에 해당하는 부분은 기업의 부채가 되면서 기업의 자본구조는 부채를 사용하는 자본구조로 바뀌게 된다. 이렇게 되면 경영위험은 종전과 동일하더라도 재무위험이 추가되는 것이므로 신주인수권의 기초자산이 되는 자기자본의 수익률 분산은 증가하게 된다. 따라서 신주인수권부 사채를 발행하여 자본구조가 변경되는 경우에는 이에 따른 자기자본 수익률의 분산을 조정하여야 신주인수권에 대한 정확한 평가를 할 수 있다.

예제 10-7

ABC기업은 100,000주를 발행한 무부채기업으로서 1주당 가격은 31달러이다. 그런데 신주인수권부 사채를 발행하면서 900,000달러를 조달하였는데 이 중 200,000달러는 신주인수권 20,000개에 대한 대가이다. 신주인수권의 만기는 5년이고 행사가격(신주인수가격)은 1주당 40달러이다. 신주인수권부 사채를 발행하기 전 주식수익률의 표준편차는 40%이다. 무위험이자율은 연 8%라고 할 때 신주인수권의 가치를 산출하라.

해설

(1) 1주당 주가 S는 다음과 같다.

$$S = \frac{3,100,000 + 200,000}{100,000} = 33$$

그리고

$$d_1 = \frac{\ln\left(\frac{33}{40}\right) + \left(0.08 + \frac{0.4^2}{2}\right) \times 5}{0.4 \times \sqrt{5}} = 0.6793$$

$$d_2 = 0.6793 - 0.45\sqrt{5} = -0.2151$$

정규분포표를 이용하면 다음을 구할 수 있다.

$$N(d_1) = N(0.6793) = 0.7518$$
$$N(d_2) = N(-1.2151) = 0.4148$$

그러므로

$$W = S \cdot N(d_1) - \frac{X}{e^{R_f t}} \cdot N(d_2)$$
$$= 33 \times 0.7518 - \frac{40}{e^{0.08 \times 5}} \times 0.4148 = 13.69$$

(2) 회석화효과를 고려하면 신주인수권의 가치는 다음과 같다.

$$\frac{N_s}{N_s + N_w} \times W = \left(\frac{100}{100 + 20}\right) \times 13.69 = 11.41$$

(3) 신주인수권의 기초자산은 기업가치, 즉 자산이 아니라 자기자본임을 유의해야 한다. 가나기업의 BW발행 전에는 무부채기업이었으므로 자기자본의 분산이 곧 기업가치의 분산인 0.4^2이다.

그런데 BW를 발행하면 가나기업은 이제 부채기업이 되고 이에 따라서 자기자본의 분산이 증가하게 된다.

먼저 BW발행 이전과 이후의 B/S는 다음과 같다.

이전 B/S

V 3,100,000	S 3,100,000

이후 B/S

V 4,000,000	B 700,000
	S 3,300,000

이같은 자본구조의 변화를 고려하여 기업가치, 즉 포트폴리오의 위험은 다음과 같이 나타낼 수 있다.

$$\sigma_P^2 = \left(\frac{B}{V}\right)^2 \sigma_B^2 + \left(\frac{S}{V}\right)^2 \sigma_S^2 + 2\left(\frac{B}{V}\right)\left(\frac{S}{V}\right)\sigma_S^2$$

$$= \left(\frac{S}{V}\right)^2 \sigma_S^2 \quad (\because \sigma_B = 0,\ \sigma_{SB} = 0)$$

$$0.4^2 = \left(\frac{3,300,000}{4,000,000}\right)^2 \sigma_S^2$$

$$\therefore \sigma_S = 0.485$$

이제 신주인수권의 기초자산인 자기자본의 수익률 표준편차는 0.485이므로 Black-Scholes모형에 이 값을 대입하여 신주인수권 가치를 구하면 다음과 같다.

$$W = 15.44$$

그리고 회석화효과를 고려한 신주인수권의 가치를 구하면 다음과 같다.

$$\frac{100,000}{100,000 + 200,000} \times 15.44 = 12.87$$

제4절 수의상환권과 수의상환사채

1 기초개념

(1) 옵션부 채권

옵션부 채권(bond with an embedded option)이란 채권을 발행할 때 명시한 조건이 충족되면 만기가 되기 전이라도 상환할 수 있는 채권을 말한다. 이때 발행회사가 채권자에게 매도청구를 할 수 있는 옵션부 채권은 수의상환사채(callable bond)라고 하고 채권자가 발행회사에게 상환청구를 할 수 있는 옵션부 채권은 상환청구사채(puttable bond)라고 한다. 이러한 옵션부 채권을 발행하게 되는 경우 투자자의 입장에서는 금리변동이나 발행회사의 실적악화와 같은 위험을 막을 수 있고 발행회사의 입장에서는 장기저리의 자금을 조달할 수 있는 장점이 있다.

이러한 옵션부 채권은 앞서 전환사채 또는 신주인수권부사채를 분석할 때와 마찬가지로 다른 조건은 동일하고 옵션만 없는 일반사채(bullet bond)와 옵션으로 구성된 포트폴리오로 인식할 수 있다.[6] 따라서 이러한 채권의 가치를 평가할 때에는 먼저 일반사채 가격을 평가하는 방법으로 현금흐름을 할인하고 이에 옵션가격결정모형으로 평가된 옵션의 가치를 반영하면 된다.

(2) 수의상환사채

수의상환권(call provision)이란 채권발행회사가 정해진 기간내에 일정한 가격으로 부채를 재매입(상환)할 수 있는 권리를 말한다. 그리고 수의상환사

6) 여기서의 옵션은 사채만기 이전에 상환할 수 있는 권리인데 이러한 옵션이 없는 채권, 즉 만기에서만 상환할 수 있는 채권을 bullet bond라고 한다.

채는 이러한 수의상환권이 있는 사채이므로 수의상환사채의 발행회사는 채권을 약정가격(대개 액면금액에 상환프리미엄을 붙인 금액)에 다시 매입할 수 있는 권리를 갖게 된다. 따라서 채권을 발행한 후 금리가 하락하여 채권가격이 상승하면 발행회사는 시장가격 대신에 약정가격으로 채권을 상환할 수 있다. 채권에 콜옵션이 부여되어 있으나 발행회사가 이 옵션을 소유하고 있는 것이므로 채권자에게는 (-)요인이 된다. 왜냐하면 이는 채권가격 상승에 따라서 얻을 수 있는 채권자의 투자이익을 제한하는 것이기 때문이다.

2 전통적인 분석방법

(1) 수의상환사채의 발행목적

전통적 재무이론에서는 수의상환사채의 발행목적을 이자율의 불확실성으로 설명하였다. 즉, 회사는 사채를 발행한 후 이자율이 하락하면 이를 사전에 정한 상환가격으로 매입하고 낮은 이자율로 새로운 사채를 발행할 수 있다. 이로써 회사는 이익을 보고 채권자는 손실을 보게 된다.

그러나 이러한 설명은 미래이자율에 대해 주주와 채권자가 서로 다르게 예측한다는 모순된 가정을 전제로 하는 것이기 때문에 논리적이지 못하다. Myers(1971)는 대리문제와 관련시켜 발행목적을 파악하였다. 즉, 수의상환사채는 대리비용을 감소시킬 수 있는 방법으로 이용될 수 있다는 것이다.

(2) 수의상환사채의 평가

전통적 분석방법에 따른 수의상환사채의 평가방법은 두 가지 수익률을 산출하여 비교하는 것이다. 즉, 채권매입 후 만기까지 보유할 경우의 만기수익률(YTM: yield to maturity)과 발행자가 수의상환권을 행사할 것으로 예상되는 시점까지의 수익률(YTC: yield to call)을 산출하여 이들 중 낮은 수익률을 수의상환사채의 수익률로 간주한다. 만약 수의상환권을 행사할 수 있는 시점이 여러 번 존재한다면 각 시점마다 수의상환권을 행사한다고 가정해서 모든 경우의 수익률을 계산하고 이 중에서 가장 낮은 수익률을 수의상환사채의 수익률로 보면 된다.

이러한 방법을 이용하면 채권자는 발행회사가 소유하는 수의상환권으로 인한 손실을 대략적으로 추정할 수 있으나 몇 가지 문제점을 갖고 있다. 우선 채권자가 수의상환권의 행사시점까지 받은 모든 이자를 YTC로 재투자된다고 가정한다는 것이다. 그러나 금리가 하락할 때에 수의상환권이 행사될 것이므로 이러한 가정은 비현실적이다. 또한 이 방법은 채권자가 채권매도금액을 미래에 어떤 수익률로 재투자할 것인가에 대한 고려가 없다는 것이다. 무엇보다도 이 방법이 갖는 가장 큰 문제점은 수의상환권을 평가하면서 옵션적 특성을 고려하지 않는다는 것이다.

예제 10-8

가나기업은 만기가 5년이고 액면이자율이 12%인 사채를 발행하였다. 이 사채는 2년 경과시점에서 액면기준 102%의 금액으로 발행기업이 매입할 수 있는 수의상환사채이다. 이자는 연 1회 지급되는 조건이며 현재 채권의 시장가격은 9,800원이다. 이 사채에 대해 투자자는 얼마의 채권수익률로 평가할 수 있는가?

해설

먼저 만기까지 가서 원금이 상환된다고 가정하여 YTM을 산출하면 다음과 같다.

$$9,800 = \sum_{t=1}^{5} \frac{1,200}{(1+R)^t} + \frac{10,000}{(1+R)^5}$$

이로부터 $R = 12.56(\%)$

이번에는 $t = 2$시점에서 가나기업이 수의상환권을 행사한다고 가정하여 YTC를 산출한다.

$$9,800 = \sum_{t=1}^{2} \frac{1,200}{(1+R)^t} + \frac{10,200}{(1+R)^2}$$

이로부터 $R = 14.15(\%)$

YTM < YTC이므로 YTM 12.56%를 이 채권의 예상수익률로 평가한다.

그림 10-5 수의상환권의 만기가치

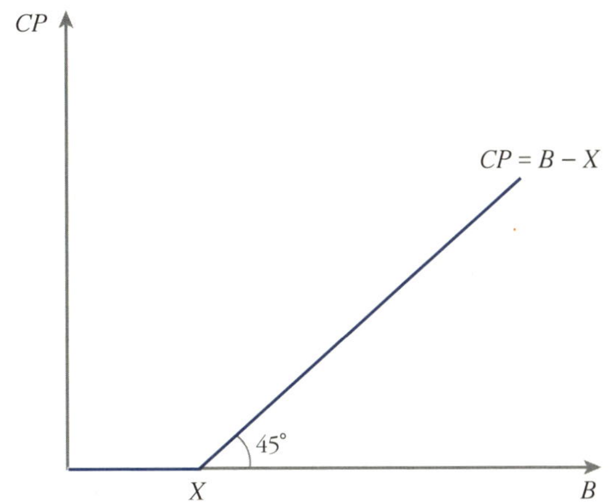

3 수의상환권의 만기가치

수의상환권(call provision)은 발행회사가 수의상환권의 만기시점에서 수의상환가격(call price)과 채권의 시장가격을 비교해서 수의상환가격이 더 낮을 때 행사하는 권리이다. 따라서 수의상환권의 만기가치를 CP_t라고 표시하면 다음과 같은 수식으로 표현된다.

$$CP_t = \max[B_t - X, 0] \tag{10.15}$$

단, B_t : 수의상환사채의 가치
X : 수의상환가격(call price)

식 (10.15)로 표현된 수의상환권은 그 만기가치가 [그림 10-5]와 같이 나타나는데 이는 콜옵션의 만기가치와 동일하다는 것을 알 수 있다. 따라서 수의상환권 및 수의상환사채를 현재가치를 평가함에 있어서 OPM을 이용하는 것이 정확한 평가방법이라고 할 수 있다.

4 수의상환권과 수의상환사채의 현재가치

(1) 수의상환권의 현재가치

수의상환권은 채권을 기초자산으로 하고 수의상환가격을 행사가격으로 하는 콜옵션이다. 따라서 Black-Scholes모형을 이용하여 수의상환권의 현재가치 CP_0를 구하면 다음과 같다.

$$CP_0 = B_0 \cdot N(d_1) - \frac{X}{e^{R_f t}} \cdot N(d_2) \qquad (10.16)$$

$$= \text{수의상환사채의 현재가치} \cdot N(d_1) - \text{상환가격의 현가} \cdot N(d_2)$$

$$\text{단, } d_1 = \frac{\ln\left(\frac{B_0}{X}\right) + \left(R_f + \frac{\sigma^2}{2}\right)t}{\sigma\sqrt{t}}, \qquad d_2 = d_1 - \sigma\sqrt{t}$$

식 (10.16)으로 표현된 수의상환권의 현재가치를 그림으로 나타내면 [그림 10-6]에서와 같다.

(2) 수의상환사채의 현재가치

이제 수의상환사채의 현재가치를 구해 보자. 수의상환사채를 보유한 채권자는 수의상환권이 없는 일반채권을 보유하고 발행회사에 수의상환권이라는 콜옵션을 매도한 것과 같은 경제적 위치에 있게 된다. 따라서 수의상환사채의 가치는 다음과 같은 과정을 통해서 산출된다.

첫째, 수의상환권이 없는 일반채권의 가치를 구한다.
둘째, OPM을 이용하여 수의상환권의 가치를 산출한다.
셋째, 일반사채의 가치에서 수의상환권의 가치를 차감한다.

그런데 옵션평가모형에서는 기초자산가격은 외생변수로 취급되므로 수의

그림 10-6 수의상환권 및 수의상환사채의 현재가치

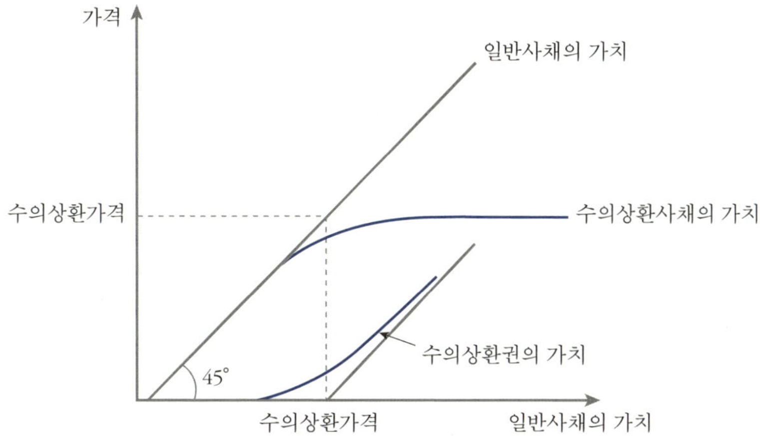

상환권이 없는 일반채권의 가격은 주어진 값으로 간주할 수 있다. 따라서 수의상환사채의 현재가치는 다음과 같은 식으로 표현할 수 있을 것이다.

$$\begin{aligned} CB_0 &= B_0 - CP \\ &= B_0 \cdot (1 - N(d_1)) + \left(\frac{X}{e^{R_f t}}\right) \cdot N(d_2) \qquad (10.17) \\ &= B_0 \cdot N(-d_1) + \left(\frac{X}{e^{R_f t}}\right) \cdot N(d_2) \qquad (\because 1 - N(d_1) = N(-d_1)) \end{aligned}$$

이러한 식은 OPM을 자본구조에 적용하여 자기자본과 부채의 가치를 옵션으로 평가할 때에 부채의 현재가치를 구하는 것과 유사하다. 이제 일반사채, 수의상환권, 그리고 수의상환사채의 가치 사이의 관계를 이용해서 그림으로 나타내 보자. 일반사채의 가치에서 수의상환권을 차감한 것이 수의상환사채의 가치가 되므로 이들의 관계는 [그림 10-6]과 같이 표현된다.

(3) 수의상환사채가격과 수익률의 관계

끝으로 수의상환사채와 관련해서 수의상환사채의 가격과 수익률의 관계를

그림 10-7 수의상환사채가격의 수익률

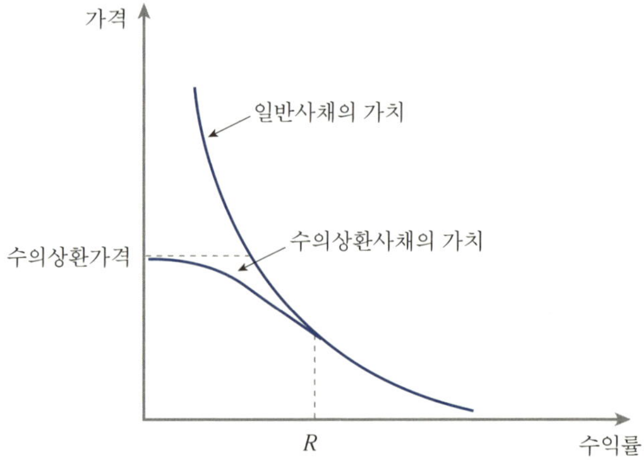

확인해 보자. 수의상환사채의 가격과 수익률의 관계는 일반적인 채권의 경우와 다르다. 왜냐하면 발행회사의 수의상환권은 채권가격에 상한선을 설정하는 역할을 하기 때문이다. 따라서 일정범위의 수익률에 대해서는 수의상환사채의 채권가격과 수익률간에서 오목한 관계를 갖게 된다. [그림 10-7]은 이러한 특징을 보여준다. 여기서 수익률이 R 이하로 하락하면 이 경우에는 수익률의 변화에 때한 가격하락 크기보다 가격상승 크기가 더 작기 때문에 수의상환사채의 채권가격과 수익률간에 오목한 관계가 나타나는 것이다.

5 상환청구사채

수의상환채권과 정반대의 성격을 갖는 채권으로 상환청구사채(puttable bond)가 있다. 이 채권은 채권을 보유하고 있는 투자자가 채권발행자에게 미리 정해진 가격으로 채권을 매입해 줄 것을 요구할 수 있는 채권을 말한다.

이 경우에는 채권발행자가 채권매입자에게 풋옵션을 함께 판매한 것이 된다. 따라서 채권매입자는 풋옵션에 대한 대가를 지불해야 할 것이므로 이러한 풋옵션이 없는 경우보다 액면이자율이 좀더 낮은 것이 일반적이다. 이러한 채권을 매입하게 되면 일정한 수준으로 채권을 되팔 수 있기 때문에 금리상승으로 인한 채권가격의 하락위험을 피할 수 있다.

상환청구사채의 가치는 동일한 조건의 일반채권의 가치에 상환청구권을 풋옵션으로 평가한 값을 더해서 산출할 수 있다.

연습 문제

10-1 다음 용어를 간단하게 설명하라.

① 전환프리미엄(conversion premium)

② 희석화(dilution)

③ 불렛본드(bullet bond)

10-2 전환사채, 신주인수권부사채, 수의상환사채, 상환청구사채의 특징을 비교해 보라.

10-3 가나기업이 발행한 전환사채의 내용은 다음과 같다.

액면금액 : 10,000,000원
액면이자율 : 연14%
사채의 만기 : 4년
전환가격 : 200,000원
전환권의 만기 : 1년

그리고 채권수익률은 12%이고 무위험이자율은 10%이다. 가나기업의 현재 1주당 가격은 210,000원이며 주식수익률의 표준편차는 0.2이다. 전환사채의 균형가격을 구하라.

10-4 가나기업이 발행한 신주인수권부사채의 내용은 다음과 같다.

액면금액 : 500,000,000원
액면이자율 : 연 10%
사채의 만기 : 2년

신주인수권부사채 한 단위는 액면 50만원이고 이에는 신주 4주를 1주당 24,000원에 인수할 수 있는 권리가 포함되어 있으며 이 권리는 2년 후에 행사할 수 있다. 채권수익률은 12%이고 무위험이자율은 10%이다. 그리고 가나기업의 현재 발행주식수는 10만주이고 1주당 가격은 25,000원이며 주식수익률의 표준편차는 0.2이다. 신주인수권부사채의 균형가격을 구하라.

신문기사 기업 자금조달 창구된 CB(전환사채) … BW(신주인수권부사채) 금지후 2배 급증

[올들어 발행 1000억 넘어… 공모형 늘어 주의해야]
만기이자에 주식전환 가능, 사모펀드들 투자에 열 올려
기업들 "사모형 투자 많아지면 경영권에 위협된다" 일반투자자 대상 공모형 발행
CB 발행기업 대부분 중소업체… 발행목적 · 재무구조 살펴야

주가가 오르면 주식으로 전환할 수 있는 채권인 전환사채(CB)가 기업의 새로운 자금 조달 창구로 떠오르고 있다. 지난해 분리형 신주인수권부사채(BW) 발행이 금지된 후 생겨난 일로, 지난해까지는 사모 형태로만 발행되던 것이 최근에는 일반 투자자도 투자할 수 있는 상품이 나오고 있다.

증권업계 전문가들은 전환사채는 일반 회사채와 달리 신용등급에 큰 영향을 받지 않으므로, 발행 목적을 꼼꼼히 살피는 등 주의를 기울여 투자해야 한다고 조언한다.

• BW 금지에 CB 발행 급증

올 들어 전환사채를 발행하는 기업이 급증하고 있다. 한국거래소와 에프앤가이드에 따르면 올 들어 상장 기업들이 발행한 전환사채 규모는 1,000억원을 넘어섰다. 지난해 같은 기간 발행액이 230억원이었던 것과 비교하면 5배가량 규모가 커진 것이다. 지난 17일 동부제철이 48억원 발행을 결정했고, 지난달에는 경남에너지가 400억원의 전환사채를 발행했다. 코스닥 상장사 중에서도 차이나그레이트가 500억원, 알파칩스도 170억원의 전환사채를 각각 발행했다.

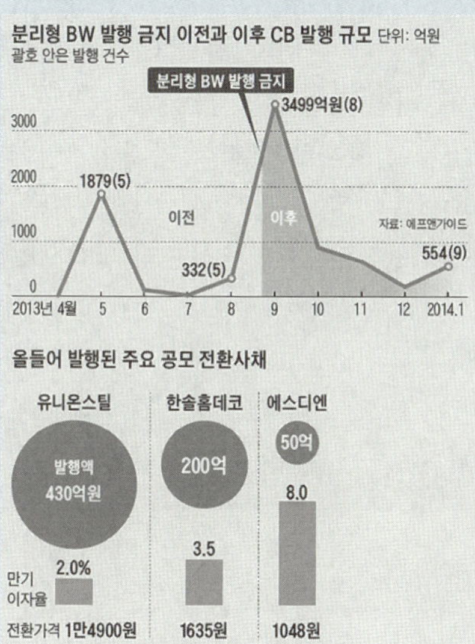

전환사채 발행이 늘어난 것은 작년 8월 자본시장법이 개정될 때 분리형 BW의 신규 발행이 금지되면서부터다. BW는 신주를 받을 수 있는 권리를 가진 회사채로 그동안 기업들이 자금을 조달할 때 많이 이용해 왔었는데, 그 권리를 저가로 매매해 편법 경영권 승계에 이용한다는 비판이 일면서 금지됐다.

이러자 돈이 필요한 기업들이 BW 대신 전환사채를 발행하기 시작했다. 지난해 9월 이후 5개월간 전환사채 발행 규모는

약 6,100억원으로, 이전 5개월의 2,300억원보다 2배 이상 늘었다.

CB 투자에 열을 올리는 사모펀드(PEF)의 움직임도 이런 현상을 부채질하고 있다. 앵쿼티파트너스가 경남에너지의 전환사채를 인수했고, 카무르인베스트먼트파트너스는 알파칩스, SBI인베스트먼트는 차이나그레이트의 전환사채를 전액 인수했다.

사모펀드 입장에선 만기까지 채권으로 전환사채를 가지고 있으면 이자를 받을 수 있고, 해당 기업의 주가가 오르면 주식으로 전환해 차익을 얻을 수 있다는 점에서 아예 경영권을 인수하는 방식(바이아웃)보다 안정적이라는 장점이 있다.

• 공모형도 늘어…발행 목적 꼼꼼히 살펴야

사모 발행뿐 아니라 일반 투자자를 대상으로 한 공모발행도 늘었다. 지난달 유니온스틸이 430억원 규모의 공모 전환사채를 발행한 데 이어, 이달 들어 한솔홈데코도 200억원, 에스디엔이 50억원 규모의 CB를 공모로 발행하기로 결정했다.

기업들이 전환사채를 일반인들에게 공모하는 것은 사모 발행할 경우 특정 투자자의 지분이 많아지면, 기존 대주주의 지분율이 낮아져 경영권 등에 위험이 생길 수 있기 때문이다. 이에 반해 공모는 지분이 분산돼 이런 가능성이 줄어든다.

다만 전환사채는 일반 회사채와 달리 발행하는 데 신용등급의 영향을 거의 받지 않기 때문에 투자자들은 주의해야 한다. 소액 공모인 경우에는 아예 신용등급 없이도 발행하는 경우가 많아, 회사가 부도나 파산에 처하게 되면 원금을 보장받지 못하게 된다. 황원화 HMC투자증권 연구원은 "전환사채를 발행하는 기업은 중 · 소형 업체인 경우가 대부분이어서 신용등급으로 옥석을 가리기 힘들다"며 "발행 목적과 자금의 사용 등 공시 내용과 재무 구조를 꼼꼼히 살피는 방법이 최선"이라고 조언했다. 주가가 전환가격보다 낮아지면 전환가격을 내려 투자자를 보호하는 리픽싱(refixing) 비율에도 관심을 가질 필요가 있다. A사 전환사채의 전환 가격이 3만원인데, 리픽싱 비율이 60%라면 전환가격은 2만4000원으로 조정될 수 있다. 비율이 낮을수록 전환가격이 낮아진다. 투자자 입장에서는 낮은 가격에 주식으로 전환돼야 그만큼 차익이 높아져 유리하다.

김아사 기자

〈chosun Biz〉 2014.2.21.

제 5 부

기 타

제 11 장 선물과 옵션의 결합

이제까지는 선물과 옵션에 대해서 개별적으로 살펴 보았다. 그러나 이 두 가지 파생상품은 여러 분야에서 연결고리를 갖고 있기 때문에 어떤 때에는 대체적인 관계에 있기도 하고 어떤 때에는 보완적인 관계에 있기도 하다. 뿐만 아니라 옵션 중에는 기초자산이 선물인 선물옵션도 있다. 따라서 이번 장에서는 선물과 옵션의 이러한 관계를 중심으로 이들의 결합에 대해서 설명하고자 한다.

제1절 풋-콜-선물 패리티

1 헤지포트폴리오

먼저 제8장에서 설명하였던 풋-콜 패리티를 생각해 보자. 풋-콜 패리티는 풋옵션가격과 콜옵션가격과의 균형관계를 나타내는 식으로서 주식과 옵션의 결합으로 구성한 헤지포지션 중 헤지포트폴리오($S+P-C$)로부터 구한 것이다. 즉, 현물주식을 보유하면서 이를 기초자산으로 하는 풋옵션은 매입하고 동시에 콜옵션을 발행하면 그 만기가치가 일정한 값을 갖게 되고 그 값은 현

표 11-1 헤지포트폴리오의 만기가치(2022년 현재)

상 황	만기주가(S_t) ≤ 행사가격(X)	만기주가(S_t) > 행사가격(X)
call 매입(C)	0	$S_t - X$
put 매도($-P$)	$-(X - S_t)$	0
선물매도($-F$)	$F - S_t$	$F - S_t$
계 ($C - P - F$)	$F - X$	$F - X$

출처 : 한국거래소

재시점에서 구성한 포트폴리오의 미래가치가 된다는 원리로부터 다음 식이 도출된 것이다.

$$C - P = S - \frac{X}{e^{R_f t}} \tag{11.1}$$

이번 장에서는 풋옵션, 콜옵션, 그리고 선물 사이의 관계식을 구하고자 한다. 이를 위해서 콜옵션을 매입하고 풋옵션과 선물을 매도하는 포트폴리오($C-P-F$)를 생각해 보자. 그리고 이렇게 구성한 포트폴리오의 만기가치는 미래상황에 따라서 얼마가 되는지 살펴볼 것이다. 그런데 옵션의 경우 미래에 발생가능한 상황이란 만기 기초자산가격이 행사가격보다 큰 경우와 작은 경우 두 가지뿐이다. 따라서 포트폴리오($C-P-F$)의 만기가치는 이 두 가지 경우에 대응해서 각각 산출할 수 있으며 이를 요약한 것이 〈표 11-1〉에 제시되어 있다.

2 풋-콜-선물 패리티

〈표 11-1〉의 결과에서 보듯이 콜옵션을 매입하고 풋옵션과 선물을 매도하는 포트폴리오($C-P-F$)의 경우 미래에 나타날 상황과 무관하게 만기가치가 일정한 값, 즉 $F-X$를 갖게 된다는 것을 확인할 수 있다. 이렇게 일정한 값을 갖는다는 것은 미래의 주가변동과 무관하게 헤지가 되었다는 것이다. 이는 현재시점에서 포트폴리오($C-P-F$)를 구성하면 미래에 확실한 금액($F-X$)을 회수할 수 있다는 의미가 되며 재정거래가 발생하지 않는 균형상태가 되려면

다음 식이 성립해야 할 것이다.

$$(C-P)\cdot e^{R_f t} = F - X \tag{11.2}$$

이 식에서 좌변의 $(C-P)$는 현재시점에서 구성한 포트폴리오$(C-P-F)$의 가치 또는 투자금액이라고 할 수 있는데 선물거래는 대가가 없이 이루어지는 것이므로 여기서 F가 빠진 것이다. 그리고 이 식을 현재가치를 기준으로 나타내면 다음과 같이 표현된다.

$$\begin{aligned}(C-P) &= (F-X)\cdot e^{-R_f t} \\ &= \frac{F}{e^{R_f t}} - \frac{X}{e^{R_f t}}\end{aligned} \tag{11.3}$$

결국 이 식이 균형상태에서 콜옵션, 풋옵션, 그리고 선물가격과의 관계를 나타내는 식이 되는데 이를 풋-콜-선물 패리티(put-call-futures parity)라고 부른다. 이 식을 풋-콜 패리티를 나타내는 식 (11.1)과 비교해 보면 다른 항은 모두 동일하며 다만 현물주식의 가격 S가 선물가격의 현재가치 $\frac{F}{e^{R_f t}}$로 바뀐 점만 차이가 있음을 확인할 수 있다.

예제 11-1

가나기업의 주식을 기초자산으로 하는 콜옵션 1개를 매입하면서 동시에 풋옵션 1개를 발행하였다. 두 옵션의 행사가격은 모두 90,000원이고 만기도 똑같이 3개월 남았다. 그리고 이에 추가하여 가나기업주식을 기초자산으로 하는 선물 중 3개월 후 만기가 도래되는 선물을 93,000원에 매도하였다.

(1) 이렇게 구성한 포트폴리오의 3개월 후의 가치는 얼마가 되는지 가나기업의 3개월 후 주가가 80,000원이 될 경우와 105,000원이 될 경우를 비교해 보라.
(2) 그리고 풋옵션의 가격이 5,000원이라면 콜옵션가격은 얼마인가? 단, 이자율은 연 10%이다.

해설

(1) 다음과 같이 3개월 후 주가가 80,000원이 되거나 105,000원이 되더라도 만기 가치는 항상 3,000원이 된다.

	80,000	105,000
call 매입	0	15,000
put 매도	−10,000	0
선물매도	13,000	−12,000
계	3,000	3,000

(2) 풋-콜-선물 패리티를 이용하면 다음과 같다.

$$(C-P)\cdot e^{R_f t}=F-X$$

$$(C-5,000)\cdot e^{0.1\times\frac{1}{4}}=3,000 \qquad \therefore C=7,926$$

따라서 콜가격은 7,926원이 된다.

제2절 합성포지션

합성포지션(synthetic position)이란 서로 다른 옵션을 결합하여 선물포지션을 만들거나 또는 선물과 옵션을 결합하여 새로운 형태의 옵션포지션을 만드는 것을 말한다. 이와 관련된 구체적인 형태는 다음과 같이 합성선물과 합성옵션으로 구분된다.

1 합성선물

합성선물(synthetic futures)이란 서로 다른 옵션의 결합을 통해서 선물포지션을 만드는 전략을 말한다. 유동성 또는 규제 등 여러 가지 현실적인 제약으로 특정한 선물을 거래하기 어려운 상황이라면 합성선물을 이용해서 선물을 거래한 것과 동일한 효과를 얻을 수 있다.

구체적인 합성방법은 앞서 설명한 풋-콜-선물 패리티로부터 구해낼 수 있다. 즉, 식 (11.3)을 다시 한번 살펴 보자.

그림 11-1 ||| 합성선물

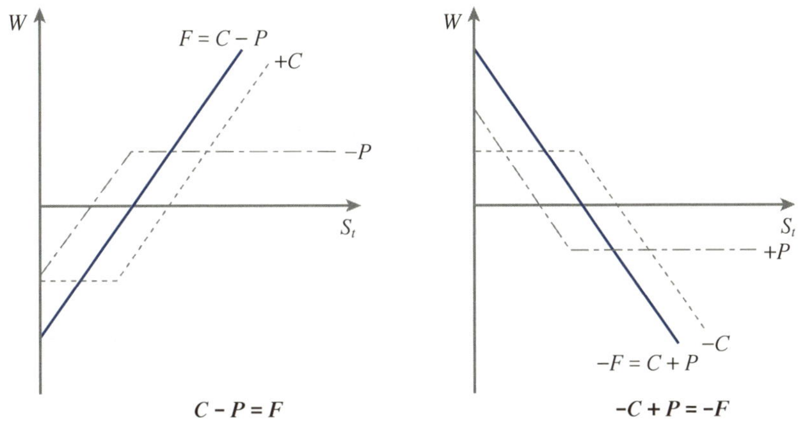

$$C - P = (F - X) \cdot e^{-R_f t} \qquad (11.3)$$

이 식의 경제적 의미를 살펴보면 행사가격 X가 주어졌을 때 콜옵션을 매입하고 풋옵션을 발행하면 그 손익효과가 선물을 매입한 경우와 같다는 것이다. 따라서 투자전략의 차원에서 다음과 같은 등식을 만들 수 있다.

① 콜매입 + 풋발행 → 선물매입 즉, $C - P = F$

이번에는 식 (11.3)에서 부호를 바꾸어 보자. 그러면 다음과 같은 식이 된다.

$$P - C = -(F - X) \cdot e^{-R_f t} \qquad (11.4)$$

이 식은 풋옵션을 매입하고 콜옵션을 발행하면 그 손익효과가 선물을 매도한 경우와 동일하게 된다는 의미이다. 따라서 투자전략의 차원에서 다음과 같은 등식을 만들 수 있다.

② 풋매입 + 콜발행 → 선물매도 즉, $P - C = -F$

이러한 합성선물의 효과는 [그림 11-1]에서 확인할 수 있다.

2 합성옵션

합성옵션(synthetic option)이란 옵션과 선물을 결합하여 또 다른 형태의 옵션을 만드는 전략을 말한다. 이 역시 합성선물과 마찬가지로 여러 가지 현실적인 제약 때문에 특정 옵션을 매입하기 어려울 때에 이용할 수 있는 방법이다. 구체적인 합성방법은 앞서와 같이 풋-콜-선물 패리티로부터 도출해낼 수 있다. 풋-콜-선물 패리티를 나타내는 식 (11.3)을 콜옵션 C에 대해서 정리하여 다음과 같은 식을 구할 수 있다.

$$C = P + (F - X) \cdot e^{-R_f t} \tag{11.5}$$

이 식이 나타내는 경제적 의미는 콜옵션매입포지션의 만기손익효과는 풋옵션을 매입한 상태에서 선물을 매입한 포지션의 만기손익효과와 동일하다는 것이다. 이로부터 다음과 같은 투자전략적 등식을 구할 수 있다.

③ 풋매입 + 선물매입 → 콜매입 즉, $P + F = C$

만약 이러한 전략을 현물거래에 적용하면 현물을 매입보유한 상태에서 풋옵션을 매입하는 protective put과 같게 된다. 그리고 그 효과는 콜옵션을 매입한 것과 동일하다.

이번에는 식 (11.5)의 부호를 바꾸어 본다. 그러면 다음 식을 구할 수 있게 된다.

$$-C = -P - (F - X) \cdot e^{-R_f t} \tag{11.6}$$

앞서와 같은 방법으로 이 식의 경제적 의미를 생각해 보자. 즉, 풋옵션을 매도한 상태에서 선물을 추가로 매도하면 그 손익효과가 콜옵션의 매도포지션과 동일하게 된다는 것이다. 따라서 다음의 투자전략적 등식을 확인할 수 있다.

④ 풋매도 + 선물매도 → 콜매도 즉, $-P - F = -C$

그림 11-2 합성옵션

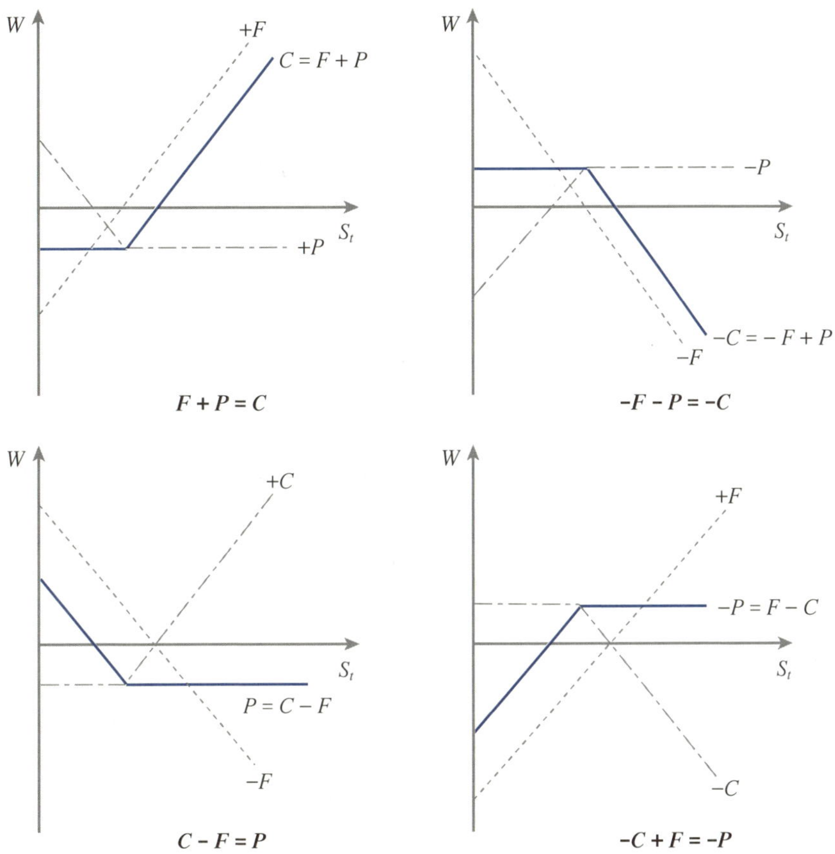

이번에는 식 (11.6)에서 C와 P의 위치를 서로 바꾸어 다음과 같은 식을 구할 수 있다.

$$P = C - (F - X) \cdot e^{-R_f t} \tag{11.7}$$

이 식이 의미하는 바는 풋옵션이란 콜옵션을 매입한 상태에서 선물을 매도한 포지션과 만기손익효과가 동일하다는 것이다. 따라서 투자전략의 차원에서 다음과 같은 등식을 만들 수 있다.

⑤ 콜매입 + 선물매도 → 풋매입 즉, $C - F = P$

마찬가지로 이번에는 식 (11.7)의 부호를 바꾸어 본다. 그러면 다음 식을 구할 수 있게 된다.

$$-P = -C + (F - X) \cdot e^{-R_f t} \tag{11.8}$$

이 식은 선물을 매입한 상태에서 콜옵션을 매도하면 그 손익효과가 풋옵션을 매도한 것과 동일하게 된다는 것이다. 따라서 다음의 투자전략적 등식을 확인할 수 있다.

⑥ 콜매도 + 선물매입 → 풋매도 즉, $-C + F = -P$

만약 이 식을 현물거래에 적용한다면 covered call을 발행한 것과 동일하며 풋옵션매도의 결과와 같게 된다.

지금까지 설명한 합성옵션의 만기손익을 그림으로 나타내면 [그림 11-2]에서 확인할 수 있다.

3 합성포지션을 이용한 재정거래

합성포지션은 여러 가지 이유로 특정한 옵션이나 선물을 매입하기 어려울 때 이와 동일한 효과를 얻기 위해서 이용하는 것이다.

시장이 균형상태라면 이렇게 만든 합성포지션은 목표로 한 옵션이나 선물과 투자비용은 동일하여야 할 것이다. 그러나 만약 불균형상태라면 이 값이 서로 다를 수가 있는데 이때에는 재정거래를 통한 재정이익을 얻을 수 있다. 선물옵션에서 발생하는 재정거래로는 conversion과 reversal 등이 있다.

(1) conversion

균형상태에서 풋옵션, 콜옵션, 그리고 선물 사이의 관계식이 풋-콜-선물 패

그림 11-3 합성포지션을 이용한 재정거래 - conversion

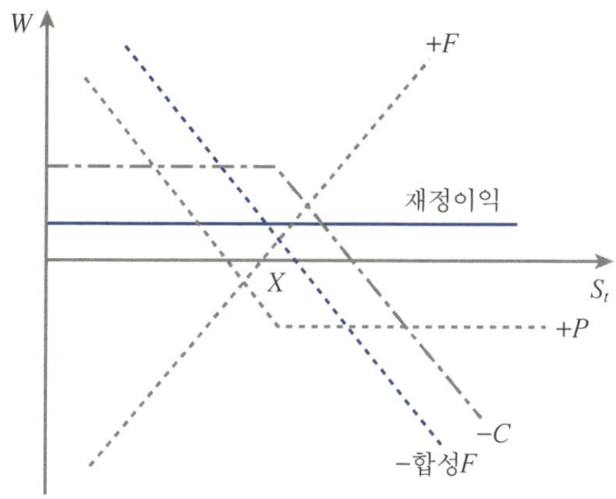

리티라고 하였다. 재정거래란 이러한 관계식이 성립하지 않는 불균형상태에서 무위험이익을 얻는 것이다. 그렇다면 풋-콜-선물 패리티가 성립하지 않는 경우를 생각해 보자.

먼저 풋-콜-선물 패리티를 나타내는 식 (11.3)에서 다음과 같이 좌변이 더 큰 값을 갖는 불균형상태를 가정하자.

$$C - P > (F - X) \cdot e^{-R_f t}$$

재정거래의 원리는 동일한 자산이 서로 다른 가격으로 형성되어 있을 때에 상대적으로 과대평가된 가격으로 매도하고 과소평가된 가격으로 매입하면서 그 차익을 도모하는 것이다. 따라서 이러한 불균형상태에서는 콜옵션을 발행하고 풋옵션을 매입함으로써 합성선물의 매도포지션을 만들고 이것을 선물매입과 결합하는 재정거래전략을 이용할 수 있다. 이를 conversion이라고 하는데 이는 기초선물계약은 낮은 가격으로 매입하고 합성선물계약은 높은 가격으로 매도하는 것으로 결국 선물매도와 선물매입을 합친 것이므로 아무런 부담이 없는 전략이 된다. 따라서 만기에 가서는 선물가격의 수준과 무관하게 다음과 같은 재정이익을 얻게 된다.

$$재정이익 = (콜옵션가격 - 풋옵션가격) \cdot e^{R_f t} - (선물가격 - 행사가격)$$

이 값은 합성선물의 매도포지션과 선물가격과의 차이에 해당한다. 만약 화폐의 시간적 가치를 고려하지 않거나 또는 옵션가격에 대한 지불이 후불방식이라면 재정이익은 다음과 같게 될 것이다.[1)]

$$재정이익 = (콜옵션가격 - 풋옵션가격) - (선물가격 - 행사가격)$$

conversion의 거래전략과 그 효과는 [그림 11-3]과 같이 나타낼 수 있다.

(2) reversal

이번에는 풋-콜-선물 패리티를 나타내는 식 (11.3)에서 다음과 같이 우변이 더 큰 값을 갖는 불균형상태를 가정하자.

$$C - P < (F - X) \cdot e^{-R_f t}$$

이러한 불균형상태에서는 conversion과 반대로 콜옵션을 매입하고 풋옵션을 발행함으로써 합성선물의 매입포지션을 만들고 이것을 선물매도와 결합하는 재정거래전략을 이용할 수 있다. 이를 reversal이라고 하는데 이 역시 선물매입과 선물매도를 합친 것이므로 아무런 부담이 없는 전략이 된다.

따라서 만기에 가서는 선물가격의 수준과 무관하게 다음과 같은 재정이익을 얻게 된다.

$$재정이익 = (선물가격 - 행사가격) - (콜옵션가격 - 풋옵션가격) \cdot e^{R_f t}$$

이 값은 합성선물의 매입포지션과 선물가격과의 차이에 해당하며 [그림 11-4]와 같이 나타낼 수 있다.

---

1) 런던국제금융선물거래소(LIFFE : London International Financial Futures Exchange)의 경우에는 거래되는 옵션에 대해 후불방식으로 대금을 수수한다.

그림 11-4 합성포지션을 이용한 재정거래 - reversal

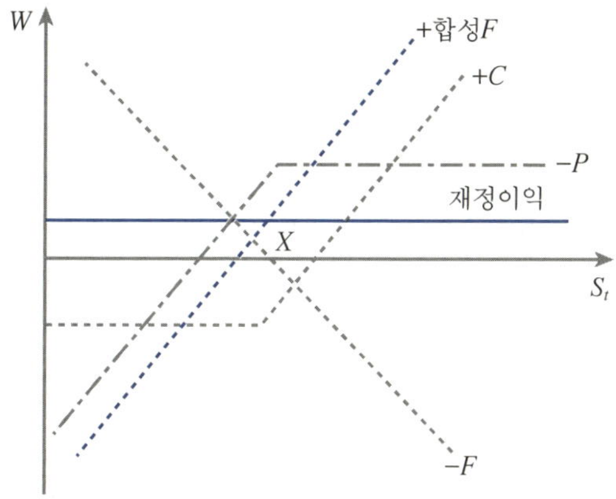

예제 11-3

가나기업의 주식을 기초자산으로 하는 콜옵션과 풋옵션의 가격이 각각 6,500원과 1,000원에 형성되어 있다. 두 옵션은 모두 행사가격이 50,000원이며 만기는 3개월 후이다. 한편, 가나기업의 주식을 기초자산으로 하는 선물 중 3개월 후 만기가 되는 선물의 가격이 55,000원이다.

(1) 이자율이 연 10%라고 할 때 이러한 상태가 균형상태인지 확인하라.

(2) 만약 불균형상태라면 어떤 형태의 재정거래가 가능한가? 화폐의 시간적 가치를 무시하고 재정이익을 구하라.

해설

(1) 풋-콜-선물 패리티의 성립을 확인한다.

$$C - P = (F - X) \cdot e^{-R_f t}$$

$$6,500 - 1,000 \fallingdotseq (55,000 - 50,000) \times e^{-0.1 \times \frac{1}{4}}$$

등가식이 성립하지 않으므로 불균형상태이다.

(2) 풋-콜-선물 패리티에서 좌변이 더 큰 값을 가지므로 콜옵션을 매도하면서 풋옵션을 매입하여 합성선물의 매도포지션을 취한다. 그리고 동시에 선물을 매입하여 conversion을 구성한다. 그러면 재정이익은 다음과 같이 산출할 수 있다.

현재시점에서 콜옵션을 매도하고 풋옵션을 매입하면 5,500(= 6,500 − 1,000)원의 현금유입이 생긴다. 3개월 후 선물만기에 현물을 55,000원에 매입한다. 이때 현물가격이 옵션의 행사가격 50,000원을 초과하면 매도한 콜옵션이 행사될 것이고 이에 따라 50,000원을 수령한다. 이와 반대로 현물가격이 50,000원에 미달되면 매입한 풋옵션을 행사하여 50,000원을 확보할 수 있다. 따라서 3개월 후에는 5,000(= 55,000 − 50,000)원의 현금유출이 발생하게 된다. 그러므로 3개월 후 기준으로 측정한 재정이익은 다음과 같다.

$$5,500 \cdot e^{0.1 \times \frac{1}{4}} - 5,000 = 639(\text{원})$$

이러한 내용을 요약하여 표로 나타내면 다음과 같다.

	현재시점	3개월 후 $S_t > 50,000$	3개월 후 $S_t \leq 50,000$
콜옵션 매도	+6,500	$-(S_t - 50,000)$	0
풋옵션 매입	−1,000	0	$50,000 - S_t$
선 물 매 입		$S_t - 55,000$	$S_t - 55,000$
계	+5,500	−5,000	−5,000

따라서 재정이익을 구하면

$$5,500 \cdot e^{0.1 \times \frac{1}{4}} - 5,000 = 639(\text{원})$$

제3절 선물옵션

1 개 요

선물옵션(futures option)은 매수인에게 미래의 일정시점에서 약정된 가격으로 선물계약을 사거나 팔 수 있는 권리를 부여하는 계약을 말한다. 따라서 기초자산은 선물계약이 되는 것이다

선물옵션의 만기일은 항상 선물의 만기일보다 먼저 도래한다. 선물콜옵션

그림 11-5 이항분포에서 선물가격과 콜옵션가치

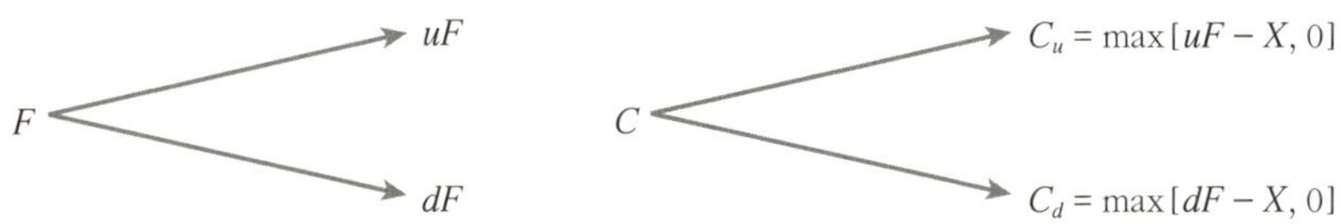

의 소유자가 옵션을 행사하면 옵션발행자로부터 선물계약을 받는 동시에 선물가격에서 행사가격을 차감한 만큼의 현금을 받게 된다. 또한 선물계약에 대한 매입포지션을 갖게 되므로 이에 따라서 선물계약에 대한 증거금을 납부해야 한다. 그리고 선물풋옵션의 소유자가 옵션을 행사하면 풋옵션발행자에게 선물은 인도함과 동시에 행사가격에서 선물가격을 차감한 만큼의 현금을 받게 된다.

2 가격결정모형

(1) 이항분포모형

주식옵션에서 기초자산의 가격이 주가인 것과 마찬가지로 선물옵션에서는 기초자산의 가격이 선물계약의 가격이 된다. 먼저 기초자산인 선물계약의 가격변동이 이항분포를 따른다고 가정하여 선물옵션의 가격결정원리를 살펴보자. 이러한 과정은 주식옵션의 이항모형과 유사하다.

선물가격 F가 1기간 후에 uF가 되거나 dF가 된다고 하자. 이때의 u는 상승계수, d는 하락계수이다. 그리고 이를 기초자산으로 하는 선물콜옵션의 가치를 함께 그림으로 나타내면 [그림 11-5]와 같다.

이러한 상황에서 선물 1계약을 매입하고 이에 대해 m개의 콜옵션을 매도하여 헤지포트폴리오를 구성한다. 이때 1기 후 포트폴리오의 가치는 다음 [그림 11-6]과 같다.

그림 11-6 이항분포에서 헤지포트폴리오

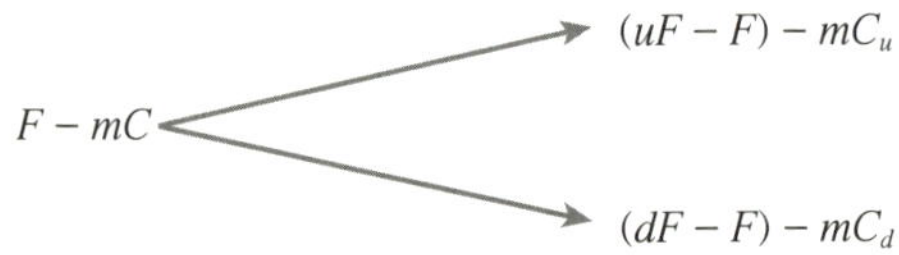

선물과 콜옵션으로 구성한 포트폴리오가 헤지포트폴리오가 되기 위해서는 1기 후 선물가격이 상승하거나 하락하더라도 그 가치가 동일해야 할 것이다. 따라서 다음 식을 통해서 매도해야 할 콜옵션의 개수, 즉 헤지비율(m)을 구할 수 있다.

$$(uF-F)-mC_u=(dF-F)-mC_d \text{ 에서} \quad m=\frac{uF-dF}{C_u-C_d}$$

그리고 균형상태라면 이러한 헤지포트폴리오가 무위험수익률를 보장해야 하므로 다음 식이 성립된다.

$$(F-mC)(1+R_f)=(uF-F)-mC_u$$

그런데 위 식에서 선물의 매입가격은 0이므로 좌변의 F를 0으로 놓고 C에 대해서 정리하면 선물콜옵션의 가격은 다음과 같이 산출할 수 있다.

$$C=\frac{[C_u-(uF-F)/m]}{1+R_f} \quad \text{또는} \quad C=\frac{[C_d-(dF-F)/m]}{1+R_f} \qquad (11.9)$$

예제 11-4

2월 현재 KOSPI200 지수선물 중 9월물의 가격은 150포인트이다. 선물가격은 이항분포를 따르며 6개월 후 이 선물의 가격은 165포인트가 되거나 140포인트가 될 것이다. 9월물에 대한 행사가격이 145포인트이고 만기가 6개월 남은 선물콜옵션의 가격을 구하라. 단, 무위험이자율은 연 8%이다.

해설

옵션의 기초자산인 9월물의 가격변동과 이에 상응하는 콜옵션의 만기가치는 다음과 같다.

$$F = 150 \begin{cases} \nearrow uF = 165 \rightarrow C_u = \max[165 - 145,\ 0] = 20 \\ \searrow dF = 140 \rightarrow C_d = \max[140 - 145,\ 0] = 0 \end{cases}$$

따라서 헤지비율 m은 다음과 같이 산출할 수 있다.

$$m = \frac{uF - dF}{C_u - C_d} = \frac{165 - 140}{20 - 0} = 1.25$$

즉, 선물 1계약을 매입하면서 1.25개의 콜옵션을 매도하여 헤지포트폴리오를 구성한다.

이와 같이 구성한 헤지포트폴리오의 6개월 후 가치를 확인해 보자. 6개월 후 9월물이 165포인트로 상승하면 선물 1계약의 매입가치는 15(= 165 − 150)가 될 것이고, 140포인트로 하락하면 그 가치는 −10(= 140 − 150)이 될 것이다. 따라서 헤지포트폴리오의 6개월 후 만기가치는 다음과 같이 −10이 될 것이다.

$$F - mC \begin{cases} \nearrow 15 - 1.25 \times 20 = -10 \\ \searrow -10 - 1.25 \times 0 = -10 \end{cases}$$

이러한 관계를 수식으로 나타내면 다음 식이 성립한다.

$$(F - mC) \times \left(1 + \frac{0.08}{2}\right) = -10$$

그런데 여기서 선물 F의 매입가격은 0이고 헤지비율 m은 1.25이므로 선물옵션 C의 가격은 다음과 같이 산출된다.

$$(0 - 1.25C) \times (1 + 0.04) = -10$$
$$\therefore C = 7.6923(\text{포인트})$$

(2) 블랙모형

먼저 Black-Scholes의 옵션가격결정모형이 도출된 원리를 살펴 보자. 그 원리는 기초주식과 이에 대한 콜옵션으로 구성한 헤지포트폴리오가 투자자금에 대해서 무위험이자율만큼의 수익을 가져다주어야 균형상태가 된다는 논리에 근거한 것이다. 그렇지 않으면 재정거래가 발생하기 때문이다.

선물옵션의 경우에도 똑같이 기초자산이 되는 선물계약과 이에 대한 콜옵션으로 구성하여 헤지포트폴리오를 구성한다. 그러나 여기서는 현물옵션에서와는 달리 헤지포트폴리오를 구성하는 데에 기초자산에 대한 투자금액이 필요없으므로 이러한 헤지포트폴리오에서는 어떤 수익도 발생하지 말아야 균형상태가 될 것이다. 이러한 논리를 통해서 Black(1976)은 다음과 같은 선물옵션가격결정모형을 제시하였다.

$$C = \frac{F}{e^{R_f t}} \cdot N(d_1) - \frac{X}{e^{R_f t}} \cdot N(d_2)$$

$$= \text{선물가격의 현가} \cdot N(d_1) - \text{행사가격의 현가가} \cdot N(d_2) \qquad (11.10)$$

$$\text{여기서, } d_1 = \frac{\ln\left(\frac{F}{X}\right) + \left(\frac{\sigma^2}{2}\right)t}{\sigma\sqrt{t}}, \quad d_2 = d_1 - \sigma\sqrt{t}$$

단, C : 선물계약에 대한 콜옵션의 가격
F : 선물가격
X : 행사가격
σ : 선물수익률의 표준편차
R_f : 무위험이자율
t : 만기까지 잔여년수
$N(\cdot)$: 표준정규누적확률밀도함수

위 식을 옵션가격결정모형과 비교해 보면 다른 변수는 모두 동일하지만 선물옵션에서의 헤지포트폴리오가 기초투자를 필요로 하지 않기 때문에 d_1, d_2에 무위험이자율 R_f가 없다는 것이 차이점이다.

선물가격과 현물가격의 관계를 생각해 보면 선물옵션의 가격결정모형과 주식옵션의 가격결정모형과의 차이점을 쉽게 비교할 수 있다. 앞서 선물가격은 현물가격에 보유비용을 더하여 결정된다고 하였다. 따라서 연속복리하에서 선물가격 F와 현물가격 S 사이에는 다음의 관계가 성립한다.

$$F = S \cdot e^{Rt}$$

기초자산에서의 수익이 없다고 하면 금융선물의 경우에는 R이 무위험이자율이 되고 상품선물의 경우에는 무위험이자율에 보관비용을 더한 값이다. 이때 R이 시간(t)만의 함수이고 S의 변동성이 일정하면 F의 변동성이 S의 변동성과 같게 된다. 이런 경우 선물은 무위험이자율에 해당하는 수익을 연속적으로 지급하는 자산으로 볼 수 있다. 따라서 선물옵션의 가치는 S 대신 F를 사용하면서 기초자산의 배당률을 무위험이자율 R_f로 보고 Black-Scholes모형을 이용하여 구할 수 있다. 그리고 배당률이 R_f인 경우에는 $\ln\left(\frac{Fe^{-R_f t}}{X}\right) = \ln\left(\frac{F}{X}\right) - R_f t$ 이므로 d_1, d_2에 무위험이자율 R_f가 없게 되는 것이다.

예제 11-5

6월 현재 KOSPI200 지수선물 중 9월물이 지수 154에 형성되어 있다. 선물수익률의 표준편차는 28%이고 무위험수익률은 10%이다. 이러한 선물에 대한 옵션 중 만기가 60일, 행사가격이 152인 콜옵션의 균형가격을 산출하라. 단, 지수 1포인트당 가격은 100,000원이다.

해설

옵션만기를 연 단위로 환산하면 다음과 같다.

$$t = \frac{60}{360} = \frac{1}{6}$$

그리고 d_1, d_2를 구하면 다음과 같다.

$$d_1 = \frac{\ln\left(\frac{F}{X}\right) + \left(\frac{\sigma^2}{2}\right)t}{\sigma\sqrt{t}}$$

$$= \frac{\ln\left(\frac{154}{152}\right) + \left(\frac{0.28^2}{2}\right) \times \frac{1}{6}}{0.28 \times \sqrt{\frac{1}{6}}} = 0.1715$$

$$d_2 = d_1 - \sigma\sqrt{t}$$

$$= 0.1715 - 0.28 \times \sqrt{\frac{1}{6}} = 0.0572$$

표준정규분포표를 이용하면

$$N(d_1) = N(0.1715) = 0.5681$$
$$N(d_2) = N(0.0572) = 0.5228$$

이제까지 산출된 자료값을 식 (11.10)에 대입한다.

$$C = \frac{154 \times 0.5681 - 152 \times 0.5228}{e^{0.1 \times \frac{1}{6}}} = 7.89(\text{포인트})$$

위에서 산출된 7.89의 단위는 포인트이고 포인트당 가격은 100,000원이므로 콜옵션가격은 다음과 같이 구한다.

$$7.89(\text{포인트}) \times 100{,}000 = 789{,}000(\text{원})$$

3 유용성

선물계약은 현물보다 유동성이 상대적으로 높고 거래도 간편하기 때문에 지수옵션을 제외한 통화옵션 및 금리옵션에서는 현물옵션보다 선물옵션의 거래가 더 활발한 편이다. 선물옵션 중 거래가 가장 활발한 것은 CBOT에서 거래되는 T-bond선물에 대한 옵션이다. CBOT에서는 옥수수, 대두, 원유, 금 등 상품뿐만 아니라 유로달러 및 각종 통화에 대한 선물옵션이 거래되고 있다.

대체로 다음과 같은 이유로 선물옵션이 현물옵션보다 더 선호된다고 본다. 첫째, 거래비용이 더 저렴하고 둘째, 선물과 선물옵션이 대개 같은 장소에서 이루어지기 때문에 거래가 용이하며 셋째, 선물계약이 현물자산보다 유동성이 높으며 넷째, 선물가격은 거래소에 의해서 즉시 공시되기 때문에 현물가격보다 정확하고 빠르게 파악할 수 있다.

제4절 주가지수옵션과 통화옵션

1 주가지수옵션

선물옵션과 배당이 있는 경우의 주식옵션을 이해하고 나면 주가지수옵션이나 통화옵션에 대한 설명은 간단하다. 주가지수옵션, 통화옵션에 대해서 설명하기 전에 이미 제8장에서 소개한 배당조정 Black-Scholes모형을 간단하게 다시 살펴보자. 옵션의 기초주식이 연 q% 배당률로 배당을 한다면 Black-Scholes모형에서 기초주식의 가격을 배당효과만큼 감액조정한다고 하였다. 만약 배당률이 q일 때 주가가 S에서 S_t로 변하였다면, 배당이 없을 경우에 주가는 S에서 $S_t e^{qt}$로 변했을 것이다. 따라서 배당이 있는 주식의 미래가치가 S_t라면 이의 현재가치는 $S_t e^{-qt}$가 된다. 이는 결국 주식가격이 S이면서 연율 q로 배당을 지급하는 주식을 기초자산으로 하는 옵션의 가치는 주식가격이 Se^{-qt}이면서 배당을 지급하지 않는 주식을 기초자산으로 하는 옵션의 가치와 같다는 것이다.

이러한 논리는 이미 선물옵션에서 이용된 것인데 이번에는 주가지수옵션에 이용해 보자. 주가지수옵션(stock index option)이란 주가지수를 기초자산의 가격으로 보고 만들어진 옵션이다. 현물자산이 존재하지 않으므로 만기에 현금으로 결제가 이루어진다. S를 주가지수로 보고 σ를 주가지수의 변동성이라고 하자. 그리고 지수의 연 배당률을 q라고 하면 주가지수옵션의 가격결정모형은 다음과 같게 된다.

$$C = \frac{S}{e^{qt}} \cdot N(d_1) - \frac{X}{e^{R_f t}} \cdot N(d_2) \tag{11.11}$$

여기서 $d_1 = \dfrac{\ln\left(\dfrac{S}{X}\right) + \left[(R_f - q) + \dfrac{\sigma^2}{2}\right]t}{\sigma\sqrt{t}}$, $d_2 = d_1 - \sigma\sqrt{t}$

단, C : 주가지수옵션의 가격
S : 현재 주가지수
σ : 주가지수의 표준편차
R_f : 무위험이자율
q: 연배당률
t : 만기까지 잔여년수
$N(\cdot)$: 표준정규누적확률밀도함수

예제 11-6

6월 현재 KOSPI200은 110포인트이다. 주가지수옵션 중 만기는 9월, 행사가격은 100인 콜옵션의 가격을 구하라. 단, 무위험이자율은 연 10%, 주가지수변동성은 표준편차 20%, 3개월간 평균배당률은 0.5%이다.

해설

3개월간 평균배당률이 0.5%이므로 연 단위로 환산하면 2%가 된다. 식 (11.11)을 이용하기 위해 다음 값들을 구한다.

$$d_1 = \frac{\ln\left(\frac{110}{100}\right) + \left(0.1 - 0.02 + \frac{0.04}{2}\right) \times \frac{1}{4}}{0.2\sqrt{0.25}} = 1.2031$$

$$d_2 = 1.2031 - 0.2\sqrt{0.25} = 1.1031$$

그리고 표준정규분포표를 이용하여 다음 값들을 구한다.

$$N(d_1) = N(1.2031) = 0.8849$$
$$N(d_2) = N(1.1031) = 0.8643$$

따라서 콜옵션가격은 다음과 같다.

$$C = \frac{110}{e^{0.02 \times 0.25}} \times 0.8849 - \frac{100}{e^{0.1 \times 0.25}} \times 0.8643 = 12.56(\text{포인트})$$

2 통화옵션

통화옵션(foreign currency option)은 특정 통화를 일정한 가격에 사거나 팔 수 있는 권리를 말한다. 통화옵션은 거래소에 상장되어 매매되기도 하고 장외시장에서 개별적으로 거래가 이루어지기도 한다. 통화옵션거래가 가장 활발하게 이루어지는 곳은 필라델피아거래소(PHLX : Philadelphia Exchange)이다. 영국파운드, 호주달러, 캐나다달러, 독일마르크, 프랑스프랑, 스위스프랑, 그리고 일본엔에 대해서 유럽식 옵션과 미국식 옵션이 함께 거래된다. 주가지수옵션과는 달리 1계약의 크기가 통화마다 다르다.

통화옵션의 평가에도 배당조정 Black-Scholes모형이 이용된다. 통화옵션에서는 S를 현물환율로 보고 σ를 환율의 변동성으로 본다. 그리고 외국통화에도 이자율이 있을 것이므로 이는 배당이 있는 주식으로 볼 수 있다. 즉, 외국통화의 이자율을 q라고 하면 다음과 같은 통화옵션의 가격결정모형을 구할 수 있다.

$$C = \frac{S}{e^{qt}} \cdot N(d_1) - \frac{X}{e^{R_f t}} \cdot N(d_2) \tag{11.12}$$

$$\text{여기서 } d_1 = \frac{\ln\left(\frac{S}{X}\right) + \left[(R_f - q) + \frac{\sigma^2}{2}\right]t}{\sigma\sqrt{t}}, \quad d_2 = d_1 - \sigma\sqrt{t}$$

단, C : 통화옵션의 가격
S : 현물환율
σ : 환율의 표준편차
R_f : 국내 무위험이자율
q : 외국 무위험이자율
t : 만기까지 잔여년수
$N(\cdot)$: 표준정규누적확률밀도함수

R_f는 국내의 무위험이자율이고 q는 외국의 무위험이자율로서 만기까지 일정하다고 가정한다. 그리고 통화옵션에서는 풋옵션과 콜옵션이 대칭성을 갖는다. 왜냐하면 외국통화를 매입하는 데 자국통화를 지불한다는 것은 자국통화를 매각하는 데 외국통화를 수령한 것과 동일하기 때문이다. 따라서 외국통화를 사는 콜옵션은 국내통화를 파는 풋옵션과 같게 된다.

예제 11-7

만기가 6개월 남은 미국달러에 대한 콜옵션의 가격을 구하려고 한다. 현물환율은 $1 = 1,200원이고 콜옵션의 행사가격도 이와 같다. 한국의 이자율은 연 11%, 미국의 이자율은 연 7%이며 환율의 변동성은 표준편차 0.2라고 가정하여 콜옵션의 가격을 산출하라.

해설

옵션가격결정모형을 이용하기 위해 관련 값들을 구한다.

$$d_1 = \frac{\ln\left(\frac{1,200}{1,200}\right) + \left(0.11 - 0.07 + \frac{0.04}{2}\right) \times \frac{1}{2}}{0.2\sqrt{0.5}} = 0.2121$$

$$d_2 = 0.2121 - 0.2 \times \sqrt{0.5} = 0.0707$$

그리고 표준정규분포표를 이용하여 다음 값들을 구한다.

$$N(d_1) = N(0.2121) = 0.5832$$
$$N(d_2) = N(0.0707) = 0.5279$$

따라서 콜옵션가격은 다음과 같다.

$$C = \frac{1,200}{e^{0.07 \times 0.5}} \times 0.5832 - \frac{1,200}{e^{0.11 \times 0.5}} \times 0.5279 = 76.2\,(\text{원})$$

연습 문제

11-1 다음 용어를 간단하게 설명하라.
① 풋-콜-선물 패리티
② 합성옵션
③ reversal

11-2 주가지수옵션과 통화옵션의 특징을 비교해서 설명하라.

11-3 현재는 3월이다. 9월물 행사가격 80,000원인 콜옵션이 8,000원에 거래되고 있다. 동일한 조건의 풋옵션은 3,000원이다. 그런데 9월물 선물가격은 86,000원이라고 할 때에 어떤 형태의 재정거래가 가능한가 설명하고 재정이익을 산출하라. 단, 무위험 이자율은 10%이다.

11-4 가나기업의 주식을 기초자산으로 하는 만기 1년 남은 옵션들이 행사가격별로 다음과 같은 가격으로 거래되고 있다.

행사가격	콜옵션	풋옵션
20,000원	6,000원	500원
30,000	1,750	?

그리고 만기가 1년 남은 액면 100,000원인 할인채의 현재가격은 90,000원이다.
(1) 가나기업의 주식을 기초자산으로 하는 만기가 1년 후에 도래되는 선물계약의 가격이 25,000원이다. 위에서 제시된 옵션과 할인채를 이용해서 이러한 선물을 복제하라.
(2) (1)의 결과를 이용해서 행사가격이 30,000원인 풋옵션의 가격을 산출하라.

신문기사 피의자 신병 확보도 못해 투자자만 속앓이

합성선물 매도로 장 막판 코스피 2.7% 급락 불협조-소환 불응에 공판 · 심리 '올스톱'

• Issue 도이체방크 '옵션쇼크' 그 후 4년

국내 주식시장을 뒤흔든 도이체방크의 '옵션쇼크' 사태가 발생한 지 어느덧 4년이 흘렀다. 당시 수많은 개인 · 기관투자자들이 피해를 입었다. 더구나 단 한 곳의 외국계 투자회사가 얼마나 손쉽게 우리 증권시장을 휘두를 수 있는지도 여실히 보여줬다. 사건 발생 직후 금융당국은 행정처분과 함께 시장의 공정 질서를 교란한 혐의로 도이체방크를 사법부에 넘겼다. 그렇지만 재판부는 어찌된 일인지 4년이 지난 지금까지도 도이체방크에 민 · 형사상 책임을 묻지 못하고 있다.

사건의 대략적인 개요는 이렇다. 2010년 11월 11일 개장부터 보합 흐름을 보이던 코스피 지수가 장 마감 10분을 앞두고 돌연 53.12포인트(2.78%) 급락했다. 마감 동시호가 때 한 외국계 증권사 창구로 매도 폭탄이 쏟아지며 지수가 가파르게 떨어진 것이다. 매물을 쏟아낸 곳은 바로 도이체방크. 도이체방크는 마감 동시호가 때 자그마치 2조 4,000억원 규모의 현물과 연계된 합성선물을 팔았다. 특히 삼성전자(-2.91%) · 포스코(-4.07%) · 현대차(-4.57%) 등 대형주 중심으로 매물을 쏟아냈다.

도이체방크의 '옵셔쇼크' 당시 서울을 방문한 요제프 아커만 전 회장은 과도한 자본의 흐름과 환율 움직임을 막기 위해 각국의 정책적 조율이 필요하다고 주장했다.

• 현물 · 콜옵션 투자자 모두 피해

파장은 곧바로 선물시장으로 이어졌다. 마침 이 날은 코스피200 옵션 만기일. 코스피200 선물 콜옵션(살 권리)을 보유한 투자자들이 과도한 주가 하락 여파로 대규모 손실을 입었다.

당시 개인 · 기관투자자들이 손실액은 1,400억 원 정도로 추산된다. 일부 투자자들은 "휴지조각이 됐다"며 아예 권리 행사를 포기하기도 했다. 반대로 풋옵션(팔 권리)을 갖고 있던 투자자들은 최대 500배의 수익을 올릴 기회를 얻었다. 당시 지수 하락을 이끈 도이치증권도 미리 풋옵션을 갖고 있던 덕분에 홍콩법인 436억원, 한국법인 12억원 등 총 448억원의 돈을 손에 넣었다.

금융 · 증권 당국은 곧바로 조사에 착수해, 도이체방크가 '옵션쇼크' 직전에 풋옵션을 사들였고 의도적으로 주가를 떨어뜨려 부당 이득을 챙겼다고 결론을 내렸다. 이에 도이치증권 한국지점에 영업정지와 제재금 부과 등 행정조치를 취했다. 또 홍콩법인 매매 관계자 3명, 뉴욕 도이치증권 직원 1명, 한국도이치증권 직원 1명 등 5명을 불공정거래 혐의로 검찰에 고발했다.

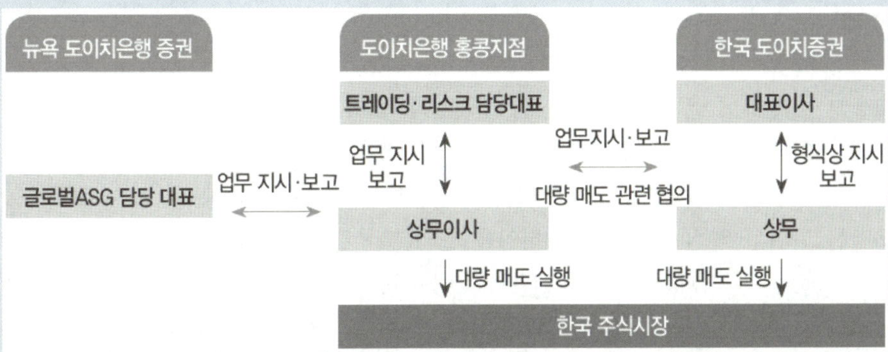

검찰은 도이체방크 서울법인과 홍콩법인이 거래 직전 e메일을 주고 받은 정황을 포착했다. e메일에는 "지수가 너무 많이 떨어지는 것 아니냐" "더 떨어져도 괜찮다"는 등의 내용이 담긴 것으로 전해졌다. 또 서울 · 홍콩 법인 담당자 간에 여러 차례 통화를 통해 세부적인 내용을 모의한 정황도 잡았다. 이와 관련해 도이체방크 측은 "한 법인의 매매로 인해 다른 법인이 피해를 입는 일을 막기 위한 단순한 업무 조율"이라고 해명한 것으로 알려졌다.

도이체방크가 매도 주문을 넣으면서 증권당국에 '합성선물이 없다' 고 허위 신고한 점과, 허위 신고를 통해 거래가 정지된 시간에 매매를 한 점도 시세조종 혐의로 꼽힌다. 합성선물은 콜옵션과 풋옵션을 결합해 선물 포지션을 만드는 전략으로, 주로 현물이나 선물과의 차익거래에 활용된다. 합성선물은 도이체방크가 일으킨 옵션쇼크처럼 대형 투자자들이 현물시장을 조작해 선물에서 쉽게 돈을 벌 수 있기 때문에 매매 전에 반드시 신고해야 한다. 특히 마감 동시호가 주문이 끝나는 오후 2시 45분 이후로는 거래할 수 없다.

도이체방크의 주문이 접수된 시간은 오후 2시47분. 이에 도이체방크가 매매 당시 합성선물이 없다고 허위신고를 하고, 거래가 금지된 시간에 주문을 했다는 점을 미루어 볼 때 시세조종의 의도성이 있었다고 추정할 수 있다.

이를두고 도이체방크측은 두 지점 간 의견교환은 일상적인 업무 통화였으며, 허위신고도 단순한 실수였다고 주장했다. 도이체방크는 이코노미스트의 입장요청에 '어떠한 시장 조작에 개입하거나 승인한 바 없으며, 모든 혐의가 풀릴 것' 이라는 서면 답변을 보내왔다.

그런데 범죄 여부를 가려야 할 사법부는 4년이나 판단을 유보하고 있다. 이유는 단순하다. 수사당국이 핵심 피의자인 해외 법인 직원 4명의 신병을 확보하지 못했기 때문이다.

옵션쇼크 사태의 주범으로 지목된 도이체방크 해외 직원들은 사건의 책임자로 혐의를 입증하는 데 반드시 필요하다. 검찰은 수사 초기 해외 직원들을 여러 차례 국내로 소환했으나, 이들은 불응으로 맞섰다. 해외 직원 4명은 시세 조종 사건 직후 퇴사했으며 법률 대리인을 통해 지속적으로 무죄를 주장하고 있다. 도이체방크도 회사를 그만둔 직원에 대해서는 책임을 질의무가 없다며 당국의 협조에 불응했다. 이에 검찰은 "나름대로 법리적 판단을 하겠다"는 내용의 경고와 함께 인터폴 수배나 범죄인 인도청구 요청 등을 검토했으나, 결과적으로 소환에 실패한 것으로 보인다. 검찰은 도이체방크 한국법인 직원과 해외직원을 함께 묶어 기소했는데, 해외 직원들을 소환조차 못하다보니 국내 피의자에게도 책임을 묻지 못하는 상태다. 재판자체가 사실상 손발이 묶인 것이다.

검찰이 과연 수사 의지를 갖고 있느냐는 비판도 제기된다. 핵심 피의자를 다루는 데 있어 초기 대응이 미흡했고 구인에 소극적이었다는 이유에서다. 한 외국계 은행 관계자는 "피의자들이 이미 종적을 감춘 뒤에야 검찰이 소환한다며 움직이기 시작했다"고 말했다. 또 일각에서는 수사 중에 법원의 정기 인사로담당 판 · 검사가 바뀐 탓이라는 지적도 나온다. 시간이 많이 지체되면서 재판부는 해외 직원에 대한 공판은 빼고, 국내 부문부터 진행할 예정인 것으로 전해졌다. 법원 관계자는 "해외 직원들이 출석에 불응해 재판이 진행되지 않고 있어 이들을 빼고 올해 하반기부터 심리를 재개할 것"이라며 "검찰도 이들에 대한 추가 혐의 입증에 나설 계획인 것으로 알고 있다"고 말했다. 그러나 해외 직원 가운데 주동자는 누구이며 윗선도 이를 알고 있었는지, 도이체방크의 책임은 어디까지등을 밝혀내는 데는 한계가 있을 것이란 관측이 지배적이다.

• 민사 소송도 지난해 7월 이후 스톱

민사 소송도 지난해 7월 공판 이후 스톱 상태다. 와이즈에셋자산운용 등 기관투자자와 개인투자자들은 도이체방크의 시세조종 행위로 막대한 피해를 입었다며

2011년 2월 수십억 원대의 피해 배상 소송을 제기했다. 일단 민사 재판부는 도이체방크의 의도성 여부와 피해자들의 실제 손실 규모를 파악해 왔다. 의도성 여부는 형사 재판부의 판결을 기다려야 하는 입장이다.

이와 관련해 도이체방크는 합성선물의 신고를 누락한 혐의는 인정하지만, 단순히 업무상 착오였다고 항변 중이다. 규정은 위반했지만 의도성은 없었기 때문에 문제될 것이 없다는 얘기다.

오히려 도이체방크의 매도 물량이 주가에 얼마나 큰 영향을 미쳤는지 입증해보라고 반격도 벌인 것으로 전해졌다. 재판부는 거래소에 사건 당일 적정 마감 주가에 대한 시장평가를 요청한 상태다. 도이체방크의 매도 물량이 없었다면 당시 종가가 얼마로 마감했는지 추정해 보겠다는 것이다. 이 수치가 나오면 비교적 정확한 피해 규모를 산출할 수 있다.

한편 법조계에서는 이 문제가 외국에서 발생해 입증이 어렵고, 핵심 피의자들이 외국인이라는 점도 걸림돌이라고 본다.

금융 · 증권 소송 전문인 김주영 변호사는 “판결이 늦어질수록 피해자들이 흩어지고 추가 소송 가능성도 작아질 것”이라고 말했다. 이런 지경이니 외국인 투자자들이 한국 증시를 쥐락펴락 놀이터처럼 다루는 것 아니겠냐는 지적이 나올 법하다.

김유경 기자

〈이코노미스트〉 2014.9.22.

제 12 장 스 왑

스왑(swap)이란 교환(exchange)이라는 의미를 갖는 용어이다. 다소 생소한 개념이라고 볼 수 있지만 두 거래당사자가 서로의 현금흐름을 교환하는 계약이라고 보면 그 내용을 이해하는 데 도움이 될 것이다. 스왑은 옵션이나 선물과 같이 표준화된 금융상품이 아니어서 계약내용이 개별적으로 결정되며 이에 따라서 그 내용도 다양한 편이다. 스왑을 이용하면 시장불균형을 통한 재정이익을 도모할 수 있을 뿐만 아니라 이자율변동이나 환율변동에 따른 위험을 적절하게 관리할 수 있다.

제1절 기초개념

1 스왑의 도입

스왑(swap)의 시작은 1970년대에 영국 정부가 자국자본이 해외로 유출되는 것을 막고자 외화송금에 대하여 높은 세금을 부과하는 외환관리법을 제정하면서 비롯되었다고 볼 수 있다. 영국 정부는 이러한 규제를 통해서 국내투자를 촉진시킬 목적이었지만 영국 기업들은 이를 회피하기 위한 방법으로 지금의 통화스왑과 같은 형태를 갖는 평행대출(parallel loan)이나 직접대출

(back to back loan) 등을 이용하였다.

이와 함께 1973년 브레튼우즈체제가 붕괴되면서 고정환율제도 대신 변동환율제도가 도입되었다. 이러한 변화로 인해서 환율은 매우 불안정하게 되었고 많은 다국적 기업들이 장기간 동안 환율변동을 헤지할 필요성을 갖게 되었다. 통화스왑이 이러한 필요성을 충족시킬 수 있는 유용한 수단으로 인식되면서 기업들은 이를 통해서 위험관리효과와 비용절감효과를 도모하게 되었다.

환율변동에 대한 위험관리 차원에서 통화스왑이 이용되면서 동일한 논리를 이자율변동위험에도 적용함으로써 금리스왑이 곧바로 개발되었고 그 형태도 여러 가지로 다양하게 도입되었다.

2 스왑의 개요

(1) 스왑의 특징

스왑이란 두 거래당사자가 미래의 현금흐름을 서로 교환하기로 약속하는 계약을 말한다. 미래에 현금흐름이 교환된다는 점에서 스왑은 일종의 선도계약이라고 할 수 있다. 따라서 스왑의 가치를 평가하는 것은 실질적으로 선도계약의 가치를 평가하는 것과 동일하다.

그리고 스왑거래에서는 거래 당사자들이 요구하는 내용이 표준화되어 있지 않기 때문에 동일한 자금조달조건을 갖는 거래 상대방을 구하는 문제가 중요하다. 이러한 문제는 스왑전문가의 도움으로 해결할 수 있다. 따라서 스왑거래는 옵션, 선물거래와 같이 표준화되어 거래소에서 이루어지는 것이 아니라 주로 장외시장(OTC: over the counter market)에서 개별적인 형태로 거래가 체결된다. 이때에 스왑계약을 체결해 주는 중개인을 스왑딜러라고 하는데 일반적으로 은행과 같은 금융기관이 이 역할을 담당한다.

(2) 스왑의 유용성

거래당사자가 각자 자신에게 비교우위가 있는 상품을 상대방과 교환함으로써 서로의 효용을 극대화할 수 있다는 것은 오래 전부터 인지된 사실이다. 이러한 거래방식이 금융상품에 스왑으로 자리잡은 것은 1980년대에 들어서이다. 1981년 투자은행인 Salomon Brothers가 World Bank와 IBM 사이의 통화스왑거래를 성사시키면서 스왑에 대한 유용성이 크게 인식되었고 이를 계기로 스왑시장은 급속도로 발전하였다.

스왑은 옵션이나 선물과 같이 표준화된 파생금융상품은 아니다. 그렇기 때문에 유연성이 뛰어나고 효과적인 위험관리수단이 되고 있다. 스왑은 금융비용절감, 위험관리, 규모의 경제 등의 효과가 있으며, 해외금융시장에서의 차익거래, 새로운 시장진입 및 합성증권의 개발 등 그 용도가 매우 다양하다. 주요 기능을 몇 가지 정리하면 다음과 같다.

① 금융비용의 절감

자본시장의 불완전성에 따라 균형금리가 형성되어 있지 않은 경우 스왑거래를 통해서 재정이익을 도모할 수 있다. 이때의 재정이익은 금융비용의 절감으로 나타나는 것이다.

② 가격변동위험의 헤지

선물계약과 같이 스왑은 이자율위험, 환율위험을 헤지하는 효과가 있다. 다만 선물계약은 헤지대상기간이 비교적 짧은 반면에 스왑은 통상 1년 이상 10년까지의 장기간에 걸친 헤지에 적합하다.

③ 규모의 경제

스왑거래를 통해서 헤지하는 경우에도 비용은 소요되지만 그 비용은 헤지한 기업이 관리할 수 있는 규모의 증가에 따른 이익에 비해 훨씬 적기 때문에 규모의 경제효과를 얻을 수 있다.

④ **완전시장으로 접근**

각종 규제가 있는 자본시장에서는 얻을 수 없었던 이익의 기회가 스왑을 통해서 가능하게 되기 때문에 보다 더 완전한 시장으로 접근하게 된다. 이에 따라서 투자자의 효용은 더 높아질 수 있다.

(3) 스왑의 유형

스왑의 형태는 크게 금리스왑(interest rate swap)과 통화스왑(currency swap)으로 구별된다. 통화스왑이 먼저 도입된 후 금리스왑이 도입되었지만 금리스왑이 통화스왑보다 단순하다고 볼 수 있다. 금리스왑은 미래 일정기간 동안 각자의 채무에 대한 이자지급만을 교환하는 거래를 말하며 통화스왑이란 이자지급은 물론이고 원금교환까지 약정하는 거래를 의미하기 때문이다. 따라서 금리스왑을 먼저 설명하고 난 후 통화스왑을 설명하고자 한다. 그러나 이외에도 자산스왑(asset swap)이나 상품스왑(commodity swap) 등 다양한 형태의 새로운 스왑도 이용되므로 이에 대해서도 살펴보겠다.

제2절 금리스왑

1 금리스왑의 개요

(1) 금리스왑의 의의

금리스왑(interest rate swap)이란 두 당사자가 동일한 통화로 표시된 차입금을 부담하고 있을 때 이에 대한 이자지급의무를 교환하여 미래 일정기간 동안 서로 상대방의 이자를 바꾸어 부담하는 것을 말한다.

좀더 구체적으로 설명해 보자. 먼저 어떤 기업이 상대적으로 유리한 고정금리시장에서 차입하였으나 이를 변동금리조건으로 변경하고 싶다고 하자. 그리고 이번에는 다른 기업이 이와 반대로 상대적으로 유리한 변동금리시장에서 차입하였으나 고정금리조건으로 변경하고 싶다고 하자. 이러한 경우 두 기업은 스왑계약을 체결함으로써 고정금리조건을 변동금리조건으로, 그리고 변동금리조건을 고정금리조건으로 전환시킬 수 있는 것이다. 이러한 전환을 통해서 차입비용을 절감하거나 위험헤지효과를 도모하는 것을 금리스왑이라고 하는 것이다.

(2) 금리스프레드

금리스프레드란 차입자(기업)의 신용도에 따른 금리수준의 차이를 말한다. 즉, 신용도가 높은 기업에게는 낮은 차입이자율이 적용되고 신용도가 낮은 기업에게는 높은 차입이자율이 적용되는데 이때에 이자율의 차이를 금리스프레드라고 한다. 신용도가 높은 기업을 A, 신용도가 낮은 기업을 B로 나타낸다면 금리스프레드 s는 다음과 같이 측정된다.

$$s = R(B) - R(A) \qquad (12.1)$$

그런데 금융기관의 입장에서 보면 차입자에게 변동금리를 적용할 경우에는 상황변화에 따라서 탄력적으로 금리를 적용할 수 있지만 고정금리의 경우에는 일단 확정된 금리를 만기까지 그대로 가져가야 하는 부담을 안게 된다. 따라서 금융기관은 변동금리의 경우보다 고정금리의 경우에 좀더 보수적으로 금리를 적용하는 경향이 있다. 이로 인해서 일반적으로 금융시장에서는 고정금리의 스프레드가 변동금리의 스프레드보다 더 크게 나타나는 특징이 있다. 이러한 특징을 식으로 나타내면 다음과 같다.

$$s_F = R_F(B) - R_F(A) > s_V = R_V(B) - R_V(A) \qquad (12.2)$$

단, s_F : 고정금리 스프레드
s_V : 변동금리 스프레드
R_F : 고정금리수준
R_V : 변동금리수준

(3) 비교우위의 판단

단순히 금리의 절대적 수준만을 비교한다면 신용도가 높은 기업은 고정금리와 변동금리 모두에서 신용도가 낮은 기업에 비해서 우위를 갖게 된다. 여기서 말하는 우위란 절대우위를 의미하는 것이다. 그러나 이 두 기업 사이에 스왑거래가 가능한 것은 절대우위 때문이 아니라 비교우위 때문이다.

앞서 금리스프레드의 특징에서 설명한 바와 같이 일반적으로 고정금리에서의 금리스프레드가 변동금리에서보다 더 크다고 하였다. 이를 비교우위적 측면에서 해석하면 신용도가 낮은 기업은 고정금리보다는 변동금리에서 상대적 비교우위를 갖게 된다는 것이다. 그리고 신용도가 높은 기업은 변동금리보다는 고정금리에서 비교우위를 갖는다.

국제무역이론에서 국가간의 무역이 절대우위가 아닌 비교우위 때문에 발생하는 것이라고 하는 리카도(D. Ricardo)의 비교우위론을 이러한 금융시장에 적용해 보면 다음에서 설명할 금리스왑의 거래형태를 쉽게 이해할 수 있을 것이다.

2 고정금리와 변동금리간의 스왑

(1) 거래형태

금리스왑 중 가장 기본적인 형태는 고정금리와 변동금리간의 스왑(fixed-floating rate swap)이다. 이는 표준형 금리스왑(plain vanilla interest rate swap), 또는 쿠폰스왑(coupon swap)이라고도 부르는데 그 거래과정은 다음과 같이 설명할 수 있다.

① 상황설정

먼저 금리스왑계약이 체결되기 위해서는 신용도가 높은 기업은 변동금리조건의 차입금을 원하고 신용도가 낮은 기업은 고정금리조건의 차입금을 원

그림 12-1 ||| 금리스왑

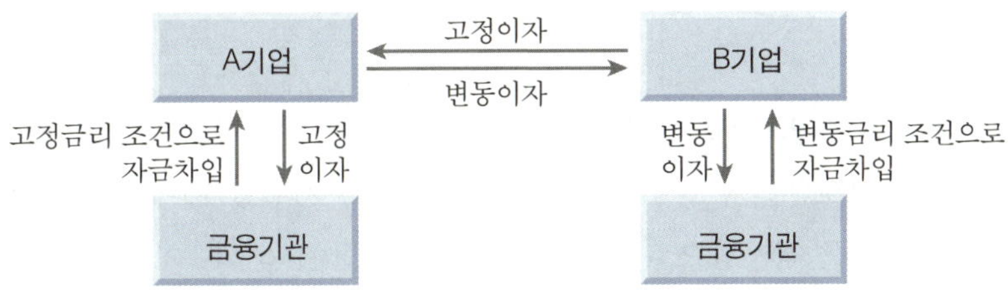

하고 있는 상황이어야 한다.

② **차입금의 조달**

각 기업은 금융시장에서 비교우위가 있는 금리조건으로 금융기관에서 차입금을 조달한다. 앞서 금리스프레드의 특징을 설명하면서 파악된 비교우위에 따라서 신용도가 높은 기업은 고정금리조건으로 차입하고 신용도가 낮은 기업은 변동금리조건으로 차입한다.

③ **이자조건의 교환**

두 기업은 금리스왑계약을 체결한다. 그 내용은 이자지급조건을 서로 교환하고 교환된 조건에 따른 이자를 상대기업에게 지급하는 것이다.

이를 보다 구체적으로 설명하면 고정금리로 차입한 기업은 변동금리에 해당하는 이자를 상대기업에게 지급하고 변동금리로 차입한 기업은 고정금리에 해당하는 이자를 상대기업에게 지급한다는 것이다. 이 결과로 고정금리로 차입한 기업은 상대기업으로부터 고정이자수익을 받게 되므로 이를 금융기관에 대한 차입이자로 지급하면 된다. 마찬가지로 변동금리로 차입한 기업은 상대기업으로부터 변동금리수익을 받아 이를 금융기관에 대한 차입이자로 지급하면 될 것이다.

여기에서 스왑계약의 거래 당사자인 두 기업이 서로간에 적용하는 금리를 적절하게 책정하면 두 기업 모두 차입비용을 절감할 수 있게 된다.

이와 같은 스왑계약에 따른 두 당사자간의 현금흐름을 그림으로 나타내면 [그림 12-1]로 표현할 수 있다.

(2) 경제적 효과

① 차입비용의 절감

고정금리와 변동금리간의 스왑계약을 체결할 때에 두 기업은 적절한 대출금리를 적용함으로써 차입비용을 절감할 수 있다. 이러한 비용절감액은 고정금리와 변동금리수준의 불균형을 이용한 재정이익이라고 할 수 있다. 그리고 이 재정이익의 크기는 다음과 같이 고정금리 스프레드에서 변동이자 스프레드를 차감하여 산출된다.

$$\text{재정이익} = s_F - s_V \tag{12.3}$$

그런데 이는 스왑을 통해서 얻을 수 있는 총이익을 나타내는 것이고 이를 두 당사자가 분배하는 것은 당사자간의 합의에 따라 결정된다.

② 위험헤지효과

금융기관으로부터 변동금리조건으로 차입금을 조달한 기업은 스왑을 통해서 상대기업으로부터 변동금리이자를 수령하여 이를 금융기관에 지급하면 된다. 그러나 자신은 상대기업에게 고정금리이자만 지급하게 되므로 금리변동위험으로부터 헤지할 수 있다.

예제 12-1

가나기업과 ABC기업은 모두 3년간 100만 달러의 자금을 차입하여 사용할 계획이다. 가나기업은 고정금리로는 연 10%, 변동금리로는 LIBOR+2.5%의 조건으로 차입할 수 있다. 그러나 ABC기업은 가나기업에 비해서 신용도가 낮기 때문에 고정금리로는 연 12%, 변동금리로는 LIBOR + 3.5%의 조건으로 차입할 수 있다.

(1) 두 기업이 금리스왑을 체결한다면 이를 통해서 절감할 수 있는 총이자비용은 얼마인가?

(2) 가나기업은 변동금리조건을 원하고 ABC기업은 고정금리조건을 원한다고 한다. 따라서 두 기업은 다음과 같은 내용의 스왑을 체결하였다. 즉, 가나기업이 ABC기업에게 LIBOR + 3.5%의 이자를 지급하고 ABC기업은 가나기업에게 11.5%의 이자를 지급하는 것이다. 매년의 이자현금흐름을 그림으로 나타내라.

(3) (2)와 같은 스왑거래의 결과로 각 기업이 부담하는 실제 이자비용을 구하고 스왑을 통해서 각 기업이 절감하게 되는 이자비용은 얼마인지를 산출하라.

해설

(1) 재정이익의 산출

① 비교우위의 판단

가나기업과 ABC기업의 차입조건을 비교하고 여기서 금리스프레드를 산출한다.

	가나기업	ABC기업	금리스프레드
고정금리	10%	12%	2%
변동금리	LIBOR + 2.5%	LIBOR + 3.5%	1%

가나기업은 금리스프레드가 큰 고정금리에서 비교우위를 갖고 ABC기업은 금리스프레드가 작은 변동금리에서 비교우위를 갖는다.

② 절감가능한 이자비용

두 기업이 스왑거래를 통해서 절감할 수 있는 총이자비용, 즉 재정이익은 금리스프레드의 차이인 1%(=2% − 1%)이다.

(2) 현금흐름

금리스왑이란 원금에 대한 교환은 없으므로 고려대상이 되는 현금흐름은 3년간의 이자지급뿐이다. 매년의 이자지급 흐름을 나타내면 다음 그림과 같다.

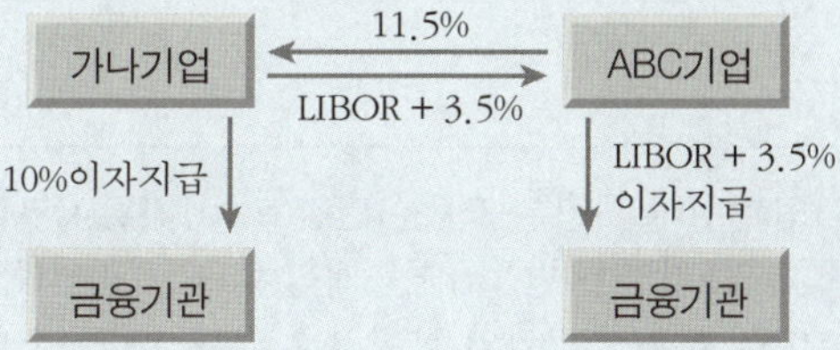

(3) 스왑거래의 결과

스왑거래를 체결한 후 매년 각 기업의 부담하는 실제 이자비용과 이자비용의 절감효과는 다음과 같다.

	가나기업	ABC기업
지급이자	고정 10.0%	고정 11.5%
	변동 LIBOR + 3.5%	변동 LIBOR + 3.5%
수입이자	고정 11.5%	변동 LIBOR + 3.5%
실제부담이자	변동 LIBOR + 2.0%	고정 11.5%
스왑이전의 부담이자	변동 LIBOR + 2.5%	고정 12%
이자비용절감	0.5%	0.5%

(3) 중복금리스왑

중복금리스왑이란 앞서 살펴 본 고정금리와 변동금리간 스왑과 마찬가지로 상대적 비교우위에 따라 스왑계약을 체결하는 것이다. 다만 당사자간에 직접 스왑거래를 하는 것이 아니고 두 당사자 사이에 중개은행이 개입되어 있는 점이 다를 뿐이다. 따라서 차입비용의 절감액 중 일부가 중개은행의 중개수수료(중개이익)로 유출된다.

현실적으로 기업들이 직접 스왑거래의 상대방이 되는 경우는 거의 없다. 기업들은 일반적으로 은행과 스왑계약을 체결하고 은행은 스왑중개인으로서 두 당사자의 요구를 충족시킬 수 있는 스왑계약을 설계해 준다.

다음의 예제를 통해서 보다 현실적인 형태로 은행이 개입되어 있는 금리스왑을 살펴보자.

예제 12-2

가나기업과 ABC기업은 모두 3년간 5,000만달러의 자금을 차입하여 사용할 계획이다. 가나기업은 변동금리(6개월 LIBOR)조건의 차입을 원하고 있고 ABC기업은 고정금리조건의 차입을 원하고 있다. 이 두 기업에게 적용되는 시장금리는 다음과 같다.

	고정금리	변동금리
가나기업	11%	LIBOR+0.4%
ABC기업	11.6%	LIBOR+0.7%

가나기업은 은행에 5,000만달러에 대해서 6개월 LIBOR로 이자를 지급하는 동시에 은행으로부터 연 10.7%의 고정금리로 이자를 수령한다. 그리고 ABC기업은 은행으로부터 LIBOR로 이자를 받는 대신 10.8%의 고정금리이자를 지급한다.

(1) 이러한 금리스왑에 따라 현금흐름을 그림으로 나타내라.
(2) 가나기업, ABC기업, 은행이 이러한 스왑을 통해서 얻게 되는 이익은 각각 얼마인가?

해설

(1) 은행이 스왑딜러로서 두 기업의 사이에 개입되어 있는 중복금리스왑이다. 이의 현금흐름을 나타내면 다음과 같다.

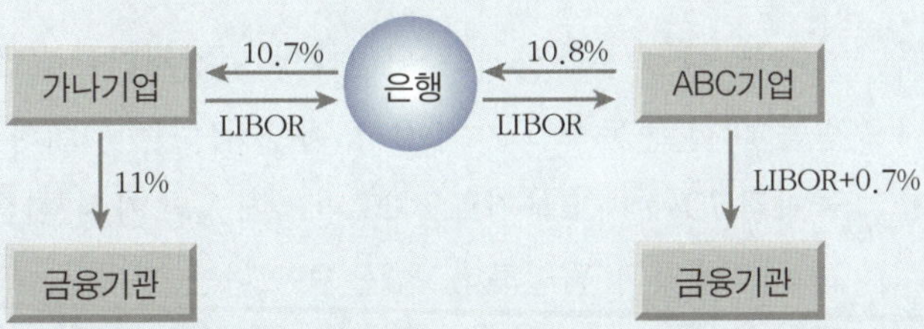

(2) 스왑거래의 결과 가나기업이 부담하는 금리수준은 LIBOR + 0.3%(= LIBOR + 11% − 10.7%)가 된다. 이는 스왑거래 이전에 부담하게 되는 금리수준 LIBOR + 0.4%보다 0.1% 낮은 수준이다. 따라서 가나기업은 스왑거래를 통해서 0.1%만큼의 이자를 적게 내는 셈이 된다. 한편, ABC기업은 스왑거래의 결과 부담하는 금리수준이 11.5%(= LIBOR + 0.7% + 10.8% − LIBOR)가 된다. 이는 ABC기업이 스왑거래 이전에 고정금리시장을 이용할 경우 부담하게 되는 금리수준 11.6%보다 0.1% 낮은 수준이다. 따라서 ABC기업도 스왑거래를 통해서 0.1%만큼의 이자를 적게 내는 셈이 된다. 끝으로 스왑딜러인 은행의 손익을 구해 본다. 은행은 변동금리로 LIBOR를 받아 LIBOR로 지급하고, 고정금리로 10.8%를 받아 10.7%를 지급하므로 은행의 순이익도 0.1%가 된다. 결국 고정금리스프레드 0.6%에서 변동금리스프레드 0.3%를 차감한 스프레드차이 0.3%가 스왑거래로 얻을 수 있는 총이익인데 세 당사자가 모두 동일한 크기로 나누어 갖게 된다.

3 금리스왑의 평가

(1) 선도계약

금리스왑은 미래에 일정한 조건으로 이자라는 형태의 현금흐름을 교환하는 거래이다. 따라서 이는 일종의 선도계약으로 볼 수 있다. 먼저 스왑거래에서 변동이자를 지급하고 고정이자를 수령하게 되는 거래당사자를 생각해 보자. 이 당사자의 입장에서 스왑거래에서의 매년 현금흐름은 다음과 같다.

$$B \times (R_F - R_F) = B \cdot R_F - B \cdot R_V \qquad (12.4)$$

단, B : 차입금
R_F : 고정금리
R_V : 변동금리

결국 여기서 스왑계약은 미래의 일정시점에서의 고정적인 금액, $B \cdot R_F$를 받는 대신 변동적인 가격 $B \cdot R_V$를 지급하는 것이다. 그러므로 기초자산을 선물가격(F)에 매도하기로 하고 만기에 S_t의 가치를 갖는 기초자산을 인도해 주는 선도계약과 동일하다고 볼 수 있다는 것이다. 또한 차입금의 만기까지 이러한 현금흐름이 수회 계속될 것이므로 스왑계약은 선도계약의 연속이라고 보면 될 것이다.

(2) 금리적용

금리스왑을 평가한다는 것은 식 (12.4)로 표현된 선도계약의 현금흐름에 대해서 현재가치를 구하는 것과 같다. 여기서 선도계약의 현재가치를 구하기 위한 금리적용문제를 생각해 보면 세 가지 금리가 대두된다. 먼저 고정금리(R_F), 변동금리(R_V), 그리고 현재가치를 구할 때의 할인율이다. 그런데 고정금리(R_F)는 스왑계약시점에서 확정될 것이므로 쉽게 확인될 수 있는 값이다. 그리고 변동금리(R_V)와 현재가치를 구할 때에 적용할 할인율은 금리의 기간구조에서 이들 값을 구할 수 있을 것이다. 즉, 매기간의 변동금리는 해당 기간의 선도이자율(f)이 될 것이고 현재가치를 구할 때에 적용할 할인율은 현물이자율을 적용하면 될 것이다. 따라서 금리스왑의 가치를 평가하는 식은 다음과 같이 표현할 수 있다.[1)]

$$\frac{B \times (R_F - f)}{(1+R)^n} \tag{12.5}$$

현실적으로 LIBOR를 적용하는 변동금리조건의 금리스왑이라면 다음 기에 적용될 LIBOR는 대개 현재시점에서 알려져 있어서 문제가 없다. 다만 그 다음 기부터 적용될 LIBOR가 현재로서는 직접 알려져 있지 않은 값인데 이는 현물이자율을 기초로 선도이자율을 구해서 이용하면 될 것이다.

예제 12-3

가나기업은 3년을 계약기간으로 차입금 100억원에 대한 금리스왑을 체결하였다. 스왑 상대방에 대한 이자지급은 변동금리조건이고 이자수취는 13%의 고정금리조건이다. 이자교환은 매년 1회 이루어지고 이자율 관련 정보는 다음과 같다.

기 간	현물이자율
1년	12%
2	14
3	15

이러한 상황에서 가나기업의 입장에서 금리스왑의 가치를 평가하라.

해설

스왑은 미래의 현금흐름을 교환하는 거래이므로 선도계약으로 볼 수 있다. 따라서 스왑가치는 선도계약의 현재가치로 평가할 수 있다. 가나기업의 미래현금유입은 고정금리조건의 이자수입이므로 다음과 같다.

$$100\text{억원} \times 13\% = 13(\text{억원})$$

현금유출은 변동금리조건의 이자지급액이므로 각 기간의 선도이자율을 구해야 한다.

1) 그리고 이 식을 연속복리개념으로 나타내면 다음과 같게 된다.

$$B \times (R_F - f)e^{-Rn}$$

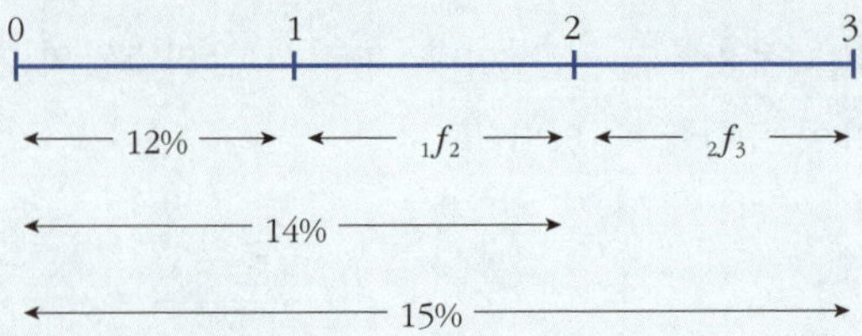

$$(1+0.12)\times(1+{}_1f_2)=(1+0.14)^2 \qquad \therefore\ {}_1f_2=16.04(\%)$$

$$(1+0.14)^2\times(1+{}_2f_3)=(1+0.15)^3 \qquad \therefore\ {}_2f_3=17.03(\%)$$

변동금리조건에서는 $_1f_2$와 $_2f_3$가 각 기간의 이자지급액을 결정한다. 따라서 스왑 가치는 다음과 같다.

$$\frac{(13-12)}{(1+0.12)}+\frac{(13-100\times0.1604)}{(1+0.14)^2}+\frac{(13-100\times0.1703)}{(1+0.15)^3}=\triangle4.1\,(\text{억원})$$

이는 단순하게 수입이자의 현재가치에서 지급이자의 현재가치를 차감한 것으로 이해해도 된다.

4 금리스왑과 옵션

금리스왑의 구조는 옵션을 이용해서도 분석할 수 있다. 이를 위해서 먼저 금리관련 옵션상품인 캡, 플로어, 칼라에 대해서 살펴 볼 필요가 있다.

(1) 캡

변동금리조건의 차입자가 금리변동위험을 회피하고자 한다면 금리스왑을 체결함으로써 차입조건을 고정금리조건으로 전환시킬 수 있다고 하였다. 그러나 이러한 방법을 이용하면 비록 미래의 확실성은 보장되지만 금리하락에 따른 이익의 가능성도 포기하게 된다. 그렇다면 미래의 금리상승위험은 피하면서도 금리하락의 이익은 얻을 수 없을까. 이러한 필요를 충족시켜 주는 상품이 금리캡(interest rate cap)이다.

금리캡이란 계약상의 최고금리(cap rate) 이상으로 금리가 상승하면 그 차

그림 12-2 캡의 만기손익

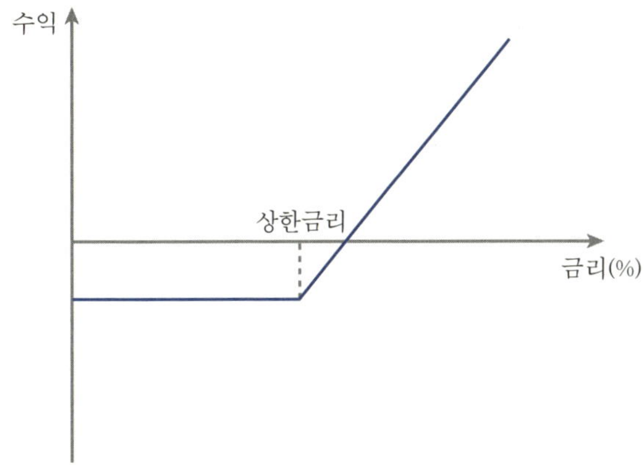

이만큼을 지급받는 상품이다. 따라서 변동금리조건의 차입자가 캡을 매입하면 지급이자의 금리확정일에 금리가 최고금리 이상으로 상승하면 금리차이에 해당하는 만큼 캡발행자로부터 수취하고, 금리가 최고금리 이하로 하락하면 단순히 시장금리에 따라 지급하면 된다. 이러한 캡의 만기손익은 [그림 12-2]와 같이 나타낼 수 있다.[2)]

(2) 플로어, 칼라

금리플로어(interest rate floor)는 금리가 계약상의 최저금리(floor rate)보다 더 아래로 떨어졌을 때 그 차이만큼을 지급받는 상품이다. 이 점만 다를 뿐, 나머지는 캡과 동일한 특징을 가지며 만기손익을 나타내면 [그림 12-3]과 같다. 금리캡과 같은 원리로 금리플로어는 변동금리자산(채권이나 대출금)으로부터 얻는 이자수익의 하한을 확정시키는 효과를 갖는다.

금리캡을 이용하는 데 소요되는 비용을 절감하기 위한 방법으로 캡을 매입

2) 캡의 만기손익은 콜옵션의 만기손익과 동일한 것처럼 보인다. 그러나 이 그림은 수평축이 금리(%)단위로 표시되어 있기 때문이고 이를 기초자산, 즉 채권의 금액단위로 표시한다면 채권가격과 금리는 역관계에 있으므로 만기손익은 풋옵션의 만기손익과 같은 형태가 된다.

그림 12-3 ||| 플로어의 만기손익

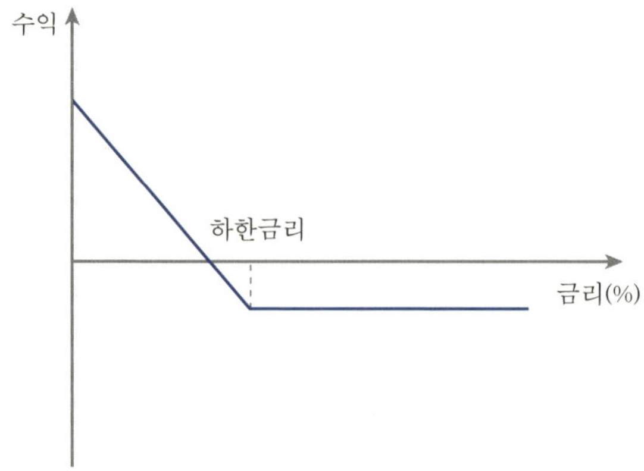

하면서 캡금리보다 낮은 행사금리로 플로어를 발행하는 방법이 있다. 이러한 방법을 금리칼라(interest rate collar)라고 한다. 칼라는 두 개의 별도 계약, 즉 캡과 플로어로 구성되기도 하고 단일계약으로 구성되기도 한다. 칼라의 매입자는 자신의 변동금리를 상한금리와 하한금리 사이에 한정시키는 효과를 얻기 때문에 [그림 12-4]와 같은 만기손익을 누리게 된다.

그림 12-4 ||| 칼라의 만기손익

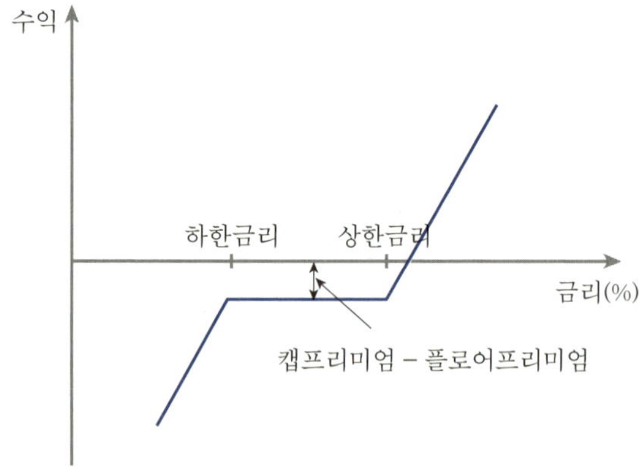

그림 12-5 ||| 금리스왑과 옵션

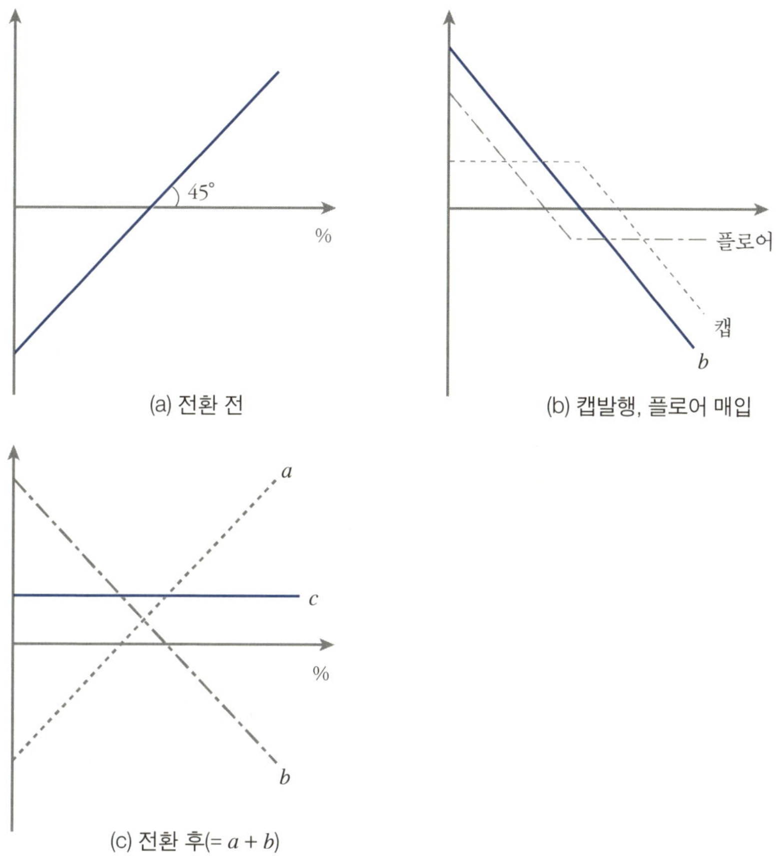

캡과 플로어를 이용하면 금리스왑은 옵션으로 분석할 수 있다. 먼저 이해를 쉽게 하기 위해서 변동금리조건의 대출자를 생각해 보자. 변동금리조건의 자금을 빌려주게 되면 금리가 상승할수록 수입이자가 늘어날 것이므로 만기손익은 [그림 12-5]에서 45° 선으로 나타날 것이다. 이러한 변동이자수익을 캡과 플로어를 이용해서 고정금리조건으로 전환시켜 본다. 고정금리조건이란 금리수준과 상관없이 일정한 수준의 수입이자를 수령하는 것이므로 수평선으로 나타나는 것이다. 따라서 45° 선에 캡을 발행하고 플로어를 매입한다. 이들 세 가지 만기손익을 합성하면 고정금리조건의 수평선이 되는 것을 확인할 수 있을 것이다. 물론 이와 반대로 고정금리조건의 대출자가 캡과 플로어를 이용해서 변동금리조건의 이자수익을 받을 수도 있다.

그리고 변동금리조건의 차입자는 캡을 매입하고 플로어를 발행함으로써 이자지급조건을 고정금리조건으로 전환시킬 수 있다. 결국 스왑의 경제적 효과는 옵션을 거래하는 효과와 같다는 것을 알 수 있다.

(3) 스왑션

스왑션(swaption)은 미래의 특정 시점에서 금리스왑을 할 수 있는 옵션을 말한다. 따라서 이 옵션에서 기초자산은 금리스왑이 된다. 만기일은 스왑션을 행사하여 기초스왑을 발효시킬 수 있는 시점을 말하며 행사가격은 기초스왑에 적용되는 고정금리가 된다.

유럽식 스왑션은 만기일에 가서 기초스왑을 발효시키거나 현금결제를 한다. 그러나 미국식 스왑션은 이와 달리 행사시점이 자유로우며 두 가지 형태가 있다. 하나는 스왑기간이 고정된 형태(variable swaption)이고 또 다른 하나는 스왑만기가 고정된 형태(wasting swaption)이다. 스왑기간 고정형은 스왑션의 행사시점과는 상관없이 기초스왑의 계약기간이 일정한 방식이고 스왑만기 고정형은 기초스왑의 만기가 고정된 방식이므로 스왑션의 행사가 늦어질수록 기초스왑의 계약기간은 짧아지게 된다.

금리스왑, 캡, 스왑션 모두 기본적으로 금리위험을 관리하는 것이 목적이므로 간단한 예로 이들의 특징을 비교해 보자. 1년 후에 변동금리로 자금을 3년 동안 차입해야 하는 회사를 가정해 보자. 이 회사는 앞으로 4년간의 금리변동위험에 노출되어 있는 것이다. 이러한 위험을 관리할 수 있는 세 가지 방법을 설명한다.

첫번째 방법은 1년 후에 효력을 발휘하는 3년 만기 스왑계약을 맺어 스왑기간 동안 고정금리를 지급하고 변동금리를 수령하는 것이다. 이 방법을 이용하면 차입금리를 고정시킬 수 있지만 금리하락에 따른 이익은 얻을 수 없다. 두번째 방법은 1년 후에 효력을 발휘하는 3년 만기 캡을 매입하는 것이다. 이는 차입기간의 금리상승위험도 막고 금리하락에 따른 이익도 누릴 수 있다. 끝으로 3년 만기 스왑에 대한 1년 만기 스왑션을 매입하는 방법이다. 만약 1년 후에 스왑금리가 행사금리보다 높으면 스왑션을 행사하고 그렇지 않으면 스왑션을 행사하지 않는다. 여기서 보면 스왑션은 처음 1년간의 금리 변동위험만 보호되는 것을 알 수 있다. 즉, 1년 후 스왑션이 행사되면 향후 3년간의 금리는 고정되기 때문에 이 기간은 보호되지 않는다.

제3절 통화스왑

1 통화스왑의 개요

통화스왑(currency swap)이란 서로 다른 통화로 표시된 자금을 필요로 하는 두 거래당사자가 계약기간 동안 원금에 기초하여 상이한 통화로 표시된 이자를 지급하고, 만기일에는 계약시점에 미리 약정한 환율에 의해 원금을 교환하는 것이다. 여기에서는 금리스왑에서와 같은 이자지급뿐만 아니라 원금에 대한 현금흐름까지 교환하기로 약속하는 것이다.

이자를 교환하는 방식에는 고정금리 이자간의 교환과 변동금리 이자간의 교환이 있고 고정금리 이자와 변동금리 이자간의 교환도 있다. 전자의 방식을 순수통화스왑이라고 부르고 후자의 방식은 금리통화스왑이라고 구별해서 부르기도 한다.

통화스왑이 금리조건을 교환한다는 점에서는 금리스왑과 같지만 다음과 같은 두 가지 측면에서 큰 차이가 있다. 첫째, 거래개시시점과 종료시점에서 원금의 실질적인 교환이 수반된다는 점이다. 둘째, 서로 다른 통화간의 교환으로서 외환스왑의 성격을 갖는다는 점이다.

그림 12-6 평행대출

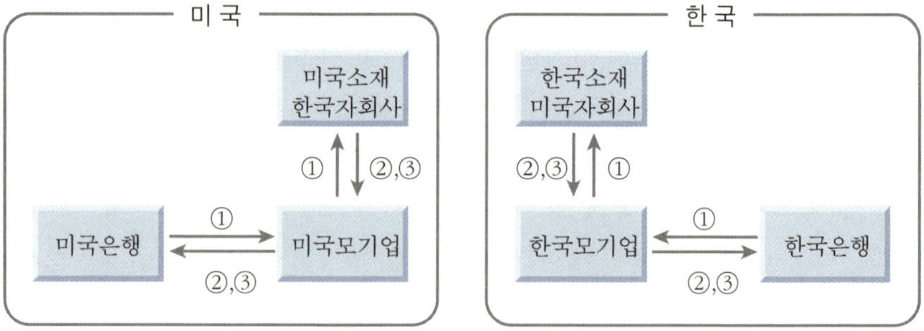

① 차입금 조달 및 원금교환($t = 0$)
② 이자지급($t = 0$부터 만기까지)
③ 차입금 상환 및 원금의 재교환($t =$ 만기)

2 평행대출과 직접대출

통화스왑의 원초적인 형태는 평행대출(parallel loan)과 직접대출(back to back loan)이다. 이는 자본의 해외유출을 방지하기 위한 영국의 외환관리법을 회피하는 수단으로 생겨난 것이다. 이후의 통화스왑은 모두 여기서부터 발전된 것으로 볼 수 있기 때문에 이들의 내용을 먼저 살펴 볼 필요가 있다.

(1) 평행대출

서로 다른 국가에 모회사가 소재하고 각각 상대국에 자회사를 두고 있을 때 모회사가 각자의 현지통화를 차입하여 이를 자국내에 있는 상대방 자회사에 빌려주는 거래형태를 말한다. 이에 따른 현금흐름은 [그림 12-6]과 같이 나타난다.

(2) 직접대출

직접대출은 평행대출과 매우 유사하다. 다만, 대출이 자회사를 통하지 않

그림 12-7 직접대출

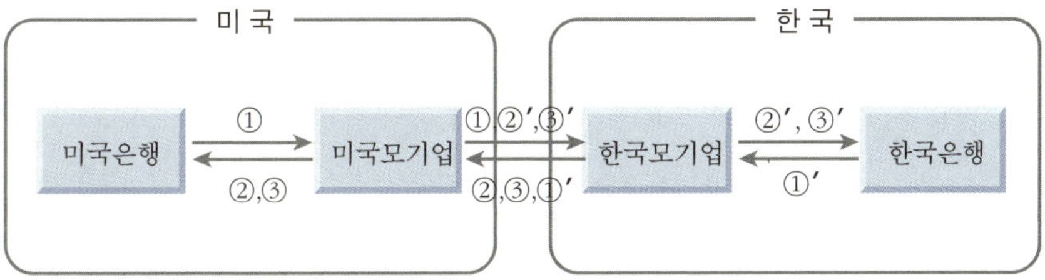

①, ①′ 차입금 조달 및 원금교환($t = 0$)
②, ②′ 이자지급($t = 0$부터 만기까지)
③, ③′ 차입금 상환 및 원금의 재교환($t =$ 만기)
단, ①,②,③은 미국달러화, ①′, ②′, ③′은 한국원화의 흐름을 나타낸다.

고 모기업간에 직접적으로 이루어지기 때문에 두 당사자, 즉 모기업만이 관련된다. 이에 따른 현금흐름은 [그림 12-7]로 나타낼 수 있다.

(3) 효과 및 문제점

① 효과

스왑될 금액을 결정할 때 두 거래 당사자가 현물환율을 기준환율로 이용하여 동일금액을 같은 기간 동안 사용하기 때문에 두 거래당사자가 모두 환율변동위험을 헤지할 수 있다. 그리고 외환규제로 인해 상대국에서 직접 기채할 때 자본비용이 높은 경우에는 이자비용을 절감하는 재정거래효과도 있다.

② 문제점

자기와 똑같은 입장에 있는 상대방을 찾기가 어렵다. 만약 그러한 상대방을 찾았다고 해도 상대방이 이자지급 및 원금상환의무를 이행하지 않을 경우 그 부담을 감수하여야 한다. 왜냐하면 평행대출 및 직접대출은 모두 실제로 두 개의 별도 대출계약으로 구성된 것이기 때문이다. 그러나 이후에 등장한 통화스왑은 하나의 계약으로 만들어진 것이다.

그림 12-8 장기선도환계약

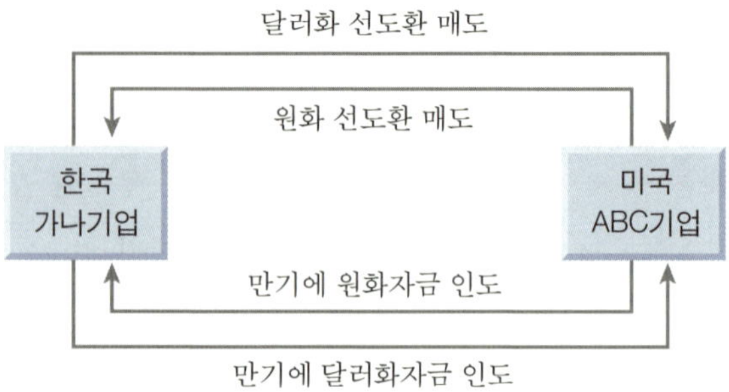

3 장기선도환계약

(1) 개요

장기선도환계약이란 계약 당시 서로 약정한 환율에 따라 미래의 일정시점에서 특정 통화를 서로 매도(또는 매입)하기로 약속하는 거래로서 장기선물환계약이라고도 한다. 이는 주로 일반 선물시장에서 헤지하기 어려운 대규모의 장기외환자금의 환율변동위험을 헤지하기 위해서 사용된다.

[그림 12-8]은 이러한 장기선도환계약의 일반적인 형태를 나타낸 것이다.

(2) 약정환율의 결정

일반적으로 장기선도환계약에서의 약정환율은 이론적 선도환율이 이용된다. 이론적 선도환율은 두 통화간의 금리차이가 반영되어 결정되는데 이는 환율결정메커니즘에서의 금리평가식으로부터 구할 수 있다.

따라서 한국기업이 미국기업과 t년 만기 선도환계약을 체결할 때 적용되는 약정환율은 다음과 같이 결정된다.

$$F_t = S_0 \times \left[\frac{1+R_K}{1+R_A} \right]^t \qquad (12.6)$$

단, F_t : 한국, 미국 통화간의 t년만기 선도환율
S_0 : 현재 달러당 현물환율$\left(\frac{K\text{국 통화}}{A\text{국 통화}} \right)$
R_K, R_A : 한국, 미국의 t년 만기 현물이자율

사실 이 식은 통화선물의 균형가격을 나타내는 식과 동일한 것이다. 그런데 여기서 만약 각 기간마다 서로 다른 수준의 이자율이 존재하고 이를 예측할 수 있다면 이를 재투자수익률로 해서 약정환율을 산출해야 할 것이다. 예를 들어서 만기가 2년인 선도환계약을 체결하면서 각 국가의 첫째 해, 둘째 해의 금리수준을 예측할 수 있다면 약정환율은 다음과 같이 산출될 것이다.

$$F_t = S_0 \times \left[\frac{(1+R_{K1})(1+f_{K2})}{(1+R_{A1})(1+f_{A2})} \right]$$

단, R_{K1}, R_{A1} : 한국, 미국의 1년 만기 현물이자율
f_{K2}, f_{A2} : 한국, 미국의 둘째 해 선도이자율

(3) 직접통화스왑

직접통화스왑이란 두 거래자가 서로 필요로 하는 통화자금을 현물환율을 적용하여 매입해서 사용하고 만기일에 가서는 차입기간 중의 환율변동과는 관계없이 최초 계약시점의 현물환율로 동일한 금액을 상환하기로 약정하는 거래를 말한다.

그 원리는 장기선도환계약과 동일하지만 다음과 같은 점에서 차이가 있다.

① 만기 상환시에 적용되는 환율이 선도환율이 아닌 계약시점의 현물환율이라는 점

② 현물환거래와 선도환거래가 함께 발생한다는 점

예제 12-4

미국의 ABC기업과 한국의 가나기업과 모두 차입금을 조달하려고 하는데 은행에서 제시하고 있는 이자율은 다음과 같다.

기 업	달러화	원 화
ABC기업	7.5%	10.4%
가나기업	9.0	10.9

ABC기업은 한국 원화 차입을 원하고 있고 가나기업은 미국 달러화 차입을 원하고 있다. 이 두 기업이 스왑계약을 체결함으로써 상호이익을 얻을 수 있는데 서로 동일한 크기의 이익을 갖기로 하였다. 그리고 은행이 개입하여 스왑계약을 체결해 주고 각 기업이 얻는 이익의 절반에 해당하는 수수료를 받기로 하였다.

(1) 거래당사자들이 얻게 되는 이익을 구하라.
(2) 당사자들의 요구가 반영된 스왑계약을 설계해 보라.

해설

(1) 주어진 이자율정보를 이용하여 스왑계약을 통해서 얻을 수 있는 총이익을 먼저 구한다.

기 업	달러화	원 화
ABC기업	7.5%	10.4%
가나기업	9.0%	10.9%
차 이	1.5%	0.5%

달러화로 표시된 금리스프레드는 1.5%이고 원화표시 금리스프레드는 0.5%이므로 이 두 스프레드의 차이 1.0%만큼의 총이익을 얻을 수 있다. 이에 따라서 ABC기업과 가나기업은 0.4%씩, 은행은 이의 절반인 0.2%의 이익을 얻도록 한다.

(2) ABC기업은 상대적으로 유리한 달러화를 연 7.5%로 차입하고, 가나기업은 상대적으로 유리한 원화를 연 10.9%로 차입하고 은행이 개입하여 이들 두 기업의 요구가 반영된 다음과 같은 스왑계약을 체결한다.

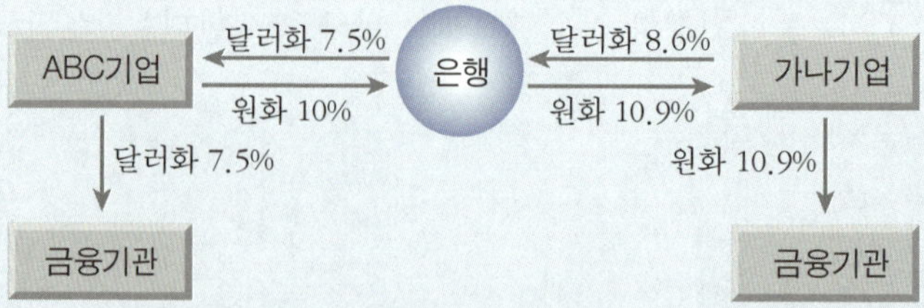

ABC기업은 원화를 연 10%의 고정금리로 사용하는 것이 되는데 이는 ABC기업이 직접 원화를 이용할 때의 금리 10.4%보다 0.4% 낮은 수준이 된다. 또한 가나기업은 달러화를 연 8.6%의 고정금리를 지급하는 것이 되는데 이는 가나기업이 직접 달러화를 이용할 때의 금리 9.0%보다 0.4% 낮은 수준이 된다. 한편, 은행은 달러화에서 1.1%(= 8.6 − 7.5)의 이익을 얻고 원화에서 0.9%(= 10 − 10.9)의 손실을 보게 되므로 결과적으로는 0.2%의 이익을 얻는다. 스왑계약을 통해서 두 기업은 각각 0.4%의 이익을, 은행은 0.2%의 이익을 누리게 된다.

4 통화스왑의 평가

(1) 선도계약

통화스왑도 미래에 일정한 조건으로 현금흐름을 교환하는 거래이다. 따라서 이 역시 금리스왑과 마찬가지로 선도계약으로 평가할 수 있다. 그런데 금리스왑에서는 미래에 교환하는 현금흐름이 이자뿐이지만 통화스왑은 원금과 이자, 두 가지의 현금흐름이 포함되는 것이 차이점이라고 하겠다. 그러므로 통화스왑의 가치를 평가할 때에는 이자교환의 선도계약과 원금교환의 선도계약을 각각 평가한 값을 합해야 한다.

(2) 평가사례

〈예제 12-4〉의 내용을 이용하여 통화스왑의 가치를 평가하는 방법에 대해 설명해 보자. 먼저 은행의 스왑계약을 통해서 ABC기업은 연 7.5%의 100만달러의 차입을 연 10%의 12억원의 차입으로 전환하고 가나기업은 연 10.9%의 12억원의 차입을 연 8.6%의 100만달러의 차입으로 전환하였다고 하자. 그리고 이자지급은 연 1회라고 가정하자.

이제 가나기업의 입장에서 통화스왑의 가치를 평가해 보겠다. 이러한 통화스왑은 앞서 설명하였듯이 미래의 원리금교환을 약속한 것이므로 선도계약으로 평가할 수 있다. 즉, 가나기업은 매년 1회씩 은행에게 8.6만달러(= 100만달러×8.6%)를 지급하고, 은행으로부터는 1.308억원(= 12억원×10.9%)을 수령하는 이자교환을 할 것이다. 그리고 가나기업은 최종일에 12억원을 지급하고 100만달러를 수령하는 원금교환을 하게 된다.

이자교환의 현재가치, 그리고 원금교환의 현재가치를 차례대로 구해 보자. 먼저 가나기업의 입장에서는 이자교환의 스왑이 매년 1.308억원의 자산을 8.6만달러의 가격에 인도하는 선도계약으로 평가될 수 있다. 따라서 이러한 선도계약의 가치는 다음과 같다.

$$\sum_{t=1}^{n} \frac{1.308\text{억원}/F_t - 8.6\text{만달러}}{(1+R_t)^t}$$

단, F_t : 시점 t의 한국, 미국 통화간 선도환율
R_t : 미국의 현물이자율
t : 지급시점

이번에는 원금교환의 스왑에 대해서 평가하자. 원금교환의 스왑은 최종시점 n에서 100만달러의 자산을 12억원에 매입할 수 있는 선도계약으로 볼 수 있다. 따라서 이 선도계약의 가치는 다음과 같이 산출된다.

$$\frac{12\text{억원}/F_n - 100\text{만달러}}{(1+R_n)^n}$$

결국 통화스왑은 이자교환과 원금교환의 스왑이 결합된 것이므로 이 두 가지 식으로 산출한 값을 합하면 통화스왑의 가치가 산출될 것이다.

예제 12-5

ABC은행은 가나기업과 500만달러 규모의 통화스왑을 체결하려고 한다. ABC은행은 2년간 가나기업으로부터 매년 1회 7%의 이자를 받고 가나기업에게 매년 4%의 이자를 지급한다. 현재의 환율은 $1 = 1,200원이며 현물이자율은 달러화는 8%, 원화는 6%이며 이자율의 기간구조는 수평적이라고 가정한다. 다음 각 경우에 ABC은행의 입장에서 이러한 스왑의 가치를 평가하라.

(1) 통화스왑을 장기선도환계약으로 체결할 경우
(2) 통화스왑을 직접스왑으로 체결할 경우

해설 (1) ABC은행이 매년 받게 될 이자금액과 지급하게 될 이자금액을 산출한다.

$$\text{수입이자} = 500\text{만달러} \times 7\% = 35\text{만달러}$$
$$\text{지급이자} = 60\text{억원} \times 4\% = 2.4\text{억원}$$

1년 후, 2년 후의 선도환율을 구하면 다음과 같다.

$$F_1 = 1,200 \times \left(\frac{1+0.06}{1+0.08}\right) = 1,177.8$$

$$F_2 = 1,200 \times \left(\frac{1+0.06}{1+0.08}\right)^2 = 1,156$$

위의 값들을 이용해서 다음과 같이 ABC은행의 입장에서 통화스왑의 가치를 산출할 수 있다.

$$\left(35\text{만달러} - \frac{2.4\text{억원}}{1,177.8}\right) \times \frac{1}{1.08} + \left(35\text{만달러} - \frac{2.4\text{억원}}{1,156}\right) \times \frac{1}{1.08^2}$$
$$+ \left(500\text{만달러} - \frac{60\text{억원}}{1,156}\right) \times \frac{1}{1.08^2} = 94,308(\text{달러})$$

(2) 직접통화스왑의 경우에는 만기의 원금교환시 최초계약시점의 환율을 적용한다. 따라서 통화스왑의 가치가 다음과 같다.

$$\left(35\text{만달러} - \frac{2.4\text{억원}}{1,177.8}\right) \times \frac{1}{1.08} + \left(35\text{만달러} - \frac{2.4\text{억원}}{1,156}\right) \times \frac{1}{1.08^2}$$
$$+ \left(500\text{만달러} - \frac{60\text{억원}}{1,200}\right) \times \frac{1}{1.08^2} = 257,469(\text{달러})$$

제4절 기타 스왑

스왑은 처음에 통화스왑과 금리스왑으로부터 시작되어 발전되어 왔다. 그러나 최근에는 이외에도 다양한 스왑거래가 계속적으로 도입되고 있다. 상품스왑을 비롯한 각종 새로운 유형의 스왑에 대해서 살펴 보겠다.

1 자산스왑

(1) 자산스왑의 의의

대개 스왑의 일반적인 목적은 자신이 부담하고 있는 부채의 성격을 변화시키기 위한 것이라고 할 수 있다. 즉, 자신이 부담하고 있는 고정금리부채를 변동금리부채로 전환시키거나 특정통화표시부채를 다른 통화표시부채로 전환시키고자 하는 것이다. 그러나 이와는 달리 자신이 갖고 있는 자산에 대해서도 금리형태나 통화형태를 전환시킬 수 있는데 이러한 스왑을 자산스왑(asset swap)이라고 한다.

차입자와 투자자(대여자)의 금리선호를 살펴보자. 일반적으로 자금을 차입하는 입장에서는 변동금리이자를 지급하기를 원하는데 비해서 자금을 운용하는 투자자의 입장에서는 고정금리이자수익을 선호하는 경향이 있다. 특히 상대적으로 공공성이 높다고 할 수 있는 연금기관 또는 보험회사 등 기관투자가들은 특히 변동금리채권들을 금리가 다소 높다고 생각되는 수준에서 고정금리채권의 형태로 전환시키기를 원한다. 이러한 투자자의 요구는 자산스왑을 통해서 달성될 수 있다. 즉, 고정금리를 지급하고 변동금리를 받기 원하는 상대방과 스왑계약을 체결하면 된다.

(2) 자산스왑의 사례

변동금리채권을 보유하고 있는 채권포트폴리오의 매니저가 장래 시장금리의 하락을 우려하여 변동금리의 이자수익을 고정금리수준으로 확정시키기를 원한다고 하자. 현재 보유하고 있는 채권의 이자수익은 변동금리조건으로서 LIBOR+0.6%이다. 이 채권의 만기가 3년 남은 현재시점에서 시중 3년 만기 채권금리가 연 10%라고 하자. 이러한 상황에서 채권포트폴리오를 운영하는 매니저는 고정금리를 지급하고 변동금리를 받기 원하는 스왑딜러 또는 거래상대방과의 금리스왑을 통해서 고정금리를 확보할 수 있다.

그림 12-9 자산스왑

다음의 그림은 이러한 요구가 충족될 수 있는 자산스왑을 나타내는 것이다. 이를 통해서 채권포트폴리오를 운영하는 매니저는 연 10%의 고정금리를 확보하면서 변동금리이자에서도 0.2%의 수익을 확보할 수 있게 된다.

2 상품스왑

(1) 상품스왑의 의의

상품스왑(commodity swap)은 거래의 상대방에게 일정 수량의 상품에 대해서 고정된 단위당 가격을 적용하여 정기적으로 지급하고 그 상대방으로부터는 고정가격 대신에 현재의 시장가격을 수령하는 것이다.[3] 여기서 가격결정의 대상이 되는 기초자산은 동일한 상품이 될 수도 있고 서로 다른 상품이 될 수도 있다. 기초자산이 되는 상품이 동일하다면 원래의 자산에 대한 교환이 필요 없지만 다를 경우에는 실물상품의 교환이 수반될 수도 있다. 그러나 대개의 경우에는 실물교환없이 현금정산으로 거래가 종결된다.

(2) 상품스왑의 사례

상품스왑의 구조와 효과를 확인하기 위해서 간단한 사례를 들어보자. 원유를 공급하는 ABC원유사와 원유를 필요로 하는 가나정유사와의 사이에서 스

3) 이와는 반대로 시장가격을 지급하고 고정가격을 수령하는 경우도 있다.

그림 12-9 상품스왑

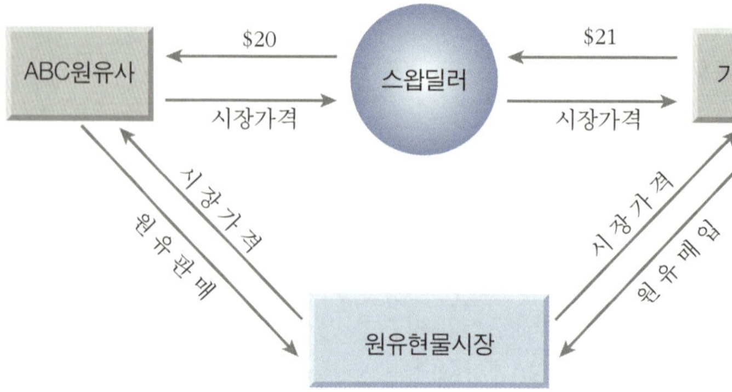

왑딜러가 개입하여 상품스왑을 체결하였다. ABC원유사는 매달 1만3천 배럴의 원유를 생산하며 이에 대한 고정수익을 원하고 있으며 가나정유사는 매달 1만 배럴의 원유가 필요한데 이에 대한 지출을 일정한 금액으로 고정시키고 싶어한다.

어떠한 스왑계약을 통해서 이들이 원하는 요구를 반영시킬 수 있는지 생각해 보자. 스왑계약 체결시점에서 원유시장의 원유가격은 배럴당 20달러라고 하자. 가나정유사는 배럴당 21달러를 스왑딜러에게 지급하기로 계약하고 스왑딜러는 현물시장가격을 가나정유사에 지급하기로 한다. 반대로 ABC원유사는 현물시장가격을 스왑딜러에게 지급하고 대신 딜러로부터 고정가격 20달러를 받기로 한다.

이러한 구조의 스왑계약을 [그림 12-9]와 같이 나타낼 수 있다.

이제 ABC원유사와 가나정유사의 입장에서 이들의 요구가 반영되었는지 확인해 보자. ABC원유사는 현물시장에 현물을 내다 팔고 받은 시장가격을 딜러에게 지급하고 이 시장가격이 얼마이든지와 무관하게 배럴당 20달러를 딜러로부터 받는다. 이를 통해서 자신이 생산하는 원유에 대해 고정수익 배럴당 20달러를 확보하게 된다.

한편 가나정유사는 스왑딜러로부터 현물시장가격대로 받은 금액을 이용해서 현물시장에서 원유현물을 구입하면서 배럴당 20달러를 딜러에게 지급한다. 이를 통해서 현물구입에 대한 부담을 배럴당 20달러로 묶어놓을 수 있다. 또한 딜러는 배럴당 1달러의 마진을 얻어 모든 당사자들이 각자의 요구를 달성할 수 있게 된다.

여기서 문제가 될 수 있는 것은 ABC원유사와 가나정유사가 거래하고자 하는 원유수량의 차이이다. 즉, ABC원유사는 1만3천 배럴의 원유를 생산하고 가나정유사는 1만 배럴의 원유를 필요로 한다는 점이다. 이러한 상황에서 이들 두 당사자가 직접 스왑거래를 하려고 한다면 거래가 성사되지 않을 수 있다. 그러나 중간에 스왑딜러가 개입하여 거래가 성사되는 것이다. 즉, 스왑딜러는 ABC원유사의 초과생산량 3천 배럴에 대해서 선물시장을 이용하거나 또 다른 스왑을 통해서 위험을 헤지할 수 있을 것이다.

연습 문제

12-1 다음 용어를 간단하게 설명하라.

① 금리칼라(interest rate collar)

② 스왑션(swaption)

③ 자산스왑(asset swap)

12-2 스왑은 선물이나 옵션과 같이 표준화된 상품이 아니다. 그렇기 때문에 스왑이 차별적으로 갖는 장점이 있는데 이에 대해서 설명해 보라.

12-3 금리스왑에 따른 현금흐름이 다음과 같다.(단위 : 억원)

시점 0	시점 1	시점 2
	$({}_0L_1 - 0.08) \times 400$	$({}_1L_2 - 0.08) \times 400$

${}_0L_1$과 ${}_1L_2$는 시점 0와 시점 1에서 파악되는 은행간 금리이다. 만기 1년 액면 100,000원인 할인채의 현재 거래가격은 91,743원이고 만기 2년 할인채는 83,403원이다.

(1) 금리스왑의 내용을 설명하라.

(2) 금리스왑의 가치를 평가하라.

(3) 선도금리 ${}_1f_2$가 1BP 상승하면 스왑가치는 얼마나 변동하는가?

12-4 ABC기업은 만기 3년 변동금리조건으로 $10,000,000을 차입하였다. 이자는 분기 단위로 LIBOR수준에 맞추어 지급된다. 자금담당자는 금리스왑을 이용해서 이 차입금에 대한 이자변동을 헤지하고자 한다. 금리스왑은 8% 고정이자지급에 LIBOR수준의 변동이자를 수취하는 것이다.

(1) LIBOR가 9%라고 할 때에 ABC기업이 지급해야 할 이자금액은 얼마인가?

(2) 금리스왑을 이용해서 헤지한 경우 지급해야 할 이자금액은 얼마인가?

(3) 스왑을 통해서 ABC기업이 부담하게 되는 분기별 지급이자를 LIBOR수준에 대응해서 그래프로 나타내라.

(4) 스왑을 통해서 헤지된 상태에서 ABC기업이 변동금리조건부 차입금에 대해서 부담하게 되는 분기별 지급이자를 그래프로 나타내라.

12-5 가나기업은 자금조달을 목적으로 100억원의 회사채를 발행하려고 한다. 그러나 이를 인수하는 투자회사는 10년 만기, 중도에 상환할 수 없는 회사채로 고정된 이자수익을 받기 원하고 있다. 그런데 가나기업의 자금담당자는 금리하락을 예상하고 있기 때문에 수의상환사채를 발행하려고 한다. 가나기업이 수의상환사채를 발행하면서도 투자회사의 요구를 충족시킬 수 있는 방법을 모색하라.(힌트 : 스왑션을 이용할 것)

신문기사 중국, 低유가 틈타 IMF 최종대출자 지위 넘본다

중국이 유가 급락으로 경제 위기를 겪고 있는 산유국들에 대한 금융 지원을 확대하면서 세계 경제에서 국제통화기금(IMF)를 대체할 수 있는 최종대출자(last resort) 지위를 굳히고 있다는 분석이 나오고 있다.

중국은 통화 폭락으로 지난 1998년 디폴트(채무불이행) 상황까지 맞았던 경제 위기가 재현될 수 있다는 우려가 나오는 러시아와 지난 20일 통화스왑 규모를 240억달러로 확대한다고 밝혔다. 또한 지난 10월부터 남미 산유국인 아르헨티나에 23억달러를 통화스왑 형태로 융자해주고 있다. 지난달에는 베네수엘라에 40억달러를 대출해줬다. 중국 외화 보유액은 세계 최대인 3조 8,900억달러로 집계되고 있다.

블룸버그통신은 23일(현지시간) 중국이 경제위기를 겪고 있는 산유국들, 특히 미국과 관계가 썩 좋지 못한 국가들에 대한 통화스왑, 대출 등 금융지원에 공세적으로 나서면서 글로벌 경제에서 영향력을 넓히는 동시에 금융위기를 겪는 국가들이 전통적으로 돈을 빌리러 갔던 IMF의 최종 대출자 역할을 위협하고 있다고 분석했다.

크림반도 합병 등을 둘러싼 러시아와 대립에서 미국의 지지를 받는 우크라이나는 IMF로부터 170억달러의 구제금융을 받은 반면 러시아를 비롯한 아르헨티나, 베네수엘라는 미국이나 유럽과 사이가 좋지 못하면서 IMF 구제금융 접근이 어렵다. 이 기회를 틈타 중국이 이들 국가에 손을 내밀면서 최종대출자 지위를 굳히고 있다고 통신은 분석했다.

특히 IMF는 돈을 빌려주는 대신 대출 상환 가능성을 높이기 위해 각종 강도높은 경제구조 개혁을 요구하는 반면 중국은 금융위기를 겪는 국가들의 자원을 확보하는데 관심이 있기 때문에 돈을 빌리는 입장에서도 부담이 덜한 이점이 있다고 전문가들은 분석했다.

스티븐 레이올드 스톤하버인베스트먼트 이코노미스트는 "몇몇 국가들이 현재 경제적 어려움을 겪고 있고 중국이 도움을 주고 있다"며 "중국은 그렇게 하면서 선행을 베푼다는 모양새를 취하는 한편 국제사회의 영향력을 확대하고 위안화 사용을 확대하고 있다"고 말했다. 모텐 버크 글로벌 에볼루션 A/S 최고투자전문가는 "중국 입장에서는 에너지 부국인 이들의 자원 확보가 대출의 동기가 될 수 있다"고 분석했다.

유가 하락에 직격타를 맞은 베네수엘라는 지난달 자국 외환보유액이 11년 만에 최저치로 주저 앉자 중국으로부터 40억달러를 대출받아 현재 내년과 내후년 채무를 갚을 수준인 21억달러 규모로 외환보유액을 늘린 상태다. 중국은 지난 2007년부터 47억달러를 빌려주며 현재 베네수엘라의 최대 채권자로 올라섰다.

지난 2001년 디폴트 사태를 맞은 이후로 국제사회에서 돈 빌리기가 힘들어진 아르헨티나에게도 중국은 구세주다. 3년 만기 통화스왑 계약에 따라 10월부터 현재까지 23억달러를 대출 받았다.

현재 중국과 통화스왑을 체결한 나라는 28개국에 이른다. 위안화 거래를 늘리면서 위안화를 궁극적으로 글로벌 경제금융 거래에서 달러화를 대체할 통화로 만들려는 목적이라고 통신은 분석했다. 로저글로벌파트너스의 마이클 칸스케는 "중국이 세계 경제에서 눈에 띄게 영향력을 확대하고 있으며 영향력 확대에 대한 의지도 강하다"고 말했다.

이민정 기자

〈이데일리〉 2014.12.23.

부 록

〈표 1〉 연속복리 현재가치계수($e^{-R \cdot t}$)

	연속복리 이자율									
기간	1%	2%	3%	4%	5%	6%	7%	8%	9%	10%
1	0.9900	0.9802	0.9704	0.9608	0.9512	0.9418	0.9324	0.9231	0.9139	0.9048
2	0.9802	0.9608	0.9418	0.9231	0.9048	0.8869	0.8694	0.8521	0.8353	0.8187
3	0.9704	0.9418	0.9139	0.8869	0.8607	0.8353	0.8106	0.7866	0.7634	0.7408
4	0.9608	0.9231	0.8869	0.8521	0.8187	0.7866	0.7558	0.7261	0.6977	0.6703
5	0.9512	0.9048	0.8607	0.8187	0.7788	0.7408	0.7047	0.6703	0.6376	0.6065
6	0.9418	0.8869	0.8353	0.7866	0.7408	0.6977	0.6570	0.6188	0.5827	0.5488
7	0.9324	0.8694	0.8106	0.7558	0.7047	0.6570	0.6126	0.5712	0.5326	0.4966
8	0.9231	0.8521	0.7866	0.7261	0.6703	0.6188	0.5712	0.5273	0.4868	0.4493
9	0.9139	0.8353	0.7634	0.6977	0.6376	0.5827	0.5326	0.4868	0.4449	0.4066
10	0.9048	0.8187	0.7408	0.6703	0.6065	0.5488	0.4966	0.4493	0.4066	0.3679
11	0.8958	0.8025	0.7189	0.6440	0.5769	0.5169	0.4630	0.4148	0.3716	0.3329
12	0.8869	0.7866	0.6977	0.6188	0.5488	0.4868	0.4317	0.3829	0.3396	0.3012
13	0.8781	0.7711	0.6771	0.5945	0.5220	0.4584	0.4025	0.3535	0.3104	0.2725
14	0.8694	0.7558	0.6570	0.5712	0.4966	0.4317	0.3753	0.3263	0.2837	0.2466
15	0.8607	0.7408	0.6376	0.5488	0.4724	0.4066	0.3499	0.3012	0.2592	0.2231
16	0.8521	0.7261	0.6188	0.5273	0.4493	0.3829	0.3263	0.2780	0.2369	0.2019
17	0.8437	0.7118	0.6005	0.5066	0.4274	0.3606	0.3042	0.2567	0.2165	0.1827
18	0.8353	0.6977	0.5827	0.4868	0.4066	0.3396	0.2837	0.2369	0.1979	0.1653
19	0.8270	0.6839	0.5655	0.4677	0.3867	0.3198	0.2645	0.2187	0.1809	0.1496
20	0.8187	0.6703	0.5488	0.4493	0.3679	0.3012	0.2466	0.2019	0.1653	0.1353
21	0.8106	0.6570	0.5326	0.4317	0.3499	0.2837	0.2299	0.1864	0.1511	0.1225
22	0.8025	0.6440	0.5169	0.4148	0.3329	0.2671	0.2144	0.1720	0.1381	0.1108
23	0.7945	0.6313	0.5016	0.3985	0.3166	0.2516	0.1999	0.1588	0.1262	0.1003
24	0.7866	0.6188	0.4868	0.3829	0.3012	0.2369	0.1864	0.1466	0.1153	0.0907
25	0.7788	0.6065	0.4724	0.3679	0.2865	0.2231	0.1738	0.1353	0.1054	0.0821
30	0.7408	0.5488	0.4066	0.3012	0.2231	0.1653	0.1225	0.0907	0.0672	0.0498
35	0.7047	0.4966	0.3499	0.2466	0.1738	0.1225	0.0863	0.0608	0.0429	0.0302
40	0.6703	0.4493	0.3012	0.2019	0.1353	0.0907	0.0608	0.0408	0.0273	0.0183
45	0.6376	0.4066	0.2592	0.1653	0.1054	0.0672	0.0429	0.0273	0.0174	0.0111
50	0.6065	0.3679	0.2231	0.1353	0.0821	0.0498	0.0302	0.0183	0.0111	0.0067
55	0.5769	0.3329	0.1920	0.1108	0.0639	0.0369	0.0213	0.0123	0.0071	0.0041
60	0.5488	0.3012	0.1653	0.0907	0.0498	0.0273	0.0150	0.0082	0.0045	0.0025

〈표 1〉 계속

연속복리 이자율									
11%	12%	13%	14%	15%	17%	20%	23%	25%	30%
0.8958	0.8869	0.8781	0.8694	0.8607	0.8437	0.8187	0.7945	0.7788	0.7408
0.8025	0.7866	0.7711	0.7558	0.7408	0.7118	0.6703	0.6313	0.6065	0.5488
0.7189	0.6977	0.6771	0.6570	0.6376	0.6005	0.5488	0.5016	0.4724	0.4066
0.6440	0.6188	0.5945	0.5712	0.5488	0.5066	0.4493	0.3985	0.3679	0.3012
0.5769	0.5488	0.5220	0.4966	0.4724	0.4274	0.3679	0.3166	0.2865	0.2231
0.5169	0.4868	0.4584	0.4317	0.4066	0.3606	0.3012	0.2516	0.2231	0.1653
0.4630	0.4317	0.4025	0.3753	0.3499	0.3042	0.2466	0.1999	0.1738	0.1225
0.4148	0.3829	0.3535	0.3263	0.3012	0.2576	0.2019	0.1588	0.1353	0.0907
0.3716	0.3396	0.3104	0.2837	0.2592	0.2165	0.1653	0.1262	0.1054	0.0672
0.3329	0.3012	0.2725	0.2466	0.2231	0.1827	0.1353	0.1003	0.0821	0.0498
0.2982	0.2671	0.2393	0.2144	0.1920	0.1541	0.1108	0.0797	0.0639	0.0369
0.2671	0.2369	0.2101	0.1864	0.1653	0.1300	0.0907	0.0633	0.0498	0.0273
0.2393	0.2101	0.1845	0.1620	0.1423	0.1097	0.0743	0.0503	0.0388	0.0202
0.2144	0.1864	0.1620	0.1409	0.1225	0.0926	0.0608	0.0400	0.0302	0.0150
0.1920	0.1653	0.1423	0.1225	0.1054	0.0781	0.0498	0.0317	0.0235	0.0111
0.1720	0.1466	0.1249	0.1065	0.0907	0.0659	0.0408	0.0252	0.0183	0.0082
0.1541	0.1300	0.1097	0.0926	0.0781	0.0556	0.0334	0.0200	0.0143	0.0061
0.1381	0.1153	0.0963	0.0805	0.0672	0.0469	0.0273	0.0159	0.0111	0.0045
0.1237	0.1023	0.0846	0.0699	0.0578	0.0396	0.0224	0.0127	0.0087	0.0033
0.1108	0.0907	0.0743	0.0608	0.0498	0.0334	0.0183	0.0101	0.0067	0.0025
0.0993	0.0805	0.0652	0.0529	0.0429	0.0282	0.0150	0.0080	0.0052	0.0018
0.0889	0.0714	0.0573	0.0460	0.0369	0.0238	0.0123	0.0063	0.0041	0.0014
0.0797	0.0633	0.0503	0.0400	0.0317	0.0200	0.0101	0.0050	0.0032	0.0010
0.0714	0.0561	0.0442	0.0347	0.0273	0.0169	0.0082	0.0040	0.0025	0.0007
0.0639	0.0498	0.0388	0.0302	0.0235	0.0143	0.0067	0.0032	0.0019	0.0006
0.0369	0.0273	0.0202	0.0150	0.0111	0.0061	0.0025	0.0010	0.0006	0.0001
0.0213	0.0150	0.0106	0.0074	0.0052	0.0026	0.0009	0.0003	0.0002	0.0000
0.0123	0.0082	0.0055	0.0037	0.0025	0.0011	0.0003	0.0001	0.0000	0.0000
0.0071	0.0045	0.0029	0.0018	0.0012	0.0005	0.0001	0.0000	0.0000	0.0000
0.0041	0.0025	0.0015	0.0009	0.0006	0.0002	0.0000	0.0000	0.0000	0.0000
0.0024	0.0014	0.0008	0.0005	0.0003	0.0001	0.0000	0.0000	0.0000	0.0000
0.0014	0.0007	0.0004	0.0002	0.0001	0.0000	0.0000	0.0000	0.0000	0.0000

〈표 2〉 콜옵션가격표

표준편차×√만기)

기초자산가격 / 행사가격의 현재가치

	0.05	0.10	0.15	0.20	0.25	0.30	0.35	0.40	0.45	0.50	0.55	0.60	0.65	0.70	0.75	0.80	0.85	0.90	0.95	1.00	1.05	1.10
0.40	*	*	*	*	*	*	*	0.002	0.005	0.010	0.017	0.025	0.036	0.047	0.061	0.075	0.091	0.107	0.125	0.143	0.161	0.180
0.45	*	*	*	*	*	*	0.002	0.005	0.010	0.017	0.026	0.037	0.049	0.063	0.079	0.095	0.112	0.130	0.148	0.167	0.186	0.206
0.50	*	*	*	*	*	0.001	0.004	0.009	0.017	0.026	0.038	0.051	0.065	0.081	0.098	0.115	0.133	0.152	0.171	0.191	0.210	0.230
0.55	*	*	*	*	*	0.003	0.008	0.016	0.026	0.037	0.051	0.066	0.082	0.099	0.117	0.136	0.155	0.174	0.194	0.214	0.233	0.253
0.60	*	*	*	*	0.002	0.007	0.014	0.024	0.037	0.051	0.066	0.083	0.100	0.119	0.137	0.157	0.176	0.196	0.216	0.236	0.256	0.275
0.65	*	*	*	0.001	0.005	0.012	0.023	0.035	0.050	0.066	0.083	0.101	0.119	0.138	0.158	0.177	0.197	0.217	0.237	0.257	0.277	0.296
0.70	*	*	*	0.004	0.010	0.020	0.033	0.048	0.065	0.082	0.100	0.119	0.138	0.158	0.178	0.198	0.218	0.238	0.257	0.277	0.297	0.316
0.75	*	*	0.002	0.008	0.018	0.031	0.046	0.063	0.081	0.100	0.119	0.138	0.158	0.178	0.198	0.218	0.238	0.258	0.277	0.297	0.316	0.335
0.80	*	*	0.005	0.015	0.028	0.044	0.062	0.080	0.099	0.118	0.138	0.158	0.178	0.198	0.218	0.237	0.257	0.277	0.296	0.316	0.335	0.354
0.82	*	*	0.007	0.019	0.033	0.050	0.068	0.087	0.106	0.126	0.146	0.166	0.186	0.206	0.225	0.245	0.265	0.284	0.304	0.323	0.342	0.361
0.84	*	0.002	0.010	0.023	0.039	0.057	0.075	0.094	0.114	0.134	0.154	0.174	0.193	0.213	0.233	0.253	0.272	0.292	0.311	0.330	0.349	0.367
0.86	*	0.003	0.013	0.028	0.045	0.063	0.082	0.102	0.122	0.142	0.161	0.181	0.201	0.221	0.241	0.260	0.280	0.299	0.318	0.337	0.356	0.374
0.88	*	0.005	0.017	0.034	0.052	0.070	0.090	0.110	0.129	0.149	0.169	0.189	0.209	0.229	0.248	0.268	0.287	0.306	0.325	0.344	0.362	0.381
0.90	*	0.008	0.022	0.040	0.059	0.078	0.098	0.117	0.137	0.157	0.177	0.197	0.217	0.236	0.256	0.275	0.294	0.313	0.332	0.351	0.369	0.387
0.92	0.001	0.012	0.028	0.047	0.066	0.086	0.106	0.125	0.145	0.165	0.185	0.205	0.225	0.244	0.263	0.283	0.302	0.320	0.339	0.357	0.376	0.393
0.94	0.003	0.017	0.035	0.054	0.074	0.094	0.114	0.134	0.153	0.173	0.193	0.213	0.232	0.252	0.271	0.290	0.309	0.327	0.346	0.364	0.382	0.400
0.96	0.006	0.023	0.042	0.062	0.082	0.102	0.122	0.142	0.162	0.181	0.201	0.220	0.240	0.259	0.278	0.297	0.316	0.334	0.352	0.370	0.388	0.406
0.98	0.012	0.031	0.051	0.071	0.091	0.111	0.130	0.150	0.170	0.189	0.209	0.228	0.247	0.266	0.285	0.304	0.322	0.341	0.359	0.377	0.394	0.412
1.00	0.020	0.040	0.060	0.080	0.099	0.119	0.139	0.159	0.178	0.197	0.217	0.236	0.255	0.274	0.292	0.311	0.329	0.347	0.365	0.383	0.400	0.418
1.02	0.031	0.050	0.070	0.089	0.109	0.128	0.148	0.167	0.186	0.205	0.224	0.243	0.262	0.281	0.299	0.318	0.336	0.354	0.372	0.389	0.406	0.423
1.04	0.045	0.061	0.080	0.099	0.118	0.137	0.156	0.175	0.194	0.213	0.232	0.251	0.270	0.288	0.306	0.324	0.342	0.360	0.378	0.395	0.412	0.429
1.06	0.060	0.073	0.091	0.109	0.128	0.146	0.165	0.184	0.203	0.221	0.240	0.258	0.277	0.295	0.313	0.331	0.349	0.366	0.384	0.401	0.418	0.435
1.08	0.075	0.086	0.102	0.119	0.137	0.156	0.174	0.192	0.211	0.229	0.248	0.266	0.284	0.302	0.320	0.338	0.355	0.373	0.390	0.407	0.424	0.440
1.10	0.091	0.100	0.114	0.130	0.147	0.165	0.183	0.201	0.219	0.237	0.255	0.273	0.291	0.309	0.327	0.344	0.362	0.379	0.396	0.412	0.429	0.445
1.12	0.107	0.113	0.126	0.141	0.157	0.174	0.192	0.209	0.227	0.245	0.263	0.281	0.298	0.316	0.333	0.351	0.368	0.385	0.401	0.418	0.435	0.451
1.14	0.123	0.127	0.138	0.152	0.167	0.184	0.201	0.218	0.235	0.253	0.270	0.288	0.305	0.323	0.340	0.357	0.374	0.391	0.407	0.424	0.440	0.456
1.16	0.138	0.141	0.150	0.163	0.177	0.193	0.210	0.226	0.243	0.261	0.278	0.295	0.312	0.329	0.346	0.363	0.380	0.396	0.413	0.429	0.445	0.461
1.18	0.153	0.154	0.162	0.174	0.187	0.203	0.219	0.235	0.251	0.268	0.285	0.302	0.319	0.336	0.353	0.369	0.386	0.402	0.418	0.434	0.450	0.466
1.20	0.167	0.168	0.174	0.185	0.198	0.212	0.227	0.243	0.259	0.276	0.292	0.309	0.326	0.342	0.359	0.375	0.392	0.408	0.424	0.440	0.455	0.471
1.25	0.200	0.200	0.204	0.212	0.223	0.235	0.249	0.264	0.279	0.295	0.310	0.326	0.342	0.358	0.374	0.390	0.406	0.421	0.437	0.452	0.468	0.483
1.30	0.231	0.231	0.233	0.239	0.247	0.258	0.271	0.284	0.298	0.313	0.328	0.343	0.358	0.373	0.389	0.404	0.419	0.435	0.450	0.465	0.480	0.494
1.35	0.259	0.259	0.260	0.264	0.271	0.281	0.292	0.304	0.317	0.331	0.345	0.359	0.374	0.388	0.403	0.418	0.433	0.447	0.462	0.476	0.491	0.505
1.40	0.286	0.286	0.286	0.289	0.294	0.302	0.312	0.323	0.335	0.348	0.361	0.375	0.389	0.403	0.417	0.431	0.445	0.460	0.474	0.488	0.502	0.516
1.45	0.310	0.310	0.311	0.312	0.317	0.323	0.332	0.342	0.353	0.364	0.377	0.390	0.403	0.416	0.430	0.444	0.458	0.471	0.485	0.499	0.512	0.526
1.50	0.333	0.333	0.333	0.335	0.338	0.343	0.351	0.360	0.370	0.381	0.392	0.404	0.417	0.430	0.443	0.456	0.469	0.483	0.496	0.509	0.522	0.535
1.75	0.429	0.429	0.429	0.429	0.429	0.431	0.435	0.440	0.446	0.453	0.461	0.470	0.480	0.490	0.500	0.511	0.522	0.533	0.545	0.556	0.567	0.579
2.00	0.500	0.500	0.500	0.500	0.500	0.501	0.502	0.505	0.508	0.513	0.519	0.525	0.533	0.540	0.549	0.558	0.567	0.576	0.586	0.595	0.605	0.615
2.25	0.556	0.556	0.556	0.556	0.556	0.556	0.556	0.558	0.560	0.563	0.567	0.571	0.577	0.583	0.590	0.597	0.604	0.612	0.620	0.629	0.637	0.646
2.50	0.600	0.600	0.600	0.600	0.600	0.600	0.600	0.601	0.602	0.604	0.607	0.610	0.614	0.619	0.624	0.630	0.636	0.643	0.650	0.657	0.665	0.672
2.75	0.636	0.636	0.636	0.636	0.636	0.636	0.636	0.637	0.637	0.639	0.641	0.643	0.646	0.650	0.654	0.659	0.664	0.670	0.676	0.682	0.688	0.695
3.00	0.667	0.667	0.667	0.667	0.667	0.667	0.667	0.667	0.667	0.668	0.669	0.671	0.673	0.676	0.680	0.684	0.688	0.693	0.698	0.703	0.709	0.715
3.50	0.714	0.714	0.714	0.714	0.714	0.714	0.714	0.714	0.714	0.715	0.715	0.716	0.718	0.720	0.722	0.724	0.728	0.731	0.735	0.739	0.743	0.748
4.00	0.750	0.750	0.750	0.750	0.750	0.750	0.750	0.750	0.750	0.750	0.751	0.751	0.752	0.753	0.754	0.756	0.759	0.761	0.764	0.767	0.771	0.775
4.50	0.778	0.778	0.778	0.778	0.778	0.778	0.778	0.778	0.778	0.778	0.778	0.778	0.779	0.780	0.781	0.782	0.784	0.785	0.788	0.790	0.793	0.796

* Value is zero to three decimal places

〈표 2〉 계속

표준편차×√만기)

기초자산가격 / 행사가격의 현재가치	1.15	1.20	1.25	1.30	1.35	1.40	1.45	1.50	1.55	1.60	1.65	1.70	1.75	2.00	2.25	2.50	2.75	3.00	3.50	4.00	4.50	5.00
0.40	0.200	0.219	0.239	0.259	0.279	0.299	0.319	0.338	0.358	0.378	0.397	0.416	0.435	0.525	0.607	0.679	0.742	0.795	0.876	0.929	0.962	0.981
0.45	0.225	0.245	0.265	0.285	0.305	0.325	0.345	0.364	0.384	0.403	0.422	0.440	0.459	0.546	0.625	0.694	0.754	0.805	0.883	0.933	0.964	0.982
0.50	0.250	0.270	0.290	0.310	0.330	0.349	0.369	0.388	0.407	0.426	0.444	0.462	0.480	0.565	0.641	0.708	0.766	0.814	0.888	0.936	0.966	0.983
0.55	0.273	0.293	0.313	0.333	0.352	0.371	0.391	0.409	0.428	0.446	0.464	0.482	0.500	0.582	0.656	0.720	0.775	0.822	0.893	0.939	0.967	0.983
0.60	0.295	0.315	0.335	0.354	0.373	0.392	0.411	0.429	0.448	0.465	0.483	0.500	0.517	0.597	0.668	0.731	0.784	0.829	0.897	0.942	0.969	0.984
0.65	0.316	0.336	0.355	0.374	0.393	0.411	0.430	0.448	0.466	0.483	0.500	0.517	0.534	0.611	0.680	0.740	0.792	0.835	0.901	0.944	0.970	0.985
0.70	0.336	0.355	0.374	0.393	0.411	0.429	0.447	0.465	0.482	0.499	0.516	0.532	0.548	0.624	0.691	0.749	0.799	0.841	0.905	0.946	0.971	0.985
0.75	0.354	0.373	0.392	0.410	0.428	0.446	0.464	0.481	0.498	0.514	0.531	0.547	0.562	0.636	0.700	0.757	0.805	0.846	0.908	0.948	0.972	0.986
0.80	0.372	0.391	0.409	0.427	0.444	0.462	0.479	0.496	0.512	0.528	0.544	0.560	0.575	0.646	0.709	0.764	0.811	0.851	0.911	0.949	0.973	0.986
0.82	0.379	0.397	0.415	0.433	0.451	0.468	0.485	0.501	0.518	0.534	0.549	0.565	0.580	0.650	0.713	0.767	0.814	0.853	0.912	0.950	0.973	0.986
0.84	0.386	0.404	0.422	0.439	0.457	0.474	0.490	0.507	0.523	0.539	0.554	0.570	0.585	0.654	0.716	0.770	0.816	0.854	0.913	0.950	0.973	0.986
0.86	0.392	0.410	0.428	0.445	0.463	0.479	0.496	0.512	0.528	0.544	0.559	0.575	0.589	0.658	0.719	0.772	0.818	0.856	0.914	0.951	0.974	0.987
0.88	0.399	0.417	0.434	0.451	0.468	0.485	0.501	0.518	0.533	0.549	0.564	0.579	0.594	0.662	0.722	0.775	0.820	0.858	0.915	0.952	0.974	0.987
0.90	0.405	0.423	0.440	0.457	0.474	0.490	0.507	0.523	0.538	0.554	0.569	0.584	0.598	0.666	0.725	0.777	0.822	0.859	0.916	0.652	0.974	0.987
0.92	0.411	0.429	0.446	0.463	0.479	0.496	0.512	0.528	0.543	0.559	0.573	0.588	0.602	0.669	0.728	0.780	0.824	0.861	0.916	0.953	0.975	0.987
0.94	0.417	0.435	0.452	0.468	0.485	0.501	0.517	0.533	0.548	0.563	0.578	0.592	0.607	0.673	0.731	0.782	0.826	0.862	0.917	0.953	0.975	0.987
0.96	0.423	0.440	0.457	0.474	0.490	0.506	0.522	0.537	0.553	0.568	0.582	0.597	0.611	0.676	0.734	0.784	0.827	0.864	0.918	0.954	0.975	0.987
0.98	0.429	0.446	0.463	0.479	0.495	0.511	0.527	0.542	0.557	0.572	0.586	0.601	0.615	0.679	0.737	0.787	0.829	0.865	0.919	0.954	0.975	0.987
1.00	0.435	0.451	0.468	0.484	0.500	0.516	0.532	0.547	0.562	0.576	0.591	0.605	0.618	0.683	0.739	0.789	0.831	0.866	0.920	0.954	0.976	0.988
1.02	0.440	0.457	0.473	0.489	0.505	0.521	0.536	0.551	0.566	0.580	0.595	0.609	0.622	0.686	0.742	0.791	0.833	0.868	0.921	0.955	0.976	0.988
1.04	0.446	0.462	0.478	0.494	0.510	0.526	0.541	0.556	0.570	0.585	0.599	0.612	0.626	0.689	0.744	0.793	0.834	0.869	0.921	0.955	0.976	0.988
1.06	0.451	0.467	0.484	0.499	0.515	0.530	0.545	0.560	0.574	0.589	0.602	0.616	0.629	0.692	0.747	0.795	0.836	0.870	0.922	0.956	0.976	0.988
1.08	0.456	0.473	0.488	0.504	0.520	0.535	0.550	0.564	0.578	0.592	0.606	0.620	0.633	0.695	0.749	0.797	0.837	0.871	0.923	0.956	0.976	0.988
1.10	0.462	0.478	0.493	0.509	0.524	0.539	0.554	0.568	0.582	0.596	0.610	0.623	0.636	0.698	0.752	0.799	0.839	0.873	0.924	0.957	0.977	0.988
1.12	0.467	0.483	0.498	0.513	0.529	0.543	0.558	0.572	0.586	0.600	0.614	0.627	0.640	0.700	0.754	0.800	0.840	0.874	0.924	0.957	0.977	0.988
1.14	0.472	0.487	0.503	0.518	0.533	0.548	0.562	0.576	0.590	0.604	0.617	0.630	0.643	0.703	0.756	0.802	0.842	0.875	0.925	0.957	0.977	0.988
1.16	0.477	0.492	0.507	0.522	0.537	0.552	0.566	0.580	0.594	0.607	0.621	0.634	0.646	0.706	0.758	0.804	0.843	0.876	0.926	0.958	0.977	0.988
1.18	0.482	0.497	0.512	0.527	0.541	0.556	0.570	0.584	0.597	0.611	0.624	0.637	0.649	0.708	0.760	0.806	0.844	0.877	0.926	0.958	0.978	0.989
1.20	0.486	0.501	0.516	0.531	0.546	0.560	0.574	0.588	0.601	0.614	0.627	0.640	0.653	0.711	0.763	0.807	0.846	0.878	0.927	0.958	0.978	0.989
1.25	0.498	0.513	0.527	0.541	0.556	0.569	0.583	0.597	0.610	0.523	0.635	0.648	0.660	0.717	0.768	0.811	0.849	0.881	0.928	0.959	0.978	0.989
1.30	0.509	0.523	0.537	0.551	0.565	0.579	0.592	0.605	0.618	0.631	0.643	0.655	0.667	0.723	0.772	0.815	0.852	0.883	0.930	0.960	0.979	0.989
1.35	0.519	0.533	0.547	0.561	0.574	0.587	0.600	0.613	0.626	0.638	0.650	0.662	0.674	0.729	0.777	0.819	0.855	0.885	0.931	0.961	0.979	0.989
1.40	0.529	0.543	0.557	0.570	0.583	0.596	0.609	0.621	0.633	0.645	0.657	0.669	0.680	0.734	0.781	0.822	0.858	0.888	0.933	0.962	0.979	0.990
1.45	0.539	0.552	0.566	0.579	0.591	0.604	0.616	0.629	0.641	0.652	0.664	0.675	0.687	0.739	0.785	0.826	0.860	0.890	0.934	0.962	0.980	0.990
1.50	0.549	0.561	0.574	0.587	0.599	0.612	0.624	0.636	0.647	0.659	0.670	0.682	0.692	0.744	0.789	0.829	0.863	0.892	0.935	0.963	0.980	0.990
1.75	0.590	0.602	0.613	0.624	0.635	0.646	0.657	0.668	0.678	0.688	0.699	0.709	0.719	0.765	0.806	0.843	0.874	0.900	0.940	0.966	0.982	0.991
2.00	0.625	0.635	0.645	0.655	0.665	0.675	0.684	0.694	0.703	0.713	0.722	0.731	0.740	0.783	0.821	0.854	0.883	0.907	0.944	0.968	0.983	0.991
2.25	0.655	0.663	0.672	0.681	0.690	0.699	0.708	0.716	0.725	0.733	0.742	0.750	0.758	0.797	0.833	0.863	0.890	0.913	0.948	0.970	0.984	0.992
2.50	0.680	0.688	0.696	0.704	0.711	0.719	0.727	0.735	0.743	0.751	0.759	0.766	0.774	0.810	0.843	0.872	0.897	0.918	0.951	0.972	0.985	0.992
2.75	0.702	0.709	0.716	0.723	0.730	0.737	0.745	0.752	0.759	0.766	0.773	0.781	0.788	0.821	0.852	0.879	0.902	0.922	0.953	0.973	0.986	0.993
3.00	0.721	0.727	0.734	0.740	0.747	0.753	0.760	0.767	0.773	0.780	0.786	0.793	0.799	0.831	0.859	0.885	0.907	0.926	0.955	0.974	0.986	0.993
3.50	0.753	0.758	0.763	0.769	0.774	0.780	0.785	0.791	0.797	0.802	0.808	0.814	0.819	0.847	0.872	0.895	0.915	0.933	0.959	0.977	0.987	0.994
4.00	0.779	0.783	0.787	0.792	0.796	0.801	0.806	0.811	0.816	0.821	0.826	0.831	0.836	0.860	0.883	0.904	0.922	0.938	0.962	0.978	0.988	0.994
4.50	0.799	0.803	0.807	0.810	0.814	0.818	0.823	0.827	0.831	0.836	0.840	0.844	0.849	0.871	0.892	0.911	0.927	0.942	0.965	0.980	0.989	0.994

* Value is zero to three decimal places

〈표 3〉 풋옵션가격표

표준편차×√(만기)

기초자산가격 / 행사가격의 현재가치	0.05	0.10	0.15	0.20	0.25	0.30	0.35	0.40	0.45	0.50	0.55	0.60	0.65	0.70	0.75	0.80	0.85	0.90	0.95	1.00	1.05	1.10
0.40	1.500	1.500	1.500	1.500	1.500	1.500	1.501	1.502	1.505	1.510	1.517	1.525	1.536	1.547	1.561	1.575	1.591	1.607	1.625	1.643	1.661	1.680
0.45	1.222	1.222	1.222	1.222	1.222	1.223	1.224	1.227	1.232	1.239	1.248	1.259	1.727	1.286	1.301	1.317	1.334	1.352	1.370	1.389	1.408	1.428
0.50	1.000	1.000	1.000	1.000	1.000	1.001	1.004	1.009	1.017	1.026	1.038	1.051	1.065	1.081	1.098	1.115	1.133	1.152	1.171	1.191	1.210	1.230
0.55	0.818	0.818	0.818	0.818	0.819	0.822	0.827	0.834	0.844	0.856	0.869	0.884	0.900	0.918	0.935	0.954	0.973	0.992	1.012	1.032	1.052	1.072
0.60	0.667	0.667	0.667	0.667	0.669	0.674	0.681	0.691	0.703	0.717	0.733	0.749	0.767	0.785	0.804	0.823	0.843	0.862	0.882	0.902	0.922	0.942
0.65	0.538	0.538	0.539	0.540	0.544	0.551	0.561	0.574	0.588	0.604	0.621	0.639	0.658	0.677	0.696	0.716	0.736	0.755	0.775	0.795	0.815	0.835
0.70	0.429	0.429	0.429	0.432	0.439	0.449	0.462	0.477	0.493	0.511	0.529	0.548	0.567	0.587	0.606	0.626	0.646	0.666	0.686	0.706	0.726	0.745
0.75	0.333	0.333	0.335	0.341	0.351	0.364	0.380	0.396	0.414	0.433	0.452	0.472	0.491	0.511	0.531	0.551	0.571	0.591	0.611	0.630	0.650	0.669
0.80	0.250	0.250	0.255	0.265	0.278	0.294	0.312	0.330	0.349	0.368	0.388	0.408	0.428	0.448	0.468	0.487	0.507	0.527	0.546	0.566	0.585	0.604
0.82	0.220	0.220	0.227	0.238	0.253	0.270	0.288	0.307	0.326	0.345	0.365	0.385	0.405	0.425	0.445	0.465	0.484	0.504	0.523	0.542	0.561	0.580
0.84	0.190	0.192	0.200	0.213	0.229	0.247	0.266	0.285	0.304	0.324	0.344	0.364	0.384	0.404	0.424	0.443	0.463	0.482	0.501	0.520	0.539	0.558
0.86	0.163	0.166	0.176	0.191	0.208	0.226	0.245	0.265	0.284	0.304	0.324	0.344	0.364	0.384	0.404	0.423	0.443	0.462	0.481	0.500	0.518	0.537
0.88	0.136	0.141	0.154	0.170	0.188	0.207	0.226	0.246	0.266	0.286	0.306	0.326	0.345	0.365	0.385	0.404	0.424	0.443	0.462	0.480	0.499	0.517
0.90	0.111	0.119	0.134	0.151	0.170	0.189	0.209	0.229	0.249	0.268	0.288	0.308	0.328	0.348	0.367	0.386	0.406	0.424	0.443	0.462	0.480	0.498
0.92	0.088	0.099	0.115	0.134	0.153	0.173	0.192	0.212	0.232	0.252	0.272	0.292	0.311	0.331	0.350	0.370	0.389	0.407	0.426	0.444	0.463	0.448
0.94	0.067	0.081	0.099	0.118	0.138	0.158	0.177	0.197	0.217	0.237	0.257	0.277	0.296	0.315	0.335	0.354	0.372	0.391	0.410	0.428	0.446	0.464
0.96	0.048	0.065	0.084	0.104	0.124	0.144	0.164	0.183	0.203	0.223	0.243	0.262	0.281	0.301	0.320	0.339	0.357	0.376	0.394	0.412	0.430	0.447
0.98	0.032	0.051	0.071	0.091	0.111	0.131	0.151	0.171	0.190	0.210	0.229	0.249	0.268	0.287	0.306	0.324	0.343	0.361	0.379	0.397	0.415	0.432
1.00	0.020	0.040	0.060	0.080	0.100	0.119	0.139	0.159	0.178	0.197	0.217	0.236	0.255	0.274	0.292	0.311	0.329	0.347	0.365	0.383	0.400	0.418
1.02	0.011	0.030	0.050	0.069	0.089	0.109	0.128	0.147	0.167	0.186	0.205	0.224	0.243	0.261	0.280	0.298	0.316	0.334	0.352	0.369	0.387	0.404
1.04	0.006	0.023	0.041	0.060	0.080	0.099	0.118	0.137	0.156	0.175	0.194	0.213	0.231	0.250	0.268	0.286	0.304	0.332	0.339	0.357	0.374	0.391
1.06	0.003	0.017	0.034	0.052	0.071	0.090	0.109	0.127	0.146	0.165	0.183	0.202	0.220	0.238	0.257	0.275	0.292	0.310	0.327	0.344	0.361	0.378
1.08	0.001	0.012	0.028	0.045	0.063	0.082	0.100	0.118	0.137	0.155	0.174	0.192	0.210	0.228	0.246	0.264	0.281	0.299	0.316	0.333	0.349	0.366
1.10	*	0.009	0.023	0.039	0.056	0.074	0.092	0.110	0.128	0.146	0.164	0.182	0.200	0.218	0.236	0.253	0.271	0.288	0.305	0.322	0.338	0.355
1.12	*	0.006	0.018	0.034	0.050	0.067	0.085	0.102	0.120	0.138	0.156	0.173	0.191	0.209	0.226	0.243	0.261	0.278	0.294	0.311	0.327	0.344
1.14	*	0.004	0.015	0.029	0.044	0.061	0.078	0.095	0.113	0.130	0.148	0.165	0.182	0.200	0.217	0.234	0.251	0.268	0.284	0.301	0.317	0.333
1.16	*	0.003	0.012	0.025	0.039	0.055	0.072	0.089	0.106	0.123	0.140	0.157	0.174	0.191	0.208	0.225	0.242	0.258	0.275	0.291	0.307	0.323
1.18	*	0.002	0.009	0.021	0.035	0.050	0.066	0.082	0.099	0.116	0.133	0.150	0.166	0.183	0.200	0.217	0.233	0.250	0.266	0.282	0.298	0.313
1.20	*	0.001	0.007	0.018	0.031	0.045	0.061	0.077	0.093	0.109	0.126	0.142	0.159	0.176	0.192	0.209	0.225	0.241	0.257	0.273	0.289	0.304
1.25	*	*	0.004	0.012	0.023	0.035	0.049	0.064	0.079	0.095	0.110	0.126	0.142	0.158	0.174	0.190	0.206	0.221	0.237	0.252	0.268	0.283
1.30	*	*	0.002	0.008	0.017	0.027	0.040	0.053	0.068	0.082	0.097	0.112	0.127	0.143	0.158	0.173	0.189	0.204	0.219	0.234	0.249	0.263
1.35	*	*	0.001	0.005	0.012	0.021	0.032	0.045	0.058	0.071	0.085	0.100	0.114	0.129	0.144	0.159	0.173	0.188	0.203	0.217	0.232	0.246
1.40	*	*	*	0.003	0.009	0.017	0.026	0.037	0.049	0.062	0.075	0.089	0.103	0.117	0.131	0.145	0.160	0.174	0.188	0.202	0.216	0.230
1.45	*	*	*	0.002	0.006	0.013	0.021	0.031	0.042	0.054	0.067	0.079	0.093	0.106	0.120	0.133	0.147	0.161	0.175	0.188	0.202	0.215
1.50	*	*	*	0.001	0.004	0.010	0.017	0.026	0.036	0.047	0.059	0.071	0.084	0.097	0.110	0.123	0.136	0.149	0.163	0.176	0.189	0.202
1.75	*	*	*	*	*	0.003	0.006	0.011	0.017	0.024	0.033	0.042	0.051	0.061	0.072	0.083	0.094	0.105	0.116	0.127	0.139	0.150
2.00	*	*	*	*	*	*	0.002	0.005	0.008	0.013	0.019	0.025	0.033	0.040	0.049	0.058	0.067	0.076	0.086	0.095	0.105	0.115
2.25	*	*	*	*	*	*	*	0.002	0.004	0.007	0.011	0.016	0.021	0.027	0.034	0.041	0.049	0.057	0.065	0.073	0.082	0.090
2.50	*	*	*	*	*	*	*	*	0.002	0.004	0.007	0.010	0.014	0.019	0.024	0.030	0.036	0.043	0.050	0.057	0.065	0.072
2.75	*	*	*	*	*	*	*	*	0.001	0.002	0.004	0.007	0.010	0.013	0.018	0.022	0.028	0.033	0.039	0.045	0.052	0.059
3.00	*	*	*	*	*	*	*	*	*	0.001	0.003	0.004	0.007	0.010	0.013	0.017	0.021	0.026	0.031	0.037	0.042	0.048
3.50	*	*	*	*	*	*	*	*	*	*	0.001	0.002	0.003	0.005	0.007	0.010	0.013	0.017	0.021	0.025	0.029	0.034
4.00	*	*	*	*	*	*	*	*	*	*	*	0.001	0.002	0.003	0.004	0.006	0.009	0.011	0.014	0.017	0.021	0.025
4.50	*	*	*	*	*	*	*	*	*	*	*	*	0.001	0.002	0.003	0.004	0.006	0.008	0.010	0.013	0.015	0.018

* Value is zero to three decimal places

〈표 3〉 계속

표준편차×√만기)

기초자산가격 / 행사가격의 현재가치	1.15	1.20	1.25	1.30	1.35	1.40	1.45	1.50	1.55	1.60	1.65	1.70	1.75	2.00	2.25	2.50	2.75	3.00	3.50	4.00	4.50	5.00
0.40	1.700	1.719	1.739	1.759	1.779	1.799	1.819	1.838	1.858	1.878	1.897	1.916	1.935	2.025	2.107	2.179	2.242	2.295	2.376	2.429	2.462	2.481
0.45	1.448	1.468	1.487	1.507	1.527	1.547	1.567	1.586	1.606	1.625	1.644	1.663	1.681	1.769	1.847	1.917	1.977	2.028	2.105	2.155	2.186	2.204
0.50	1.250	1.270	1.290	1.310	1.330	1.349	1.369	1.388	1.407	1.426	1.444	1.462	1.480	1.565	1.641	1.708	1.766	1.814	1.888	1.936	1.966	1.983
0.55	1.091	1.111	1.131	1.151	1.170	1.190	1.209	1.228	1.246	1.265	1.283	1.300	1.318	1.400	1.474	1.538	1.593	1.640	1.711	1.757	1.785	1.802
0.60	0.962	0.982	1.001	1.021	1.040	1.059	1.078	1.096	1.114	1.132	1.150	1.167	1.184	1.264	1.335	1.397	1.451	1.496	1.564	1.608	1.635	1.651
0.65	0.885	0.874	0.893	0.912	0.931	0.950	0.968	0.986	1.004	1.021	1.039	1.055	1.072	1.150	1.219	1.279	1.330	1.374	1.440	1.482	1.508	1.523
0.70	0.764	0.784	0.802	0.821	0.840	0.858	0.876	0.893	0.911	0.928	0.945	0.961	0.977	1.052	1.119	1.178	1.227	1.270	1.333	1.374	1.399	1.414
0.75	0.688	0.707	0.725	0.744	0.762	0.779	0.797	0.814	0.831	0.848	0.864	0.880	0.896	0.969	1.034	1.090	1.139	1.180	1.241	1.281	1.305	1.319
0.80	0.622	0.641	0.659	0.677	0.694	0.712	0.729	0.746	0.762	0.778	0.794	0.810	0.825	0.896	0.959	1.014	1.061	1.101	1.161	1.199	1.223	1.236
0.82	0.599	0.617	0.635	0.653	0.670	0.687	0.704	0.721	0.737	0.753	0.769	0.784	0.799	0.870	0.932	0.987	1.033	1.072	1.131	1.169	1.193	1.206
0.84	0.576	0.594	0.612	0.630	0.647	0.664	0.681	0.697	0.714	0.729	0.745	0.760	0.775	0.845	0.907	0.960	1.006	1.045	1.103	1.141	1.164	1.177
0.86	0.555	0.573	0.591	0.608	0.625	0.642	0.659	0.675	0.691	0.707	0.722	0.727	0.752	0.821	0.882	0.935	0.981	1.019	1.076	1.114	1.136	1.149
0.88	0.535	0.553	0.570	0.588	0.605	0.621	0.638	0.654	0.670	0.685	0.701	0.716	0.730	0.798	0.859	0.911	0.956	0.994	1.051	1.088	1.110	1.123
0.90	0.516	0.534	0.551	0.568	0.585	0.602	0.618	0.634	0.650	0.665	0.680	0.695	0.709	0.777	0.837	0.889	0.933	0.970	1.027	1.063	1.085	1.098
0.92	0.498	0.516	0.533	0.550	0.566	0.583	0.599	0.615	0.630	0.645	0.660	0.675	0.689	0.756	0.815	0.867	0.911	0.948	1.003	1.040	1.061	1.074
0.94	0.481	0.498	0.515	0.532	0.549	0.565	0.581	0.597	0.612	0.627	0.642	0.656	0.670	0.737	0.795	0.850	0.889	0.926	0.981	1.017	1.039	1.051
0.96	0.465	0.482	0.499	0.515	0.532	0.548	0.564	0.579	0.594	0.609	0.624	0.638	0.652	0.718	0.776	0.826	0.869	0.905	0.960	0.995	1.071	1.029
0.98	0.449	0.466	0.483	0.500	0.516	0.532	0.547	0.563	0.578	0.592	0.607	0.621	0.635	0.700	0.757	0.807	0.850	0.885	0.939	0.974	0.996	1.008
1.00	0.435	0.451	0.468	0.484	0.500	0.516	0.532	0.547	0.562	0.576	0.591	0.605	0.618	0.683	0.739	0.789	0.831	0.866	0.920	0.954	0.976	0.988
1.02	0.421	0.437	0.454	0.470	0.486	0.501	0.517	0.532	0.546	0.561	0.575	0.589	0.603	0.666	0.722	0.771	0.813	0.848	0.901	0.935	0.956	0.968
1.04	0.407	0.424	0.440	0.456	0.472	0.487	0.502	0.517	0.532	0.546	0.560	0.574	0.587	0.650	0.706	0.754	0.796	0.831	0.883	0.917	0.938	0.949
1.06	0.395	0.411	0.427	0.443	0.458	0.474	0.489	0.503	0.518	0.532	0.546	0.560	0.573	0.635	0.690	0.738	0.779	0.814	0.866	0.899	0.920	0.931
1.08	0.382	0.399	0.414	0.430	0.445	0.461	0.475	0.490	0.504	0.518	0.532	0.546	0.559	0.621	0.675	0.723	0.763	0.797	0.849	0.882	0.902	0.914
1.10	0.371	0.387	0.402	0.418	0.433	0.448	0.463	0.477	0.492	0.505	0.519	0.532	0.546	0.607	0.661	0.708	0.748	0.782	0.833	0.866	0.886	0.897
1.12	0.360	0.375	0.391	0.406	0.421	0.436	0.451	0.465	0.479	0.493	0.506	0.520	0.533	0.593	0.647	0.693	0.733	0.767	0.817	0.850	0.870	0.881
1.14	0.349	0.365	0.380	0.395	0.410	0.425	0.439	0.453	0.467	0.481	0.494	0.507	0.520	0.580	0.633	0.679	0.719	0.752	0.802	0.835	0.854	0.866
1.16	0.339	0.354	0.369	0.384	0.399	0.414	0.428	0.442	0.456	0.469	0.483	0.496	0.508	0.568	0.620	0.666	0.705	0.738	0.788	0.820	0.839	0.851
1.18	0.329	0.344	0.359	0.374	0.389	0.403	0.417	0.431	0.445	0.458	0.471	0.484	0.497	0.556	0.608	0.653	0.692	0.725	0.774	0.806	0.825	0.836
1.20	0.320	0.335	0.350	0.364	0.379	0.393	0.407	0.421	0.434	0.448	0.461	0.473	0.486	0.544	0.596	0.641	0.679	0.712	0.760	0.792	0.811	0.822
1.25	0.298	0.313	0.327	0.341	0.356	0.369	0.383	0.397	0.410	0.423	0.435	0.448	0.460	0.517	0.568	0.611	0.649	0.681	0.728	0.759	0.778	0.789
1.30	0.278	0.292	0.307	0.321	0.334	0.348	0.361	0.374	0.387	0.400	0.412	0.424	0.436	0.492	0.542	0.585	0.621	0.652	0.699	0.729	0.748	0.758
1.35	0.260	0.274	0.288	0.302	0.315	0.328	0.341	0.354	0.367	0.379	0.391	0.403	0.415	0.469	0.518	0.560	0.596	0.626	0.672	0.702	0.720	0.730
1.40	0.244	0.257	0.271	0.284	0.297	0.310	0.323	0.335	0.348	0.360	0.372	0.383	0.395	0.448	0.495	0.537	0.572	0.602	0.647	0.676	0.694	0.704
1.45	0.229	0.242	0.255	0.268	0.281	0.294	0.306	0.318	0.330	0.342	0.354	0.365	0.376	0.429	0.475	0.515	0.550	0.579	0.623	0.652	0.669	0.679
1.50	0.215	0.228	0.241	0.254	0.266	0.278	0.290	0.302	0.314	0.326	0.337	0.348	0.359	0.410	0.456	0.495	0.530	0.558	0.602	0.630	0.647	0.657
1.75	0.162	0.173	0.184	0.195	0.206	0.217	0.228	0.239	0.249	0.260	0.270	0.280	0.290	0.336	0.378	0.414	0.445	0.472	0.511	0.537	0.553	0.562
2.00	0.125	0.135	0.145	0.155	0.165	0.175	0.184	0.194	0.203	0.213	0.222	0.231	0.240	0.283	0.321	0.354	0.383	0.407	0.444	0.468	0.483	0.491
2.25	0.099	0.108	0.117	0.125	0.134	0.143	0.152	0.161	0.169	0.178	0.186	0.195	0.203	0.242	0.277	0.308	0.335	0.357	0.392	0.415	0.428	0.436
2.50	0.080	0.088	0.096	0.104	0.111	0.119	0.127	0.135	0.143	0.151	0.159	0.166	0.174	0.210	0.243	0.272	0.297	0.318	0.351	0.372	0.385	0.392
2.75	0.065	0.072	0.079	0.087	0.094	0.101	0.108	0.116	0.123	0.130	0.137	0.144	0.151	0.185	0.215	0.242	0.266	0.286	0.317	0.337	0.349	0.356
3.00	0.054	0.061	0.067	0.073	0.080	0.087	0.093	0.100	0.107	0.113	0.120	0.126	0.133	0.164	0.193	0.218	0.240	0.260	0.289	0.308	0.320	0.326
3.50	0.039	0.044	0.049	0.054	0.060	0.065	0.071	0.077	0.082	0.088	0.094	0.099	0.105	0.133	0.158	0.181	0.201	0.218	0.245	0.262	0.273	0.279
4.00	0.029	0.033	0.037	0.042	0.046	0.051	0.056	0.061	0.066	0.071	0.076	0.081	0.086	0.110	0.133	0.154	0.172	0.188	0.212	0.228	0.238	0.244
4.50	0.022	0.025	0.029	0.033	0.037	0.041	0.045	0.049	0.053	0.058	0.062	0.067	0.071	0.093	0.114	0.133	0.150	0.164	0.187	0.202	0.211	0.217

* Value is zero to three decimal places

〈표 4〉 표준정규분포표

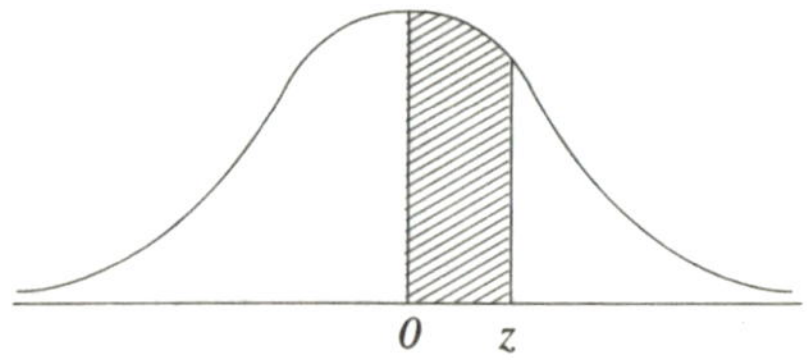

z	.00	.01	.02	.03	.04	.05	.06	.07	.08	.09
0.0	.0000	.0040	.0080	.0120	.0160	.0199	.0239	.0279	.0319	.0359
0.1	.0398	.0438	.0478	.0517	.0557	.0596	.0636	.0675	.0714	.0754
0.2	.0793	.0832	.0871	.0910	.0948	.0987	.1026	.1064	.1103	.1141
0.3	.1179	.1217	.1255	.1293	.1331	.1368	.1406	.1443	.1480	.1517
0.4	.1554	.1591	.1628	.1664	.1700	.1736	.1772	.1808	.1844	.1879
0.5	.1915	.1950	.1985	.2019	.2054	.2088	.2123	.2157	.2190	.2224
0.6	.2258	.2291	.2324	.2357	.2389	.2422	.2454	.2486	.2518	.2549
0.7	.2580	.2612	.2642	.2673	.2704	.2734	.2764	.2794	.2823	.2852
0.8	.2881	.2910	.2939	.2967	.2996	.3023	.3051	.3078	.3106	.3133
0.9	.3159	.3186	.3212	.3238	.3264	.3289	.3315	.3340	.3365	.3389
1.0	.3413	.3438	.3461	.3485	.3508	.3531	.3554	.3577	.3599	.3621
1.1	.3643	.3665	.3686	.3708	.3729	.3749	.3770	.3790	.3810	.3830
1.2	.3849	.3869	.3688	.3907	.3925	.3944	.3962	.3980	.3997	.4015
1.3	.4032	.4049	.4066	.4082	.4099	.4115	.4131	.4147	.4162	.4177
1.4	.4192	.4207	.4222	.4236	.4251	.4265	.4279	.4292	.4306	.4319
1.5	.4332	.4345	.4357	.4370	.4382	.4394	.4406	.4418	.4429	.4441
1.6	.4452	.4463	.4474	.4484	.4495	.4505	.4515	.4525	.4535	.4545
1.7	.4554	.4564	.4573	.4582	.4591	.4599	.4608	.4616	.4625	.4633
1.8	.4641	.4649	.4656	.4664	.4671	.4678	.4686	.4693	.4699	.4709
1.9	.4713	.4719	.4726	.4732	.4738	.4744	.4750	.4756	.4761	.4767
2.0	.4772	.4778	.4783	.4788	.4793	.4798	.4803	.4808	.4812	.4817
2.1	.4821	.4826	.4830	.4834	.4838	.4842	.4846	.4850	.4854	.4857
2.2	.4861	.4864	.4868	.4871	.4875	.4878	.4881	.4884	.4887	.4890
2.3	.4893	.4896	.4898	.4901	.4904	.4906	.4909	.4911	.4913	.4916
2.4	.4918	.4920	.4922	.4925	.4927	.4929	.4931	.4932	.4934	.4936
2.5	.4938	.4940	.4941	.4943	.4945	.4946	.4948	.4949	.4951	.4952
2.6	.4953	.4955	.4956	.4957	.4959	.4960	.4961	.4962	.4963	.4964
2.7	.4965	.4966	.4967	.4968	.4969	.4970	.4971	.4972	.4973	.4974
2.8	.4974	.4975	.4976	.4977	.4977	.4978	.4979	.4979	.4980	.4981
2.9	.4981	.4982	.4982	.4983	.4984	.4984	.4985	.4985	.4986	.4986
3.0	.4987	.4987	.4987	.4988	.4988	.4989	.4989	.4989	.4990	.4990
3.1	.4990	.4991	.4991	.4991	.4992	.4992	.4992	.4992	.4993	.4993
3.2	.4993	.4993	.4994	.4994	.4994	.4994	.4994	.4995	.4995	.4995
3.3	.4995	.4995	.4995	.4996	.4996	.4996	.4996	.4996	.4996	.4997
3.4	.4997	.4997	.4997	.4997	.4997	.4997	.4997	.4997	.4997	.4998
3.5	.4998	.4998	.4998	.4998	.4998	.4998	.4998	.4998	.4998	.4998
3.6	.4998	.4998	.4999	.4999	.4999	.4999	.4999	.4999	.4999	.4999
3.7	.4999	.4999	.4999	.4999	.4999	.4999	.4999	.4999	.4999	.4999
3.8	.4999	.4999	.4999	.4999	.4999	.4999	.4999	.4999	.4999	.4999
3.9	.5000	.5000	.5000	.5000	.5000	.5000	.5000	.5000	.5000	.5000

찾아보기

INDEX

A

B

C

D

E

F

G

H

I

S

T

U

V

W

Y

Z

연습문제 풀이

제 1 장

1-3

① 개시일

A와 B는 증거금만 예치한 상태이므로 그 계좌의 잔고는 다음과 같다.

	A	B
증거금	2,000,000	2,000,000

② 둘째일

A는 인도해 주어야 할 기초자산의 가격(선물가격)이 상승하였으므로 달러당 15원(=1,215−1,200)의 손실을 입게 되고 B는 인수받을 자산가격이 상승한 것이므로 반대로 이익을 얻게 된다.

	A	B
전일잔고	2,000,000	2,000,000
선물가격의 변동효과	−750,000	750,000*
	1,250,000	2,750,000

*(1,215 − 1,200) × $50,000

③ 셋째일

이번에는 선물가격이 하락하였으므로 A가 달러당 20원(= 1,215 − 1,195)의 이익을 얻고 반대로 B는 손실을 보게 된다.

	A	B
전일잔고	1,215,000	2,750,000
선물가격의 변동효과	1,000,000	−1,000,000*
	2,215,000	1,750,000

** (1,195 − 1,215) × $50,000

그리고 현물자산의 인수 및 인도를 할 때에는 선물가격이 현물가격과 동일한 ₩1,195/$이 되어 A는 B에게 $50,000를 ₩59,750,000에 인도하면 된다. 이처럼 선물가격의 변동효과가 매일매일 계좌에 반영되기 때문에 만기에는 손익발생이 없게 된다.

1-4

3월 3일 잔고

$$2,500,000 + (96.00 - 94.76) \times 500,000 = 3,120,000$$

3월 4일 잔고

$$3,120,000 + (92.10 - 96.00) \times 500,000 = 1,170,000$$

이는 유지증거금보다 낮은 수준이므로 개시증거금 수준이 되도록 1,330,000을 추가증거금으로 납부해야 한다. 따라서 잔고는 다음과 같게 된다.

$$1,170,000 + 1,330,000 = 2,500,000$$

3월 5일 잔고

$$2,500,000 + (92.80 - 92.10) \times 500,000 = 2,850,000$$

제 2 장

2-3

① 헷지비율(HR)은 다음과 같다.

$$HR = \frac{\Delta S}{\Delta F} = 0.63$$

② 헷지유효성(HE)은 $R^2 = 0.75$에서 75%가 된다.

2-4

(1) ABC정유의 생산공정을 시간선상에 나타내보자.

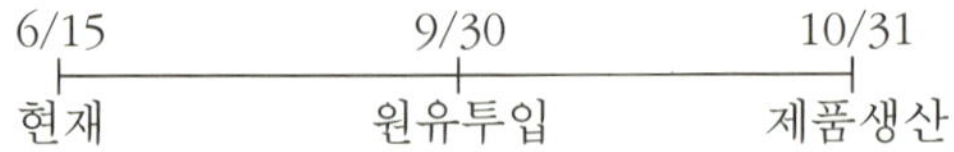

이를 보면 9/30에는 원유에 대해 short position이고 10/31에는 휘발유 및 난방유에 대해 long position이다. 따라서 현재시점에서 원유선물 9월물 60계약 $\left(= \frac{60,000}{1,000}\right)$을 매입하는 동시에 휘발유선물 10월물 40계약 $\left(= \frac{60,000 \times 28}{42,000}\right)$과 난방유 10월물 20계

약$\left(=\frac{60,000\times 14}{42,000}\right)$을 매도한다.
이와 같이 원유투입과 휘발유 및 난방유 산출비율 3 : 2 : 1을 이용해서 원유정제이익을 헷지하는 것을 크랙스프레드헷지(crack spread hedge)라고 한다.

(2) (1)과 같은 헷지전략으로 확정된 총정제이익을 다음과 같은 손익계산서로 구할 수 있다.

수 익		
휘발유	$60,000\times 28\times 0.59 = 991,200$	
난방유	$60,000\times 14\times 0.65 = 546,000$	1,537,200
비 용		
원 유	$60,000\times 22.15 =$	1,329,000
이 익		208,200

따라서 배럴당 정제이익은 \$3.47$\left(=\frac{208,200}{60,000}\right)$이 된다.

제 3 장

3-3

(1) ②
(2) ①, ④
(3) ⑤
(4) ②, ⑦

3-4

(1) 엔선물 20계약(= 2.5억엔÷1,250만엔)을 매입한다.
(2) ① 선물거래손익 :

$(0.80-0.76)\times\frac{1}{100}\times 2.5$억 $=\$100,000$(이익)

② 거래수수료

20계약 × \$20 = \$400

③ 결제부담액

2.5억 $\times\frac{1}{100}\times 0.82-(100,000-400)=\$1,950,400$

④ 100엔당 부담하는 환율수준

$$\frac{\$1,950,400}{250,000,000} \times 100 = 0.78$$

이는 현재의 현물환율(0.77)과 비슷한 수준이다.

(3) ① 선물거래손익

$$(0.70 - 0.76) \times \frac{1}{100} \times 2.5\text{억} = \$150,000\,(\text{손실})$$

② 거래수수료

20계약 × \$20 = \$400

③ 결제부담액

$$2.5\text{억} \times \frac{1}{100} \times 0.72 + (150,000 + 400) = \$1,950,400$$

④ 100엔당 부담하는 환율수준

$$\frac{\$1,950,400}{250,000,000} \times 100 = 0.78$$

이 역시 현재 환율과 비슷한 수준이다.

제 4 장

4-3 (1) 선물가격은 다음과 같이 구한다.

$$F = S + C - R$$

여기서 $S = 112$

$$C = 112 \times 5\% \times \frac{61}{365} = 0.936$$

$$R = 112 \times 0.5\% \times \left(1 + 5\% \times \frac{46}{365}\right) + 112 \times 0.3\% \times \left(1 + 5\% \times \frac{15}{365}\right) = 0.9$$

따라서

$$F = 112 + 0.936 - 0.9 = 112.036$$

(2) 하한가격은 (1)에서 구한 112.036이다. 상한가격은 C를 구할 때에 차입금리 5.4%를 적용한다.

$$C = 112 \times 5.4\% \times \frac{61}{365} = 1.011$$

따라서 상한가격은 112.111(= 112 + 1.011 − 0.9)이다.

(3) 거래비용을 거래종결시점에서 부담한다고 하자.

그러면 상한가격은 다음과 같다.

$$112.11 + 112 \times 0.4\% = 112.559$$

그리고 하한가격은 다음과 같다.

$$112.036 - 112 \times 0.4\% = 111.588$$

따라서 거래비용을 부담하지 않는 증권회사만 재정거래를 할 수 있는 가격 범위는 111.588과 112.036 사이, 112.111과 112.559 사이가 된다.

4-4

현재 보유 중인 포트폴리오(P), 시장포트폴리오(M), 그리고 주가지수선물(F)의 관계를 나타내면 다음과 같다.

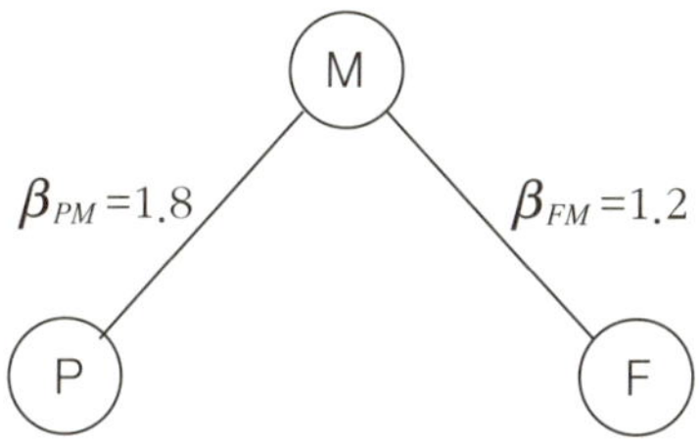

따라서 현재 보유 중인 포트폴리오(P)의 주가지수선물(F)에 대한 민감도 β_{PF}는 다음과 같다.

$$\beta_{PF} = \frac{\beta_{PM}}{\beta_{FM}} = \frac{1.8}{1.2} = 1.5$$

이 결과를 이용해서 최소분산선물계약수를 산출한다.

$$\frac{1억원}{7{,}500 \times 50만원} \times 1.5 = 4\,(계약)$$

제 5 장

5-3 시간선상에 금리정보를 나타내면 다음과 같다.

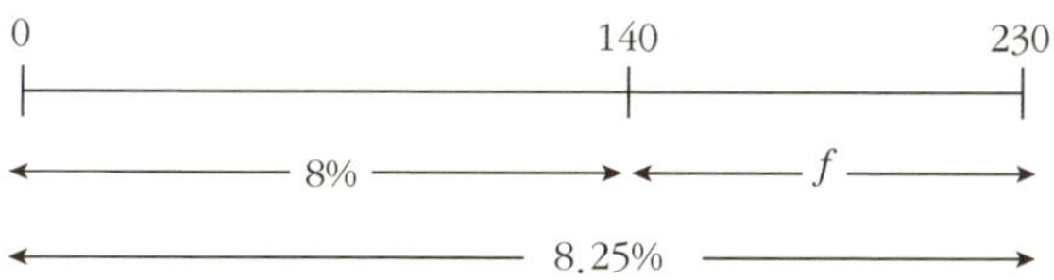

이로부터 선도금리(f)를 구하면 다음과 같다.

$$\left(1+0.08\times\frac{140}{360}\right)\times\left(1+f\times\frac{90}{360}\right)=\left(1+0.0825\times\frac{230}{360}\right)$$

$$\therefore\ f=8.38\%$$

이제 만기 90일 남은 T-bill 선물의 기초채권(만기 90일 T-bill)의 현재가치를 다음과 같이 구한다.

$$\frac{100}{\left(1+0.08\times\frac{50}{360}\right)\times\left(1+0.0838\times\frac{40}{360}\right)}=97.99$$

그런데 T-bill 선물의 가격표시는 공시수익률(R)로 이루어지므로 다음과 같이 공시수익률을 구한다.

$$100-100\times R\times\frac{90}{360}=97.99$$
$$\therefore\ R=8.05$$

이제 가격표시는 다음과 같게 된다.

$$100-R=100-8.05=91.95$$

5-4 매입비용을 헷지하지 않은 경우와 헷지한 경우를 비교하면 다음과 같다.

	현재	3개월 후	
		헷지하지 않은 경우	헷지한 경우
채권가격	① 12,600,000	② 12,712,500	② 12,712,500
기간경과이자		③ 200,000	③ 200,000
선물거래이익			④ −109,375
매입비용부담		12,912,500	12,803,125
현재매입시 비용부담		12,600,000	12,600,000
비용부담의 증가		312,500	203,125

① $10{,}000{,}000\times 126\%=12{,}600{,}000$

② $10{,}000{,}000\times 127\frac{4}{32}\%=12{,}712{,}500$

③ $10{,}000{,}000\times 8\%\times\frac{90}{360}=200{,}000$

④ $100\text{계약}\times 100{,}000\times\left(87\frac{28}{32}-86\frac{25}{32}\right)\%=109{,}375$

선물거래를 이용해서 109,375(= 312,500 − 203,125)만큼의 비용부담을 덜어 부분헷지를 달성했다.

5-5 (1) 먼저 채권수익률의 자료를 이용해서 하반기(7/1∼12/31)의 선도이자율을 구한다.

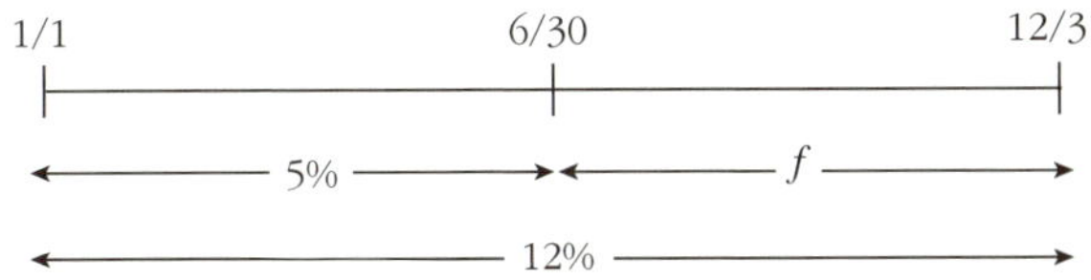

따라서 선도이자율 f는 다음과 같다.

$$(1+0.05)\times(1+f)=1.12 \qquad \therefore f=6.67\,(\%)$$

이제 금리선물의 균형가격을 산출한다.

$$\begin{aligned} F_t &= S_0 + C - R \\ &= 90{,}000 + 90{,}000\times 0.12 - (6{,}000\times 1.0667 + 6{,}000) \\ &= 88{,}400\,(\text{원}) \end{aligned}$$

현재의 선물가격은 이보다 낮은 88.200원이므로 과소평가된 상태이다.

(2) 과소평가된 상태이므로 선물매입과 현물매도의 방법으로 재정거래가 가능하다. 이에 따른 현금흐름이 다음과 같도록 한다.

	1/1	6/30	12/31
선물매입			$S_t-88{,}200$
현물공매	+900,000	−6,000	$-6{,}000-S_t$
차입 · 상환		+6,000	−6,400*
대출 · 회수	−90,000		+100,800**
	0	0	200←재정이익

* 6,000 × 1.0667 = 6,400
** 90,000 × 1.12 = 100,800

즉, 채권공매에 따른 반년 후 필요액 6,000원을 6/30에 차입하였다가 12/31에 상환한다. 한편, 공매로 조달된 90,000원은 1년간 대출하였다가 12/31에 회수하면 200원의 재정이익이 실현된다. 그리고 이 금액은 사실 (1)번의 결과에서 과소평가액으로 미리 알 수 있는 것이다.

제 7 장

7-3

(1) 이러한 전략은 주가가 높을 때 이익을 얻게 되는 강세스프레드(bullish spread)라고 한다. 만기손익은 다음과 같다.(단위 : 천원)

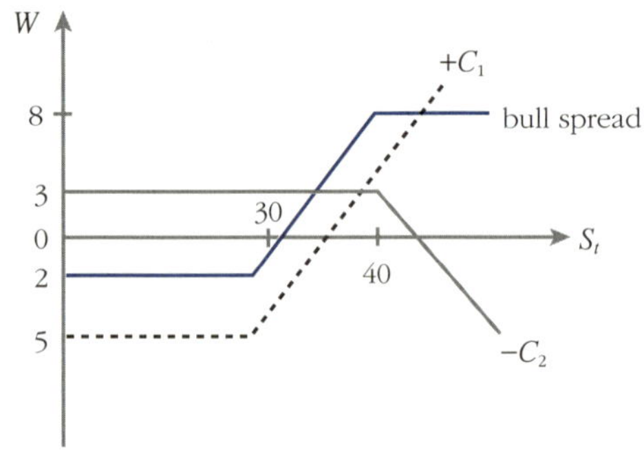

(2) 이러한 전략은 주가가 낮을 때 이익을 얻게 되는 약세스프레드(bearish spread)라고 한다. 만기손익은 다음과 같다

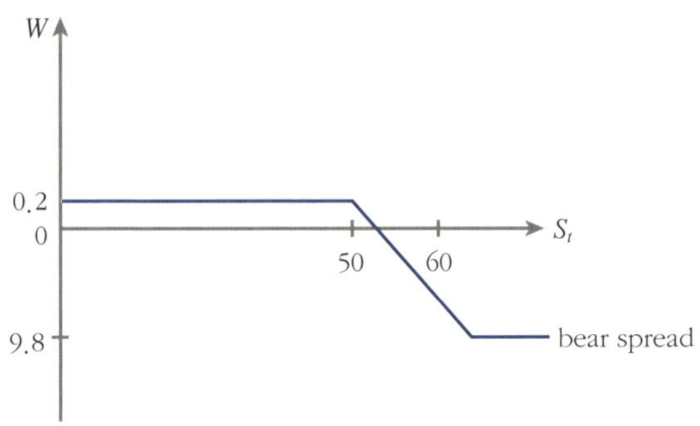

(3) (1)과 (2)의 합으로 나타나는 만기손익은 다음과 같으며 콘돌(condor)이라고 한다. 이 그림에서 보듯이 만기주가(S_t)가 31,800원과 58,200원 사이에 있을 때 이익을 얻게 된다. $\therefore 31{,}800 < S_t < 58{,}200$

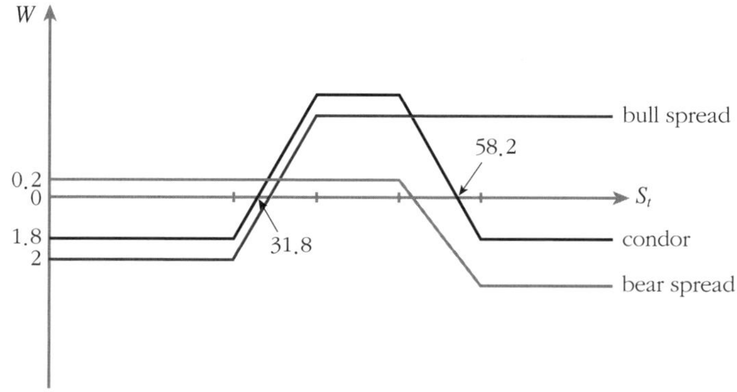

7-4

(1) 행사가격 10,000원인 콜옵션(C_1)을 매입하고 행사가격 11,000원인 콜옵션(C_2)을 매도한다. 만기손익은 다음과 같다.

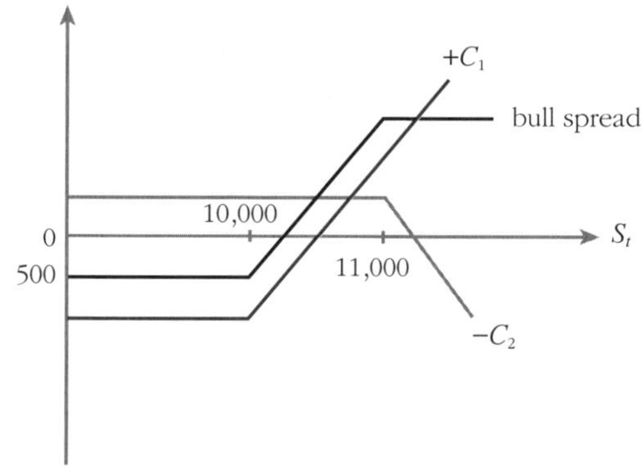

(2) 행사가격 10,000원인 풋옵션(P_1)을 매도하고 행사가격 11,000원인 풋옵션(P_2)을 매입한다. 만기손익은 다음과 같다.

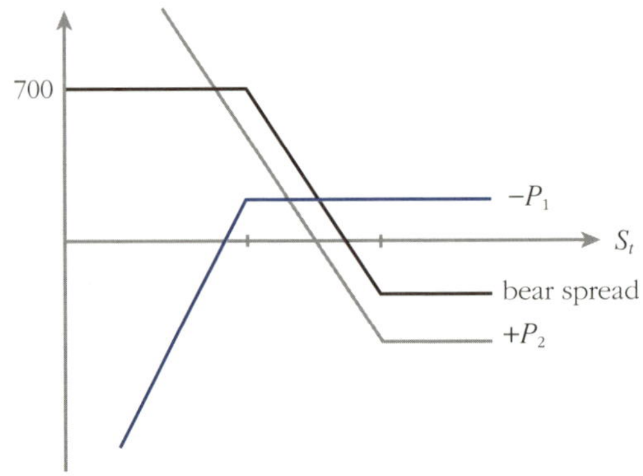

(3) (1)과 (2)의 결합전략(box spread)은 다음과 같은 만기손익을 가져온다.

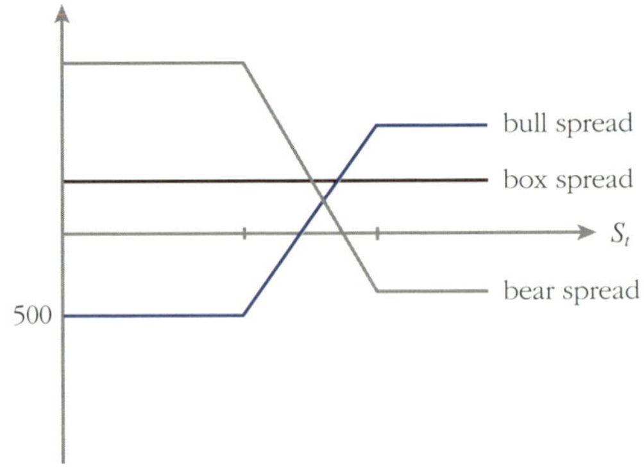

(4) 균형상태의 무위험이자율을 구하기 위해 초기투자액과 만기가치를 비교한다.

① 초기투자금액은 다음과 같다.

$-600 + 100 + 200 - 500 = -800$

② 만기가치는 다음과 같다.

전략	$S_t \leq 10{,}000$	$10{,}000 < S_t \leq 11{,}000$	$11{,}000 < S_t$
$+C_1$	0	$S_t - 10{,}000$	$S_t - 10{,}000$
$-C_2$	0	0	$-(S_t - 11{,}000)$

$-P_1$	$-(10{,}000-S_t)$	0	0
$+P_2$	$11{,}000-S_t$	$11{,}000-S_t$	0
	1,000	1,000	1,000

균형상태하에서 재정거래가 발생하지 않으려면 다음 식이 성립해야 한다.

$$800\times(1+R_f)=1{,}000 \quad \therefore\ R_f=25\%$$

7-5

(1) 지수연계채권의 만기가치는 다음과 같은 그림으로 나타난다.

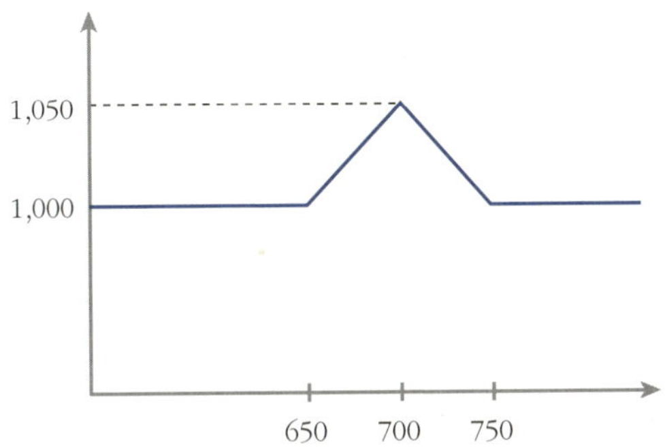

(2) (1)과 같은 만기가치가 되도록 다음과 같은 포트폴리오를 구성한다.

① 만기 1년, 액면금액 1,000,000원의 할인채를 구입한다.

② 행사가격 650인 콜옵션 1개를 매입한다.

③ 행사가격 700인 콜옵션 2개를 매도한다.

④ 행사가격 750인 콜옵션 1개를 매입한다.

그리고 이 포트폴리오를 구성하는 데 필요한 투자금액을 구한다.

$$\frac{1{,}000{,}000}{1+0.1}+110{,}000-75{,}000\times 2+50{,}000=919{,}091\,(\text{원})$$

따라서 지수연계채권의 균형가격은 919,091원이다.

7-6

(1) 이 금융상품의 만기가치를 만기주가 수준에 대응해서 나타내면 다음과 같다.

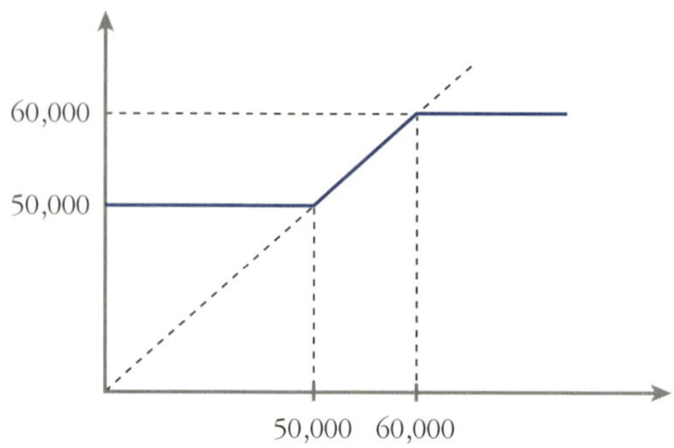

(2) 이 금융상품과 만기가치가 동일하도록 다음과 같은 포트폴리오를 구성한다.

① 만기 1년, 액면금액 50,000원의 할인채를 구입한다.

② 행사가격 50,000원인 콜옵션 1개를 매입한다.

③ 행사가격 60,000원인 콜옵션 1개를 매도한다.

이러한 포트폴리오를 구성하는 데 필요한 금액은 다음과 같다.

$$\frac{50,000}{1+0.1} + 900 - 750 = 45,605(원)$$

따라서 이 금융상품의 균형가격은 45,605원이다.

제 8 장

8-3

(1) 1기후 주가분포와 이에 따른 풋옵션의 가치는 다음과 같다.

$$S = 40,000 \quad \begin{cases} uS = 80,000 : Pu = 0 \\ dS = 20,000 : Pd = 30,000 \end{cases}$$

위험중립확률을 P라고 하면 다음 식이 성립한다.

$$40,000 \times (1+0.1) = 80,000 \times P + 20,000(1-P)$$
$$\therefore P = 0.4$$

이는 공식을 이용해서 다음과 같이 구할 수도 있다.

$$P = \frac{1 + R_f - d}{u - d} = \frac{1.1 - 0.5}{2 - 0.5} = 0.4$$

따라서 풋옵션가격은 다음과 같이 산출된다.

$$P = \frac{P_u \cdot P + P_d \cdot (1 - P)}{1 + R_f}$$
$$= \frac{0 \times 0.4 + 30,000 \times 0.6}{1 + 0.1} = 16,364(\text{원})$$

(2) 주식 S단위, 채권 B만큼을 투자하여 포트폴리오를 구성한다고 하자.

이 포트폴리오가 풋옵션과 동일한 효과를 가지려면 다음 식이 성립해야 한다.

$$\begin{cases} 80,000 \times S + 1.1 \times B = 0 \\ 20,000 \times S + 1.1 \times B = 30,000 \end{cases}$$

이로부터 $S = -0.5$, $B = 36,364$를 구할 수 있다. 이는 가나주식 0.5단위를 공매하면서 채권 36,364원만큼 매입한다는 뜻이다.

(3) (2)의 포트폴리오를 구성하는 데 소요되는 금액은 다음과 같다.

$$-0.50 \times 40,000 + 36,364 = 16,364(\text{원})$$

이는 (1)에서 구한 풋옵션가격과 같다. 만기가치가 동일하므로 그 현재가치도 동일한 것이다.

8-4

(1) 가나기업의 주가분포와 이에 따른 풋옵션의 만기가치를 나타내면 다음과 같다.

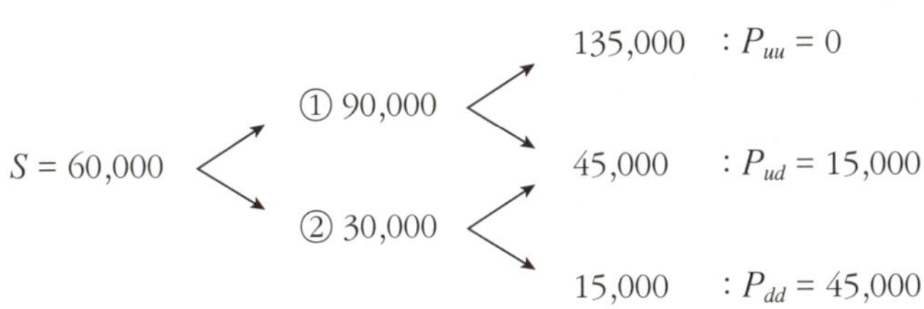

i) ①에서 주식 S단위, 채권 B만큼을 매입하여 다음 식이 성립하면 풋옵션을 복제한 것이 된다.

$$\begin{cases} 135,000 \times S + 1.1 \times B = 0 \\ 45,000 \times S + 1.1 \times B = 15,000 \end{cases}$$

이로부터 $S = -0.1667$, $B = 20,455$를 구할 수 있다. 이는 가나주식 0.1667단위를 공매하면서 채권을 20,455만큼 매입한다는 뜻이다. 이 포트폴리오를 구성하는 비용은 5,455원이며, 이는 ①에서의 풋옵션가격이 된다.

$$90,000 \times (-0.1667) + 20,455 = 5,455(\text{원})$$

ii) ②에서도 같은 방법으로

$$45,000 \times S + 1.1 \times B = 15,000$$
$$15,000 \times S + 1.1 \times B = 45,000$$

이로부터 $S = -1$, $B = 54,545$를 구할 수 있고, 이 포트폴리오의 구성비용은 다음과 같이 24,545원이며 이는 ②에서의 풋옵션가격이 된다.

$$30,000 \times (-1) + 54,545 = 24,545(\text{원})$$

iii) 현재시점에서는 i), ii)의 결과를 이용한다.

$$90,000 \times S + 1.1 \times B = 5,455$$
$$30,000 \times S + 1.1 \times B = 24,545$$

이로부터 $S = -0.3182$, $B = 30,993$을 구한 후 포트폴리오 구성비용을 산출하면 다음과 같다.

$$60,000 \times (-0.3182) + 30,993 = 11,901(\text{원})$$

(2) (1)에서 각 단계의 포트폴리오 구성비용이 곧 풋옵션가격이다.

즉, $P_u = 5,455$, $P_d = 24,545$, $P_o = 11,901$(원)

이러한 내용은 다음과 같이 위험중립확률(헷지확률)을 이용한 결과에서 확인할 수 있다. 먼저 헷지확률을 구하면

$$P = \frac{1 + R_f - d}{u - d} = \frac{1.1 - 0.5}{1.5 - 0.5} = 0.6$$

이를 이용하여 P_u, P_d를 구한다.

$$P_u = \frac{P \cdot P_{uu} + (1-P)P_{ud}}{1 + R_f} = \frac{0.6 \times 0 + 0.4 \times 15,000}{1.1} = 5,455$$
$$P_d = \frac{P \cdot P_{ud} + (1-P)P_{dd}}{1 + R_f} = \frac{0.6 \times 15,000 + 0.4 \times 45,000}{1.1} = 24,545$$

끝으로 P_o을 구하면 (1)의 결과와 일치함을 확인할 수 있다.

$$P_o = \frac{P \cdot P_u + (1-P)P_d}{1+R_f} = \frac{0.6 \times 5,455 + 0.4 \times 24,545}{1.1} = 11,901$$

8-5

(1) 먼저 $B-S$ 모형을 이용하기 위해 다음과 관련 값들을 구한다.

$$d_1 = \frac{\ln\left(\frac{22,000}{20,000}\right) + \left(0.1 + \frac{0.2^2}{2}\right) \times 0.25}{0.2\sqrt{0.25}} = 1.2531$$

$$d_2 = d_1 - 6\sqrt{t} = 1.2531 - 0.2\sqrt{0.05} = 1.1531$$

$$N(d_1) = 0.8944, \quad N(d_2) = 0.8749$$

이제 $B-S$ 모형으로 콜옵션이론가격을 산출하면 다음과 같다.

$$\begin{aligned} C &= S \cdot N(d_1) - \frac{X}{e^{R_f t}} \cdot N(d_2) \\ &= 22,000 \times 0.8944 - \frac{20,000}{e^{0.1 \times 0.25}} \times 0.8749 \\ &= 2,611 \end{aligned}$$

콜옵션의 시간가치는 다음과 같이 산출한다.

시간가치 = 이론가격 − 내재가치
= 2,611 − max[22,000 − 20,000, 0] = 611

풋옵션의 이론가격은 풋콜패리티를 이용해서 구한다.

$$\begin{aligned} P &= C - S + \frac{X}{e^{R_t t}} \\ &= 2,611 - 22,000 + \frac{20,000}{e^{0.1 \times 0.25}} = 117 \end{aligned}$$

따라서 풋옵션의 시간가치는 다음과 같다.

시간가치 = 117 − max[20,000 − 22,000, 0] = 117

(2) ① 1개 주식과 m개 콜옵션을 결합한 포트폴리오 가치는 다음과 같다.

$$V = S + mC$$

헷지조건은 다음과 같다.

$$\frac{\partial V}{\partial S} = 1 + m\frac{\partial C}{\partial S} = 0$$
$$\rightarrow m = -\frac{\partial S}{\partial C} = -\frac{1}{N(d_1)} = -\frac{1}{0.8944} = -1.1181$$

따라서 1.1181 단위의 콜옵션을 발행한다.

② 1개 주식과 m개 풋옵션을 결합한 포트폴리오 가치는 다음과 같다.

$$V = S + mP$$
$$\frac{\partial V}{\partial S} = 1 + m\frac{\partial P}{\partial S} = 0 \quad \rightarrow \quad m = -\frac{\partial P}{\partial S}$$

그런데 풋콜패리티를 이용하면

$$P = C - S + \frac{X}{e^{R_f t}}$$
$$= [S \cdot N(d_1) - \frac{X}{e^{R_f t}} \cdot N(d_2)] - S + \frac{X}{e^{R_f t}}$$

이로부터 다음 식을 구할 수 있다.

$$\frac{\partial P}{\partial S} = N(d_1) - 1$$
$$\therefore m = 1 - N(d_1) = 1 - 0.8944 = 0.1056$$

즉, 0.1056 단위의 풋옵션을 매입한다.

(3) ① $N(d_1) - 0.8944$이므로 1개 콜옵션을 보유한 경우 0.8944 단위의 주식을 공매하면 헷지가 가능하다.

② 1개 콜옵션과 m개 풋옵션으로 포트폴리오를 구성한다.

$$V = C + mP$$
$$\frac{\partial V}{\partial S} = \frac{\partial C}{\partial S} + m\frac{\partial P}{\partial S}$$
$$= N(d_1) + m[N(d_1) - 1] = 0$$
$$\rightarrow m\frac{N(d_1)}{1 - N(d_1)} = \frac{0.8944}{1 - 0.8944} = 8.4697$$

즉, 8.4697 단위의 풋옵션을 매입한다.

(4) 행사가격 20,000원인 콜옵션(C_1) 1개와 행사가격 22,000원인 콜옵션(C_2) m개로 구성한 포트폴리오의 가치를 다음과 같이 나타낸다.

$$V = C_1 + mC_2$$

헷지조건은 다음과 같다.

$$\frac{\partial V}{\partial S} = \frac{\partial C_1}{\partial S} + m\frac{\partial C_2}{\partial S} = 0$$
$$\rightarrow m = -\frac{\partial C_1 / \partial S}{\partial C_2 / \partial S} = -\frac{N(d_1)_1}{N(d_1)_2}$$

행사가격 22,000원인 콜옵션(C_2)의 d_2, $N(d_1)$을 먼저 구한다.

$$d_1 = \frac{\ln\left(\frac{22,000}{20,000}\right) + \left(0.1 + \frac{0.2^2}{2}\right) \times 0.25}{0.2\sqrt{0.25}} = 0.3$$
$$N(d_1)_2 = N(0.3) = 0.6179$$

그리고 행사가격 20,000원인 콜옵션(C_1)의 $N(d_1)$은 (1)번 풀이에서 0.8944로 구했으므로 m은 다음과 같다.

$$m = -\frac{0.8944}{0.6179} = 1.4475$$

즉, 행사가격 20,000원인 콜옵션 1개를 보유한 투자자는 행사가격 22,000원인 콜옵션 1.4475개를 발행하여 헷지효과를 얻을 수 있다. 이러한 전략을 비율스프레드(ratio spread)라고 한다.

8-6

(1) 10개의 옵션을 모두 구입하면 1년 후 확실한 \$1를 받을 수 있으므로 다음 식이 성립한다.

$$\$\frac{1}{11} \times 10 \times (1 + R_f) = \$1 \qquad \therefore R_f = 10\%$$

따라서 1년 만기 액면금액 \$100의 할인채 현재가격은 다음과 같다.

$$\frac{100}{1 + 0.1} = \$90.91$$

(2) 먼저 ABC 주식의 1년 후 주가의 기대값 $E(S_1)$을 구한다.

$$E(S_1) = 1 \times \frac{1}{10} + 2 \times \frac{1}{10} + \cdots + 10 \times \frac{1}{10} = 5.5$$

위험중립적 상황이므로 이의 현재가치는 무위험이자율로 할인해서 산출한다.

$$S_0 = \frac{E(S_1)}{1+R_f} = \frac{5.5}{1+0.1} = \$5$$

9-3

(1) 투자안 A의 현금유입을 시간선상에 나타내면 다음과 같다.

0	1	2	3	4	…
	20	30	30×1.03	30×1.03^2	…

처음 2년 간 현금유입의 현재가치는

$$\frac{20}{1.15} = \frac{30}{1.15^2} = 40.1$$

3년 이후 현금유입의 현재가치는 항상성장모형을 이용하여 산출할 수 있다.

$$PV_2 = \frac{C_3}{R \cdot g} = \frac{30 \times 1.03}{0.15 - 0.03} = 257.5$$

따라서 투자안 A의 NPV는 다음과 같이 음(−)의 값을 갖게 되어 기각한다.

$$\text{NPV}_A = 40.1 + \frac{257.5}{1.15^2} - 250 = -15.2 < 0$$

(2) 투자안 B의 현금흐름을 시간선상에 나타낸다.

0	1	2	3	4	5	…
		−350	30	40	40×1.03	…

위 풀이 방법을 적용해서 시점 2를 기준으로 산출한 투자안 B의 NPV는 다음과 같다.

$$\begin{aligned}\mathrm{NPV}_{B,2} &= -350 + \frac{30}{1.15} + \frac{40}{1.15^2} + \frac{1}{1.15^2}\left(\frac{40 \times 1.03}{0.15 - 0.03}\right) \\ &= -34.1\end{aligned}$$

따라서 투자안 A에 이어서 투자안 B를 수행할 경우 NPV는 다음과 같다.

$$\mathrm{NPV}_{\mathrm{A+B}} = -15.2 + \frac{(-34.1)}{1.15^2} = -41 < 0$$

NPV가 0보다 작으므로 투자안을 기각한다.

(3) 투자안 B의 가치를 OPM으로 평가하기 위해 다음과 같이 관련 값들을 구한다.

$$S = \frac{350 - 34.1}{1.15^2} = 239$$
$$X = 34.1,\ t = 2,\ \delta = 0.5$$

이들을 이용하여 d_1, d_2, $N(d_1)$, $N(d_2)$를 산출한다.

$$d_1 = \ln\left(\frac{\left(\frac{239}{350}\right) + \left(0.1 + \frac{0.5^2}{0}\right) \times 2}{0.5\sqrt{2}}\right) = 0.1$$
$$d_2 = 0.1 - 0.5\sqrt{2} = -0.61$$
$$N(\mathrm{d}_1) = 0.5396,\ N(d_2) = 0.2709$$

이제 콜옵션 가격을 다음과 같이 얻을 수 있다.

$$\begin{aligned}C &= S \cdot N(d_1) - \frac{\mathrm{X}}{e^{R_f t}} \cdot N(\mathrm{d}_2) \\ &= 239 \times 0.5398 - \frac{350}{e^{0.1 \times 2}} \times 0.2709 = 51.4\end{aligned}$$

따라서 이를 감안한 투자안 A의 가치는 다음과 같이 양(+)의 값을 가지므로 투자안을 채택한다.

$$NPV + C = -15.2 + 51.4 = 36.2 > 0$$

9-4

(1) 우선 100,000을 모두 지수펀드에 투자했다고 가정하여 2기간 동안의 주가분포와 2기후 포트폴리오 보험(PI)의 성과를 비교해서 그림으로 나타내면 다음과 같다.

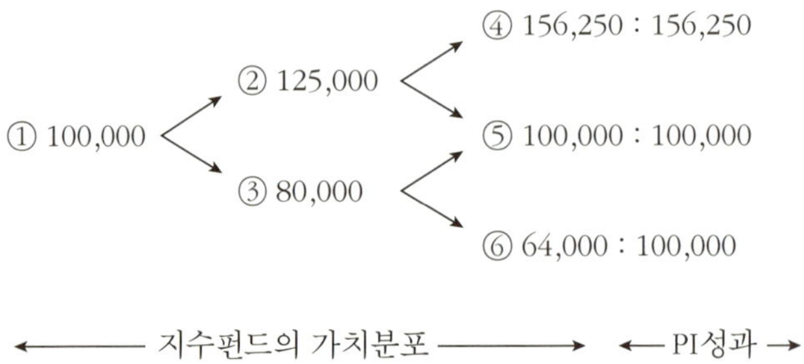

시점 2에서 포트폴리오 보험효과를 얻기 위해서 시점 1의 ②에서는 지수펀드만 보유해도 된다. 그러나 시점 1의 ③에서는 지수펀드로 시점 2에서 포트폴리오 보험효과를 얻을 수 없다. 이때에는 채권만 보유하되 보유금액을 다음과 같이 산출한다.

$$\frac{100,000}{1+0.05} = 95,238$$

따라서 시점 0에서 포트폴리오를 구성할 때 지수펀드투자액 S, 채권투자액 B라고 하면 다음 식이 성립해야 한다.

$$1.25S + 1.05B = 125,000$$
$$0.8S + 1.05B = 95,238$$

이로부터 $S = 66,138$, $B = 40,312$를 구할 수 있다. 따라서 현재시점에서 지수펀드에 66,138, 채권에 40,312만큼 투자한 후 시점 1에서 지수가 상승하면 채권투자액을 회수하여 모두 지수펀드에 투자하고 시점 1에서 지수가 하락하면 지수펀드를 매각하여 모두 채권에 투자한다. 그러면 시점 2에서 포트폴리오 보험의 성과를 만들 수 있다.

(2) 시점 1에서 지수가 하락하면 모든 자금을 채권에 투자하기 위하여 보유하고 있는 주식을 모두 매각해야 한다. 이러한 매각은 공급증가로 하락한 지수를 더욱 하락시켜 폭락장세가 될 수 있다. 이러한 현상을 cascode effect라고 한다.

(3) 포트폴리오 보험은 (1)에서와 같이 ① 주식과 무위험채권으로 구성할 수도 있지만 ② 주식과 풋옵션으로 구성할 수도 있다. 그러나 미래의 만기수익이 동일하다면 어떤 방법으로 포트폴리오를 구성하더라도 그 투자금액은 동일해야 한다.

	포트폴리오 ①		포트폴리오 ②
지수펀드	66,138	지수펀드	100,000
채권투자	40,312	풋옵션	P
계	106,450	계	$100,000 + P$

이로부터 다음 식이 성립한다.

$$106,450 = 100,000 + \mathrm{P} \qquad \therefore P = 6,450$$

즉, 풋옵션은 만기가 2년, 행사가격이 100,000인 것으로 균형가격이 6,450이다.

10-3

① 전환권의 행사가격을 구하기 위해서 먼저 1년 후 시점의 전환사채의 일반사채로서의 가치를 구한다.

$$\sum_{t=1}^{3} \frac{1,400,000}{(1+0.12)^t} + \frac{11,400,000}{(1+0.12)^3} = 10,480,366$$

전환비율이 50(= 10,000,000÷200,000)이므로 행사가격은 다음과 같다.

$$\frac{10,480,366}{50} = 209,607$$

② 이제 Black-Scholes 모형을 이용하기 위한 관련 값들을 다음과 같이 구한다.

$$d_1 = \frac{\ln\left(\frac{S}{X}\right) + \left(R_f + \frac{\delta^2}{2}\right)t}{\delta\sqrt{t}} = \frac{\ln\left(\frac{210,000}{209,607}\right) + \left(0.1 + \frac{0.2^2}{2}\right) \times 1}{0.2\sqrt{1}} = 0.6040$$

$$d_2 = d_1 - \delta\sqrt{t} = 0.6040 - 0.2\sqrt{1} = 0.4094$$

$$N(d_1) = 0.7257,\ N(d_2) = 0.6591$$

그리고 Black-Scholes 모형을 통해 전환권 단위당 가치를 구한다.

$$C = S \cdot N(d_1) - \frac{X}{e^{R_f t}} \cdot N(d_2)$$
$$= 210,000 \times 0.7257 - \frac{209,607}{e^{0.1\times1}} \times 0.6591 = 27,392$$

③ 전환사채의 균형가격은 일반사채가치와 전환권가치의 합계이다.

i) 일반사채의 가치	$\sum_{t=1}^{4}\frac{1,400,000}{1.12^t} + \frac{11,400,000}{1.12^4}$	$= 10,677,470$
ii) 전환권의 가치	$27,392 \times 50$	$= 1,369,600$
iii) 합계(= 전환사채 가치)		12,047,070

10-4

① 신주인수권의 가치를 구하기 위해 Black-Scholes 모형에 필요한 관련 값들을 구한다.

$$d_1 = \frac{\ln\left(\frac{S}{X}\right) + \left(R_f + \frac{\delta^2}{2}\right)t}{\delta\sqrt{t}}$$
$$= \frac{\ln\left(\frac{25,000}{24,000}\right) + \left(0.1 + \frac{0.2^2}{2}\right)\times 2}{0.2\sqrt{2}} = 0.9929$$
$$d_2 = d_1 - \delta\sqrt{t} = 0.9929 - 0.2\sqrt{2} = 0.7101$$
$$N(d_1) = 0.8389,\ N(d_2) = 0.7612$$

② 그리고 Black-Scholes 모형을 이용해서 신주인수권의 단위당 가치를 산출한다.

$$C = S \cdot N(d_1) - \frac{X}{e^{R_f t}} \cdot N(d_2)$$
$$= 25,000 \times 0.8389 - \frac{24,000}{e^{0.1\times2}} \times 0.7612 = 6,015$$

이에 희석화 효과를 고려하면 신주인수권가치는 다음과 같다.

$$C = \frac{100,000}{100,000 + 4,000} \times 6,015 = 5,784$$

③ 신주인수권부사채의 가치는 일반사채의 가치에 신주인수권의 가치를 합한 금액이다.

i) 일반사채의 가치는 다음과 같다.

$$\frac{50,000}{(1+0.12)} + \frac{550,000}{(1+0.12)^2} = 483,100$$

ii) 신주인수권은 사채 단위당 4개이므로 신주인수권부사채의 단위당 균형가격은 다음과 같다.

$$483,100 + 5,784 \times 4 = 506,236$$

11-3

풋-콜-선물의 균형식은 다음과 같다.

$$C - P = (F - X) \cdot e^{-R_f t}$$

관련 자료의 값을 대입하면 다음과 같이 균형식이 성립하지 않는다.

$$8,000 - 3,000 < (86,000 - 80,000) \times e^{-0.1 \times 5}$$
$$5,000 < 5,707$$

따라서 콜을 매입하고 풋과 선물을 매도하는 reverse conversion을 통한 재정거래의 기회가 존재한다. 이러한 재정거래를 위한 현재의 투자금액과 만기수익을 나타내면 다음과 같다.

	현재시점	만기 9월	
		$S_t > 80,000$	$S_t \le 80,000$
콜 매입	−8,000	$S_t - 80,000$	0
풋 매도	+3,000	0	$-(86,000 - S_t)$
선물 매도	0	$86,000 - S_t$	$86,000 - S_t$
계	−5,000	6,000	6,000

이에 따른 재정이익은 다음과 같다.

$$6{,}000-5{,}000 \times 1{,}05127 = 743{,}65(\text{원})$$

11-4

(1) 먼저 선물계약의 만기손익을 그림으로 나타내면 다음과 같다.

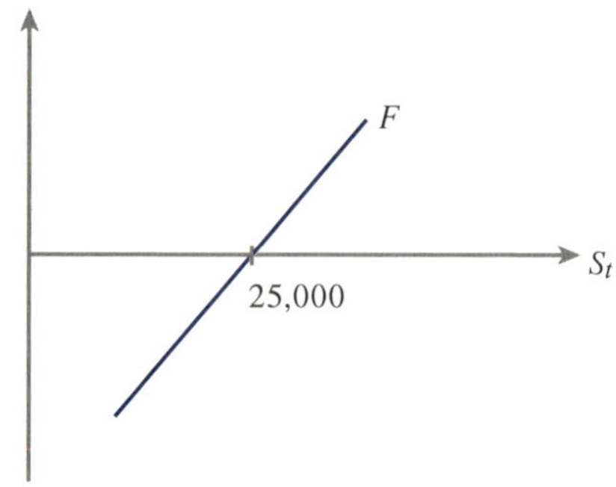

옵션과 할인채를 이용하여 위와 같은 만기손익을 만드는 방법은 다음과 같이 두 가지 방법이 있다.

① 행사가격 20,000원인 콜옵션을 매입하고 동일한 행사가격의 풋옵션을 발행하는 합성선물을 구성한 후 액면금액 5,000원인 할인채를 발행한다. 이의 만기손익은 다음과 같게 된다.

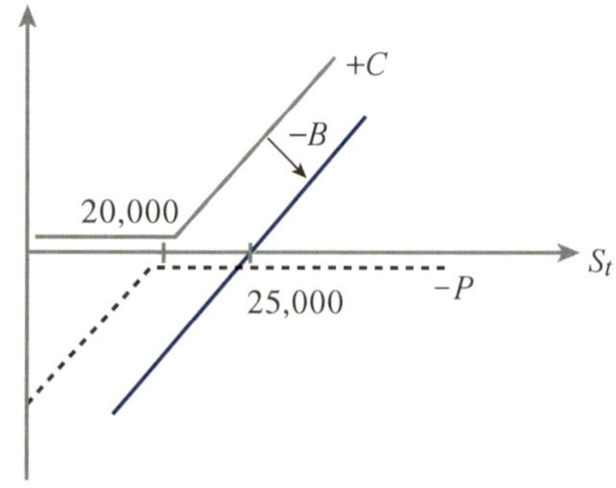

② 행사가격 30,000원인 콜옵션과 풋옵션으로 합성선물을 구성한 후 액면금액 5,000원

인 할인채를 매입한다. 만기손익은 다음과 같다.

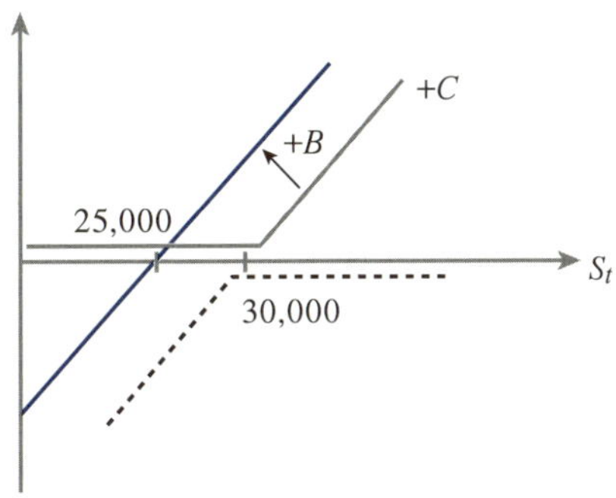

(2) (1)에서의 복제전략 ①과 ②는 만기손익이 같으므로 현재시점의 투자금액도 동일해야 한다.

전략 ①

내용	금액
콜매입	6,000
풋발행	−500
할인채발행	−5,000×0.9
투자금액	1,000

전략 ②

내용	금액
콜매입	1,750
풋발행	$-P$
할인채매입	−5,000×0.9
투자금액	$6,250 - P$

이로부터 다음 식이 성립한다.

$$1,000 = 6,250 - P \qquad \therefore P = 5,250(\text{원})$$

12-3

(1) 명목상 차입금 400억원에 대해서 만기 2년, 이자지급은 연 1회의 조건으로 연 8%의 고정이자를 지급하면서 변동이자를 수령하는 내용의 금리스왑이다.

(2) ① 현물금리를 할인채가격정보를 이용해서 다음과 같이 산출한다.

$$91{,}743 = \frac{100{,}000}{1 + {}_0R_1} \qquad \therefore {}_0R_1 = 9\%$$

$$83{,}403 = \frac{100{,}000}{(1 + {}_0R_1)^2} \qquad \therefore {}_0R_2 = 9.5\%$$

② 변동금리는 선도금리로서 금리의 기간구조를 통해서 다음과 같이 산출한다.

$${}_0f_1 = {}_0R_1 = 9\%$$

$$(1 + {}_0R_2)^2 = (1 + {}_0R_1)(1 + {}_0f_2)$$

$$(1 + 0.095)^2 = (1 + 0.09)(1 + {}_1f_2) \qquad \therefore {}_1f_2 = 10\%$$

③ 따라서 금리스왑의 가치는 다음과 같다.

$$\frac{(0.09 - 0.08) \times 400}{1 + 0.09} + \frac{(0.1 - 0.08) \times 400}{(1 + 0.095)^2} = 10.34(\text{억원})$$

(3) 선도금리 1BP 상승은 ${}_1f_2$가 10%에서 10.01%로 상승함을 의미한다.
이에 따른 현물금리 ${}_0R_2$는 다음과 같이 산출된다.

$$(1 + 0.09) \times (1 + 0.1001) = (1 + {}_0R_2)^2 \qquad \therefore {}_0R_2 = 9.504\%$$

그리고 금리스왑의 가치는 다음과 같다.

$$\frac{(0.09 - 0.08) \times 400}{1 + 0.09} + \frac{(0.1001 - 0.08) \times 400}{(1 + 0.09504)^2} = 10.37(\text{억원})$$

따라서 스왑가치는 0.03억원(= 10.37 − 10.34)이 증가한다.

12-4

(1) 금리스왑을 체결하지 않은 상태라면 변동금리 9%로 이자를 지급해야 한다.

$$10{,}000{,}000 \times 9\% \times \frac{1}{4} = 225{,}000$$

(2) 금리스왑을 체결하면 고정금리 8%로 지급하므로 이자금액은 다음과 같다.

$$10{,}000{,}000 \times 8\% \times \frac{1}{4} = 200{,}000$$

(3) 금리스왑의 내용을 수식으로 나타내면 다음과 같다(단, $\tilde{R}$는 변동금리, $\bar{R}$는 고정금리)

$$\text{swap} = (\tilde{R} - \overline{R}) \times 10{,}000 \times \frac{1}{4}$$
$$(\text{LIBOR} - 8\%) \times 10{,}000 \times \frac{1}{4}$$

X축에 LIBOR수준을, Y축에 swap 가치를 나타내면 다음 그림과 같은 관계식을 구할 수 있다.

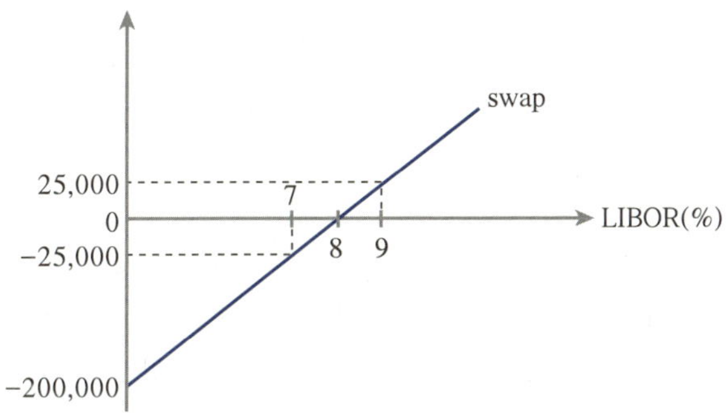

(4) 스왑을 통해서 헷지된 상태는 (3)의 결과를 이용해서 다음과 같이 나타낼 수 있다.

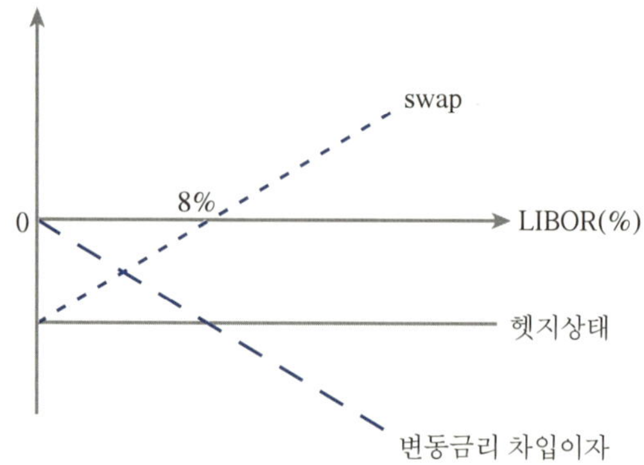

12-5

① 먼저 가나기업이 원하는 수의상환 사채의 현금흐름을 시간선상에 나타내면 다음과 같다.(단, $\overline{R}$: 고정금리)

1	2	…	n	$n+1$	…	10
$-100\times\overline{R}$	$-100\times\overline{R}$	…	$-100\times\overline{R}-100$	0	…	0

② 그러나 투자회사는 가나기업이 다음과 같은 현금흐름의 사채를 발행하기를 원하고 있다.

1	2	…	n	$n+1$	…	10
$-100\times\overline{R}$	$-100\times\overline{R}$	…	$-100\times\overline{R}$	$-100\times\overline{R}$	…	$-100\times\overline{R}-100$

따라서 가나기업은 ②와 같은 10년 만기 회사채를 발행하면서 ③ n시점에서 권리를 행사할 수 있는(변동금리를 지급하고 고정금리를 수령하는) 스왑션을 매입하고 ④ n시점에서 100억원을 만기가 $(10-n)$년인 변동금리채권(FRN : Floating rate note)에 투자한다.

이제 ②, ③, ④의 현금흐름을 합성하면 다음과 같이 합성결과가 ①의 현금흐름과 동일하다는 것을 알 수 있다.(단, $\overline{R}$: 변동금리)

	1	2	…	n	$n+1$	…	10
10년 회사채	$-100\times\overline{R}$	$-100\times\overline{R}$		$-100\times\overline{R}$	$-100\times\overline{R}$		$-100\times\overline{R}-100$
스왑션					$100\times(\overline{R}-\tilde{R})$		$100\times(\overline{R}-\tilde{R})$
변동금리채권				-100	$100\times\tilde{R}$		$100\times\tilde{R}+100$
계	$-100\times\overline{R}$	$-100\times\overline{R}$		$-100\times\overline{R}-100$	0		0

즉, 가나기업은 투자회사가 원하는 10년 만기 회사채를 고정금리로 발행하면서 스왑션과 변동금리채권을 이용해서 자신이 원하는 수의 상환사채를 발행한 효과를 얻을 수 있다.

· 이 의 경(李義景)

성균관대학교 경제학과
서울대학교 대학원 경영학석사 (재무관리)
서울대학교 대학원 경영학박사 (재무관리)
공인회계사 (삼일회계법인)
전주대학교 교수
공인회계사시험 출제위원
University of Illinois at Urbana-Champaign, Visiting Scholar
한국금융연수원 기업가치평가과정 담당교수
대진대학교 사회과학대학장
현재, 대진대학교 경영학과 교수

〈주요 저서와 논문〉

금융기관론, 제2판 (명경사, 2022)
재무관리-이론과 응용, 제7판 (북넷, 2021)
기술가치평가 (명경사, 2020)
증권강의, 제6판 (신론사, 2015)
기업가치평가실무 (한국금융연수원, 2011)
Hamda모형의 사용에 대한 이의제기 (한국경영학회, 1999)
우리나라에서 대리계약기간이 갖는 경제적 의미 (한국재무관리학회, 2000)
How to Teach M&M's Capital Structure Irrelevance Theory :
A Simple Arbitrage Approach (*Journal of Financial Education*, 2006)
세법의 주가설명력과 주가결정력 (한국세무학회, 2007)
경영학 교수의 연구성과에 영향을 미치는 요인 (한국경영학회, 2020)
위험을 고려한 공공투자사업의 사회적 할인율에 대한 개선방안 (국토연구원, 2021)
재무와 회계분야 연구업적의 특징분석 (한국재무관리학회, 2022)

제 4판 선물과 옵션

2004년 3월 5일 초 판 1쇄 발행
2010년 8월 25일 제 2 판 1쇄 발행
2015년 2월 25일 제2.1판 1쇄 발행
2019년 8월 25일 제 3 판 1쇄 발행
2022년 7월 20일 제 4 판 1쇄 인쇄
2022년 7월 25일 제 4 판 1쇄 발행

저 자 **이 의 경**
발행인 **한 의 명**
발행처 **명 경 사**
본 사 : 서울시 강남구 선릉로120 우성 B/D 3-102
전 화 : 010-6211-8981, 02-2164-1591(代)
팩 스 : 0504-338-2135, 02-2164-1594
지 사 : 경기도 파주시 맥금동 557-24
Home-page : www.mkspub.com
E-mail : mkspub@daum.net
등록 2000년 8월 9일 제10-2024(倫)

• 정가 35,000 원

ISBN 979-11-88052-42-4